Grundwissen Politik

Begründet von
Ulrich von Alemann

Herausgegeben von
Prof. Dr. Lars Holtkamp, Hagen, Deutschland
Prof. Dr. Viktoria Kaina, Hagen, Deutschland
Prof. Dr. Michael Stoiber, Hagen, Deutschland
Prof. Dr. Annette Elisabeth Töller, Hagen, Deutschland

Herausgegeben von

Prof. Dr. Lars Holtkamp
Fernuniversität Hagen
Deutschland

Prof. Dr. Viktoria Kaina
Fernuniversität Hagen
Deutschland

Prof. Dr. Michael Stoiber
Fernuniversität Hagen
Deutschland

Prof. Dr. Annette Elisabeth Töller
Fernuniversität Hagen
Deutschland

Thurid Hustedt · Arndt Wonka
Michael Blauberger · Annette Elisabeth Töller
Renate Reiter

Verwaltungsstrukturen in der Europäischen Union

Kommission, Komitologie, Agenturen und Verwaltungsnetzwerke

Thurid Hustedt
Universität Potsdam
Deutschland

Arndt Wonka
Universität Bremen
Deutschland

Michael Blauberger
Universität Salzburg
Österreich

Annette Elisabeth Töller
FernUniversität Hagen
Deutschland

Renate Reiter
FernUniversität Hagen
Deutschland

ISBN 978-3-658-04690-3   ISBN 978-3-658-04691-0 (eBook)
DOI 10.1007/978-3-658-04691-0

Die Deutsche Nationalbibliothek verzeichnet diese Publikation in der Deutschen Nationalbibliografie;
detaillierte bibliografische Daten sind im Internet über http://dnb.d-nb.de abrufbar.

Springer VS
© Springer Fachmedien Wiesbaden 2014

Lektorat: Jan Treibel, Monika Mülhausen

Gedruckt auf säurefreiem und chlorfrei gebleichtem Papier

Springer VS ist eine Marke von Springer DE. Springer DE ist Teil der Fachverlagsgruppe Springer
Science+Business Media.
www.springer-vs.de

Inhalt

Tabellenverzeichnis

Abbildungsverzeichnis

Abkürzungsverzeichnis

ABL/ABl.	Amtsblatt
Abs.	Absatz
ACEA	Association des Constructeurs Européens d'Automobiles
ACER	Agency for the Cooperation of Energy Regulators
AD	Administration
AEUV	Vertrag über die Arbeitsweise der Europäischen Union
AIDS	Acquired Immune Deficiency Syndrome
ALDE	Allianz der Liberalen und Demokraten für Europa
ASEAN	Association of Southeast Asian Nations
AStV	Ausschuss der Ständigen Vertreter
ATM	Asynchronous Transfer Mode
BDI	Bundesverband der Deutschen Industrie
BEREC	Body of European Regulators of Electronic Communications
BERT	Body of European Regulators in Telecommunications
BLE	Bundesanstalt für Landwirtschaft und Ernährung
BSE	Bovine spongiforme Enzephalopathie
CAT	Committee for Advanced Therapies
CdT	Centre de Traduction des Organes de l'Union Européenne
CEBS	Committee of European Banking Supervisors
CEDEFOP	European Centre for the Development of Vocational Training
CEER	Council of European Energy Regulators
CEFIC	Conseil Européen de l'Industrie Chimique
CEIOPS	Committee of European Insurance and Occupational Pensions Supervisors
CEPOL	European Police College
CESR	Committee of European Securities Regulators
CFCA	Community Fisheries Control Agency
CFR-CDF	Network of Independent Experts on Fundamental Rights
CHMP	Committee for Medicinal Products for Human Use
COMP	Committee for Orphan Medicinal Products
CORINE	Coordination of Information on the Environment
CPVO	Community Plant Variety Office
CVMP	Committee for Medicinal Products for Veterinary Use
DG	Directorate General
DIHK	Deutscher Industrie- und Handelskammertag
DL	Dienstleistungen für andere EU-Einrichtungen
EACEA	Education, Audiovisual and Culture Executive Agency
EACI	Executive Agency for Competitiveness and Innovation
EAHC	Executive Agency for Health and Consumers
EAR	European Agency for Reconstruction
EASA	European Aviation Safety Agency
EASO	European Asylum Support Office

EBA	European Banking Authority
EC	European Community
ECA	European Competition Authorities
ECDC	European Centre for Disease Prevention and Control
ECHA	Europäische Chemikalienagentur
ECN	European Competition Network
ECPA	European Crop Protection Association
EDA	European Defence Agency
EEA (1)	Einheitliche Europäische Akte
EEA (2)	European Environment Agency
EEAC	European Environment and Sustainable Development Advisory Councils
EEB	European Environmental Bureau
EECMA	European Electronic Communications Markets Authority
EFR	Europäischer Forschungsrat
EFRE	Europäischer Fonds für Regionale Entwicklung
EFSA	European Food Safety Authority
EFTA	European Free Trade Association
EG	Europäische Gemeinschaft
EGKS	Europäische Gemeinschaft für Kohle und Stahl
EGV	Vertrag zur Gründung der Europäischen Gemeinschaft
EIGE	European Institute for Gender Equality
EIONET	European Environment Information and Observation Network
EIOPA	European Insurance and Occupational Pensions Authority
EIPA	European Institute for Public Administration
EIT	European Institute for Technology
EJN	European Judicial Network
EMA (=EMEA)	Europäische Medizinagentur
EMAS	Eco-Management and Audit Scheme
EMCDDA	European Monitoring Centre for Drugs and Drug Addiction
EMEA (=EMA)	Europäische Medizinagentur
EMSA	European Maritime Safety Agency
ENCS	European Network of Heads of Nature Conservation Agencies
ENISA	European Network and Information Security Agency
EP	Europäisches Parlament
EPA	Environmental Protection Agency`s Network
EPRA	European Platform of Regulatory Authorities
EPSO	European Personnel Selection Office
ERA	European Railway Agency
ERCEA	European Research Council Executive Agency
ERG	European Regulators Group
ERGEG	European Regulators Group for Electricity and Gas
ERGP	European Regulators Group for Postal Services
ESA	European Space Agency
ESC	European Securities Committee

ESF	Europäische Sozialfonds
ESMA	European Securities and Markets Authority
ETF	European Training Foundation
EU	Europäische Union
EUA	Europäische Umweltagentur
EuG	Gericht der Europäischen Union
EuGH	Europäischer Gerichtshof
EUMC	European Monitoring Centre on Racism and Xenophobia
EU-OSHA	European Agency for Safety and Health at Work
EURATOM	Europäische Atomgemeinschaft
EuRH	Europäischer Rechnungshof
EUROFOUND	European Foundation for the Improvement of Living and Working Conditions
EUROJUST	European Judicial Cooperation Unit
EUROPOL	European Police Office
EuroStat	Statistisches Amt der Europäischen Union
EUSC	European Union Satellite Centre
EUV	Vertrag über die Europäische Union/EU-Vertrag
EVP	Europäische Volkspartei
EWG	Europäische Wirtschaftsgemeinschaft
EWR	Europäischer Wirtschaftsraum
EZB	Europäische Zentralbank
F4E	Fusion for Energy
FCH	Fuel Cells and Hydrogen Joint Undertaking
FESCO	Forum of European Security Commissions
FRA	European Union Fundamental Rights Agency
FRONTEX	European Agency for the Management of Operational Cooperation at the External Borders
GAP	Gemeinsame Agrarpolitik
GASP	Gemeinsame Außen- und Sicherheitspolitik
GATT	General Agreement on Tariffs and Trade
GD	Generaldirektion (der Europäischen Kommission)
GEREK	Gremium Europäischer Regulierungsstellen für elektronische Kommunikation
GERT	Gruppe Europäischer Regulierungsstellen für Telekommunikation
GNSS	Global Navigation Satellite System
GSA	European GNSS Supervisory Authority
HMPC	Committee on Herbal Medicinal Products
IB	Internationale Beziehungen
IMI	Innovative Medicines Initiative
IMPEL	European Network for the Implementation and Enforcement of Environmental Law
INTA	Committee on International Trade
IPEN	International POPs Eliminiation Network

IRG	Independent Regulators Group
IRG - Rail	Independent Regulators Group – Rail
ISAW	Informations-Sammlung, -Analyse und -Weitergabe
ISO	Internationale Organisation für Normung
ISS	European Union Institute for Security Studies
ITER	International Thermonuclear Experimental Reactor
JRC	Joint Research Centre
KIC	Knowledge and Innovation Communities
KIC ICT Lab	Knowledge and Innovation Communities – Information and Communication Technologies
KOM	Kommission
MOE	(Länder in) Mittel- und Osteuropa
MS	Mitgliedstaaten/mitgliedstaatlich
NPM	New Public Management
NRA	Nicht-Regulierungsagenturen
NRO	Nichtregierungsorganisationen
OA	Operative Aufgaben
OECD	Organization for European Co-operation and Development
OHIM	Office for Harmonisation in the Internal Market
OSZE	Organisation für Sicherheit und Zusammenarbeit
PDCO	Paediatric Committee
PJZS	Polizeiliche und Justizielle Zusammenarbeit in Strafsachen
PMO	Paymaster`s Office
POP	Persistant Organic Pollutants
PRAC	Procédure de réglementation avec contrôle
RA	Relugierungsagenturen
RBE	Rechtlich bindende Einzelfallentscheidungen
REA	Research Executive Agency
REACh	Registration, Evaluation, Authorisation and Restriction of Chemicals
SEIS	Shared Environmental Information System
SESAR	Single European Sky ATM Research
SME	Small and medium sized enterprise
SNE	Seconded National Experts
SpA	Società per Azioni (ital. Aktiengesellschaft)
SPE	Sozialdemokratische Partei Europas
SSC	Shared Service Centre
TEN-T EA	Trans-European Transport Networks Executive Agency
TWU	Technische und wissenschaftliche Unterstützung der Kommission
US/USA	United States (of America)
VCI	Verband der Chemischen Industrie
VDMA	Verband Deutscher Maschinen- und Anlagenbau
VLD	Open Vlaamse Liberalen en Democraten
WTO	World Trade Organization

WWF	World Wildlife Fund for Nature
WWU	Wirtschafts- und Währungsunion

1 Einleitung: Was sind europäische Verwaltungsstrukturen und warum sind sie wichtig?[1]

Wenn von der Europäischen Union die Rede ist, spielt die Verwaltung oft nur eine untergeordnete Rolle oder sie wird sehr verzerrt wahrgenommen. Europa, das sind zunächst die Gipfeltreffen der Staats- und Regierungschefs, auf denen, begleitet von großem Medienaufgebot, in nächtlichen Marathonsitzungen neue Verträge oder Krisenmaßnahmen ausgehandelt werden. Abseits der großen Politik taucht dagegen immer wieder das Bild von der EU als einer „monströsen" Bürokratie auf, wonach sich „die in Brüssel" vorgenommen haben, immer weitere Politik- und Lebensbereiche ihrer Kontrolle zu unterstellen.[2]

Die EU jenseits von Gipfeltreffen und Zerrbildern einer Brüsseler „Monsterbürokratie"

Tatsächlich spielen europäische Verwaltungsstrukturen eine herausragende Rolle im Alltag der EU zwischen den Gipfeltreffen oder den Verhandlungen im Ministerrat und Europäischen Parlament. Neue Gesetzesinitiativen werden von Mitgliedern der Verwaltung entwickelt, politische Beschlüsse vorbereitet, ihre Umsetzung überwacht, und gegebenenfalls werden auch Maßnahmen zu ihrer Durchsetzung ergriffen. Die Europäische Kommission und ihre Mitarbeiter sind daran meist in wichtiger Funktion beteiligt. Dennoch ist die Vorstellung einer besonders großen und besonders stark zentralisierten Verwaltung der EU irreführend. Der Mitarbeiterstab[3] der Europäischen Kommission entspricht bei einer Größe von 32.000 Personen ziemlich genau dem des Bundeslands Bremen (31.700); Berlin verfügt alleine auf Landesebene bereits über mehr als das Fünffache an Beschäftigten im öffentlichen Dienst (186.600).[4] Schon aus diesem Grund ist gerade die EU auf besonders ausdifferenzierte Verwaltungsstrukturen angewiesen, die sich vertikal über verschiedene Ebenen sowie horizontal über 28 Mitgliedstaaten hinweg erstrecken. Im Vergleich zu herkömmlichen staatlichen Verwaltungen erscheinen sie deshalb vielfach komplexer, nicht so streng hierarchisch und weniger greifbar (vgl. Jann/Bogumil 2009; Kuhlmann/Wollmann 2013; Kickert 2008; Pollitt/Bouckaert 2004).

Statt einfach von einer EU-Verwaltung zu sprechen, werden in der Literatur daher unterschiedliche Begriffe vorgeschlagen. Manche Autoren sprechen von einer akkumulierten *exekutiven Ordnung* („accumulated executive order", Curtin/ Egeberg 2008), andere von einem „europäischen *Verwaltungsraum*" („European

Begriffsvielfalt

---

1 Die Autorinnen und Autoren danken Regina Herzbruch-Schütte für die umsichtige Textkorrektur, Nesrin Karadayi sowie Ina Blumenthal für redaktionelle Unterstützung und dem Salzburg Centre of European Union Studies (SCEUS) für seine Gastfreundschaft.
2 Populärwissenschaftliche Abhandlungen zur EU sprechen vom „Raumschiff Brüssel" (Oldag/ Tillack 2003) oder vom „Europa-Komplott" (von Arnim 2006).
3 Aus Gründen der Lesbarkeit haben wir uns entschieden, in diesem Text nur die männlichen Formen zu verwenden. Die jeweils weiblichen Formen – Mitarbeiterinnen, Autorinnen, Forscherinnen, Kommissarinnen etc. – sind dabei selbstverständlich mitgemeint.
4 Auf das Personal der Kommission geht Kapitel 3.2.2 näher ein; zum Personal im öffentlichen Dienst in Deutschland siehe den entsprechenden Bericht des Statistischen Bundesamts, Fachserie 14, Reihe 6 (Stand Juni 2011).

administrative space", Olsen 2003; Heidbreder 2011). In der Rechtswissenschaft wurde der Begriff des *Verwaltungsverbunds* geprägt, der insbesondere hervorhebt, dass die konkrete Art dieses Verbunds zwischen den Polen „zentrale Verwaltung durch die Kommission" auf der einen Seite und „dezentrale Verwaltung durch die Mitgliedstaaten" auf der anderen Seite von Regelungsbereich zu Regelungsbereich stark variiert (Ruffert 2007: 767). Der Begriff der *„integrierten Verwaltung"* („Europe's integrated administration", Hofmann 2008) weist zu Recht darauf hin, dass die EU der nationalen Ebene nicht einfach eine weitere, territorial definierte Verwaltungsschicht hinzufügt. Vielmehr sind die europäischen Verwaltungsstrukturen häufig nicht klar von den nationalen Verwaltungen abgegrenzt. Im Gegenteil – eine ihrer Besonderheiten besteht gerade darin, dass sie auf vielfältige Weise mit diesen verschränkt oder verflochten sind.

Europäische Verwaltungs- strukturen   Wir sprechen in diesem Band von „europäischen Verwaltungsstrukturen", um die Komplexität der europäischen gegenüber „herkömmlichen" staatlichen Verwaltungen hervorzuheben und zugleich auf die Vielfalt an Strukturen innerhalb der EU hinzuweisen. Konkret haben wir dabei vor allem vier Gebilde vor Augen: die Europäische *Kommission*, etwa 270 *Komitologie*-Ausschüsse, mehr als 40 europäische *Agenturen* sowie eine schwer zu beziffernde Zahl von formellen und informellen *Verwaltungsnetzwerken* (ähnlich: Groenleer 2011).

Kommission   Auch wenn wir es gewohnt sind, einfach von „der" Kommission zu sprechen, verbirgt sich dahinter eine äußerst differenzierte und arbeitsteilige Organisation. Mit „Kommission" kann entweder nur die politische Führungsebene gemeint sein, also das Kollegium der Kommissare mit dem Kommissionspräsidenten an der Spitze, oder der gesamte administrative Unterbau, bestehend aus mehr als 40 Generaldirektionen und Diensten. Die Generaldirektionen und ihre jeweils verantwortlichen Kommissare wiederum haben verschiedene sektorale Zuständigkeiten und unterscheiden sich auch erheblich im Hinblick auf Personal und Budget. Diese innere Differenzierung gilt es zu verstehen und zu berücksichtigen, wenn wir Entscheidungen und Verhandlungspositionen der Kommission analysieren wollen, auch wenn diese nach außen als einheitliche Akteurin auftritt.

Komitologie   Die Verschränkung europäischer und nationaler Verwaltung zeigt sich besonders deutlich an den Komitologie-Ausschüssen. Diese Ausschüsse werden von der Kommission geleitet, sie setzen sich aber aus Vertretern der Mitgliedstaaten zusammen. Die konkrete Arbeitsweise, etwa wie häufig ein Ausschuss tagt und was seine Entscheidungsbefugnisse angeht, kann je nach Regelungsmaterie und Verfahren recht unterschiedlich ausfallen. Auch wenn die Ausschussarbeit oft kaum öffentlich wahrgenommen wird, werden hier wichtige Fragen der konkreten Durchführung europäischer Politiken behandelt – von komplexen Fachfragen, etwa bei der Regulierung von Finanzdienstleistungen, bis hin zu politisch umkämpften Verteilungsfragen im Bereich der Agrarbeihilfen.

Agenturen   Auf Komitologie-Ausschüsse oder informelle Formen der Zusammenarbeit zwischen europäischer und nationaler Bürokratie gehen viele der europäischen Agenturen zurück. Dabei ist der Trend, dass spezifische Verwaltungsaufgaben an Agenturen delegiert werden, kein reines EU-Phänomen, sondern auf nationaler Ebene bereits seit den 1980er Jahren und auf europäischer Ebene insbesondere seit den 1990er Jahren verstärkt zu beobachten. Die Vielfalt an europäischen Agenturen ist beträchtlich, was die jeweiligen Aufgaben und Entscheidungsbefugnisse angeht, die finanziellen und personellen Ressourcen sowie den Grad der Unabhängigkeit von der Kommission oder mitgliedstaatlichen Einflüssen. Geographisch sind die Agenturen über fast alle Mitgliedstaaten verteilt – von der Europäischen Chemikalienagentur in Helsinki bis zur Europäischen Agentur für Netz- und Informationssicherheit auf Kreta.

Teilweise als Vorläufer, aber auch als Ergänzung oder Alternative zu genuin europäischen Agenturen, bestehen schließlich Verwaltungsnetzwerke zwischen nationalen Behörden. Hier zeigt sich der dezentrale und weniger strikt hierarchische Charakter europäischer Verwaltungsstrukturen besonders deutlich. Die Kommission ist in unterschiedlicher Form an den meisten Verwaltungsnetzwerken beteiligt, hat ihre Gründung sogar teilweise initiiert, besitzt aber kaum Weisungsbefugnisse. Vielmehr dienen die Verwaltungsnetzwerke vor allem der horizontalen Koordination zwischen verschiedenen nationalen Regulierungsbehörden, die mit der Umsetzung europäischer Politiken befasst sind. Insbesondere bei der Liberalisierung ehemals staatlich dominierter Sektoren, zum Beispiel Telekommunikation oder Energie, haben europäische Verwaltungsnetzwerke eine wichtige Rolle gespielt bzw. spielen diese nach wie vor.

Verwaltungsnetzwerke

Verwaltungen spielen – auch im europäischen Kontext – prinzipiell in allen Phasen des Politikzyklus[5] eine Rolle (Hofmann 2008: 666). Sie können wichtig sein in der Problemdefinition und im Agenda-Setting und sind in der Regel zentral involviert, wenn es darum geht, für politisch definierte Probleme akzeptable Maßnahmen zu entwerfen und beschlossene Politiken schließlich auch umzusetzen. Was die zuvor genannten europäischen Verwaltungsstrukturen angeht, so zeigt sich erstens, dass die Kommission in allen Phasen des Politikzyklus in der EU involviert ist und zweitens, dass sich die anderen Verwaltungsstrukturen nicht ausschließlich bestimmten Phasen oder Politiken zuordnen lassen, sondern zumeist ein Nebeneinander verschiedener Zuständigkeiten und Aufgaben existiert.

Europäische Verwaltungsstrukturen im Politikzyklus

Die Rolle, Probleme zu definieren und auf die europäische Agenda zu setzen, kommt insbesondere der Kommission zu. Zwar werden der Kommission aus vielerlei Quellen Informationen und Themenvorschläge zugeleitet, etwa über die Expertengruppen aus nationalen Vertretern (Tömmel 2008: 110) oder auch über andere europäische Verwaltungsstrukturen, doch nimmt die Kommission angesichts ihres Initiativmonopols für europäische Gesetze eine wichtige Filterfunktion wahr und setzt zudem eigene Schwerpunkte. So sind viele Probleme überhaupt erst als solche definiert worden und auf die politische Agenda gekommen, weil die Kommission entsprechende Expertisen in Auftrag gegeben und darauf aufbauend Handlungsbedarf deklariert hat; man denke an die zentrale Rolle der Kommission

… bei der Problemdefinition und beim Agenda-setting

5　Der Politikzyklus beschreibt eine idealtypische Abfolge von Phasen bei der Entscheidung über politische Maßnahmen (siehe im einzelnen Jann/Wegrich 2009), an deren Ende das Politikergebnis, also die Produktion einer Policy, steht. Die einzelnen Phasen sind die Problemdefinition (ein Problem wird als solches definiert), das Agenda-Setting (das Problem gelangt auf die politische Agenda), die Politikformulierung (genauer: Formulierung und Entscheidung) sowie die Implementation und die Evaluation.

Ende der 1980er Jahre bei der Thematisierung des Stagnationsproblems im Binnenmarktprozess (Europäische Kommission 1988 [Cecchini-Report]) oder auch an ihre Rolle seit den 1980er Jahren bei der Thematisierung des Klimawandels (Liberatore 1995).

... bei der Politik-formulierung   Angesichts ihres Monopols, europäische Gesetze vorzuschlagen, nimmt die Kommission auch bei der Politikformulierung eine zentrale Rolle ein. In der Regel ist je nach Politikfeld eine bestimmte Generaldirektion federführend bei der Erarbeitung von Kommissionsvorschlägen, die sich aber zunächst intern mit anderen Ressorts und Diensten der Kommission koordinieren muss. Dabei können durchaus erhebliche Meinungsverschiedenheiten innerhalb der Kommission auftreten, etwa zwischen Industrie- und Umweltinteressen, bevor ein Kommissionsvorschlag präsentiert wird. Agenturen und Verwaltungsnetzwerke wirken zwar nicht direkt an der Politikformulierung mit, liefern der Kommission aber wichtige Informationen (Fleischer 2007: 228). So wurden etwa der Europäischen Umweltagentur bewusst keine eigenen regulativen Aufgaben übertragen, aber durch ihre Informationsbeschaffung und Analyse hat sich die Agentur mit der Zeit zu einem wichtigen Partner der Generaldirektion Umwelt entwickelt. Auch Verwaltungsnetzwerke können nicht direkt europäische Politiken vorschlagen, sind aber beispielsweise durch die Erarbeitung von weichen Leitlinien und „best practice"-Empfehlungen vorbereitend oder ergänzend an der Politikformulierung beteiligt.

... bei der Implementation   Weil die EU über keine eigenen Vollzugsorgane in den Mitgliedstaaten verfügt und die Kommission nur wenige Politiken, wie etwa den Schutz des Wettbewerbs, direkt auf europäischer Ebene umsetzt (Blauberger/Töller 2011: 132), ist die Implementation zunächst Sache der Mitgliedstaaten bzw. ihrer Verwaltungen. Allerdings müssen viele Maßnahmen, die der europäische Gesetzgeber beschließt, noch operationalisiert, also handhabbar gemacht und zum Teil durch Einzelfallentscheidungen angewendet werden. Hier kommt im Kontext vieler Politiken die Kommission, gemeinsam mit den Komitologieausschüssen, ins Spiel. Auch die Koordination der Umsetzung zwischen Kommission und Mitgliedstaaten findet oft in den Komitologieausschüssen statt (z. B. Töller 2002: 430; 498). Die europäischen Agenturen nehmen eine zunehmend wichtige Rolle in der Implementation der EU-Politiken ein, etwa indem sie helfen, Entscheidungen der Kommission vorzubereiten oder selbst bindende Entscheidungen im Rahmen ihrer Implementationskompetenz treffen. So obliegt etwa der Medizinagentur in Kooperation mit den Mitgliedstaaten die Vorbereitung von Entscheidungen in der Arzneimittelzulassung. Europäische Verwaltungsnetzwerke schließlich sind insbesondere dazu gedacht, eine einheitliche Implementierung europäischer Politiken über die 28 Mitgliedstaaten hinweg zu koordinieren und zu gewährleisten, auch wenn sie hierfür in der Regel nur Ratschläge verfassen und keine verbindlichen Entscheidungen treffen können.

Forschungsperspektiven   Bei der Erforschung europäischer Verwaltungsstrukturen nehmen Politik- und Verwaltungswissenschaftler unterschiedliche Perspektiven ein und konzentrieren sich auf spezifische Teilaspekte. Untersucht werden Gründe für die Einrichtung von Organisationen und deren institutioneller Aufbau bzw. Design.

Außerdem stellt sich gerade für internationale und europäische Verwaltungen die Frage nach der Zusammensetzung und den Eigenschaften des Personals, da dieses eigene Problemvorstellungen und Interessen einbringen kann und damit das Handeln und den Inhalt von Entscheidungen europäischer Verwaltungsorganisationen maßgeblich bestimmt. Schließlich stellen sich für alle Verwaltungen, national und international, die Fragen nach der Effektivität ihres Handelns bei der Lösung politischer Probleme sowie nach der Verantwortlichkeit und der Legitimität des Verwaltungshandelns. Im Falle europäischer Verwaltungsstrukturen setzen sich politische und akademische Diskussionen nicht nur mit der Frage auseinander, mit welchen Mitteln die Verantwortlichkeit sichergestellt werden kann, sondern auch nach welchen Maßstäben – politischen oder technokratischen – die Legitimität europäischen Verwaltungshandelns beurteilt werden soll.

Arbeiten zur *institutionellen Wahl* und zum *Design* von Verwaltungsstrukturen identifizieren Faktoren, die die Einrichtung bestimmter Verwaltungsstrukturen und deren konkrete Ausgestaltung erklären. Untersuchungen des institutionellen Designs dominieren in Arbeiten zu Europäischen Agenturen und Verwaltungsnetzwerken. Ziel dieser Arbeiten ist es u. a., die politischen, strukturellen und funktionalen Bedingungen zu identifizieren, die Regierungen und EU-Organisationen dazu veranlassen, die dezentralen und mit geringeren Kompetenzen ausgestatteten Netzwerke bei der Koordination von Verwaltungshandeln den stärker zentralisierten Europäischen Agenturen vorzuziehen (Coen/Thatcher 2008; Kelemen/Tarrant 2011; Thatcher 2011). Darüber hinaus werden Erklärungen dafür angeboten, warum EU-Agenturen im Grad ihrer Unabhängigkeit und Ressourcenausstattung variieren (Hanretty/Koop 2012; Wonka/Rittberger 2010). Für die Kommission wurden allgemeine Fragen zum institutionellen Design der Organisation vor allem in integrationstheoretischen Arbeiten behandelt (Moravcsick 1998; Pollack 1997).

Ausgangspunkt der Forschungsarbeiten, die sich mit der *Zusammensetzung* und den *Einstellungen* des Verwaltungs- und (politischen) Leitungspersonals dieser Organisationen auseinandersetzen, ist die Überlegung, dass die Einstellungen und Interessen des Personals das Handeln europäischer Verwaltungsorganisationen nicht unerheblich beeinflussen. Wie die Mitarbeiter die von ihnen zu bearbeitenden Aufgaben definieren und welche Rolle dabei nationale bzw. EU-Perspektiven und Interessen spielen, wird durch deren Arbeit in einem europäischen Verwaltungszusammenhang aber gerade auch von deren früheren Tätigkeiten und ihrer nationalen Herkunft beeinflusst. Auch deshalb legen die Mitgliedstaaten der EU Wert darauf, dass „ihre" Mitarbeiter in allen europäischen Verwaltungsorganisationen vertreten sind. Umfangreiche Arbeiten hierzu liegen für das Verwaltungspersonal (Egeberg 1996; Hooghe 2001, 2005, 2012; Trondal 2007, 2008; Suvaveirol 2008; Bauer/Ege 2012) und die politische Leitungsebene (Döring 2007; Franchino 2009; McMullen 1997; Wonka 2007, 2008) der Europäischen Kommission vor. Aber auch das Personal in den Verwaltungseinheiten (Trondal/Jeppesen 2008; Wonka/Rittberger 2011) und Aufsichtsgremien europäischer Agenturen und in Komitologie-Ausschüssen (Joerges/Neyer 1997; Blom-Hansen/Brandsma 2009) wurde bereits auf diese Eigenschaften hin untersucht (Busuioc 2012).

Marginalia:
Institutionelle Wahl und Design

Verwaltungspersonal

Handeln in den
Phasen des
Politikzyklus

Zahlreiche Arbeiten setzen sich zudem mit dem *Handeln* der in diesem Band behandelten Verwaltungsorganisationen in den unterschiedlichen Phasen des Politikzyklus auseinander, wobei dem Handeln der Kommission in der frühen Phase von EU-Entscheidungsprozessen besonders umfangreiche Aufmerksamkeit geschenkt wird (Pollack 2003; Thomson 2011). Die Anzahl der empirischen Forschungsarbeiten, die untersuchen, wie Europäische Agenturen und Verwaltungsnetzwerke ihre Aufgaben wahrnehmen und welche Effekte dies auf den Inhalt von Entscheidungen und auf die Qualität der Umsetzung europäischer Entscheidungen hat, ist hingegen begrenzt (Gehring/Krapohl 2007; Groenleer et al. 2010; Krapohl 2004). Auch zum Handeln in den Komitologie-Ausschüssen liegen Untersuchungen vor, die vor allem der Frage nachgehen, in welchem Verhältnis sach- und interessenorientierte Auseinandersetzungen in diesen Ausschüssen stehen und ob Komitologie-Ausschüsse folglich eher als sachliche Problemlöser oder Überwachungsinstrumente der Mitgliedstaaten gesehen werden sollten (Joerges/Neyer 1997; Töller 2002; Blom-Hansen/Brandsma 2009). Zudem gehen auch Arbeiten zu europäischen Verwaltungsnetzwerken auf einzelne Aspekte des Handelns in diesen ein. Im Vordergrund steht wie bei den Europäischen Agenturen allerdings häufig die Frage nach dem institutionellen Design bzw. dem eigenständigen Einfluss von Verwaltungsnetzwerken auf die Umsetzung europäischer Politiken (Coen/Thatcher 2008; Eberlein/Grande 2005; Kelemen/Tarrant 2011; Maggetti/Gilardi 2011).

Effektiv und legitim?

Schließlich werden die europäischen Verwaltungsstrukturen regelmäßig daraufhin untersucht, ob sie die ihnen zugedachten Funktionen effektiv erfüllen und ob ihr Handeln hinreichend legitimiert ist. Dabei ist es keineswegs unumstritten, nach welchen Maßstäben und mit welchen Mitteln das Handeln der Kommission und der anderen hier betrachteten Organisationen legitimiert werden sollte. Während sich manche Autoren für eine politische Legitimierung europäischer Verwaltungsorganisationen durch deren direkte Rückbindung an gewählte Vertreter aussprechen (Føllesdal/Hix 2006; Moravcsik 2002; Wonka/Rittberger 2011), befürworten andere deren Unabhängigkeit von politischen Vertretern. Aus Sicht der Vertreter einer technokratischen Legitimierung europäischen Verwaltungshandelns soll das Verwaltungshandeln nicht durch politische Rückbindung, sondern durch die Verantwortlichkeit gegenüber anderen Experten und funktionalen Eliten sichergestellt werden (Bovens 2007; Bovens et al. 2010; Busuioc 2009; Majone 2000; Wonka/Rittberger 2011). Die folgenden Kapitel zeigen, dass die normativen Anforderungen, an denen das europäische Verwaltungshandeln gemessen wird, nicht nur zwischen den verschiedenen Organisationen variieren, sondern dass unterschiedliche Autoren durchaus unterschiedliche normative Maßstäbe für ein und dieselbe Organisation formulieren.

Aufbau des Buches

Die Kapitel zu den in diesem Buch behandelten europäischen Verwaltungsstrukturen – die Europäische Kommission (Kapitel 3), Komitologie-Ausschüsse (Kapitel 4), EU-Agenturen (Kapitel 5) und europäische Verwaltungsnetzwerke (Kapitel 6) – behandeln alle dieselben Aspekte: Nach einer knappen Darstellung der Entstehung und Entwicklung der jeweiligen Organisationen werden deren Grundstrukturen und zentralen organisationalen Eigenschaften dargestellt. Die

Strukturen und das Handeln europäischer Verwaltungsorganisationen werden dann aus der Perspektive unterschiedlicher positiver und normativer Theorien diskutiert und im Rahmen von Fallstudien detaillierter besprochen. Obwohl die Kapitel gleich aufgebaut sind, unterscheiden sie sich in ihrer jeweiligen Schwerpunktsetzung. Diese Unterschiede spiegeln nicht zuletzt unterschiedliche Forschungsschwerpunkte zu den verschiedenen Organisationen wider. Das folgende Kapitel 2 führt in die historischen und institutionellen Grundlagen der Europäischen Union ein und stellt die theoretischen Ansätze dar, die in diesem Buch zur Analyse europäischen Verwaltungshandelns verwendet werden. Das Schlusskapitel 7 fasst zentrale Ergebnisse zusammen und geht insbesondere auf unterschiedliche allgemeine Muster ein, wie sich die verschiedenen europäischen Verwaltungsstrukturen zueinander verhalten können.

2 Grundlagen der Europäischen Union und theoretischer Rahmen

Mit diesem Kapitel möchten wir zum einen in die wesentlichen Aspekte der historischen Entwicklung der EU sowie der europäischen Institutionenordnung einführen. Zum anderen skizzieren wir die wichtigsten theoretischen Diskussionen und definieren damit zugleich den Rahmen, in dem sich die verschiedenen folgenden Kapitel bewegen.

2.1 Grundlagen der Europäischen Union

2.1.1 Historische Entwicklung der Europäischen Union

Die Geschichte der Europäischen Union (und ihrer Vorgängerorganisationen) wird in einschlägigen Lehrbüchern gern in Phasen unterteilt (Tömmel 2008: 18; Costa/ Brack 2011: 28; vgl. auch: Pollack et al. 2010: 5-9), wobei sich eine Unterscheidung von wenigstens fünf Phasen seit Gründung der Europäischen Gemeinschaft für Kohle und Stahl (EGKS) im Jahr 1951 bis heute etabliert hat. Zahlreiche Autoren betonen zudem, dass sich diese Phaseneinteilung aus einem doppelten Wechselspiel zwischen der Vertiefung und Erweiterung der Gemeinschaft einerseits und zwischen der supranationalen und intergouvernementalen Handlungsorientierung der zentralen Akteure der europäischen Integration (nationale Regierungen, Kommission, Europäisches Parlament) andererseits ergeben habe (Tömmel 2008: 53; Pollack 2010: 17-21). Aus der Perspektive der supranationalen Handlungsorientierung ergibt sich eine schrittweise Übertragung souveräner Rechte des Staates von der nationalen auf die supranationale, europäische Ebene ‚zwangsläufig‘, wenn das Ziel einer immer engeren wirtschaftlichen Integration zum Nutzen und Wohl aller Gemeinschaftsmitglieder erreicht werden soll (Neo-Funktionalismus). Die intergouvernementale Orientierung dagegen steht für die Ausrichtung der Akteure – vorrangig der Regierungen der Mitgliedstaaten – am Prinzip des zwischenstaatlichen Verhandelns bei Wahrung möglichst weitgehender nationaler Souveränität und Autonomie. Der grobe Überblick über die fünf Phasen der Integrationsentwicklung zeigt, was sich hinter der Annahme des doppelten Wechselspiels verbirgt. Insbesondere die Anfangsjahrzehnte sind durch eine Reihe von Schlüsselereignissen gekennzeichnet, an denen sich die Relevanz dieser Annahme verdeutlichen lässt.

Phaseneinteilung der Integrationsentwicklung

Den Beginn der europäischen Integration kann man auf das Jahr 1951 mit der Gründung der Europäischen Gemeinschaft für Kohle und Stahl (EGKS) durch Deutschland, Frankreich, Italien, Belgien, Niederlande und Luxemburg datieren. Die EGKS war die Vorgängerin aller weiteren Organisationen im Rahmen der europäischen Gemeinschaftsbildung bis hin zur heutigen Europäischen Union (EU). Mit ihrer Errichtung wurden bereits die Grundlagen für das charakteristi-

1. Phase: 1951 - 1963 Von der Gründung der EGKS zur Zollunion und gemeinsamen Agrarpolitik

sche europäische Institutionensystem aus supranationaler Exekutivbehörde (damals die ‚Hohe Behörde‘, heute die Europäische Kommission), mitgliedstaatlich
zusammengesetztem Entscheidungsorgan (Ministerrat) und repräsentativer Versammlung (heute: Europäisches Parlament) gelegt (siehe auch Kap. 3). Auf diesen
ersten Integrationsschritt folgte im Jahr 1957 mit Unterzeichnung der Römischen
Verträge durch die sechs ursprünglichen Gemeinschaftsmitglieder die Gründung
der Europäischen Atomgemeinschaft (EURATOM) und der Europäischen Wirtschaftsgemeinschaft (EWG). Ab diesem Zeitpunkt schritt die europäische Integration bis 1963 rasch voran und folgte dabei der bereits angesprochenen Logik einer
schrittweisen Souveränitätsübertragung zum Zweck der wirtschaftlichen Integration. Speziell mit der EWG wollten die sechs Gründerstaaten einen gemeinsamen
Wirtschaftsraum ohne Binnenzölle und mengenmäßige Beschränkungen für den
Handel innerhalb dieser Gemeinschaft verwirklichen (Wonka 2008: 23ff.). Daher
waren sie in dieser ersten Phase der europäischen Integration zur Abgabe einer
Reihe von nationalen Rechten und zur Realisierung der gemeinsamen Zollunion
bereits im Jahr 1962 sowie zur Errichtung einer Gemeinsamen Agrarpolitik im
selben Jahr bereit.

2. Phase: 1963 - 1985
Luxemburger
Kompromiss
und Politik der
Gipfeltreffen

Diese dynamische Anfangsphase ging ab 1963 in eine Phase der nationalstaatlichen Rückbesinnung und ‚Flaute‘ („the doldrums era", Pollack 2010: 19)
über, die bis 1985 währte. Vorbehalte des damaligen französischen Staatspräsidenten Charles de Gaulle gegen die Ausweitung der Mehrheitsregel bei Entscheidungen im Ministerrat führten ab 1963 zunächst zur Blockade von Gemeinschaftsent-
scheidungen – zum Ausdruck des Widerstands gegen die verstärkte Anwendung
der Mehrheitsregel erschienen französische Minister nicht mehr zu Sitzungen des
Ministerrates (‚Politik des leeren Stuhls‘) – und schließlich ab 1966 zu einer deutlichen Verlangsamung der gemeinsamen Entscheidungsfindung. Diese war fortan geprägt durch den von de Gaulle durchgesetzten Luxemburger Kompromiss.
Hiermit erhielt im Rahmen einer informellen Vereinbarung jeder Mitgliedstaat ein
Veto-Recht im Rat, was die Entscheidungsfindung deutlich erschwerte.

Die nationalstaatliche Rückbesinnung kam aber nicht nur in dieser endoge-
nen Entwicklung der Gemeinschaft zum Ausdruck. Sie wurde auch deutlich an
der ersten Erweiterungsrunde der EG im Jahr 1973. Mit Irland, Dänemark, insbesondere jedoch dem Vereinigten Königreich nahm die EG Staaten auf, die einer
über das für den funktionierenden Waren- und Güteraustausch notwendige Maß
hinausreichenden Vergemeinschaftung bereits zum damaligen Zeitpunkt skeptisch gegenüber standen. Und schließlich war die Rückkehr der Mitgliedstaaten
auf nationalstaatliche Interessenpositionen nicht zuletzt der Tatsache geschuldet,
dass die westeuropäischen Staaten wie die anderen entwickelten Industrienationen
ab 1973 nach dem ersten Ölpreisschock das vorläufige Ende der konjunkturellen
Blüte der Nachkriegszeit erlebten und sich mit den Herausforderungen des wirtschaftlichen Strukturwandels und steigenden Arbeitslosenzahlen konfrontiert sahen. Die Errichtung des Europäischen Fonds für regionale Entwicklung (EFRE),
die Einführung einer europäischen Regionalpolitik und die Neuausrichtung des
schon 1957 geschaffenen Europäischen Sozialfonds (ESF) als gemeinschaftliches
Instrument für Maßnahmen der Arbeitnehmerqualifizierung und Beschäftigungs-

förderung (Tömmel 2008: 24) stellten zwar eine gemeinschaftliche Reaktion auf diese gemeinsamen Probleme dar. Auch die Aufwertung des Europäischen Parlaments durch die ersten direkten Europawahlen 1979 war ein Signal in Richtung Stärkung der Gemeinschaft. Nichtsdestotrotz blieben die wichtigen fiskal- und sozialpolitischen Kompetenzen fest in den Händen der Mitgliedstaaten. Eine Souveränitätsübertragung in diesen zentralen Feldern nationaler Politik war nicht vorgesehen. Bis Mitte der 1980er Jahre gingen die Regierungen lediglich mehr und mehr dazu über, ihre Entscheidungen zu koordinieren (Hooghe/Marks 2008: 161). Die Dominanz der intergouvernementalen Logik manifestierte sich in dieser Phase auch darin, dass der Europäische Rat der Staats- und Regierungschefs ab 1973 zu einer ständigen – wenngleich informellen – Einrichtung erhoben wurde. Er trat seither zweimal im Jahr zu intergouvernementalen Gipfeltreffen oder Konferenzen zusammen, erhielt allerdings erst seit dem Inkrafttreten des Vertrags von Lissabon im Dezember 2009 den Status eines EU-Organs.

Ab 1985 wendete sich das Blatt zugunsten einer Verstärkung der supranationalen Integrationsbewegung. Manche Autoren begründen dies u. a. mit dem Antritt einer starken Europäischen Kommission unter der Führung des neu ernannten Kommissionspräsidenten Jacques Delors (Tömmel 2008: 28). Diese dritte Phase des europäischen Einigungsprozesses ist gekennzeichnet durch die Verabschiedung des Binnenmarktprogramms mit der Einheitlichen Europäischen Akte (EEA, verabschiedet 1986, in Kraft getreten 1987), bemerkenswerte Fortschritte bei der Reform des Institutionensystems und vor allem durch die Verabschiedung des Vertrages über die Europäische Union (EU-Vertrag, Vertrag von Maastricht), mit dem die Staats- und Regierungschefs der Mitgliedstaaten im Jahr 1992 insbesondere die stufenweise Errichtung der Wirtschafts- und Währungsunion auf den Weg brachten (er trat 1993 in Kraft).

3. Phase: 1985 - 1994 Binnenmarktprogramm, EEA und Vertrag von Maastricht

Am Ausgangspunkt dieser dritten Integrationsphase Mitte der 1980er Jahre stand die EG vor großen, in erster Linie ökonomischen Herausforderungen. Die Gemeinschaft hatte sich mittlerweile mit dem Beitritt Griechenlands 1981 abermals vergrößert (1986 traten Spanien und Portugal bei). Vor dem Hintergrund dieser Süderweiterung verschärften sich die ökonomischen und sozialen Unterschiede innerhalb der Gemeinschaft noch, die im Zuge der Stahlkrise Ende der 1970er Jahre und des allgemeinen wirtschaftlichen Wandels ohnehin strukturell heterogener geworden war. Diese Situation nahm die neue Kommission, teils im Konzert mit den Mitgliedstaaten, als Ausgangspunkt für zwei Integrationsinitiativen: erstens die Initiative zur Verstärkung der wirtschaftlichen Integration und endgültigen Verwirklichung des europäischen Binnenmarktes und zweitens eine Initiative zur verstärkten politischen Integration durch institutionelle Reformen. Um die Binnenmarkt-Realisierung zu beschleunigen, legte die Kommission, der Aufforderung der Staats- und Regierungschefs auf ihrem Gipfeltreffen in Mailand 1985 folgend, im Jahr 1985 ein unter der Leitung des britischen Kommissars für Binnenmarkt, Steuerpolitik und Handel, Lord Cockfield, erarbeitetes Weißbuch („Europa 1992") vor, in dem sie alle Maßnahmen benannte, die zur Beseitigung der bestehenden Hemmnisse für die „vier Freiheiten" (freier Waren-, Personen-, Dienstleistungs- und Kapitalverkehr) und zur Harmonisierung der mitgliedstaatlichen Regelsysteme in einzelnen Wirtschaftsbereichen notwendig waren (insgesamt waren hierzu Entwürfe für etwa 300 Richtlinien und Verordnungen zu erstellen).

War über die Notwendigkeit dieses Binnenmarktprogrammes zwischen den Regierungen der Mitgliedstaaten (nicht zuletzt angesichts des Drucks der heimischen Wirtschaftsverbände) einigermaßen rasch Übereinstimmung herzustellen, so schien ein Konsens über das Vorhaben der verstärkten politischen Integration weniger einfach zu erreichen. Umso erstaunlicher war es, dass die eigens zu diesem Projekt 1986 einberufene Regierungskonferenz im Ergebnis mit der Einheitlichen Europäischen Akte (EEA) ein Dokument von großer Tragweite beschloss. So legte die EEA u. a. die Einführung der (qualifizierten) Mehrheitsentscheidung im Rat für eine Reihe von Politikbereichen im Zusammenhang des Binnenmarktes fest, erweiterte die Beteiligungsbefugnisse des Europäischen Parlaments im Rahmen des europäischen Gesetzgebungsprozesses durch die Einführung des Kooperationsverfahrens, stärkte die Rolle der Europäischen Kommission als grundsätzlich für die Durchführung europäischer Regelungen verantwortliche Exekutivinstanz und baute das Spektrum der Gemeinschaftskompetenzen weiter aus (u. a. in den Bereichen Technologiepolitik, Umweltpolitik, Regionalpolitik).

Im ,Fahrtwind' des Binnenmarktprojektes kam es schließlich im Jahr 1992 anlässlich einer neuerlichen Regierungskonferenz zur Unterzeichnung des Maastrichter Vertrages (der Vertrag trat am 1. November 1993 in Kraft). Neben weiteren institutionellen Reformen und der Neuorganisation der Gemeinschaft – diese wurde zur Europäischen Union und erhielt ihre bis 2009 bestehende 3-Säulen-Struktur mit der supranational geregelten Europäischen Gemeinschaft als erster Säule (Gemeinschaftspolitiken) und der Gemeinsamen Außen- und Sicherheitspolitik (GASP) sowie der Polizeilichen und Justiziellen Zusammenarbeit in Strafsachen (PJZS) als den beiden intergouvernemental geregelten weiteren Säulen – bewirkte der Vertrag von Maastricht vor allem den Einstieg in die Wirtschafts- und Währungsunion (WWU). Die WWU war als ,Krönung' des gemeinsamen Binnenmarktes gedacht. Am Ende dieser dritten Phase war der europäische Einigungsprozess schließlich so weit vorangeschritten, dass die EU in nahezu allen nationalen Politik- und/oder Aufgabenbereichen über eigene Kompetenzen verfügte oder aber – über die Kommission – eigene Initiativen ergreifen konnte (Börzel 2005; Leuffen et al. 2013: 20-22). Damit war aus der ursprünglich funktional eingegrenzten Gemeinschaft bis spätestens Mitte der 1990er Jahre das eigenständige politische System der EU entstanden. Der Begriff Mehrebenensystem beschreibt in diesem Zusammenhang sowohl die Vielschichtigkeit der verschiedenen territorialen Ebenen als auch die Interaktion vielfältiger, privater und öffentlicher Akteure (Marks et al. 1996).

4. Phase (1995 - 2004) Orientierungs- losigkeit: Vertrags- revisionen im Vorfeld der Osterweiterung

Die daran anschließende vierte Phase der Integration war von diesem Ausgangspunkt aus durch ein Nebeneinander supranationaler und intergouvernementaler Entwicklungsschübe gekennzeichnet. Sie stand dabei einerseits unter dem Vorzeichen der institutionellen Vorbereitung der EU auf die große Osterweiterung und war andererseits auch bereits durch den wachsenden internen Reformdruck und die Suche nach gemeinsamen politischen Antworten auf das Problem des Demokratiedefizits gekennzeichnet. Eingeleitet wurde die vierte europäische Einigungsphase im Jahr 1995 mit der Erweiterung der EU um Schweden, Finnland und Österreich. Ab der zweiten Hälfte der 1990er Jahre setzte der Prozess der Vorbereitung des EU-Institutionensystems auf die mittelfristige Aufnahme der mittel- und osteuropäischen Staaten ein. Diese traten nach dem Ende des Ost-West-Konflikts in politische und wirtschaftliche Transformationsprozesse ein und empfahlen sich in diesem Zusammenhang als Beitrittskandidaten der EU. Die in diesem Zusammenhang einberufenen Regierungskonferenzen von Amsterdam 1997 und Nizza 2000 führten zwar zu neuerlichen Revisionen des EU-Vertrags, brachten dabei allerdings nicht die erhofften institutionellen und prozeduralen Vereinfachungen. Der Vertrag von Amsterdam bedingte, unter anderem mit der Einführung der europäischen Beschäftigungspolitik, in erster Linie eine abermalige Ausdehnung des europäischen Kompetenzspektrums und der Vertrag von Nizza regelte die Stimmgewichtung bei Mehrheitsentscheidungen im Rat neu und erweiterte die Möglichkeiten zur Beschlussfassung im Rat mit qualifizierter Mehrheit sowie zur Anwendung des Mitentscheidungsverfahrens zwischen Rat und Parlament (Tsebelis/Garrett 2000: 14). Tragfähige Lösungen zur Vorbereitung des europäischen Institutionensystems auf die Erweiterung um mehr als zehn neue Mitglieder bot aus Expertensicht keiner der beiden Verträge (Costa/Brack 2011: 221). Im Kontext des Nizza-Vertrags unternahmen die Mitgliedstaaten allerdings einen Schritt in Richtung eines zaghaften Ausbaus des Staatscharakters der EU. So proklamierten die Staats- und Regierungschefs anlässlich dieser Konferenz die europäische Grundrechtecharta, die als Kern einer zukünftigen europäischen Verfassung dienen sollte, im Jahr 2000 jedoch nicht formal in den EU-Vertrag integriert wurde. Die Grundrechtecharta war erstmals nicht auf dem üblichen intergouvernementalen Weg zur Vorbereitung von Regierungskonferenzen erarbeitet, sondern von einem eigens zu diesem Zweck eingesetzten Konvent aus nationalen und EU-Parlamentariern entworfen worden.

Diese ‚Konventsmethode' stellte in mehrfacher Hinsicht eine bedeutende Verfahrensneuerung im Zusammenhang der institutionellen und politischen Reform der EU dar. Zum einen gewährleistete sie eine gegenüber den bisherigen Verfahren erhöhte Legitimität der Beschlussfassung und zum anderen erlaubte sie eine Beschleunigung von Beschlüssen, da die Aufgabe der politischen Kompromissfindung außerhalb der üblichen Verfahrenswege und im Vorfeld einer Regierungskonferenz von nationalen und europäischen Mandatsträgern geleistet wurde, was es den Staats- und Regierungschefs in Nizza erschwerte, die auf diesem Weg gefundene Beschlussvorlage wieder in Frage zu stellen. Aufgrund des Erfolgs der Konventsmethode bediente sich die EU dieses Verfahrens auch in der fünften, vorläufig letzten Phase des europäischen Integrationsprozesses (Tömmel 2008: 45).

Diese fünfte Phase brach im Jahr 2004 mit dem Beitritt Polens, Ungarns, Tschechiens, Estlands, Lettlands, Litauens, Sloweniens, der Slowakei sowie Maltas und Zyperns zur EU an (im Jahr 2007 kamen noch Rumänien und Bulgarien sowie 2013 Kroatien hinzu). In ihr ging es vor allem darum, die in Amsterdam und Nizza ‚unerledigt' gebliebenen institutionellen Reformen („left overs") durchzuführen. Zu diesem Zweck versammelten sich die europäischen Staats- und Re-

5. Phase ab 2004
Auf dem Weg zur
Reform des EU-
Vertrags

gierungschefs im Oktober 2004 zu einer Regierungskonferenz in Lissabon. Hier sollte mit der Unterzeichnung des „Vertrags über die Verfassung für Europa" der sogenannte ‚Post-Nizza-Prozess' abgeschlossen und das in einer Zusatzerklärung zum Vertrag von Nizza im Jahr 2000 formulierte Versprechen der Vertragsverein-fachung und Stärkung der Demokratie formal eingelöst werden (Hellmann 2009: 3-6). Dem Treffen von Lissabon ging ein Prozess zur Vertragsvorbereitung nach dem Vorbild der Konventsmethode zur Erarbeitung der Grundrechtecharta voraus.

„Konvent zur Zukunft Europas"

So hatte der europäische Rat von Laeken bereits im Dezember 2001 einen „Konvent zur Zukunft Europas" unter dem Vorsitz des ehemaligen französischen Staatspräsidenten Valéry Giscard d'Estaing einberufen. Dieses insgesamt 105 Mit-glieder zählende Gremium[6] legte, seinem Auftrag entsprechend, im Juli 2003 den „Entwurf eines Vertrags über eine Verfassung für Europa" vor. Hierin vorgesehen waren weitreichende institutionelle Reformen der EU (u. a. Reduzierung der Zahl der Europäischen Kommissare auf 15, Wahl des Kommissionspräsidenten auf Vorschlag des Rates durch das Europäische Parlament, Einführung einer 2½-jäh-rigen festen Ratspräsidentschaft, radikale Veränderung des Abstimmungsmodus im Rat zugunsten einer generalisierten Abstimmung mit absoluter Mehrheit, Schaffung der Position eines EU-Außenministers, Anerkennung des Europäischen Parlaments als voll gleichberechtigtes Organ im europäischen Gesetzgebungsver-fahren, Aufhebung der Säulenstruktur der EU) sowie eine klare Abgrenzung der europäischen von nationalen Kompetenzen (s. u.). Ein Kernstück des Entwurfs bildete schließlich die europäische Grundrechtecharta, die nach dem Willen des Konvents unverändert in den Verfassungsvertrag integriert werden sollte, als kla-res Signal des Willens der Mitgliedstaaten, Bürgernähe, Transparenz und Demo-kratie zu stärken und der Union einen quasi-staatlichen Charakter zu verleihen.

Intergouvernementale Kompromissbildung

Der Konventsentwurf erfuhr im Vorfeld der Regierungskonferenz von 2004 einige einschneidende Veränderungen (Herauslösung der Grundrechtecharta aus dem geplanten Vertragswerk, 2½-jährige Präsidentschaft nur im Europäischen Rat, Reduzierung der Zahl der Kommissare um ein Drittel der Zahl der Mitglied-staaten ab 2014, erforderliche Mindeststimmenzahl bei Mehrheitsentscheidungen im Rat von 15 Stimmen nationaler Regierungen, die zusammen zugleich min-destens 65 Prozent der europäischen Gesamtbevölkerung repräsentieren müssen). Gleichwohl unterzeichneten die europäischen Staats- und Regierungschefs mit dem „Vertrag über die Verfassung für Europa" im Jahr 2004 ein Dokument von erstaunlicher Reformtragweite. Das letztlich ausgehandelte Vertragswerk konnte allerdings nicht in Kraft treten, da seine Ratifizierung an negativen Referenden in Frankreich und den Niederlanden 2005 scheiterte, was die Union zunächst in eine schwere Sinnkrise zu stürzen schien.

Vertrag von Lissabon

Im Dezember 2007 gelang es den europäischen Staats- und Regierungschefs anlässlich einer zweiten Regierungskonferenz in Lissabon jedoch, eine pragmati-sche, von jeglichen Symbolen einer europäischen Staatlichkeit befreite Vertrags-version zu unterschreiben. Diese bildet gleichwohl die Grundlage für eine insti-

---

6   Neben 15 Vertreten der mitgliedstaatlichen Regierungen, 30 Vertretern der nationalen Parlamente sowie 16 Abgeordneten des Europäischen Parlaments gehörten dem Konvent zur Zukunft Europas außerdem nationale Regierungsvertreter und Parlamentarier aus den Beitrittsländern an.

tutionelle Vereinfachung und weitergehende supranationale Vergemeinschaftung, indem sie die 3-Säulen-Struktur des ursprünglichen EU-Vertrags auflöst, der erneuerten EU eine eigene Rechtspersönlichkeit einräumt (Art. 47 EUV) und einen großen Teil der Vorschläge des Konvents zur Zukunft Europas in modifizierter Form aufgreift (Hellmann 2009: 1-3 u. 12-14). Dieser „Vertrag von Lissabon", der sich in zwei Teile untergliedert – den „Vertrag über die Europäische Union" (EUV) und den „Vertrag über die Arbeitsweise der Europäischen Union" (AEUV) –, trat im Anschluss an seine Ratifizierung im Dezember 2009 in Kraft und regelt seither die Ordnung der EU der inzwischen 28 Mitgliedstaaten.

Mit der skizzierten institutionellen Entwicklung haben sich – dies wird im Weiteren gezeigt werden – auch die Rahmenbedingungen, unter denen heute Verwaltungen in der EU arbeiten, erheblich verändert.

2.1.2 Institutionelle Grundstruktur der Europäischen Union

Veränderung, dies wird beim Blick auf die gerade nachgezeichnete historische Entwicklung deutlich, ist das wesentliche Grundmerkmal der Europäischen Union und ihrer Vorgängerorganisationen. Dies gilt sowohl hinsichtlich der territorialen Ausweitung der EU als auch mit Blick auf Veränderungen der Organisationen, Entscheidungsverfahren und Regelungskompetenzen (Wallace et al. 2010: 4). Insbesondere seit Verabschiedung der Einheitlichen Europäischen Akte wurde mit jeder Regierungskonferenz der Vertrag geändert; es wurden neue Kompetenzen eingefügt oder bestehende verändert, neue Organisationsstrukturen geschaffen oder bestehende modifiziert, das Aufgabenspektrum der einzelnen Organisationen (Europäisches Parlament, Europäischer Rat, Rat, Kommission, Europäischer Gerichtshof, Gericht Erster Instanz, Europäische Zentralbank, Rechnungshof) erweitert oder modifiziert, neue Verfahren, wie das Mitentscheidungsverfahren, etabliert oder schon bestehende Verfahren abgeändert und/oder auf weitere Bereiche angewendet. Zwar ist in der Literatur immer wieder vom „institutionellen Gleichgewicht" der Europäischen Union zu lesen (z. B. Hix/Høyland 2011). Angesichts der Allgegenwart von Veränderungen handelt es sich allerdings eher um ein beständiges Ausbalancieren von nationalen ökonomischen und politischen Interessen, die eng mit dem institutionellen Gefüge der Union verwoben sind und seine Weiterentwicklung zugleich geprägt haben. Auch für die europäischen Verwaltungsstrukturen, die als solche bislang weniger im Fokus der Aufmerksamkeit der Europaforschung standen, gilt diese Allgegenwart von Veränderung (Hofmann 2008: 669). Insbesondere die zunehmende Vergemeinschaftung verschiedener Politikbereiche führte zu einer Ausweitung und Ausdifferenzierung der Verwaltungsstrukturen, wie in den verschiedenen Kapiteln dieses Bandes deutlich wird.

Die bekanntesten und in unserem Zusammenhang wichtigsten Organisationen der EU sind:

- die Europäische Kommission als organisatorischer Kern der EU-Verwaltung und oberstes Exekutivorgan – gewissermaßen die ‚Regierung' – der Union; sie besitzt das Initiativmonopol für die Gesetzgebung;

Veränderung als Grundmerkmal der EU

Kernorganisationen des politischen Systems der EU

- der Rat, der sowohl Aufgaben der politischen Führung als auch legislative Aufgaben wahrnimmt (zu unterscheiden ist der Rat vom Europäischen Rat: Der Europäische Rat ist die Versammlung der Regierungschefs, in dem eher die großen Leitlinien der europäischen Politik festgelegt werden, während im Rat als „Ministerrat" in unterschiedlichen fachlichen Zusammensetzungen [z. B. Agrarrat oder Umweltrat] die Fachminister der Mitgliedstaaten zusammentreten und sowohl exekutive als auch legislative Aufgaben wahrnehmen);
- das in (parteipolitisch organisierte) Fraktionen gegliederte Europäische Parlament, das heute über das Mitentscheidungsverfahren (eingeführt 1993, seit 2009: „Ordentliches Gesetzgebungsverfahren") an etwa zwei Dritteln aller Gesetzgebungsverfahren mit Veto-Recht beteiligt ist und darüber hinaus im Rahmen des Konsultationsverfahrens an der europäischen Rechtsetzung partizipiert; zudem entscheidet das EP seit 1979 gemeinsam mit dem Rat über den nichtobligatorischen und seit 2009 auch über den obligatorischen Teil des EU-Haushaltes;
- der EuGH, der als oberster Gerichtshof zwischen diesen Organen vermittelt oder sie in ihre Schranken weist und mit seinen Entscheidungen zur (Nicht-) Umsetzung europäischen Rechts in den Mitgliedstaaten in der Vergangenheit immer wieder wichtige Impulse für den Fortschritt des Integrationsprozesses geliefert hat und inzwischen durch das Gericht der EU (früher Gericht Erster Instanz) unterstützt wird.

Entwicklung zum parlamentarischen Regierungssystem?

Mit dieser politisch-administrativen Kernstruktur ist die Europäische Union weder klar gewaltenteilig organisiert (der Rat und bedingt auch die Kommission nehmen beide sowohl exekutive als auch legislative Funktionen wahr), noch entspricht sie klar dem Typus eines parlamentarischen oder gar eines präsidentiellen Regierungssystems. In der Literatur über die Institutionenordnung ist viel über die Frage diskutiert worden, ob sich das politische System der EU auf seiner supranational-europäischen Ebene stärker in Richtung eines ‚normalen' parlamentarischen Regierungssystems weiterentwickelt, in dem die Regierung aus der politischen Mehrheit im Parlament hervorgeht und mit dieser die politisch handelnde „Regierungsmehrheit" bildet (Tsebelis/Garrett 2000: 30-31). Die Stärkung der Befragungs- und Bestätigungsrolle des Parlaments in den Verfahren zur Bestellung der Kommission (Art. 17 EUV), die Berücksichtigung der parteipolitischen Zusammensetzung des Parlaments durch den Europäischen Rat bei der Formulierung eines Vorschlags zur Benennung des Kommissionspräsidenten (Art. 17 EUV) sowie auch die Möglichkeit eines Misstrauensantrags des Parlaments gegenüber der Kommission (Art. 234 AEUV) weisen in diese Richtung.[7] Allerdings folgt die Zusammensetzung der Kommission bislang kaum parteipolitischen Mustern,

---

7 Der 2009 in Kraft getretene Vertrag von Lissabon regelt in seinem Art. 1, dass die bis dahin gültigen Verträge, der Vertrag über die Europäische Union und der Vertrag zur Gründung der Europäischen Gemeinschaft, durch zwei neue Verträge, den *Vertrag über die Europäische Union* (EUV) und den *Vertrag über die Arbeitsweise der Europäischen Union* (AEUV), ersetzt werden. Der EUV und der AEUV, dies wird auch in Art. 1 EUV festgehalten, bilden seither gemeinsam die formale Grundlage der Europäischen Union; sie sind heute (2014) in ihren jeweils konsolidierten Fassungen vom 26.10.2012 gültig.

ungeachtet der Tatsache, dass der Parteienkonflikt im Europäischen Parlament mittlerweile (neben den immer noch bestehenden national strukturierten Konflikt-linien) die wichtigste Konfliktlinie darstellt (Hix et al. 2007; Pollack 2010: 31). Die Kommission ist also (noch) keine Regierung, die an einer parlamentarischen Mehrheit hängt, sondern (immer noch) eine Instanz, deren Zusammensetzung in vielerlei Hinsicht durch den Einfluss der Mitgliedstaaten geprägt bleibt (vgl. Won-ka 2007, 2008b; siehe Kap. 3). Allerdings sind die europäischen Parteien (EVP, SPE, ALDE und Grüne) inzwischen einen Schritt weiter gegangen und haben be-schlossen, in den Europa-Wahlkampf 2014 mit je einem Spitzenkandidaten zu zie-hen, der als Kandidat für das Amt des Kommissionspräsidenten vorgestellt wird.[8]

2.1.3 Die Europäische Union als Rechtsgemeinschaft

Nur wenn man die Natur der Europäischen Union als Rechtsgemeinschaft kennt, werden ihre Entwicklung und das sich wandelnde Verhältnis zu ihren Mitglied-staaten verständlich. Der Europäische Gerichtshof hat in diesem Zusammenhang mit seiner vielfach integrationsfreundlichen Rechtsprechung stets eine bedeutende Rolle gespielt, indem er den europäischen Rechtsraum durch ‚intelligent harmoni-sierende‘ Entscheidungen einerseits kohärenter gemacht und andererseits zugleich häufig auch ‚autonomieschonend‘ (Scharpf 1993) geurteilt hat.

Integrationsfördernde Rolle des EuGH

Insbesondere während der zweiten Phase der Integrationsentwicklung von An-fang der 1960er bis Mitte der 1980er Jahre, also in einer Zeit, als der politische und der wirtschaftliche Einigungsprozess erstmals stagnierte, machte die rechtliche Integ-ration durch die Rechtsprechung des EuGH große Sprünge (Wonka 2008: 25). In die-sem Zeitraum begründete der EuGH mit den legendären Urteilen Van Gend en Loos (1962, EuGH Rs. 26/62) und Costa v E.N.E.L. (1964, EuGH Rs. 6/64) die Prinzipien der direkten Anwendbarkeit und des Vorrangs des europäischen Rechts gegenüber nationalem Recht. Diese Durchbrechung der Grundprinzipien des internationalen Rechts konnten die Mitgliedstaaten nur akzeptieren, weil ihre Exekutiven wesentlich an der Entstehung europäischen Rechts beteiligt sind (Hofmann 2008: 664).

Integrations-fortschritte durch europäische Rechtsprechung

Es war zudem auch die EuGH-Rechtsprechung, die im Cassis de Dijon-Ur-teil von 1979 (EuGH Rs. 120/78) ein weiteres wesentliches Prinzip entwickelte, das dann mit der Einheitlichen Europäischen Akte (EEA) aufgegriffen wurde: das Prinzip der gegenseitigen Anerkennung. Diesem Prinzip zufolge müssen die Mit-gliedstaaten regulative Entscheidungen und warenspezifische Regelungsstandards unter Berücksichtigung bestimmter Einschränkungen wechselseitig anerkennen, solange kein harmonisiertes europäisches Recht zu dem jeweiligen Gegenstand besteht (Burley/Mattli 1993; Young 2010: 64). Nach der Einschätzung verschie-dener Autoren stellt Cassis de Dijon einen Wendepunkt dar und greift in das her-gebrachte Prinzip des territorialen Rechts sogar noch fundamentaler ein, als die zuvor getroffenen Entscheidungen zur direkten Anwendbarkeit und dem Vorrang des europäischen Rechts (Hofmann 2008: 665).

Cassis de Dijon-Urteil 1979

---

8 www.euractiv.de/wahlen-und-macht/artikel/rennen-um-evp-vorsitz-eroeffnet-007971, Zugriff am 04.09.2013.

,Autonomieschonen-
de' Rechtsprechung
des EuGH

Der EuGH hat allerdings mit seinen Entscheidungen nicht nur einseitig in Richtung einer Vertiefung der Integration hingewirkt, sondern gerade in den Fällen europäischer (De-) Regulierungstätigkeit, in denen etwa im Bereich des Umweltschutzes oder auch des Verbraucherschutzes hohe nationale Schutzstandards durch EU-Recht in Frage gestellt wurden, zugunsten der nationalen Rechtsordnungen und damit letztlich der Bürger in dem je betroffenen Mitgliedstaat entschieden (Costa/Brack 2011: 121-122); auch wurde in der jüngeren Vergangenheit häufig privatwirtschaftlichen Interessenträgern und Unternehmen der Vorzug gegenüber der Position der Kommission gegeben (Lenschow 2010: 317-318; Blauberger/ Töller 2011: 142).

2.1.4 Die Entwicklung europäischer Politiken in den Handlungsfeldern der EU

Europäische
Handlungsfelder:
Hohe Varianz und
Dynamik

Die europäischen Verwaltungsstrukturen können nur im Kontext der Handlungsfelder der EU sinnvoll betrachtet werden (Hofmann 2008: 663). Auch wenn sich die nationalstaatlichen und europäischen Handlungsbereiche in ihren Inhalten mittlerweile großflächig überschneiden, unterscheiden sich die europäischen Handlungsfelder in ihrem Zustandekommen und ihrer Gesamtkonstellation doch fundamental von den Tätigkeitsfeldern des Nationalstaates. Beim Zustandekommen der EU-Handlungsfelder gilt das Prinzip der enumerativen Einzelermächtigung, d. h. die Gemeinschaft kann – jedenfalls mit verbindlichen Maßnahmen – nur dort tätig werden, wo sie ausdrücklich über eine Kompetenz im Vertrag verfügt, die zugleich mit der Festlegung von Entscheidungsmodalitäten verbunden ist. Dabei ist die Gesamtkonstellation der europäischen Handlungsfelder durch zwei wesentliche Merkmale gekennzeichnet: zum einen unterscheiden sich in keinem anderen politischen Gebilde und insbesondere in keinem Nationalstaat die Kompetenzen, Entscheidungsverfahren und Handlungsformen so stark zwischen den einzelnen Politikfeldern (und zum Teil auch noch innerhalb derselben) wie in der Europäischen Union, und zum anderen war die Konstellation der Felder, in denen die Gemeinschaft tätig werden darf, in der Vergangenheit in einzigartiger Weise durch Veränderung und Dynamik geprägt.

Ausdehnung des
Kompetenzbereichs
der EU seit 1986

Insbesondere seit der Verabschiedung des Binnenmarktprogramms im Kontext der EEA von 1987 hat sich der Gesamthandlungsbereich der EU in mehreren Schritten enorm ausgedehnt (Wallace et al. 2010: 7; Hofmann et al. 2011: 3). Beschränkte sich die EWG der Römischen Verträge von 1957 im Wesentlichen auf eine gemeinsame Zollpolitik sowie das Projekt einer gemeinsamen Agrarpolitik, so machte das hier bereits formulierte Vorhaben des gemeinsamen Binnenmarkts bis in die 1980er Jahre wenig Fortschritte (Wonka 2008: 24). Der im EWG-Vertrag avisierte Abbau von Zöllen und Quoten zwischen den Mitgliedstaaten war bereits bis 1968 weitgehend verwirklicht, jedoch blieben darüber hinaus nationale Produkt- und Produktionsstandards bestehen und verhinderten als nicht-tarifäre Handelshemmnisse die Realisierung des Binnenmarktes. Die Einheitliche Europäische Akte bekräftigte, wie oben schon erwähnt, nicht nur das Ziel des Binnenmarktes, sie reformierte auch die Entscheidungsverfahren, legte das vom EuGH

1979 entwickelte Prinzip der gegenseitigen Anerkennung als Alternative zur mühseligen Detailharmonisierung formal fest und konkretisierte die Kompetenzen in der Wirtschaftspolitik; dabei wurden auch neue Kompetenzen in den Bereichen der wirtschaftlichen Zusammenarbeit, der Forschung und Technologie sowie der Umweltpolitik und der Regionalpolitik eingeführt (Wonka 2008: 26). Der Maastrichter Vertrag begründete sodann weitere Gemeinschaftskompetenzen in den Bereichen Bildung und Ausbildung, Kultur, Gesundheitswesen, Verbraucherschutz, Transeuropäische Netze (i. e. spezifische Aspekte von Verkehrspolitik) und Industriepolitik (Wonka 2008: 27). 1997 wurde die Asyl- und Ausländerpolitik aus der intergouvernementalen Säule in die Gemeinschaftssäule überführt, das Maastrichter Sozialprotokoll in den EG-Vertrag übernommen und zudem Kompetenztitel für eine europäische Beschäftigungspolitik sowie die Zusammenarbeit im Zollwesen in den Vertrag aufgenommen (Wonka 2008: 28).

Heute werden die Kompetenzen zur Markschaffung, die im Prozess der europäischen Aufgabenerweiterung bis Mitte der 1990er Jahre gegenüber den Kompetenzen zur Marktzähmung klar überwogen, in großem Umfang durch marktregulierende Kompetenzen flankiert. Diese sind etwa in den Bereichen der Sozialpolitik, der Umwelt-, Gesundheits- oder Verbraucherschutzpolitik angesiedelt (Wonka 2008: 28) und haben gegenüber den ‚klassischen‘ Deregulierungskompetenzen der Union häufig einen ‚weicheren‘ Charakter: Neben der klaren Festlegung von gemeinschaftlichen formalen Schutzstandards zielen sie häufig auf prozedurale Regelungen ab, legen also z. B. Verfahren der Interessengruppenkonsultation oder -beteiligung oder auch Koordinationsverfahren zwischen den europäischen Organen und nationalen Akteuren fest (Young 2010: 127-128). *(Randnotiz: Klassische Marktschaffungs- und neue Marktzähmungskompetenzen)*

Besonders umfangreiche Kompetenzen genießt die Union (und in diesem Fall die Kommission) heute in den Bereichen der Wettbewerbspolitik (Wilks 2010; Blauberger/Töller 2011; siehe Kap. 6), der Außenhandelspolitik (Woolcock 2010; Knodt 2011; siehe Kap. 3) sowie der Agrarpolitik (Feindt 2011). Sehr stark ist die Union inzwischen auch in den Bereichen Umweltschutz, Verbraucherschutz, Energiepolitik und Finanzmarktregulierung. Allerdings sagen weder der Umfang des Kompetenzspektrums in einem Tätigkeitsfeld noch der Charakter der Regelungen, zu denen eine Gemeinschaftskompetenz die EU berechtigt, zwingend etwas über die Aktivitäten der Union in dem jeweiligen Handlungsfeld aus. Zum einen hat die Gemeinschaft bestehende Kompetenzen nicht immer gleich genutzt: Etwa in der Wettbewerbspolitik besaß sie schon früh weitgehende Befugnisse, hat von diesen aber erst seit den 1980er Jahren zunehmend Gebrauch gemacht (Blauberger/Töller 2011: 124). In anderen Bereichen hat die Gemeinschaft zum anderen auch ohne explizite Kompetenzen (gestützt auf die sogenannte „Residualkompetenz" des damaligen Art. 235 sowie auf die Binnenmarktkompetenz) einzelne Maßnahmen verabschiedet – etwa in der Regionalpolitik oder (schon in den 1970er Jahren) in der Umweltpolitik (siehe Kap. 3) oder z. B. EU-Agenturen errichtet. In den einzelnen Kapiteln finden sich z.T. noch ausführliche Ausführungen zur Entwicklung einzelner Politikfelder, so etwa zur Handels-, Agrar- und Umwelt- sowie Wettbewerbspolitik. *(Randnotiz: Europäische Handlungsfelder mit breitem Zuständigkeitsspektrum)*

Tabelle 1:   Zuständigkeit der Union

Ausschließliche Zuständigkeit
Zollunion
Festlegung der für das Funktionieren des Binnenmarkts erforderlichen Wettbewerbsregeln
Währungspolitik für die Mitgliedstaaten, deren Währung der Euro ist
Erhaltung der biologischen Meeresschätze im Rahmen der gemeinsamen Fischereipolitik
gemeinsame Handelspolitik
Abschluss internationaler Übereinkünfte, wenn diese durch Gesetzgebungsakte der Union vorgesehen sind, es notwendig ist, damit sie ihre interne Zuständigkeit ausüben kann oder soweit es gemeinsame Regeln beeinträchtigen oder deren Tragweite verändern kann
Geteilte Zuständigkeit
Binnenmarkt
Sozialpolitik hinsichtlich der in dem Vertrag genannten Aspekte
wirtschaftlicher, sozialer und territorialer Zusammenhalt
Landwirtschaft und Fischerei, ausgenommen die Erhaltung der biologischen Meeresschätze
Umwelt
Verbraucherschutz
Verkehr
transeuropäische Netze (Verkehr, Telekommunikation und Energie)
Raum der Freiheit, der Sicherheit und des Rechts
gemeinsame Sicherheitsanliegen im Bereich der öffentlichen Gesundheit hinsichtlich der im Vertrag genannten Aspekte
Forschung, technologische Entwicklung und Raumfahrt (europäische Programme unter Wahrung der Autonomie der Mitgliedstaaten)
Entwicklungszusammenarbeit und humanitäre Hilfe (unter Wahrung der Autonomie der Mitgliedstaaten)
Unterstützungszuständigkeit
Schutz und Verbesserung der menschlichen Gesundheit
Industrie
Kultur
Tourismus
allgemeine und berufliche Bildung, Jugend und Sport
Katastrophenschutz
Verwaltungszusammenarbeit

Art. 3, 4, 6 AEUV, vgl. Costa/Brack 2011: 158.

Die oben stehende, dem Lissabon-Vertrag entnommene Übersicht über die europäischen Handlungsfelder ist zum einen wichtig, um zu zeigen, dass mit Zunahme und Ausdifferenzierung der europäischen Regelungsbereiche, insbesondere in der regulativen Politik, beinahe zwangsläufig die Bedeutung der europäischen Verwaltungsstrukturen wächst (Groenleer 2011). Zum anderen hilft es zu verstehen, warum sich die europäischen Verwaltungsstrukturen, wie noch zu zeigen sein wird, innerhalb und auch zwischen den Politikfeldern ganz erheblich unterscheiden (vgl. Hofmann 2008: 669). Sehr starke Gemeinschaftskompetenzen fallen in der Regel zusammen mit zentralen Verwaltungskompetenzen der Kommission, etwa Entscheidungskompetenzen im Bereich der Fusionskontrolle, der Kartell- oder Beihilfepolitik (Hofmann et al. 2011: 260). Diese stellen aber die Ausnahme dar, weil die Mitgliedstaaten solche Kompetenzen nicht gerne abgeben, aber auch, weil die Kommission hierfür in größerem Maßstab gar keine Kapazitäten hätte. Daher ist die dezentrale Verwaltung in Form des Vollzugs der Gemeinschaftspolitiken durch nationale Verwaltungen der Normalfall (Hofmann et al. 2011: 260). Allerdings macht das europäische Recht auch eine Vielzahl von Vorgaben, wie diese nationalen Verwaltungen organisiert sein müssen. So müssen die Mitgliedstaaten für spezifische Aufgaben über bestimmte Behörden mit vorgegebenen Kompetenzen verfügen (Hofmann et al. 2011: 261). Tatsächlich ist aber die Dichotomie zwischen zentraler und dezentraler Verwaltung oder – wie es bei Hofmann, Rowe und Türk bezeichnet wird – zwischen direkter und indirekter Verwaltung in gewisser Weise überholt. Nicht nur sind (etwa mit der Komitologie) Verwaltungsstrukturen und -formen entstanden, die weder der zentralen Verwaltung durch die Kommission noch der ausschließlich dezentralen Verwaltung durch die mitgliedstaatlichen Verwaltungen entsprechen. Auch hat die Kommission z. B., in der Wettbewerbspolitik, ihr Monopol bewusst aufgegeben und nimmt Aufgaben nun im Kontext eines Verwaltungsnetzwerks wahr (Hofmann et al. 2011: 262; Blauberger/Töller 2011; siehe Kap. 6).

2.2 Konzepte und Theorien zur Systematisierung und Erklärung europäischer Verwaltungsstrukturen

Ziel dieses Lehrbuches ist, die europäischen Verwaltungsstrukturen zum einen systematisch anhand zentraler Merkmale zu beschreiben und zum anderen ihr Zustandekommen und ihre Aktivitäten zu erklären.

    In diesem Abschnitt werden zunächst positive Theorien vorgestellt, die den „Ist-Zustand" – also die Entstehung und Entwicklung europäischer Verwaltungsstrukturen – erklären. Anschließend diskutieren wir normative Theorien, die sich mit dem „Soll-Zustand" befassen, also der Frage, inwieweit die bestehenden europäischen Verwaltungsstrukturen auch Vorstellungen von demokratischer Legitimation entsprechen. Beide Male unterscheiden wir zwischen stärker funktional und stärker (macht-) politisch geprägten Theorievarianten.

Die europäischen Verwaltungsstrukturen als zu erklärendes Phänomen

2.2.1 Positive Theorien der Delegation und des Verwaltungshandelns in der Europäischen Union

2.2.1.1 Integrationstheorien: Die Rolle der Verwaltungen im Spannungsfeld von Europäischer Union und Mitgliedstaaten

Europäische Integrationstheorien

Um Kenntnis über die Rolle der Verwaltung in der Europäischen Union im Spannungsfeld der Entwicklung der europäischen Integration zu erlangen, ist es sinnvoll, die wissenschaftliche Theoriediskussion zum europäischen Einigungsprozess, die in den vergangenen 40 Jahren geführt wurde, noch einmal kurz *Revue* passieren zu lassen. Die längste Zeit über beherrschten die diversen, sukzessiven Integrationstheorien (Neo-Funktionalismus, [liberaler] Intergouvernementalismus, neuer Institutionalismus, Konstruktivismus) diese Debatte (vgl. Pollack 2010). Das Kerninteresse dieser Theorien liegt in der Identifikation von Erklärungsfaktoren, die die Dynamiken des europäischen Einigungsprozesses erfassen und hierüber seine Ergebnisse erklären.

Prägende Kontroverse zwischen Intergouvernementalismus und Neo-Funktionalismus

Zentral war hier die Kontroverse zwischen dem Intergouvernementalismus und dem Neo-Funktionalismus. Der Intergouvernementalismus, für den ursprünglich insbesondere Stanley Hoffmann (1966) stand und der später als liberaler Intergouvernementalismus vor allem von Andrew Moravcsik (1993) geprägt wurde, betrachtet die Europäische Integration als einen (speziellen) Fall der internationalen Beziehungen. Der ursprünglichen Theorie zufolge ist der europäische Integrationsprozess dadurch charakterisiert, dass die souveränen nationalen Mitgliedstaaten in seinem Verlauf keineswegs – wie dies die Neo-Funktionalisten annahmen – an Einfluss und politischer Definitionsmacht einbüßen, sondern im Gegenteil eher dadurch, dass die Integration immer nur so weit fortschreitet, wie dies im Interesse der Mitgliedstaaten ist. An diese These knüpfte ab den späten 1980er Jahren der liberale Intergouvernementalismus an, um insbesondere den Integrationsschub zu erklären, den die EG in der dritten Phase des europäischen Einigungsprozesses ab Mitte der 1980er Jahre mit der Verabschiedung des Binnenmarktprogramms und der EEA machte. Dabei argumentierte u. a. Moravcsik, dass die politische Entscheidungsfindung innerhalb der damaligen EG in erster Linie durch die zwischenstaatlichen Verhandlungen im Rat und die Durchsetzung oder das Zurückdrängen nationaler Interessen in diesem intergouvernementalen Organ der EG zustande komme. Die Schaffung neuer europäischer Organisationen und Strukturen wird im liberalen Intergouvernementalismus als notwendig erachtet, um durch mit Informations- und Sanktionsgewalt ausgestattete EU-Organe die Kooperation zwischen mitgliedstaatlichen Regierungen „glaubhaft" sicherzustellen (Moravcsik 1993).

Funktionale spill-overs?

Für eine ganz andere Interpretation des Geschehens stand der Neo-Funktionalismus (auch „Supranationalismus"), der ursprünglich vor allem von Ernst Haas (1968) und später u. a. von Wayne Sandholtz (1992) vertreten wurde. Gemäß dieser Theorie ging die europäische Integration zwar von den nationalen Mitgliedstaaten aus, gewann aber sowohl durch die Übertragung von Aufgaben und souveränen Rechten von den Mitgliedstaaten auf die Europäische Gemeinschaft als auch durch die Einrichtung genuin supranationaler Organe wie der Europäischen Kommission oder des EuGH eine Eigendynamik, in deren Verlauf die EG zu einem mächtigen eigenständigen Akteur und zukünftig möglicherweise zu einem staatlichen Gebilde auf übernationaler Ebene werden würde. Ausgehend von der ursprünglichen Übertragung nur geringer Kompetenzen in genau festgelegten Bereichen der ökonomischen Regulierung (Kohle und Stahl), so argumentieren die Neofunktionalisten, greife die Integrationsdynamik auf weitere Regelungsfelder, in denen eine Kompetenzübertragung für das Funktionieren der bereits geschaffenen gemeinschaftlichen Regelungen notwendig sei, über („funktionaler spill over"), so dass die Integration nach und nach deutlich über das hinausginge, was die Mitgliedstaaten ursprünglich wollten (Pollack 2010: 19). Der neuerliche Integrationsschub, der sich ab Mitte der 1980er Jahre vollzog, bestätigte aus Sicht der Vertreter des Neo-Funktionalismus die Geltungskraft dieser Theorie bei der Erklärung des europäischen Einigungsprozesses. Dabei wiesen die Neo-Funktionalisten insbesondere auf die aktive Rolle der supranationalen Kommission als Triebkraft und politischer Entrepreneur und die Aktivitäten (transnationaler) Interessengruppen im Zusammenhang der Verabschiedung des Binnenmarktprogramms und der EEA hin (Sandholtz/Zysman 1989: 100-101).

Der mitunter erbitterte Streit zwischen diesen beiden theoretischen Lagern fand Ende der 1990er Jahre ein Ende, als der Ansatz des europäischen Mehrebenensystems an Bedeutung gewann (Marks 1993; Marks et al. 1996; Jachtenfuchs/Kohler-Koch 1996; Grande 2000; Hooghe/Marks 2001). Die Debatte verlagerte sich von der Frage, wie die Integration zustande kommt und wohin sie führt, auf die Frage, wie die institutionelle Ordnung der Gemeinschaft am besten zu fassen sei – als Gebilde ganz eigener Art („sui generis") oder als politisches System, das sich mit den Mitteln der vergleichenden Regierungslehre untersuchen lässt (z. B. Hix 1994: 11; Marks et al. 1996; Wonka 2008b: 13f., 35). Als zentrale Charakteristika dieses europäischen Regierungssystems wurden und werden dabei seine Mehrebenenstruktur und seine Ausprägung als Verhandlungssystem angesehen (Tömmel 2008: 253). Politische Entscheidungen entstehen demnach in der Zusammenarbeit von Organisationen und Akteuren gouvernementaler und nichtgouvernementaler Natur auf verschiedenen territorialen Ebenen, von der kommunalen über die regionale, die nationale, die europäische bis hin zur internationalen Ebene. Für nationale Akteure ist die Europäische Politikebene eine Ebene, die man zur Verfolgung der eigenen politischen Ziele nutzen kann: „European politics is domestic politics by other means." (Hooghe et al. 2002: 985). Auch die Etablierung einer europäischen Verwaltungsstruktur gilt als wichtiges Charakteristikum dieses Mehrebenensystems (Tömmel 2008: 159-179; Curtin/Egeberg 2008: 639). Die komplexe Verwaltungsstruktur ist gewissermaßen typisch für das Mehrebenensystem, weil hier staatliche und nichtstaatliche Akteure auf verschiedenen Ebenen und in verschiedenen institutionellen Kontexten regelmäßig zusammenarbeiten.

Auch wenn die Zeiten der integrationstheoretischen Glaubenskriege vorbei sind, werden Intergouvernementalismus und Supranationalismus nach wie vor als idealtypische Kategorien für die Untersuchung der „Modes of Governance" innerhalb der EU (Tömmel 2008: 25-33) verwendet, um die Kompetenzverteilung

Die EU als politisches Mehrebenensystem

(Macht-) politische vs. funktionale Erklärungen

zwischen den Ebenen (macht-) politisch zu erklären sowie vorrangig durch die Mitgliedstaaten gesteuerte oder vorrangig autonom durch die Gemeinschaft bestimmte Konstellationen oder Situationen zu identifizieren (z. B. Stone Sweet/ Sandholtz 1997: 302ff.; Töller 2002: 56f.; Curtin/Egeberg 2008: 649; Wallace et al. 2010: 8; Groenleer 2011). Aus einer solchen politischen Perspektive geht es letztlich um Macht. Allerdings können damit viele Elemente gemeinschaftlicher Entscheidungsfindung nur unzureichend erfasst werden, die gerade nicht durch Autonomiebestrebungen und Zentralisierungsbestrebungen, sondern durch eine starke Experten- und Sachrationalität gekennzeichnet sind. Um diesem Dilemma zu entgehen, schlagen manche Autoren die Einführung weiterer, ergänzender Erklärungsansätze und Idealtypen europäischen Regierens vor (z. B. Pollack 2003; Blom-Hansen/Bradsma 2009). Töller beispielsweise entwickelte als weitere Kategorie europäischen Regierens einen technokratischen Idealtyp, der vorrangig auf die Bearbeitung politikfeldspezifischer Fragen nach sachlichen und professionellen Maximen abzielt (Töller 2002: 57). Solche Idealtypen und Erklärungsansätze bezeichnen wir hier als funktional.

2.2.1.2 Europäische Verwaltung und Verwaltungskontrolle aus Sicht der Prinzipal-Agenten-Theorie

Die Einrichtung von europäischen Verwaltungsstrukturen und ihre Tätigkeit stehen also immer in einem machtpolitischen Kontext. Zugleich ist ihre Errichtung und ihr Tätigwerden jedoch stets auch mit einer funktionalen Logik unterlegt: Verwaltungsstrukturen werden selbstverständlich *auch* etabliert, um den funktionalen Anforderungen der Entwicklung und der Umsetzung gemeinschaftlicher Politiken zu entsprechen (Groenleer 2011).

Eine spezifische Perspektive auf die europäischen Verwaltungsstrukturen stellt die Prinzipal-Agent-Theorie (PA-Theorie) dar. Aus der amerikanischen Public-Choice-Schule stammend und dann auf verschiedene Konstellationen der EU-Institutionenordnung angewendet, geht die PA-Theorie davon aus, dass politische Entscheidungsträger (z. B. Parlamente oder Regierungen), die als Prinzipale bezeichnet werden, nicht alle Aufgaben selbst erfüllen können und daher andere Akteure, die Agenten, mit der Durchführung beauftragen (müssen). Die PA-Theorie agiert dabei mit zwei zentralen Grundannahmen: Erstens geht sie von Verselbstständigungstendenzen des Agenten gegenüber dem Prinzipal aus („bureaucratic drift"); diese werden durch Informationsasymmetrien zwischen beiden Seiten begünstigt. Der Prinzipal ist dabei auf den Agenten, der im Regelfall über einen Informationsvorsprung verfügt, angewiesen. Daher muss der Prinzipal sich Verfahren zur Kontrolle des Agenten ausdenken. Idealtypen sind hier die gegensätzlichen Varianten der kontinuierlichen Kontrolle („police control") und der punktuellen, fallbezogenen Überwachung („fire alarm", McCubbins/Schwartz 1984). Zweitens thematisiert der Ansatz sowohl die Problematik multipler Prinzipale als auch die Schwierigkeit von sogenannten „coalition drifts", die entstehen können, wenn sich die Interessen der gegenwärtigen Prinzipale, die einen Agenten einsetzen, von denen späterer Prinzipale unterscheiden (Epstein/O'Halloran 1994:

712ff.). Aufgrund der Grundannahmen des Rational Choice und des primären Fokus auf die Mitgliedstaaten hat der Ansatz starke Berührungspunkte mit der intergouvernementalistischen Sicht auf die europäische Politik.

Die PA-Theorie kann man sowohl auf die EU als Ganzes anwenden als auch auf einzelne Konstellationen innerhalb der EU, etwa die Delegation von Durchführungsbefugnissen auf die Kommission. In erstgenannter Perspektive sind die Mitgliedstaaten die Prinzipale, die sich mit der europäischen Institutionenordnung und vor allem den genuin supranationalen Organisationen wie der Kommission, dem EuGH oder auch der Europäischen Zentralbank eine komplexe und höchst eigenwillige Agentenstruktur geschaffen haben. Vertreter der Prinzipal-Agent-Theorie im Hinblick auf die politischen Prozesse innerhalb der EU sind vor allem an zwei Fragen interessiert: zum einen an der Frage, warum und unter welchen Bedingungen die mitgliedstaatlichen Prinzipale den gemeinschaftlichen, supranationalen Agenten (legislatorische und exekutive) Aufgaben übertragen, und zum anderen daran, welche Folgen abweichendes Verhalten des Agenten – z. B. der Kommission – gegenüber den Zielvorstellungen des Prinzipals hat, d. h. auch wie er das Verhalten des Agenten steuern kann (Tsebelis/Garrett 2001; Pollack 2003; Moravcsik 1998; Majone 2000). Mit Blick auf die erste Frage nach den *Gründen* für Delegation wird angenommen, dass ein wichtiges Motiv die Reduzierung von Transaktionskosten sei (i. e. Kosten für Errichtung und Aufrechterhaltung von je eigenen Politikdurchführungsstrukturen), die entstünden, wenn die mitgliedstaatlichen Regierungen alle gemeinsam beschlossenen Aufgaben selbst durchführen müssten (Majone 2000). Außerdem wird – ganz im Sinne der Argumentation der liberalen Intergouvernementalisten – angenommen, dass nationale Regierungen mit der Aufgabenübertragung an supranationale Organe gegenüber Dritten signalisieren können, dass sie gewillt sind, (internationale) Verpflichtungen einzugehen (Pollack 2010: 32). Und schließlich gilt das Bestreben der nationalen Regierungen, bei gemeinsamen Regelungsvorhaben von dem innerhalb der Kommission, dem EuGH oder der EZB gebündelten Sachverstand und Expertenwissen zu profitieren, als Motiv der Aufgabendelegation. Der Wunsch nach optimaler Nutzung der innerhalb der Europäischen Union bei verschiedenen Einzel- und Kollektivakteuren konzentrierten Wissensbestände wird auch als ein Grund für die in jüngerer Zeit gehäufte Errichtung von Europäischen Agenturen gewertet (Costa/Brack 2011: 128); diese sollen angesichts der wachsenden Komplexität von Regelungsinhalten in vielen Tätigkeitsfeldern der Union die Kommission bei der Gesetzesvorbereitung unterstützen.

Damit fällt der Blick auf die zweite Frage, die die Vertreter der Prinzipal-Agent-Theorie stellen, die Frage nach den *Folgen* abweichenden Verhaltens der Agenten und den Steuerungsmöglichkeiten des Prinzipals gegenüber den Agenten. Die Antworten hierzu fallen uneindeutig aus. So wird argumentiert, dass die Folgen abweichenden Verhaltens sowie die Steuerungsmechanismen stark mit dem je in Frage stehenden Politikfeld verknüpft sind, denn je nach Politikfeld (und z. T. auch innerhalb der Politikfelder) variieren die formal festgelegte Kompetenzverteilung zwischen den Organen, die geltenden Entscheidungsregeln und auch die vorgesehenen Sanktionen bei Regelverstößen. Darüber hinaus wandeln sich je

Marginalien:

Europäische Politik und Verwaltungshandeln aus der Perspektive der PA-Theorie

Folgen abweichenden Verhaltens der Agenten?

nach Politikfeld die Präferenzen der Mitgliedstaaten mit der Zeit mal rascher und mal langsamer (Pollack 2010: 33). Und schließlich sprechen die Mitgliedstaaten nicht in jedem Politikfeld mit einer Stimme, so dass anstelle des Bildes von ‚dem‘ einheitlichen Prinzipal Mitgliedgliedstaaten treffender vom „multiplen Prinzipal" (Dehousse 2008) die Rede ist. Vor allem die Entscheidungsregeln und Verfahrensregeln zur Politikimplementation spielen hier eine wichtige Rolle.

2.2.2 Normative Theorien: Legitimationsmodelle der europäischen Verwaltungsstruktur

Die Frage der demokratischen Legitimation des europäischen Regierens im Allgemeinen und der europäischen Verwaltungsstrukturen im Besonderen wurde lange Zeit gar nicht gestellt (z. B. für die Kommission: Curtin/Egeberg 2008: 646). Solange man die Gemeinschaft als eine Art internationale Organisation interpretierte, sah man auch keinen über die stillschweigende Zustimmung der Mitgliedstaaten hinausgehenden Legitimationsbedarf (Moravcsik 2002; Føllesdal/Hix 2006). Erst seit Mitte der 1990er Jahre wird die Frage der demokratischen Legitimation der europäischen Verwaltungsstrukturen zunehmend diskutiert. Das hat im Wesentlichen fünf Ursachen, die miteinander zusammenhängen:

Gründe für den Legitimationsbedarf der EU

Erstens ist seit der Maastricht-Ratifizierung 1992 der sogenannte „permissive Konsens", also die unausgesprochene Zustimmung zur europäischen Integration, insbesondere durch die nationalen Eliten, nach und nach erodiert. In einer Reihe von Referenden zu europäischen Vertragswerken, zuletzt dem niederländischen und dem französischen Referendum zur Europäischen Verfassung sowie dem irischen Referendum zum Lissabonner Vertrag, zeigte sich, dass jedenfalls die Bevölkerungen einiger Mitgliedstaaten die europäische Integration deutlich kritischer sehen als ihre gewählten Repräsentanten.

Zweitens haben die Bandbreite der Politikfelder, in denen die Union für die Mitgliedstaaten zumindest teilweise verbindliche Politiken beschließen kann, und die politische Sensibilität der Bereiche enorm zugenommen (siehe Tabelle 1). Zugleich ist in den Mitgliedstaaten die Sensibilität gegenüber dem Umfang der gemeinschaftlichen Kompetenzen und den Auswirkungen auf die inneren Angelegenheiten gewachsen (Dehousse 2003: 810; Bovens et al. 2010a: 1).[9] Als besonders problematisch gelten dabei solche Gemeinschaftspolitiken, die spezifische nationale Traditionen in der Sozialpolitik unterminieren, so etwa die Tarifautonomie, die auch sozialpolitisch motivierte öffentliche Vergabe oder die Funktionsweise der Gesundheitsversorgung (Scharpf 2009).

Drittens: Gerade weil die Kapazitäten der Europäischen Kommission – gemessen an ihren Aufgaben – immer noch recht bescheiden sind, haben die Verwaltungsstrukturen seither eine enorme Ausdifferenzierung erfahren. Mit der Proliferation von Ausschüssen, Agenturen und Netzwerken hat die Größenordnung der europäischen Verwaltungsstrukturen sowie deren organisatorische Komplexität

---

9   Hierauf weist beispielsweise auch die seit Mitte der 1990er Jahre geführte Diskussion über das Ausmaß der Europäisierung der nationalen Rechtsordnungen hin (z. B. Page 1998; Töller 2008).

deutlich zugenommen, was zunehmende Forderungen nach demokratischer Kontrolle und Verantwortlichkeit hervorruft.

Viertens lässt sich mit der Ausdehnung von Politikfeldern und Verwaltungsstrukturen sowie der Veränderung der legitimatorischen „Gesamtwetterlage" auch eine Politisierung der europäischen Verwaltungen feststellen. Dies gilt z. B. für die Kommission und drückt sich etwa darin aus, dass die Kommissare mit ihren Kabinetten zunehmend wie Regierungen funktionieren und dass Parteipolitik eine tendenziell größere Rolle bei der Bestimmung von Kommissaren spielt (Curtin/Egeberg 2008: 646; siehe Kap. 3). Auch für die Komitologie kann man seit Mitte der 1990er Jahre einen Wandel dahingehend feststellen, dass neben weiterhin zahlreichen konfliktfreien Routineentscheidungen zunehmend einzelne Entscheidungen hochumstritten sind. Politisierung kann man aber auch an einer zunehmenden Befassung des Europäischen Parlaments mit den europäischen Verwaltungsstrukturen seit etwa Mitte der 1990er Jahre erkennen – sei es über die durch die Verfahren des Vertrags vorgesehene Ernennung der Kommission oder über die Kontrolle über die Komitologie auf dem Wege der Mitentscheidungs-, aber auch der Haushaltsverfahren (Töller 2002; Curtin/Egeberg 2008: 646; siehe Kap. 3 und 4).

> Zunehmende Politisierung der europäischen Verwaltung

Fünftens: Majone hat überzeugend argumentiert, dass sich durch die gestiegenen Kompetenzen des Europäischen Parlaments die Beziehung zwischen Parlament und Kommission grundlegend verändert habe: Das Parlament nimmt die Kommission zunehmend als zu kontrollierende Exekutive und nicht mehr als traditionelle Verbündete im Intgrationsprozess wahr (vgl. Majone 2002).

Aus diesen fünf Gründen ist die in den 1960er und 1970er Jahren verbreitete Auffassung, es handele sich bei der Brüsseler Bürokratie um eine rein technische und inhaltlich doch begrenzte Veranstaltung, die keiner eigenen Legitimation bedürfe, heute nicht mehr anzutreffen (Bovens et al. 2010a: 9). Schon seit den 1990er Jahren ist die Frage der demokratischen Legitimation der europäischen Verwaltungsstrukturen zum einen zunehmend in den akademischen Fokus gerückt, zum anderen ist der Bedarf an Legitimation auch tatsächlich gestiegen. Dabei herrscht aber insgesamt die Wahrnehmung vor, dass sich das Regieren in der EU im Wesentlichen durch ein Defizit an demokratischer Legitimation und Verantwortlichkeit auszeichnet (Bovens et al. 2010a: 5; Dingwerth et al. 2011: 84, 102).

> Diskussion über das Legitimationsdefizit

Aus demokratietheoretischer Sicht ist die Etablierung von Verfahren und Mechanismen zur demokratischen Kontrolle erforderlich, um Verwaltungshandeln an Strukturen demokratischer Verantwortlichkeit anzubinden. Dabei gilt es sicherzustellen, dass die Expertise und Kontinuität der Verwaltung in politische Prozesse eingebracht wird und politischen Entscheidungsträgern, die ihrerseits demokratisch legitimiert sind, möglichst uneingeschränkt zur Verfügung stehen. Die Grundidee von Kontrollverfahren besteht in diesem Sinne darin, Verwaltungen an gewählte Repräsentanten zurückzubinden. [10]

---

10 Demokratietheoretische Grundfragen, wie etwa die Frage, ob es einen europäischen Demos gibt, können hier nicht erörtert werden. Siehe aber z. B. Kohler-Koch/Rittberger 2007.

Letztlich hängen die Vorstellungen adäquater Legitimationsverfahren für die Europäischen Verwaltungsstrukturen wesentlich davon ab, wie man die Europäische Union als Ganzes versteht (Bovens et al. 2010b: 14ff.). Insofern sind demokratietheoretische und integrationstheoretische Überlegungen eng verbunden (Bovens et al. 2010b: 11ff.). Bovens et al. schlagen daher drei integrationstheoretisch inspirierte Blicke auf die Frage der demokratischen Legitimation europäischer Verwaltungen vor. Die erste Perspektive geht auf den Intergouvernementalismus zurück, die zweite auf den Supranationalismus (beide bezeichnen wir hier unter Rückgriff auf unsere Kategorien in der positiven Theorie als politisch), die dritte betrachtet (letztlich in Anlehnung an Majone) die EU als ein regulatives Regime (wir bezeichnen diese wiederum als funktional). Weil diese die oben bereits vorgestellten integrationstheoretischen Diskussionslinien aufgreifen und zudem die bisherige demokratietheoretische Diskussion sehr gut strukturieren, wollen wir dieser Sicht folgen (Bovens et al. 2010b: 20ff.), sie am Ende aber noch ergänzen.

Aus einer politischen Perspektive – ausgehend vom Intergouvernementalismus – spielen die Mitgliedstaaten eine zentrale Rolle. Daher muss – normativ betrachtet – gewährleistet sein, dass europäische Akteure den Mitgliedstaaten verantwortlich sind. Die demokratische Legitimation ist insofern indirekter Natur. Akteure, die in den europäischen Verwaltungsstrukturen handeln, etwa im Rat, dessen Arbeitsgruppen oder in Komitologieausschüssen, werden auf der nationalen Ebene zur Verantwortung gezogen. Die Verfahren hierfür sind (neben den ministerialen Hierarchien) die Kontrollverfahren durch die nationalen Parlamente, nationale Wahlen und nicht zuletzt nationale Referenden (Bovens et al. 2010b: 22). In Agenturen etwa sind Vertreter der Mitgliedstaaten in den Verwaltungsräten verantwortlich (Bovens e al. 2010b: 28). Diese Betrachtung berücksichtigt aber weder, dass Staaten kaum (wie vom Intergouvernementalismus angenommen) einheitliche Akteure mit homogenen Interessen sind (Slaughter 2004: 12), noch, dass die nationalen Kontrollverfahren mit der Komplexität europäischer Entscheidungsmaterien und -verfahren tendenziell überfordert sind. Betrachtet man alleine die nationalen Parlamente, dann haben diese lange gebraucht, um zumindest die Gesetzgebung der EU einigermaßen im Blick zu haben (Töller 2009). Eine Kontrolle von darüber hinausgehender Verwaltungstätigkeit findet nur im Ausnahmefall statt. Nationale Wahlen spielen sich bislang entlang nationaler Themen ab und thematisieren die EU nur in relativ geringem Maße (Kriesi 2007; Kriesi et al. 2012: 110). Nationale Referenden können sich mit Vertragsveränderungen befassen, aber kaum mit Entscheidungen in europäischen Verwaltungsstrukturen.

Eine supranationale Perspektive betont hingegen die Eigenständigkeit europäischer Organisationen. Alleine deshalb würden nationale Kontrollverfahren ins Leere laufen, so dass es eigenständiger europäischer Legitimationsverfahren bedürfe (Bovens et al. 2010b: 23). Beispiele für solche Verfahren zur Kontrolle europäischer Verwaltungsstrukturen wären etwa die ex ante- und ex post-Kontrollrechte, die das Europäische Parlament gegenüber der Kommission, aber auch gegenüber der Komitologie und den Agenturen besitzt. So muss das Parlament seine Zustimmung zu dem von den Regierungen der Mitgliedstaaten ausgewählten Kommissionspräsidenten geben (Wonka 2008: 92); weiterhin müssen seit Inkraft-

---

Marginalien (linke Spalte):

Legitimationsmodelle der europäischen Verwaltungsstrukturen

Legitimation aus intergouvernementalistischer Sicht

Legitimation aus supranationalistischer Sicht

treten des Vertrags von Lissabon bei der Auswahl des Kommissionspräsidenten die Mehrheitsverhältnisse im Parlament berücksichtigt werden (Art. 17 [7] EUV). Und schließlich hat das Parlament auch eine Kontrollmöglichkeit in Bezug auf die Einsetzung der Kommission insgesamt, denn es muss nicht nur der Auswahl des Kommissionspräsidenten zustimmen, sondern auch der Liste der ausgewählten Mitglieder des Kommissarskollegiums, die vom Präsidenten und den Mitgliedstaaten gemeinsam aufgestellt wird; dazu kann das Parlament die Kommissare im Vorfeld der Bestätigung auch befragen. Der Kommissionspräsident präsentiert dem Parlament das jährliche Arbeitsprogramm, die Kommissare müssen den jeweils zuständigen Parlamentsausschüssen Rede und Antwort stehen (Hix/Høyland 2011: 40). Des Weiteren verfügt das Parlament über die Möglichkeit, ein Misstrauensvotum gegen die Kommission anzustreben. Alleine mit der Androhung eines solchen Misstrauensvotums kann das Parlament die Kommission enorm unter Druck setzen (siehe Kap. 3). Schließlich hat das Parlament die Haushaltsbefugnis, und zwar seit Inkrafttreten des Vertrags von Lissabon, nicht mehr nur für den nichtobligatorischen Teil des Haushaltes, sondern generell. In der neuen Regelung der delegierten Rechtsetzung, die nun gerade nicht mehr den Komitologieverfahren unterliegt, besitzt das Europäische Parlament ebenso wie der Rat ein umfassendes Einspruchs- und ein Rückholrecht (siehe Kap. 4). Insgesamt wird allerdings kritisiert, dass diese Kontrollmöglichkeiten Stückwerk bleiben, solange das europäische Regierungssystem nicht den Charakter eines parlamentarischen Regierungssystems erhält, in dem dann der Kommissionpräsident aus einer politischen Mehrheit im Parlament hervorginge und die gesamte Kommission von dieser politisch abhinge (Dehousse 2003: 804; Hix/Høyland 2011: 40ff.; Bovens 2010b: 23).

Eine dritte Perspektive wird von Bovens et al. als die des „Regulativen Regimes" bezeichnet (Bovens et al. 2010b: 24ff.) – sie entspricht im Kern dem, was andere als technokratische Perspektive bezeichnen (s. o.) und wir als funktional verstehen. Ausgehend von Majones Arbeiten über die EU als Regulatives Regime (Majone 1996) kann man argumentieren, dass die EU nicht 1:1 mit nationalen politischen Systemen zu vergleichen ist und daher die Vorstellungen zur demokratischen Legitimation auch nicht im Analogieschluss entwickelt werden können. Aufgrund des regulativen Schwerpunkts der Aufgaben der EU müssen diese – ähnlich wie Regulierungsagenturen, Zentralbanken oder Verfassungsgerichte, denen ein eher apolitischer Charakter zugedacht wird – nicht in erster Linie Verfahren der demokratischen Kontrolle unterworfen sein, sondern vielmehr daran gemessen werden, ob sie inhaltlich akzeptable Ergebnisse hervorbringen. Die Akzeptanz würde insbesondere daran gemessen, dass (pareto-optimal) keine Verlierer produziert werden (Bovens et al. 2010b: 25). Hier sei es mitunter gerade die Unabhängigkeit von politischen Mehrheiten, die die Handlungsfähigkeit etwa von Wettbewerbsbehörden oder Zentralbanken ausmache (Bovens et al. 2010b: 25), und auch ihre Fähigkeit, „gute", nicht an kurzfristigen Wiederwahlinteressen orientierte Politiken zu verfolgen. Dies gilt für die EU als Ganzes ebenso wie für deren Verwaltungsstrukturen. In diesem Sinne sind Verwaltungsstrukturen legiti-

Legitimation aus funktionaler Sicht

miert, solange sie mit ihren Entscheidungen das Gemeinwohl fördern und – dies zumindest – in ihren Handlungen transparent sind (Bovens et al. 2010b: 26).

Legitimation durch
Expertise

Üblicherweise wird in diesem Zusammenhang auch die Arbeitsweise europäischer Verwaltungen hervorgehoben, die gerade nicht – im Sinne einer intergouvernementalen Perspektive – durch eine perfekte Anbindung an nationale Interessen, sondern gerade durch eine gewisse Abkopplung hiervon gekennzeichnet ist. Dies ist häufig die Voraussetzung dafür, unter Fachexperten zu einer gemeinsamen Lösung zu kommen. Die fachliche Expertise, die jahrelange Zusammenarbeit und die Entwicklung gemeinsamer Problemsichten und Lösungsansätze, die Kraft des guten Arguments (im Gegensatz zu per se legitimen nationalen Positionen) werden hier als legitimatorische Potenziale hervorgehoben (z. B. Joerges/Neyer 1997a, 1997b; Huster 2008; Ruffing 2011; Georgiev 2011: 19); ebenso die Neigung, statt des vorgesehenen Mehrheitsentscheides im Konsens zu entscheiden, damit in sensiblen Bereichen kein Mitgliedstaat Maßnahmen durchsetzen muss, die er selber nicht gutheißen konnte (Ruffing 2011: 51f., 80f.).

Ähnlich wie in der integrationstheoretischen Debatte werden auch hier die verschiedenen Legitimationsmodelle nicht als sich gegenseitig ausschließende Alternativen, sondern vielmehr als sich ergänzende Konzepte verstanden.

Legitimation durch
Konsultation?

Allerdings findet sich in der Diskussion in den letzten Jahren ein Aspekt der Legitimation, der in der Aufstellung von Bovens et al. nur am Rande auftaucht, in der Praxis aber zunehmend von Bedeutung ist (Bovens et al. 2010c: 44): der direkte Kontakt der europäischen Verwaltungsstrukturen mit den organisierten und fachlich involvierten Interessen. Schon im Hinblick auf die Komitologie ist vor geraumer Weile diskutiert worden, dass eine Einbindung der betroffenen Interessen – sofern sie nach dem Prinzip der Gleichheit erfolgt – auch zu einer Legitimation des Verwaltungshandelns beitragen kann, weil es sich hier um eine kompetente Fachöffentlichkeit handelt, die – anders als etwa das Europäische Parlament – die vielen komplexen technischen Fragen, um die es hier geht, beurteilen kann (Töller 2002: 228ff.). Diese Akteure können – etwa in den Ausschüssen – ihre Position darlegen (Voice), sie verfügen aber auch immer über die Möglichkeit, das europäische Verhandlungssystem zu verlassen (Exit) und ein Thema öffentlich zu skandalisieren. Eine wichtige Rolle spielen die Fachöffentlichkeiten inzwischen für die Europäische Kommission, die zunehmend die interessierten Kreise über ihre Homepage zu ihren Gesetzentwürfen konsultiert (siehe Kap. 3). Im Rahmen des Lamfalussy-Verfahrens wird der Konsultation der fachlichen Kreise eine besondere Rolle zur Rechtfertigung inhaltlicher Entscheidungen zugedacht (Ruffing 2011: 184). Auch für (einige) EU-Agenturen ist der direkte Austausch und die Akzeptanz der Adressaten eine wichtige Bestätigung ihrer Aktivitäten, die ihnen durchaus Legitimation gegenüber Kommission und Mitgliedstaaten einbringt (vgl. für die Medizinagentur: Gehring/Krapohl 2007: 209).

Die hier skizzierten Aspekte werden in den nun folgenden Kapiteln – mit je unterschiedlichen Schwerpunkten aufgegriffen und am konkreten Fall weiter analysiert.

Empfohlene Literatur zum Weiterlesen

- Bovens, Mark, Deirdre Curtin und Paul t'Hart. Hrsg. 2010. *The Real World of Accountability: What Deficit?* Oxford: Oxford University Press.
- Heinelt, Hubert, und Michèle Knodt. Hrsg. 2011. *Policies within the EU Multi-Level System.* Baden Baden: Nomos.
- Hooghe, Liesbet, und Gary Marks. 2008. Die Entstehung eines politischen Gemeinwesens: Der Kampf um die europäische Integration. In *Die Politische Ökonomie der europäischen Integration,* Hrsg. Martin Höpner und Armin Schäfer, 159-195. Frankfurt/Main: Campus.

3 Die Europäische Kommission

Wenn in politischen Diskussionen von „Brüssel" die Rede ist, ist meist die Europäische Kommission gemeint. Journalisten und Politiker vermitteln dabei häufig das Bild eines monolithischen europäischen Machtzentrums, in dem „Europäische Bürokraten", losgelöst von nationalen Regierungen und Verwaltungen, die Politik in Europa nach ihren Vorstellungen formen. Auch in diesem Buch wird der Kommission eine herausgehobene Rolle im europäischen Integrationsprozess zugeschrieben. Neben den Gemeinsamkeiten, die die Kommission kennzeichnen, werden in diesem Kapitel jedoch auch Unterschiede zwischen Verwaltungseinheiten und in den von Angehörigen der Kommission vertretenen fachlichen und politischen Positionen thematisiert. Außerdem wird die starke Vernetzung der Kommission unter anderem mit nationalen Verwaltungen besprochen, da all diese Elemente die Struktur und die Arbeit der Kommission als zentrale europäische Verwaltung wesentlich charakterisieren.

Im Folgenden wird auf wissenschaftliche Literatur zurückgegriffen, die sich mit der Rolle und Funktion der Kommission in der europäischen Gesetzgebung und bei der Implementierung europäischer Politiken auseinandersetzt. Die Autoren dieser Arbeiten gehen der Frage nach, wie viel Einfluss die Europäische Kommission in EU-Entscheidungsprozessen besitzt und von welchen institutionellen, politischen und gegenstandsbezogenen Faktoren dieser Einfluss abhängt (Cram 1994; Pollack 2003; Thomson 2011; Tsebelis/Garrett 2001). Darüber hinaus beschäftigen sich zahlreiche Arbeiten mit den Binnenstrukturen der Europäischen Kommission und ihrer Generaldirektionen. Ziel dieser Arbeiten ist zum einen, die Arenen und Gremien zu identifizieren, in denen die maßgebliche Arbeit in der Kommission stattfindet und Aussagen darüber zu machen, wie sich die Arbeit in diesen Gremien auf das Handeln der Europäischen Kommission auswirkt. Hierzu zählen Untersuchungen zum Verhalten der Europäischen Kommissare im Kollegium der Kommissare (Egeberg 2006; Wonka 2008a) und den ihnen hierfür zur Verfügung stehenden prozeduralen und personellen Ressourcen (Egeberg/Hekestad 2010, Spence 2006b; Wonka 2008b). Außerdem sind hierzu diejenigen Arbeiten zu rechnen, die sich mit den Ausschüssen und Gremien sowie Konsultationsinstrumenten auseinandersetzen, über die die Generaldirektionen der Kommission in einen engen Austausch mit Vertretern nationaler Verwaltungen und Interessengruppen treten (Gornitzka/Sverdrup 2011; Larsson 2003; Hüller 2010). Einen weiteren Forschungsschwerpunkt zur Europäischen Kommission bilden (organisations-) soziologisch motivierte Arbeiten, die mit Hilfe quantitativer und qualitativer Befragungen die Einstellungen der Mitarbeiter der Generaldirektionen untersuchen (Hooghe 2001, 2005) und der Frage nachgehen, welche Motive und Normen das Handeln der Verwaltungsmitarbeiter maßgeblich prägen (Bauer/Ege 2012; Suvarierol 2008).

Anknüpfend an die Arbeiten, die sich mit der Rolle und Funktion der Kommission im politischen System der EU auseinandersetzen, beschreiben die Kapitel 3.1.1 und 3.1.2 die Entstehung und Entwicklung der Europäischen Kommission

Arbeiten zu Einfluss und Binnenstruktur der Kommission

und maßgebliche politische und institutionelle Veränderungen im Handlungskontext der Kommission. Kapitel 3.2 behandelt die institutionelle Grundstruktur der Kommission und die Zusammensetzung ihrer politischen Führung und des Verwaltungspersonals, sowie die Rolle, welche Expertengruppen und den Aktivitäten von Interessengruppen für die Arbeit in den Generaldirektionen zukommt. Analog zu den anderen Unterkapiteln dieses Lehrbuchs erfolgt dann die Diskussion zentraler theoretischer Perspektiven auf die Europäische Kommission (3.3). Daran anschließend wird in zwei Fallstudien der organisatorische Aufbau und das Handeln der Generaldirektionen „Umwelt" und „Handel" dargestellt. Die GD „Umwelt" spielt eine zentrale Rolle im regulatorischen Handeln der Kommission, während der GD „Handel" eine außerordentlich wichtige Funktion im auswärtigen Handeln der Europäischen Union zukommt. Schließlich wird zum Abschluss dieses Kapitels über die zukünftige Rolle der Europäischen Kommission spekuliert (3.5).

3.1 Entstehungsgeschichte, politischer und institutioneller Kontext der Europäischen Kommission

3.1.1 Entstehung und Entwicklung der Europäischen Kommission

Von der Hohen Behörde zur Europäischen Kommission

Die Europäische Kommission wurde 1957 mit den Römischen Verträgen als Teil des heutigen EU-Institutionengefüges geschaffen. Allerdings wurden die organisatorische Form und der institutionelle Aufbau der Europäischen Kommission 1957 nicht neu erdacht. Vielmehr lehnten sich diese, vor allem hinsichtlich der Gestaltung der politischen Führung und des administrativen Unterbaus, den Generaldirektionen und Diensten, weitestgehend an die „Hohe Behörde" an, die seit 1952 als Exekutivorgan der Europäischen Gemeinschaft für Kohle und Stahl (EGKS) vorstand (Rittberger 2001). Die EGKS ging auf den nach dem französischen Außenminister Schuman benannten „Schuman-Plan" zurück und hatte zum Ziel, zwischen ihren Mitgliedstaaten – Deutschland, Belgien, Frankreich, Italien, Niederlande und Luxemburg – einen gemeinsamen Markt für Kohle- und Stahlprodukte zu etablieren. Hierzu wurden der Handel und der Wettbewerb und ggf. auch die Produktion von Stahl und Kohle zwischen den EGKS-Mitgliedstaaten gemeinschaftlich geregelt. Der Hohen Behörde kam die Aufgabe zu, die Einhaltung der Wettbewerbsregeln und des gegenseitigen Marktzuganges zu überwachen und teilweise selbstständig zu regeln. Jean Monnet, Mitarbeiter Schumans im französischen Außenministerium und geistiger Gründervater des Schuman-Plans und der Hohen Behörde, sah diese als technokratische Eliteorganisation. Sie sollte, weitgehend unabhängig von direktem politischem Einfluss und mit flachen Hierarchien ausgestattet, Ideen- und Impulsgeber für die EGKS darstellen. Von Monnet ist der Satz überliefert, dass die Hohe Behörde (entsprechend seinen Vorstellungen) gescheitert sei, wenn sie eines Tages über mehr als 200 Mitarbeiter verfüge. Dies allerdings war bereits zwei Jahre nach ihrer Gründung der Fall (Nugent 2001: 21-22).

Mit der Hohen Behörde teilt die Europäische Kommission neben dem grundlegenden organisatorischen Aufbau auch ihre „supranationale" institutionelle Qualität. Anders als herkömmliche – intergouvernementale – internationale Organisationen verfügen „supranationale" internationale Organisationen in einzelnen Gegenstands- und Politikbereichen über die Kompetenz, eigenständig und ohne die formale Zustimmung der Mitgliedstaaten zu agieren. Mit dem Fusionsvertrag von 1965, der 1967 in Kraft trat, wurden die Hohe Behörde der EGKS und die zur Europäischen Wirtschaftsgemeinschaft gehörende Europäische Kommission sowie die Kommission der Europäischen Atomgemeinschaft (EURATOM) fusioniert. Seit 1967 übernimmt die Europäische Kommission deshalb die Aufgaben der einzelnen Kommissionen in EGKS, EURATOM und E(W)G, wobei der EGKS-Vertrag 2002 auslief.

Die supranationale Qualität der Europäischen Kommission kommt am deutlichsten in ihrer Rolle als „Hüterin der Verträge" zum Ausdruck, die sie seit der Gründung der Europäischen Wirtschaftsgemeinschaft (1957) bis heute innehat. Es ist Aufgabe der Europäischen Kommission, die Einhaltung der Verträge sowie der EU-Gesetzgebung durch die mitgliedstaatlichen Regierungen und Behörden zu überwachen und dauerhafte Vertragsverletzungen, ggf. durch Anrufung des Europäischen Gerichtshofs, zu verfolgen und zu sanktionieren. Besonders in der Wettbewerbspolitik hat die Kommission wiederholt ihre Fähigkeit und ihren Willen demonstriert, das europäische Wettbewerbsrecht auch gegen den Willen einzelner Mitgliedstaaten durchzusetzen und hierdurch, beispielsweise im Bereich der Telekommunikation, weitgehende Veränderungen für in dem jeweiligen Sektor tätige Unternehmen sowie für Verbraucher herbeigeführt (Schmidt 2000; Blauberger/ Töller 2011). Außerdem hat allein die Europäische Kommission das Recht, Gesetzesvorschläge zu formulieren und Gesetzgebungsverfahren zu eröffnen, weshalb sie seit jeher über eine wichtige formale Rolle in der EU-Gesetzgebung verfügt. Nicht zuletzt ihre herausgehobene Stellung in europäischen Entscheidungsprozessen verleiht der Kommission *informelle* Agendasetzungsmacht, die es ihr erlaubt, die inhaltlichen Diskussionen und die politische Tagesordnung der Europäischen Union maßgeblich mitzubestimmen (Pollack 2003). Schließlich vertritt die Europäische Kommission seit jeher die Europäische (Wirtschafts-) Gemeinschaft – und später die EU – nach außen. Aufgrund der Kompetenzen der EG/ EU ist dies vor allem in den Bereichen der Zoll- und Handelspolitik relevant, in denen die Europäische Union gemeinschaftlich gegenüber Dritten agiert. So vertrat die Europäische Kommission die EU-Mitgliedstaaten beispielsweise bei den Welthandelsrunden des „General Agreement on Trade and Tarifs (GATT)" und nimmt diese Aufgabe auch in der heutigen Welthandelsorganisation (WTO) wahr. Allerdings kann die Kommission hier, anders als im Wettbewerbsrecht, nicht eigenständig, sondern nur in enger Abstimmung mit den mitgliedstaatlichen Regierungen agieren (siehe Kap. 3.4.2).

Aufgaben der Europäischen Kommission

Die politische Führung der Europäischen Kommission und die politische Verantwortung für deren Arbeit obliegen dem Präsidenten der Europäischen Kommission gemeinsam mit den Europäischen Kommissaren. Die Kommissare und der Kommissionspräsident werden seit Bestehen der Europäischen Kommission

Ernennung der Kommission

von den mitgliedstaatlichen Regierungen ausgesucht und gewählt. Seit dem Inkrafttreten des Vertrages von Maastricht (1993) muss das Europäische Parlament
dem von den mitgliedstaatlichen Regierungen ausgewählten und nominierten
Kollegium der Kommissare zustimmen. Die Rechte des Europäischen Parlaments
wurden mit dem Amsterdamer Vertrag (1999) weiter ausgebaut. Seit dessen Geltung muss das Europäische Parlament in einem ersten Schritt zusätzlich seine Zustimmung zu dem von den Regierungen ausgewählten Kommissionspräsidenten
geben (Wonka 2008b: 92).

Die Mitwirkungsrechte des Europäischen Parlaments bei der Einsetzung der
Kommission sind jedoch beschränkt auf die Zustimmung zu den von den Regierungen vorgeschlagenen Kandidaten. Ein eigenes Vorschlagsrecht hat das Parlament hier nicht. Sein Einfluss auf die politische und personelle Zusammensetzung
der Europäischen Kommission ist deshalb begrenzt, auch wenn das Europäische
Parlament bei der Ablehnung Rocco Buttigliones, einem italienischen Kandidaten
für die erste Kommission unter José Manuel Barroso (2004 - 2009), entscheidend
und medienwirksam beteiligt war (Wonka 2008b: 92-94). Der Lissabon-Vertrag
(2009) sieht außerdem vor, dass bei der Nominierung des Kommissionspräsidenten die Mehrheitsverhältnisse im Europäischen Parlament berücksichtigt werden
(Art. 17 [7] EUV). Seit 1999 muss schließlich der designierte Kommissionspräsident seine Zustimmung zur Liste der von den Regierungen nominierten Kommissare geben (Abbildung 1).

Anzahl und Herkunft
der Kommissare

Von der Bestellung der ersten Kommission 1958 bis zum Inkrafttreten des
Nizza-Vertrages im Jahr 2003 hatten die „großen" Mitgliedstaaten – Deutschland,
Frankreich, Großbritannien, Italien, Spanien – das Recht, jeweils zwei Kommis-
sare zu entsenden. Seit der Ernennung der Barroso-Kommission im November
2004 sind alle mitgliedstaatlichen Regierungen nur noch durch einen Kommissar
im Kollegium vertreten. Aufgrund der territorialen Ausweitung der Europäischen
Union von zu Beginn sechs auf heute 28 Mitgliedstaaten, wuchs das politische
Führungsgremium der Europäischen Kommission trotz dieser Änderung von ursprünglich neun Mitgliedern (Hallstein I) auf aktuell 28 Europäische Kommissare
(Barroso II, siehe Kap. 3.2). Dabei war eine Verkleinerung des Kollegiums der
Kommissare Gegenstand der Verhandlungen zu den Verträgen von Amsterdam
(1997), Nizza (2001) und Lissabon (2009). Angestrebtes Ziel einer Verkleinerung
war es, die Handlungsfähigkeit und Effizienz der Europäischen Kommission auch
bei wachsender Zahl der Mitgliedstaaten und deren zunehmender politischer und
ökonomischer Heterogenität sicherzustellen.

Der Vertrag von Lissabon bestimmt nun, dass in den ab dem 1. November
2014 ernannten Kommissionen nur noch zwei Drittel aller Mitgliedstaaten durch
einen stimmberechtigten Kommissar vertreten sind (Art. 17 [5] EUV). Zur Bestimmung derjenigen Kommissare, die im Kollegium über Stimmrecht verfügen,
soll ein „das demographische und geographische Spektrum der Gesamtheit der
Mitgliedstaaten" berücksichtigendes Rotationsverfahren eingeführt werden. Allerdings haben die Mitgliedstaaten auf einer Sitzung des Europäischen Rates am
11. und 12. Dezember 2008 beschlossen, dass die Verkleinerung der Europäischen
Kommission nicht vorgenommen wird. Somit wird auch nach 2014 jeder Mit-

gliedstaat in der Kommission durch einen Kommissar vertreten sein und es bleibt abzuwarten, ob und wann es zu einer Verkleinerung der Kommission kommen wird. Ob die Größe ihrer politischen Führung mittelfristig zu Einschränkungen der Handlungsfähigkeit der Kommission führt oder ob die Präsenz aller mitgliedstaatlichen Regierungen nicht vielmehr die Akzeptanz der Kommission und ihres Handelns bei allen Mitgliedstaaten sicherstellt, kann zum jetzigen Zeitpunkt ebenfalls noch nicht eingeschätzt werden.

Abbildung 1: *Institutionelle Regeln der Ernennung Europäischer Kommissare*

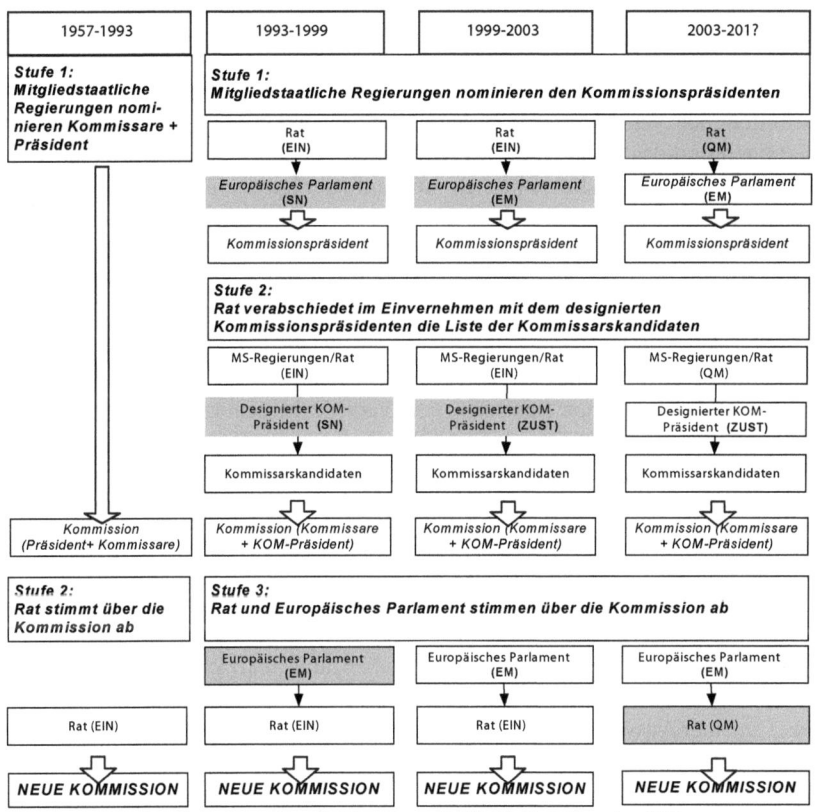

Anmerkung: Grau hinterlegte Kästchen kennzeichnen formalen institutionellen Wandel. SN = Stellungnahme, ZUST = Zustimmung, EIN = Einstimmigkeit, EM = Einfache Mehrheit, QM = Qualifizierte Mehrheit. Die Jahreszahlen kennzeichnen die Jahre, in denen die Bestimmungen in Kraft traten..

Quelle: vgl. Wonka 2008b: 92

Die Vergrößerung der Europäischen Kommission blieb im Laufe der vergangenen fünf Jahrzehnte jedoch nicht auf deren politische Führung beschränkt. Das Wachstum der Kommission zeigt sich auch in der Zunahme der Zahl der Generaldirektionen und allgemeinen Dienste der Europäischen Kommission. Bei diesen handelt es sich um Organisationseinheiten mit Zuständigkeit für die unterschiedlichen Politikbereiche, in denen die EU über Kompetenzen verfügt. Zählte die Eu-

Vervierfachung der Zahl der Generaldirektionen und Dienste seit 1958

ropäische Kommission 1958 noch neun Generaldirektionen und Dienste (Spence 2006a), so hat sich deren Zahl bis heute auf ca. 40 mehr als vervierfacht. Während desselben Zeitraumes hat sich auch die Zahl des von der Europäischen Kommission beschäftigten Personals erheblich vergrößert. In der ersten, 1958 berufenen Kommission waren noch weniger als 1000 Mitarbeiter in den Generaldirektionen und Diensten beschäftigt (Nugent 2001: 29). Heute verfügt sie über ungefähr 32000 Mitarbeiter (Europäische Kommission 2012; siehe Tabelle 2, Kap. 3.2.2).

3.1.2 Der (veränderte) politische und institutionelle Handlungskontext der Europäischen Kommission

Erhebliche Veränderungen des politischen und institutionellen Handlungskontextes der Kommission seit 1958

Dieses Unterkapitel skizziert, anknüpfend an Kapitel 2.1.1, die politischen und institutionellen Veränderungen in der Europäischen Union, die die Handlungsbedingungen und das Handeln der Europäischen Kommission im Laufe der letzten Jahrzehnte maßgeblich beeinflussten. Im Laufe der letzten 60 Jahre haben die Mitgliedstaaten der Europäischen Gemeinschaft bzw. der Europäischen Union schrittweise Kompetenzen für immer weitere Politikbereiche übertragen. Die Kompetenzen der Europäischen Union konzentrierten sich bis zur Verabschiedung der Einheitlichen Europäischen Akte (EEA) im Jahr 1986 auf den Abbau von Zöllen zwischen den Mitgliedstaaten, die Etablierung eines gemeinschaftlichen Außenzolls und die europäische Agrarpolitik. Seither erhielt die EU Kompetenzen in weiteren Politikbereichen (Umwelt- und Verbraucherschutz, Energie und Transport, makroökonomische Steuerung, polizeiliche und justizielle Kooperation, Außen- und Sicherheitspolitik). Diese wurden zur Realisierung des Binnenmarktes und zur Beseitigung negativer Konsequenzen der erhöhten Mobilität von Waren und Personen zwischen Mitgliedstaaten als notwendig erachtet (siehe Kapitel 2.1.1 für eine ausführlichere Diskussion; außerdem: König 1996; Börzel 2005).

Obwohl die Mitgliedstaaten der Europäischen Kommission (vorübergehend) das Recht verweigerten, in den neuen Kompetenzbereichen verbindlich zu agieren – beispielsweise bei der polizeilichen und justiziellen Kooperation und der Außen- und Sicherheitspolitik –, führten die Kompetenzerweiterungen in der Regel zu einer Ausweitung der Handlungsressourcen und politischen Gestaltungsmöglichkeiten der Kommission, von denen sie auch regelmäßig Gebrauch macht. Organisatorisch stellte die schrittweise Übertragung weiterer Kompetenzen auf die EU-Ebene die Europäische Kommission wiederholt vor die Herausforderung, ihre internen Strukturen der neu gewonnenen Verantwortung anzupassen. Obwohl sich die Kommission im Laufe der Jahrzehnte im Aufbau und in ihrer Größe erheblich verändert hat, ist sie nicht in der Lage, der zunehmenden politischen und technischen Komplexität, die mit den Kompetenzerweiterungen verbunden war, eigenständig zu begegnen. Vielmehr ist sie auf die Ressourcen anderer Akteure in den Mitgliedstaaten und auf europäischer Ebene angewiesen. Auch deshalb hat die Kommission im Laufe der letzten Jahrzehnte Gremien und Instrumente geschaffen, die den Austausch der Kommissionsmitarbeiter mit den Mitgliedern nationaler Verwaltungen, Interessengruppen und Experten systematisieren und verstetigen (Kapitel 3.2.1 - 3.2.3).

Hinzu kommt, dass die Europäische Union mit der territorialen Ausweitung auf inzwischen 28 Mitgliedstaaten erheblich heterogener geworden ist. Dies gilt zum einen hinsichtlich der ökonomischen Entwicklungsniveaus ihrer Mitgliedstaaten und den in diesen bestehenden Regulierungsniveaus. Zum anderen führt die territoriale Ausweitung der EU zu einer zunehmenden Heterogenität der von den Mitgliedstaaten eingebrachten politischen Kulturen und der in diesen Staaten dominierenden politischen Streitthemen. Eng verbunden hiermit sind sowohl unterschiedliche Vorstellungen über die zukünftigen politischen Entwicklungen der EU als auch die inhaltliche Gestaltung derjenigen nationalen Politikbereiche, die (direkt oder indirekt) von EU-Politiken beeinflusst werden. Die Herstellung von Konsens über thematische Schwerpunktsetzungen in der EU-Politik sowie die Formulierung und Verabschiedung konkreter Politikvorhaben wird unter diesen Bedingungen zunehmend schwieriger. Dies gilt auch und gerade für die Arbeit der Europäischen Kommission als politischer Ideengeber der EU und als Agendasetzer in konkreten EU-Gesetzgebungsverfahren.

> Gesteigerte Interessenheterogenität durch territoriale Erweiterung der EU

Darüber hinaus scheint sich auch die Haltung der Bevölkerungen in den Mitgliedstaaten gegenüber dem europäischen Integrationsprozess und den EU-Institutionen im Laufe der letzten 20 Jahre erheblich gewandelt zu haben. In den ersten Jahrzehnten des europäischen Integrationsprozesses trafen politische und ökonomische Eliten ihre Entscheidungen jenseits der öffentlichen Wahrnehmung. Statt die Bevölkerungen der Mitgliedstaaten politisch zu informieren und einzubeziehen, wurde von einer stillschweigenden Zustimmung der Bürger – dem sogenannten „permissiven" Konsens – ausgegangen (Hooghe/Marks 2009). Es gibt jedoch Hinweise darauf, dass die stillschweigende Zustimmung der europäischen Bevölkerungen zur europäischen Integration seit Beginn der 1990er Jahre schrittweise von einer kritischen Haltung gegenüber der EU abgelöst wurde. Die wachsende Kritik der europäischen Bevölkerungen an der Europäischen Union wird nicht zuletzt dadurch verursacht, dass politische Parteien und Interessengruppen die europäische Politik seit einigen Jahren zunehmend zum Gegenstand kritischer politischer Auseinandersetzungen machen. Diese „Politisierung" der europäischen Politik habe, so Hooghe und Marks, dazu geführt, dass der „permissive" Konsens von einem „beschränkenden" („*constraining*") Dissens abgelöst wurde (Hooghe/Marks 2009). Die Skepsis der europäischen Bevölkerungen gegenüber dem Integrationsprozess schlägt sich auch in einem relativ geringen Vertrauen in die Europäische Kommission nieder. 2012 gaben 40 % der befragten Bürger in den damals noch 27 Mitgliedstaaten an, der Europäischen Kommission zu vertrauen, während 44 % angaben, dies nicht zu tun (Europäische Kommission 2012a: 76). In einem politisierten Umfeld muss die Europäische Kommission die öffentliche Meinung berücksichtigen, und die kritische Haltung der europäischen Bevölkerungen gegenüber der EU könnte ihren Handlungsspielraum zusätzlich zu den oben skizzierten Entwicklungen einschränken.

> Handeln der Kommission in einem heterogenen und politisierten Umfeld

Reduzierung der
Entscheidungsquoren
im Rat –
Erhöhung des
Handlungsspielraums
der Kommission

Neben diesen Veränderungen im Umfeld der Europäischen Kommission, die deren Handeln indirekt beeinflussen, haben sich auch die direkten Handlungsbedingungen der Kommission in der EU-Gesetzgebung seit 1957 erheblich verändert. Seit der Verabschiedung der Einheitlichen Europäischen Akte im Jahr 1986 wurden die Politikbereiche, in denen die Regierungen im Rat mit qualifizierter Mehrheit abstimmen, zunehmend ausgeweitet. Mit dem Inkrafttreten des Lissabon-Vertrages und der Abschaffung der Säulenstruktur der EU stimmen die Regierungen im Rat in fast allen für den Binnenmarkt relevanten Bereichen und vielen weiteren mit qualifizierter Mehrheit über die Annahme von EU-Gesetzen ab. Die schrittweise Ersetzung einstimmiger Entscheidungsregeln durch qualifizierte Mehrheitsentscheidungen im Rat führte zu einer zunehmenden Erweiterung des Handlungsspielraumes der Europäischen Kommission in der EU-Gesetzgebung (Tsebelis/Garrett 2001: 359).

Allerdings kam es während der letzten 50 Jahre zu einer erheblichen Ausweitung der Kompetenzen des Europäischen Parlaments (Rittberger 2005), das vor allem in der EU-Gesetzgebung einen direkten Einfluss auf die Handlungsmöglichkeiten der Kommission hat. Die Aufwertung des Europäischen Parlaments begann mit der Einführung des Kooperationsverfahrens durch die Einheitliche Europäische Akte (1987) (Tsebelis 1994) und erreichte ihren vorläufigen Höhepunkt mit der Einführung des „Mitentscheidungsverfahrens" durch den Vertrag von Maastricht (1993). Das Mitentscheidungsverfahren wurde mit dem Vertrag von Lissabon (2009) in „ordentliches Gesetzgebungsverfahren" umbenannt und auf die große Mehrzahl aller EU-Politikbereiche ausgeweitet. In diesem Verfahren ist das Europäische Parlament ein neben dem Rat gleichberechtigter Akteur der EU-Gesetzgebung, dessen Zustimmung zur erfolgreichen Annahme einer Entscheidung notwendig ist. Die Europäische Kommission muss bei der Erarbeitung von Entscheidungsvorschlägen die Position des Parlaments einbeziehen, was potenziell zu einer Einschränkung ihrer Agendasetzungsmacht führt (Tsebelis/Garrett 2000; Hörl et al. 2005).

Eine weitere Entwicklung, die sich direkt auf die Handlungsmöglichkeiten der Kommission, vor allem in der für sie vorgesehen Rolle als Ideen- und Taktgeber der Europäischen Union, auswirkt, ist die Etablierung und formale Aufwertung des Europäischen Rates im Laufe der letzten 35 Jahre. Im Europäischen Rat kommen die Staats- und Regierungschefs zusammen, um sowohl größere politische Richtungsentscheidungen für die weitere Entwicklung der EU festzulegen als auch Lösungen für Einzelentscheidungen zu suchen, die im Rahmen der (Fach-) Ministerräte nicht gelöst werden konnten. Der Europäische Rat tagt seit 1974. Im Vertrag von Maastricht (1993) wurde er offiziell zum Ideengeber für die generelle Entwicklung der Europäischen Union bestimmt und der Vertrag von Lissabon verlieh ihm den Status eines EU-Organs mit vertraglich festgelegten Handlungskompetenzen und verbindlichen Entscheidungsrechten. Darüber hinaus verfügt der Europäische Rat seit der Geltung des Lissabon-Vertrages über einen „ständigen" Präsidenten. Mögliche Auswirkungen der Aufwertung des Europäischen Rates auf die Europäische Kommission werden in Kapitel 3.5 („Rolle und Zukunft der Europäischen Kommission") besprochen.

3.2 Institutionelle Grundstruktur und personelle Zusammensetzung

3.2.1 Vertikale und horizontale Arbeitsteilung

Der institutionelle Aufbau der Europäischen Kommission wird im Folgenden entlang einer vertikalen und einer horizontalen Dimension analysiert. Die vertikale Analysedimension beschreibt die Verteilung der Kompetenzen, Aufgaben und politischen Verantwortlichkeiten zwischen den Europäischen Kommissaren und den Generaldirektionen (GD) sowie Diensten der Europäischen Kommission. In diesem Zusammenhang wird dargestellt, welche personellen und prozeduralen Ressourcen den Kommissaren für ihre Arbeit zur Verfügung stehen und welche Erkenntnisse uns über das Handeln der Kommissare in Entscheidungsprozessen der Europäischen Kommission vorliegen. Entlang der horizontalen Analysedimension werden dann die organisatorischen Eigenschaften der Generaldirektionen vorgestellt.

Das Kollegium der Kommissare bildet das politische Zentrum der Europäischen Kommission, von wo aus der Kommissionspräsident und die Kommissare die politische Leitung der Kommission wahrnehmen und in dem wichtige und kontroverse politische Entscheidungen sowie Initiativen diskutiert werden. Wird im Laufe dieser Diskussionen kein Konsens zwischen den Europäischen Kommissaren und dem Kommissionspräsidenten hergestellt, kommt es zu einer Abstimmung, bei der es für die Verabschiedung einer Entscheidung der Zustimmung der Mehrheit der Mitglieder des Kollegiums bedarf. Der Vertrag von Amsterdam (1999) wies dem Präsidenten der Europäischen Kommission eine herausgehobene politische Stellung innerhalb der Kommission zu, indem er ihm die Aufgabe übertrug, die politische Führung der Kommission zu übernehmen. Darüber hinaus erhielt der Kommissionspräsident mit dem Vertrag von Nizza (2003) die Kompetenz, die Aufgabenverteilung in der Kommission zu bestimmen und damit die Zuständigkeit der Kommissare für unterschiedliche Politikbereiche festzulegen. Tatsächlich erfolgen die Entscheidungen des Kommissionspräsidenten über die Verantwortlichkeiten der Europäischen Kommissare jedoch in Absprache mit den mitgliedstaatlichen Regierungen (Wonka 2008b: 98-99). Schließlich manifestiert sich die herausgehobene Stellung des Präsidenten der Europäischen Kommission darin, ein Mitglied der Kommission zum Rücktritt auffordern zu können. Vor Inkrafttreten des Vertrages von Lissabon (2009) bedurfte es hierfür der Zustimmung der Mehrheit der Mitglieder des Kollegiums. Seither kann der Präsident ein Kommissionsmitglied auch ohne Zustimmung des Kollegiums zum Rücktritt auffordern und ggf. zum Rücktritt zwingen (Art. 17 Abs. 6 EUV).

Teilweise wird argumentiert, dass diese Kompetenzen und die mit der Vergrößerung der Europäischen Kommission auf 28 Mitglieder veränderten Handlungsbedingungen zu einer Präsidentialisierung der Politik in der Europäischen Kommission geführt haben. So würde der seit 2004 amtierende portugiesische Präsident José Manuel Barroso weit mehr als der vor ihm amtierende Romano

Präsidentialisierung der Kommission?

Prodi (1999-2004) seine politische Führungsrolle tatsächlich durch die Nutzung der ihm zugewiesenen Kompetenzen wahrnehmen, wobei das ihm direkt unterstehende Generalsekretariat eine wichtige Ressource darstelle (Wille 2010: 1104-1105). Gleichzeitig werden jedoch auch Walter Hallstein (1958-1962, 1962-1967) und Jacques Delors (1985-1989, 1989-1993, 1993-1995) als starke Präsidenten charakterisiert (Kassim 2012; Ross 1995), während beispielsweise Jacques Santer (1995-1999) als relativ schwacher Kommissionspräsident gesehen wird (Dinan 2012). Allerdings waren die Kommissionspräsidenten Hallstein und Delors mit weniger formalen Kompetenzen ausgestattet. Die Art und Weise, in der der Kommissionspräsident sein Amt wahrnimmt und welchen politischen Einfluss er hierdurch inner- und außerhalb der Europäischen Kommission nimmt, hängt deshalb nicht nur von dessen formalen Kompetenzen ab, sondern ebenso von den Persönlichkeiten der Kommissionspräsidenten und dem politischen Umfeld, in dem sie sich bewegen. Es bleibt deshalb abzuwarten, wie zukünftige Europäische Kommissionspräsidenten die ihnen zur Verfügung stehenden Kompetenzen und die sich ihnen anderweitig bietenden politischen Möglichkeiten nutzen, um die Politik innerhalb der Europäischen Kommission und der Europäischen Union zu beeinflussen und zu prägen.

Entscheidungs-findung und Konflikte im Kollegium der Kommissare

Für die im Kollegium der Kommissare getroffenen Entscheidungen gilt das Prinzip der „kollegialen Verantwortlichkeit". Gegenüber Dritten, beispielsweise den Regierungen oder den Fraktionen im Europäischen Parlament, trägt demnach das Kollegium der Kommissare als Ganzes die Verantwortung für die Politiken einzelner Generaldirektionen und Kommissare. Auch wenn es im Laufe der internen Entscheidungsfindung zu erheblichen Auseinandersetzungen zwischen den Kommissaren gekommen ist, vertreten diese in der Regel eine einmal getroffene Entscheidung geschlossen gegenüber der Öffentlichkeit und anderen politischen Akteuren. Unser empirisches Wissen über die Qualität der Konflikte im Kollegium und das Entscheidungsverhalten der Kommissare ist begrenzt: Entscheidungen werden in der Regel im Konsens getroffen, so dass es nur äußerst selten zu formalen Abstimmungen über die Annahme einer Entscheidung kommt (Egeberg 2006; Wonka 2008a: 1160). Die Auseinandersetzungen im Kollegium sind außerdem durch die „sektoralen" Interessen der von den Kommissaren geführten Ressorts und die nationalen Interessen der Kommissare unterschiedlicher Länder geprägt, während parteipolitische Koalitionen, wie sie im Europäischen Parlament dominieren, keine maßgebliche Rolle spielen (Egeberg 2006; Wonka 2008a).

„Kabinette" der Kommissare – Entlastungs-, Kontroll- und Koordinations-funktion

Den Kommissaren stehen für die Ausübung ihrer Aufgaben sogenannte „Kabinette" mit persönlichen Mitarbeitern zur Verfügung. Während die Kommissare keinen Einfluss auf die Besetzung der Mitarbeiterstellen in den GDs haben, können sie über die Besetzung ihrer persönlichen Kabinette eigenständig entscheiden. Die Kabinettsmitarbeiter dienen den Kommissaren als politische Berater und unterstützen sie bei der Kontrolle der Arbeiten in anderen Generaldirektionen. Von den Mitarbeitern in den GDs werden die Kabinette nicht zuletzt deshalb kritisch betrachtet, weil sie den Zugang zum Kommissar politisch steuern. Auch stehen sie bei den GD-Mitarbeitern im Verdacht, nationale Interessen in den Vordergrund zu stellen. Den Kabinettschefs kommt bei der Vorbereitung von Entscheidungen und bei der Koordinierung der Arbeit zwischen den Generaldirektionen und Kommissaren eine wichtige Rolle zu. Bevor die Kommissare mittwochs zu ihrer wöchentlichen Kollegiumssitzung zusammenkommen, treffen sich die Kabinett-schefs montags und versuchen, in kontroversen Entscheidungsgegenständen eine Einigung zu erzielen. Nicht zuletzt aufgrund dieses vorgeschalteten politischen Aushandlungsprozesses wird in den wöchentlichen Sitzungen des Kollegiums der Kommissare nur eine relativ überschaubare Zahl von Gegenständen tatsächlich diskutiert, während der Großteil der Entscheidungen nur noch formal angenom-men wird (Wonka 2008b: 138-140). Schließlich halten die Kabinettsmitglieder Kontakt zu anderen europäischen Organisationen, nationalen Ministerien und zu Interessengruppen. Die nationalen Kontakte sind dabei nicht auf Ministerien im Herkunftsland eines Kommissars beschränkt, sondern werden, nicht zuletzt, um politische Initiativen erfolgreich durchzusetzen, auf andere Mitgliedstaten ausge-weitet.

Größe und Zusammensetzung der persönlichen Kabinette der Kommissare haben sich vor allem in den letzten 20 Jahren erheblich verändert. In den ersten Jahrzehnten finanzierte die Europäische Kommission jedem Kommissar zwei per-sönliche Mitarbeiter sowie zwei Sekretariatsmitarbeiter. Die Kommissare konnten ihre persönlichen Kabinette jedoch durch Mitarbeiter aus Ministerien ihres Hei-matlandes, die von diesen auch bezahlt wurden, aufstocken. In den ersten Jahr-zehnten der Kommission bestanden die persönlichen Kabinette der Kommissare deshalb fast ausschließlich aus Landsmännern und politisch Vertrauten der Kom-missare (Spence 2006b: 60-72). In den 1990er Jahren wurde die Anzahl auf sechs von der Kommission finanzierte persönliche Kabinettsmitarbeiter ausgeweitet. Darüber hinaus wurde bestimmt, dass mindestens ein Kabinettsmitglied eine ande-re Nationalität als der jeweilige Kommissar haben muss. Romano Prodi beschloss darüber hinaus zu Beginn seiner Amtszeit als Kommissionspräsident (1999), dass in den persönlichen Kabinetten Mitarbeiter aus mindestens drei Mitgliedstaaten vertreten sein müssen. Ziel dieser Änderungen war es, die Dominanz einzelner na-tionaler Perspektiven in der Politik einzelner Kommissare und Kabinette zu redu-zieren. Schließlich verfügte Kommissionspräsident José Manuel Barroso im Jahr 2004, dass die Kabinette neben drei unterschiedlichen Nationalitäten auch drei Mitglieder beschäftigen müssen, die nicht von nationalen Ministerien abgestellt, sondern aus den Generaldirektionen oder Diensten der Kommission berufen wur-den (Egeberg/Heskestad 2010: 777). Die Änderungen in den Besetzungsregeln der Kabinette zeigten Wirkung. In fast allen Kabinetten sind heute Mitarbeiter aus mehr als den vorgeschriebenen drei unterschiedlichen Ländern beschäftigt. Die Wichtigkeit der Nationalität hat auch bei der Wahl der Kabinettschefs nachgelas-sen. Während 1995 noch 95 % aller Kabinettschefs die Staatsangehörigkeit ihres Kommissars teilten, waren dies in der ersten Barroso-Kommission (2004 - 2010) nur noch 68 % (Egeberg/Heskestad 2010: 780).

Es wurde bereits erwähnt, dass nur ein relativ kleiner Anteil der Entschei-dungen von den Kommissaren selbst diskutiert und verabschiedet wird. Institutio-nelle Grundlage der Arbeitsteilung zwischen den Kommissaren und diesen sowie ihren jeweiligen Generaldirektionen sind die in der Kommission geltenden Ent-

Multinationale Zusammensetzung der persönlichen Kabinette

Entscheidungs-verfahren und Arbeitsteilung in der Kommission

scheidungsregeln. Nur die im sogenannten „mündlichen Verfahren" verabschiedeten Vorlagen gelangen ins Kollegium. Von diesen werden wiederum nur diejenigen tatsächlich von den Kommissaren behandelt, die als sogenannte B-Punkte ausgewiesen sind, weil es den persönlichen Mitarbeitern der Kommissare nicht möglich war, eine Einigung zu erzielen. Entscheidungen, die unstrittig sind und/oder bei denen Unstimmigkeiten und unterschiedliche politische Vorstellungen und Interessen im Zuge des Entscheidungsverfahrens ausgeräumt werden konnten, werden im Zuge des „schriftlichen" Verfahrens, des „Ermächtigungs-" oder des „Delegationsverfahrens" entschieden. Im „schriftlichen Verfahren" bereitet der in der Sache federführende Kommissar eine Entscheidung vor, und die anderen haben im Rahmen eines Umlaufverfahrens Gelegenheit, diesen Vorschlag zu kommentieren und Änderungen anzuregen. Nimmt der federführende Kommissar die Vorschläge nicht auf, können andere Kommissare beantragen, den Vorschlag im Kollegium der Kommissare zu behandeln. Im „Ermächtigungs-" und „Delegationsverfahren" werden die Vorbereitung einer Entscheidung und auch die Verabschiedung derselben an einen Kommissar bzw. im Delegationsverfahren, an die Mitarbeiter einer Generaldirektion übertragen.

Die tatsächliche Anwendung der unterschiedlichen Entscheidungsverfahren zeigt den hohen Grad an Arbeitsteilung in der täglichen Arbeit der Kommission. Nachdem das Delegationsverfahren im Jahr 2002 eingeführt wurde, wurde in der Prodi-Kommission (1999 - 2004) die Mehrzahl aller Vorlagen im Rahmen dieses Verfahrens verabschiedet und nur etwas mehr als 3 % im „mündlichen" bzw. knapp 30 % im schriftlichen Verfahren (Wonka 2008b: 135-138). Betrachtet man nicht alle Entscheidungsgegenstände, sondern ausschließlich die von der Prodi-Kommission angenommenen Gesetzesvorschläge, so steigt der Anteil der mündlich behandelten Vorlagen auf 17,4 %. Selbst bei Gesetzesvorlagen, die zu den politisch wichtigsten von der Kommission beschlossenen Gegenständen zählen, stellen Diskussionen und Konflikte im Kollegium der Kommissare also eine Ausnahme dar. Bei der Interpretation dieser Zahl sollte jedoch berücksichtigt werden, dass im Kollegium der Kommissare nur diejenigen Vorlagen behandelt werden, die einer politischen Lösung durch die Kommissare bedürfen, da im Laufe des internen Entscheidungsprozesses kein Einvernehmen zwischen den GDs erreicht wurde. Für Vorlagen, die im schriftlichen Verfahren verabschiedet wurden und die möglicherweise zu Konflikten zwischen den Generaldirektionen und Kommissaren geführt haben, konnten Mitarbeiter der GDs und Mitglieder der Kabinette schon in früheren Entscheidungsphasen eine Einigung erzielen.

Generaldirektionen
und Dienste

Horizontal teilen sich die Aufgaben und Verantwortlichkeiten in der Kommission zwischen einzelnen GDs und den sogenannten Diensten sowie den diesen jeweils politisch vorstehenden Kommissaren. Die GDs und Dienste bilden das administrative Rückgrat der Europäischen Kommission. Aktuell verfügt die Europäische Kommission über insgesamt etwas mehr als 40 dieser Organisationseinheiten, die wiederum ca. 32000 Personen beschäftigen (Stand: Mai 2013; Europäische Kommission 2012b). Die Dienste leisten primär die interne Verwaltung und stellen den Generaldirektionen Dienstleistungen, wie beispielsweise Übersetzungen und juristische Beratung, zur Verfügung.

Die Generaldirektionen hingegen sind für die inhaltliche Arbeit in den un- terschiedlichen Politikbereichen zuständig und damit für die Politikgestaltung der Europäischen Union von zentraler Bedeutung. Die GDs und Dienste unterscheiden sich erheblich in ihrer personellen und finanziellen Ausstattung. Die GD „Klimapolitik" gehört mit ihren 150 Mitarbeitern zu den kleinsten Einheiten innerhalb der Europäischen Kommission (siehe Tabelle 2). Über die größten Budgets verfügten im Jahr 2013 die GD „Landwirtschaft und ländliche Entwicklung" mit knapp 56 Milliarden Euro sowie die GD „Regionalpolitik" mit 38,5 Milliarden Euro, während die GD „Binnenmarkt und Dienstleistungen" mit einem der kleinsten Budgets ausgestattet ist (Tabelle 2).

Unterschiede bei Personal und Budget

Tabelle 2: Die Generaldirektionen der Europäischen Kommission 2013 (Barroso II)

Generaldirektion & Dienste	Beschäf-tigte*	Bud-get**	Kommissar	Partei***
Generaldirektionen				
Landwirtschaft und ländliche Ent-wicklung	934	56919	Dacian Cioloş (RO)	---
Haushalt	397	68	Janusz Lendowski (PL)	EVP
Klimapolitik	136		Connie Hedegaard (DK)	EVP
Wettbewerb	709	91	Joaquin Almunia (ES)	SPE
Wirtschaft und Finanzen	626	491	Olli Rehn (FI)	ALDE
Bildung und Kultur	427	2393	Androulla Vassiliou (CY)	ALDE
Beschäftigung, soziale Angelegen-heiten und Chancengleichheit	574	11600	László Andor (HU)	SPE
Energie	487	1283	Günther Oettinger (D)	EVP
Unternehmen und Industrie	757	1161	Antonio Tajani (IT)	EVP
Umwelt	455	388[1]	Janez Potocnik (SI)	ALDE
Inneres	253	750	Cicilia Malmström (SE)	ALDE
Maritime Angelegenheiten und Fischerei	290	685	Maria Damanaki (EL)	SPE
Mobilität und Verkehr	432	1079	Siim Kallas (EE)	ALDE

Generaldirektion & Dienste	Beschäf-tigte*	Bud-get**	Kommissar	Partei ***
Generaldirektionen				
Gesundheit und Verbraucher	742	608	Tonio Borg (MT) Neven Mimica (HR)	EVP SPE
Kommunikationsnetze, Inhalte und Technologien	815	1386	Neelie Kroes (NL)	ALDE
Binnenmarkt und Dienstleistungen	491	98	Michel Barnier (FR)	EVP
Justiz	314	187	Viviane Reding (LU)	EVP
Regionalpolitik	563	38096	Johannes Hahn (AT)	EVP
Forschung und Innovation	1123	4830	Máire Geoghegan-Quinn (IE)	ALDE
Steuern und Zollunion	430	110	Algirdas Semeta (LT)	EVP
EuropeAid/Entwicklung	1185	1311	Andris Piebalgs (LV)	ALDE
Dienste				
Erweiterung	279	921	Stefan Füle (CZ)	---
Außenbeziehungen		3275	Catherine Ashton (GB)	SPE
Humanitäre Hilfe	215	883	Kristalina Geogieva (BG)	EVP
Handel	533	102	Karel De Gucht (BE)	ALDE
Inter-Institutionelle Beziehungen und Verwaltung		1005	Maros Sefcovic (SK)	SPE
Juristischer Dienst	395		José Manuel Barroso (PT)	EVP
Generalsekretariat (Verwaltung)	465		José Manuel Barroso (PT)	EVP

Anmerkungen: *Mitarbeiterzahlen: http://ec.europa.eu/civil_service/about/figures/index_de.htm (Zugriff 30.05.2013); * = aufgeführt sind europäische Beamte; ** = Budget, in Millionen: http://eur-lex.europa.eu/budget/www/index-de.htm (Zugriff am 18.09.2013; Zahlungen der GDs 2012); *** = Parteifamilienzugehörigkeit erfasst über Mitgliedschaft in der nationalen Partei in den politischen Gruppen des Europäischen Parlaments; kein Eintrag = parteilos [1] = Klima und Umwelt sind im Haushaltsplan zusammengefasst*

Die administrative Leitung der Generaldirektionen obliegt den Generaldirektoren. Diese tragen die Verantwortung für die administrativen Abläufe in den GDs. Politisch unterstehen die Generaldirektionen der Verantwortlichkeit der Europäischen Kommissare. In der Regel trägt ein Kommissar Verantwortung für eine GD. Es kann jedoch auch vorkommen, dass sich zwei Europäische Kommissare die politische Verantwortung für eine GD teilen oder dass mehrere GDs der Verantwortlichkeit eines Kommissars unterstellt sind. Organisatorisch gliedern sich die einzelnen GDs in „Direktionen", die jeweils für unterschiedliche inhaltliche Fachbereiche zuständig sind und von sogenannten Direktoren geleitet werden. Die verschiedenen Direktionen wiederum gliedern sich in „Referate", die, zuständig für spezifische Themengebiete, der Verantwortlichkeit von Referatsleitern unterstehen. So verfügt beispielsweise die GD „Landwirtschaft und ländliche Entwicklung", die zuständig ist für alle Aspekte der Gemeinsamen Europäischen Agrarpolitik (GAP), neben dem bereits angesprochenen Budget von knapp 57 Milliarden Euro über knapp 1000 Mitarbeiter (Tabelle 2).

Aufbau und interne Organisation der Generaldirektionen

3.2.2 Personelle Zusammensetzung

In Kapitel 3.1.1 und 3.1.2 wurde die zentrale Rolle, die die Europäische Kommission im politischen System der EU und in EU-Entscheidungsprozessen einnimmt, dargestellt. Damit kommt auch den Europäischen Kommissaren, die die politische Führung über die Kommission ausüben, eine zentrale Rolle zu. Wie in Kapitel 3.2.2 noch ausführlicher diskutiert wird, könnte die Auswahl der Kommissare durch die Regierungen von zwei grundsätzlich verschiedenen Motiven bestimmt sein: Zum einen könnten die Regierungen, wie in den Verträgen zur Gründung der Europäischen Gemeinschaft und dem EU-Vertrag vorgesehen, Personen auswählen, die eine möglichst große Unabhängigkeit der Kommission gegenüber den Mitgliedstaaten garantieren (Majone 2000). Einer solch funktional-technokratischen Überlegung folgend, würden Regierungen leitende Mitarbeiter aus einschlägigen Ministerien auswählen, die darüber hinaus über Erfahrung mit europapolitischen Sachverhalten verfügen. Die Kommissare würden die politischen Rahmenbedingungen in ihrem Handeln berücksichtigen, im Vordergrund des Handelns stünden jedoch fachliche Kriterien, die das Vertrauen der Bevölkerungen sowie der politischen und ökonomischen Eliten in die politische Unabhängigkeit der Europäischen Kommission stärken (Majone 2000; 2001). Zum anderen könnten die Regierungen Personen auswählen, die ihnen politisch nahe stehen und den Regierungen somit Einfluss auf Entscheidungen in der Kommission ermöglichen. Folgen die Regierungen bei der Auswahl ihrer Kommissare politischen Motiven, wählen sie Personen aus, die einer Regierungspartei angehören und deren politische Zuverlässigkeit sie aufgrund deren Handeln in zuvor gehaltenen politischen Ämtern einschätzen können (Wonka 2008).

Empirisch zeigt sich, dass die große Mehrzahl der Kommissare über eine Parteimitgliedschaft verfügt (siehe Tabelle 3). Darüber hinaus ist der überwiegende Teil der Kommissare Mitglied einer politischen Partei, die zum Zeitpunkt der Ernennung in der Regierung vertreten ist. Besonders deutlich wird dies am Anteil

Politischer Hintergrund der Kommissare – erfahrene Politiker statt Technokraten

von „Regierungspartei"-Kommissaren seit der Verabschiedung der Einheitlichen Europäischen Akte (Delors I), mit der die EG weitere Kompetenzen erhielt und mit der die Handlungsfähigkeit der Gemeinschaft wiederhergestellt wurde. Mit Ausnahme der Santer-Kommission standen in allen seit 1985 ernannten Kommissionen mindestens drei Viertel der Kommissare der Regierung politisch nahe, indem sie die Parteimitgliedschaft einer Regierungspartei teilten. Gleichzeitig liegt der Anteil derjenigen, die über keine Parteimitgliedschaft verfügen, seit 1985 dauerhaft bei ca. 5 %. Eine Ausnahme bildet die „Barroso I"-Kommission, in der 15 % der Kommissare über keine formale Parteimitgliedschaft verfügten. Auch verfügt ein Großteil der Kommissare über eine hohe politische Sichtbarkeit aufgrund zuvor gehaltener politischer Ämter. Dies erlaubt den Regierungen, sowohl die politische Zuverlässigkeit als auch die fachliche Eignung ihrer Kandidaten für ein politisches Führungsamt in der Kommission einzuschätzen. Mehr als die Hälfte aller bis 2004 ernannten Kommissare (55,3 %) hatte vor der Ernennung ein Ministeramt in ihrem Heimatland inne und verfügte somit über Erfahrung in der Leitung von Verwaltungen. Fast zwei Drittel der Kommissare wiederum waren vor der Ernennung als Abgeordnete im Parlament ihres Landes tätig. Die „politische Sichtbarkeit" der Kommissare aufgrund zuvor gehaltener Ämter ist mit der Berufung der „Delors I"- Kommission im Jahr 1985 gestiegen. Gleichzeitig liegt der Anteil der Kommissare, die vor ihrer Ernennung kein politisches Amt innehatten, für alle zwischen 1958 und 2004 ernannten Kommissare unter 20 % und ist seit 1985 auf weit unter 10 % gesunken (Wonka 2008b: 113-115). Wie im nächsten Unterkapitel noch ausführlicher diskutiert werden wird, deuten diese Ergebnisse darauf hin, dass die Regierungen mit der Ernennung ihnen nahestehender Kommissare versuchen, das politische Handeln der Europäischen Kommission im eigenen Interesse zu beeinflussen, statt deren Leitung mit einer möglichst hohen politischen Unabhängigkeit auszustatten.

Nationaler Proporz bei der Besetzung der Verwaltungsposten der GDs

Bei der Besetzung der Stellen in den Generaldirektionen wird darauf geachtet, dass Angehörige der Mitgliedstaaten ungefähr proportional zur Größe des jeweiligen Mitgliedstaates berücksichtigt werden. Auf diese Weise sind die politischen und kulturellen Perspektiven der unterschiedlichen Mitgliedstaaten in der Kommissionsverwaltung repräsentiert. Die (deskriptive) Repräsentativität, so wird teilweise argumentiert, erhöhe die Legitimität der Kommission in den Mitgliedstaaten (Gravier 2008: 1027). Mitarbeiter nationaler Verwaltungen und politisch Verantwortliche können über Mitarbeiter in den Generaldirektionen aus ihren Ländern außerdem versuchen, Informationen über politische Entwicklungen in der Kommission zu erhalten und Einfluss auf die Politikformulierung in der Kommission zu nehmen. Naturgemäß dauert es nach dem Beitritt eines Landes eine gewisse Zeit, bis dessen Angehörige Positionen in den Generaldirektionen einnehmen. Das Ziel der proportionalen Besetzung der Stellen wird seitens der Europäischen Kommission dadurch gefördert, dass bei den „Concours", über die die Beamten der Kommission rekrutiert werden, gezielt Mitarbeiter aus den „neuen" Mitgliedstaaten rekrutiert werden (Gravier 2008). Tabelle 4 zeigt, dass sechs Jahre nach der EU-Osterweiterung (2004) um weitere zehn Mitgliedstaaten diese neuen Mitgliedstaaten weitgehend gemäß ihrer Bevölkerungsgröße in den Generaldirektionen vertreten sind. Insgesamt zeigt sich bei der Besetzung der Stellen in der Kommission, dass die kleinen Mitgliedstaaten tendenziell über- und die großen Mitgliedstaaten tendenziell unterrepräsentiert sind.

Tabelle 3: Die parteipolitischen Eigenschaften Europäischer Kommissare, 1958 - 2013

	Regierungs-partei	Oppositions-partei	Keine Partei	Fehlende Werte
Hallstein I (1958-1962) N = 11	72,2	9,1	9,1	9,1
Hallstein II (1962-1967) N = 10	40,0	30,0	30,0	---
Rey (1967-1970) N = 14	64,3	14,3	21,4	---
Malfatti (1970-1973) N = 10	50,0	20,0	30,0	---
Ortoli (1973-1977) N = 17	52,9	17,6	23,5	5,9
Jenkins (1977-1981) N = 13	53,8	23,1	23,1	---
Thorn (1981-1985) N = 17	47,1	29,4	17,6	5,9
Delors I (1985-1989) N = 18	83,3	11,1	5,6	---
Delors II (1989-1993) N = 17	76,5	17,6	5,9	---
Delors III (1993-1995) N = 18	72,2	22,2	5,6	---
Santer (1995-1999) N = 20	60,0	35,0	5,0	---
Prodi (1999-2004) N = 25	84,0	12,0	4,0	---
Barroso I (2004-2010) N = 34	79,4	5,9	14,7	---
Barroso II (2010 - 2014) N = 28	78,6	14,3	7,1	--
GESAMT (1958-2013) N = 252	68,3	17,9	12,7	1,2

Quelle: Wonka 2008b, eigene Daten
Anmerkung: *„Regierungspartei"-Kommissare teilen die Parteimitgliedschaft mit einer Partei der sie vorschlagenden Regierung; „Oppositionspartei"-Kommissare sind Mitglieder von Parteien, die nicht in der sie vorschlagenden Regierung vertreten sind. Die Kategorie „keine Partei" erfasst die parteilosen Kommissare.*

Tabelle 4:   Nationale Zusammensetzung der Verwaltung der Kommission

Land	Bevölkerung (relativer Anteil EU)	KOM-Mitarbeiter, absolut	KOM-Mitarbeiter, relativ
Alte Mitgliedstaaten			
Österreich	8 375 290 *(1,67)*	273	2,10
Belgien	10 827 000 *(2,16)*	1286	9,91
Deutschland	81 802 257 *(16,32)*	1368	10,54
Dänemark	5 534 738 *(1,10)*	243	1,87
Spanien	45 989 016 *(9,18)*	1003	7,73
Finnland	5 351 427 *(1,07)*	323	2,49
Frankreich	64 713 762 *(12,92)*	1316	10,14
Großbritannien	62 008 048 *(12,38)*	704	5,43
Griechenland	11 295 002 *(2,25)*	524	4,04
Irland	4 455 780 *(0.89)*	230	1,77
Italien	60 340 328 *(12,04)*	1208	9,31
Luxemburg	502 066 *(0.10)*	44	0,34
Niederlande	16 577 612 *(3,30)*	425	3,28
Portugal	10 637 713 *(2,12)*	386	2,98
Schweden	9 340 682 *(1,86)*	330	2,54
Gesamt „alte" Mitglied-staaten	***397 750 721***		
Neue Mitgliedstaaten (seit 2004)			
Malta	412 966 *(0,08)*	113	0,87
Zypern	798 045 *(0,16)*	67	0,52
Bulgarien	7 563 710 *(1,51)*	347	2,67
Tschechische Republik	10 506 813 *(2,1)*	314	2,42
Estland	1 340 127 *(0,27)*	133	1,03
Ungarn	10 013 000 *(2,0)*	382	2,94
Litauen	3 329 039 *(0,66)*	192	1,48
Lettland	2 248 374 *(0,45)*	148	1,14
Polen	38 167 329 *(7,62)*	723	5,57
Rumänien	21 462 186 *(4,28)*	516	3,98
Slowenien	2 046 976 *(0,41)*	161	1,24
Slowakei	5 424 925 *(1,08)*	200	1,54
Gesamt „neue" Mit-gliedstaaten	***103 313 490***		
Gesamt	***501 064 211***	***12 973***	***100.0 Prozent***

Quelle: Mitarbeiterzahlen (am 1. April 2013): (http://ec.europa.eu/civil_service/about/figures/
index_de.htm; Zugriff: 19.04.2013); Bevölkerungszahlen (am 1. Januar 2012): Eurostat;
Berücksichtigt werden nur Mitarbeiter, die in den Gehaltsstufen A5 - A16 beschäftigt sind.
Mitarbeiter dieser Gehaltsstufen sind mit gestalterischen Aufgaben betraut, die über die rei-
ne interne Verwaltung der Europäischen Kommission hinausgehen. Kroatische Kommissi-
onsmitarbeiter sind nicht berücksichtigt, da das Land erst am 1. Juli 2013 beigetreten ist.

Um einzuschätzen, ob die national-proportionale Besetzung von Stellen in der Kommission einen Einfluss auf das Verwaltungshandeln in der Kommission hat, ist es jedoch nicht ausreichend, die nationale Zusammensetzung des Personals der Generaldirektionen zu betrachten. Denn nur, wenn die nationale Herkunft der Mitarbeiter einen Einfluss auf deren Einstellungen und politische Haltungen hat, kann sich die national-proportionale Zusammensetzung der Generaldirektionen auf das Verwaltungshandeln und die in den Generaldirektionen erarbeiteten Entscheidungen und Vorlagen auswirken. Die bislang vorliegenden empirischen Untersuchungen zeigen, dass die Mitarbeiter der Kommission dem Prozess der europäischen Integration etwas positiver gegenüber stehen als die Bevölkerungen ihrer Heimatländer. Ihre grundlegenden politischen Ansichten zum Verhältnis von Markt und Staat und zur zukünftigen Entwicklung der Europäischen Union sind allerdings auch nach Jahren der Beschäftigung in der Europäischen Kommission noch maßgeblich von ihren politischen und beruflichen Erfahrungen in ihrem Heimatland geprägt (Hooghe 2001; 2005). Auch hinsichtlich der Rolle der Europäischen Kommission in der EU gehen die Ansichten der Kommissionsmitarbeiter relativ stark auseinander und nur etwas mehr als ein Drittel wünscht sich eine Aufwertung der Europäischen Kommission zur Regierung der EU und einen geringeren Einfluss der Mitgliedstaaten (Hooghe 2012: 92). Auf die Interaktionen zwischen Mitarbeitern innerhalb der Generaldirektionen und zwischen Mitarbeitern verschiedener Generaldirektionen sowie die inhaltliche Arbeit an konkreten Politiken haben die persönlichen Einstellungen und deren Nationalität allerdings nur einen begrenzten Einfluss. So gaben in einer aktuellen Studie 52 % der befragten Mitarbeiter an, dass bei der Herausbildung professioneller Netzwerke in der Kommission die Nationalität der Mitarbeiter eine Rolle spiele (Bauer/Ege 2012: 411). Die alltägliche Arbeit der Kommissionsmitarbeiter scheint jedoch nicht primär durch deren Nationalität und persönliche Einstellungen, sondern vielmehr durch formale Kompetenzen und Regeln bestimmt zu sein (Michelmann 1978: 492-494; Suvariorol 2008: 710, 712). Ähnliche Ergebnisse wurden auch für die für einen begrenzten Zeitraum von ihren nationalen Verwaltungen an die Europäische Kommission abgeordneten „nationalen Experten" ermittelt (Egeberg 1996: 730-732; Trondal 2007: 1122, 1123; 2008: 477, 478). Im Jahr 2013 stellten sie 3,6 % der etwas mehr als 32000 Mitarbeiter in den Generaldirektionen der Kommission (Europäische Kommission 2012b).

Eine aktuelle Studie bestätigt den relativ starken Einfluss formaler Kompetenzen und Entscheidungsregeln auf die Arbeit in den Generaldirektionen auch mit Blick auf die hierarchische Beziehung zwischen Mitarbeitern der GDs und den Europäischen Kommissaren. 87 % der befragten Mitarbeiter gaben an, ihre Arbeit primär an den Beschlüssen des Kollegiums der Kommissare auszurichten (Bauer/ Ege 2012: 416). Auch wenn die hohe Zustimmung teilweise von der sozialen bzw. politischen Erwünschtheit dieser Antwort beeinflusst sein mag, erscheint die starke Orientierung an den Kommissaren doch plausibel, da ein Vorschlag innerhalb der Kommission nur dann Erfolg hat, wenn er vom Kommissar und dessen persönlichem Kabinett unterstützt wird. Um die Dynamik von Entscheidungsprozessen in der Kommission und die Inhalte politischer Entscheidungen der Europäischen Kommission zu beschreiben und zu erklären, muss deshalb das Zusammenspiel

Einstellungen der Kommissions- mitarbeiter zur europäischen Integration

der Verwaltungsebene mit Mitarbeitern aus allen EU-Mitgliedstaaten und der politischen Führung, bestehend aus Europäischen Kommissaren und dem Kommissionspräsidenten, betrachtet werden.

3.2.3 Experten- und Interessengruppen

Vernetzung nationaler Verwaltungen mit der Kommission: funktionale und politische Zwecke

Um Unterstützung für ihre eigene Arbeit zu erhalten, greifen die Generaldirektionen und Kommissare auf verschiedene Ausschüsse und Gremien zurück, die direkt bei der Kommission angesiedelt sind. Bei der Durchführung von Befugnissen, die der Europäischen Kommission in EU-Gesetzgebungsakten übertragen wurden, wird die Kommission von den in Kapitel 4 besprochenen Komitologie-Ausschüssen unterstützt. Darüber hinaus verfügt die Europäische Kommission über ein sehr umfangreiches Netz an Expertengruppen. Diese beraten die Kommission bei der inhaltlichen Vorbereitung von politischen Initiativen und konkreten Gesetzgebungsakten, aber auch bei der Vorbereitung von Umsetzungsakten oder der Überwachung der tatsächlichen Umsetzungspraxis in den Mitgliedstaaten. Aus funktionaler Perspektive tragen die Expertengruppen damit zur Formulierung sachadäquater Entscheidungen bei, während diese Gremien aus einer machtpolitischen Perspektive den Mitgliedern nationaler Verwaltungen und den Interessengruppen Möglichkeiten zur Beeinflussung von Kommissionsentscheidungen bieten.

Personell setzen sich die Expertengruppen aus Vertretern lokaler, regionaler und nationaler Verwaltungen, aus Wissenschaftlern und aus Vertretern verschiedener Interessengruppen und zivilgesellschaftlicher Gruppen zusammen. Prinzipiell stehen zwei Wege zur Gründung einer Expertengruppe zur Verfügung: die Kommission kann hierzu eine „Kommissionsentscheidung" erlassen (formelle Expertengruppen); hierbei handelt es sich um einen Verwaltungsakt, der nicht der Zustimmung des Rats oder des Europäischen Parlaments bedarf. Außerdem können einzelne Generaldirektionen das Generalsekretariat über die Einsetzung einer „Expertengruppe" unterrichten, die als eingesetzt gilt, wenn das Generalsekretariat innerhalb von wenigen Tagen keinen Einwand dagegen vorbringt (informelle Expertengruppe). Expertenausschüsse können, anders als Komitologie-Ausschüsse (Kap. 4), keine formellen Beschlüsse fassen. In ihrer Funktion, nationalen Experten ein Forum zum Austausch zu bieten, gleichen sie vielmehr den in Kapitel 6 diskutierten Verwaltungsnetzwerken.

Anzahl der aktuell aktiven Expertengruppen

Seit 2004 werden alle Expertengruppen in einem „Register" aufgeführt, das Auskunft über die Anzahl der in den verschiedenen Generaldirektionen aktiven Expertengruppen sowie deren Zusammensetzung und in zahlreichen Fällen auch über die organisatorische Zugehörigkeit der einzelnen Mitglieder der Expertengruppen gibt. Die Einrichtung des Registers geht auf Forderungen des Europäischen Parlaments nach größerer Transparenz bezüglich dieser Gruppen zurück. Schließlich verpflichtete sich Kommissionspräsident Barroso zur Einrichtung eines solchen Registers. Derzeit (April 2013) beraten ca. 700 Expertengruppen die Generaldirektionen der Europäischen Kommission (http://ec.europa.eu/transparency/regexpert/index.cfm; Zugriff am 18. 04. 2013). In Tabelle 5 werden nur solche Expertengruppen erfasst, die in Generaldirektionen angesiedelt sind, die eine aktive Rolle in der

EU-Politikformulierung und in EU-Entscheidungsprozessen spielen. Mehr als drei Viertel aller in der Kommission aktiven Expertengruppen dienen der Vernetzung von Mitarbeitern nationaler Verwaltungen und der Kommission (rechte Spalte, Tabelle 5). Ähnlich wie die später behandelten Verwaltungsnetzwerke (Kap. 6), leisten Expertengruppen einen wichtigen Beitrag zum Ebenen übergreifenden Informationsaustausch zwischen nationalen Verwaltungen und den Verwaltungseinheiten der Kommission. Die Zahl der Expertengruppen ist dabei ungleich über die verschiedenen Generaldirektionen verteilt. Die GD Steuern und Zollunion verfügt über die meisten Expertengruppen, die sich fast ausschließlich aus Mitgliedern nationaler Verwaltungen zusammensetzen, wohingegen die Generaldirektion „Handel", die ebenfalls zum früh vergemeinschafteten Kernbestand der Europäischen Gemeinschaft gehört, nur über sehr wenige Expertengruppen verfügt. Das „Alter" einer Generaldirektion scheint demnach nicht allein ausschlaggebend für die Anzahl der in einer Generaldirektion angesiedelten Expertengruppen zu sein. Weitere Faktoren, die hierauf einen Einfluss haben sollten, sind neben möglichen Unterschieden in den Verwaltungskulturen und -kapazitäten einzelner Generaldirektionen (Gornitzka/Sverdrup 2008) der Grad der technischen Komplexität eines Politikfeldes sowie die politische Wichtigkeit, die die Europäische Kommission und die Mitgliedstaaten einem Politikbereich zuschreiben. In technisch komplexen Bereichen leistet der Informationsaustausch einen Beitrag zur Formulierung problemadäquater Regeln. Darüber hinaus erlaubt die frühzeitige Berücksichtigung der administrativen Voraussetzungen sowie politischen und ökonomischen Bedingungen und Interessen in den Mitgliedstaaten einen Interessenausgleich, der die Wahrscheinlichkeit des Zustandekommens europäischer Entscheidungen und die effektive Implementierung von EU-Vorgaben begünstigt (Larsson 2003; Gornitzka/Sverdrup 2011).

Neben den stark institutionalisierten und relativ transparenten Interaktionen in den unterschiedlichen Expertengruppen unterhält die Europäische Kommission auch außerhalb formaler Gremien zahlreiche Kontakte zu nationalen Interessenvertretern aus den verschiedenen Mitgliedstaaten sowie zu europäischen Interessengruppen (Kohler-Koch 1992; Pappi/Henning 1999; Beyers 2004; Eising 2004; Warntjen/Wonka 2004; Eising/Kohler-Koch 2005; Eising 2007; Greenwood 2007; Coen/Richardson 2009; Wonka et al. 2010). Einer aktuellen Schätzung zufolge sind 3700 Interessengruppen in Brüssel aktiv. Bei ungefähr der Hälfte dieser Gruppen handelt es sich um regionale oder nationale Gruppen, während ca. 45 % der Gruppen europäisch organisiert sind (Wonka et al. 2010: 469). Für Interessenvertreter ist die Europäische Kommission aufgrund ihres Monopols zur Einbringung von Gesetzesvorlagen und ihrer zentralen Rolle gerade in der frühen Phase von EU-Entscheidungsprozessen ein wichtiges Ziel für ihre Einflussnahmeversuche. Der Kommission helfen diese Interaktionen, sich fachliche Expertise anzueignen und politischen Widerstand gegen ihre Vorhaben schon zu einem frühen Zeitpunkt auszuloten. Mit der Einrichtung und zunehmenden Anwendung von Konsultationsverfahren versucht die Europäische Kommission darüber hinaus, sich eine direkte Legitimierung ihrer Politik durch die davon betroffenen gesellschaftlichen Akteure zu sichern und hierdurch nicht zuletzt ihr politisches Gewicht gegenüber den anderen EU-Organisationen zu erhöhen.

Interessengruppen und die Kommission

Tabelle 5:   Expertengruppen in unterschiedlichen Generaldirektionen, 2013

Generaldirektion	Anzahl der Experten- gruppen	Expertengrup- pen bestehend aus nationalen Behördenver- tretern
GD Beschäftigung, Soziales und Chancengleichheit	24	21
GD Bildung und Kultur	58	48
GD Binnenmarkt und Dienstleistungen	28	21
GD Energie	17	17
GD Entwicklung und Zusammenarbeit	17	16
GD Erweiterung	1	0
GD Forschung	37	8
GD Gesundheit und Verbraucher	74	64
GD Handel	5	5
GD Haushalt	2	1
GD Humanitäre Hilfe und Katastrophenschutz	8	8
GD Humanressourcen und Sicherheit	3	2
GD Informatik	0	0
GD Inneres	29	26
GD Justiz	29	17
GD Klimapolitik	5	4
GD Kommunikation	3	2
GD Kommunikationsnetze, Inhalte und Technologien	22	17
GD Landwirtschaft und ländliche Entwicklung	47	15
GD Maritime Angelegenheiten und Fischerei	13	8
GD Mobilität und Verkehr	38	32
GD Regionalpolitik	7	6
GD Steuern und Zollunion	106	102
GD Umwelt	50	47
GD Unternehmen und Industrie	64	53
GD Wettbewerb	4	4
GD Wirtschaft und Finanzen	11	8
Insgesamt	694	542

Stand: 18.04.2013; Quelle: http://ec.europa.eu/transparency/regexpert/index.cfm

Teilweise findet der Austausch mit Interessenvertretern im Rahmen der von der Europäischen Kommission seit 2001 – meist: online – durchgeführten öffentlichen Konsultationen statt. Derzeit laufen 26 solcher Konsultationen[11]. Die Kommission beziffert die Zahl der seit 2001 abgeschlossenen Konsultationsverfahren auf mehr als 500[12]. Es ist jedoch davon auszugehen, dass ein Großteil des Austauschs mit Interessenvertretern sowie die Einflussversuche verschiedener Interessengruppen informell und nicht im Rahmen von Expertenausschüssen und von der Kommission durchgeführten Konsultationen stattfinden. In das freiwillige „Transparenz-Register" der Europäischen Kommission haben sich bislang etwas mehr als 5600 Einzelpersonen und Gruppen eingetragen, die aktiv versuchen, auf EU-Entscheidungsprozesse Einfluss zu nehmen.[13] Die Zahl der Gruppen und Personen, die versuchen, die EU-Politik zu beeinflussen, variiert dabei sehr stark zwischen den unterschiedlichen Politikbereichen der Union. Die größte Zahl an Interessenvertretern ist für den Bereich „Umwelt" registriert. Über alle GDs hinweg sind die Vertreter ökonomischer Interessen mit etwas mehr als 2700 registrierten Vertretern und Organisationen die – zumindest zahlenmäßig – dominante Gruppe. Zwar kann von der relativen Zahl der Gruppen nicht direkt auf deren Einfluss auf Entscheidungen der Europäischen Kommission geschlossen werden. Aufgrund ihres ökonomischen Gewichts und – verbunden hiermit – der Expertise, die sie den Verwaltungen der Europäischen Kommission zur Verfügung stellen können, haben diese Gruppen einen sehr guten Zugang zu den Europäischen Organisationen (Bouwen 2004; Eising 2007: 352-354). Sie sollten deshalb in der Lage sein, die politischen Auseinandersetzungen in der Kommission sowie zwischen der Kommission und anderen EU-Organisationen entscheidend zu prägen.

Die Europäische Kommission ist jedoch nicht nur Adressat der Einflussversuche von Interessengruppen, sondern trägt nicht zuletzt durch direkte finanzielle Förderung von Gruppen zu deren Existenz und europapolitischen Aktivitäten bei (Hix/Høyland 2011: 172-173). Im Zeitraum zwischen 2003 und 2007 förderte die Europäische Kommission insgesamt 1164 Gruppen mit einer Gesamtsumme von etwas mehr als 193 Millionen Euro (Mahoney/Beckstrand 2011). Von der finanziellen Förderung profitierten sowohl Vertreter „spezifischer" Interessen (beispielsweise Gewerkschaften und Berufsverbände) als auch Vertreter „diffuser" Interessen (Olson 1965) (z. B. Umweltverbände und Bürgerrechtsorganisationen), wobei die meisten Mittel an auf europäischer und internationaler Ebene organisierte Umwelt- und Verbrauchergruppen sowie Think Tanks und Gewerkschaften vergeben wurden. Auch waren westeuropäische Gruppen bei der Einwerbung der Mittel der Kommission erfolgreicher als mittel- und osteuropäische. Im Sinne neo-pluralistischer Arbeiten lässt sich mit Blick auf die Förderung diffuser Interessen argumentieren, dass die Europäische Kommission hierüber versucht, zu einer effektiven Repräsentanz verschiedenartiger Interessen in Brüssel beizutragen (Mahoney/Beckstrand 2011). Damit kann

Formale
Konsultationen und
informelle Kontakte

Finanzielle
Förderung von
Interessengruppen
durch die
Kommission

---

11   Stand: Mai 2013 http://ec.europa.eu/yourvoice/consultations/index_de.htm, Zugriff: 31. 05. 2013.

12   http://ec.europa.eu/yourvoice/consultations/2013/index_de.htm; Zugriff: 31.05.2013.

13   http://europa.eu/transparency-register/index_de.htm; Zugriff:18. 04. 2013.

die Kommission der teilweise konstatierten Dominanz nationaler (Moravcsik 1998) und europäischer (Green Cowles 1995) ökonomischer Interessengruppen im europäischen Integrationsprozess entgegenwirken und versuchen, ihre eigene politische Legitimität zu erhöhen (Mahoney/Beckstrand 2011).

3.3 Theoretischer Kontext

Der Fokus dieses Kapitels liegt auf der Anwendung zentraler Theorien zur Erklärung des Handelns und des Einflusses der Kommission in EU-Entscheidungsprozessen. Nach einer knappen Darstellung der Rolle, die die klassischen Integrationstheorien – Neo-Funktionalismus und liberaler Intergouvernementalismus – der Kommission zuschreiben (vgl. hierzu Kap. 2.2.1), konzentriert sich Kapitel 3.3.1 auf die Diskussion der Kommission aus Sicht des rationalistischen Neo-Institutionalismus und des Prinzipal-Agent-Ansatzes. In Kapitel 3.3.2 werden normative Theorien zur Legitimierung des Handelns der Kommission diskutiert.

3.3.1 Integrationstheorien

Neo-Funktionalismus vs. Intergouvernementalismus

In der aktuellen politikwissenschaftlichen Auseinandersetzung mit der Europäische Union im Allgemeinen und der Europäischen Kommission im Besonderen werden zahlreiche und teilweise sehr verschiedene Theorien angewandt. Bis Ende der 1990er Jahre dominierte die Kontroverse zwischen (liberalen) Intergouvernementalisten (Hoffmann 1966; Moravcsik 1993; Moravcsik 1998) und Neo-Funktionalisten (Haas 1958; Stone Sweet/Sandholtz 1997; Rittberger/Schimmelfennig 2005) die Debatten. Im Fokus des Interesses dieser Theorien steht, wie in Kapitel 2.2.1 ausgeführt, die Erklärung der sukzessiven institutionellen Entwicklung der Europäischen Union. Seit Mitte der 1990er Jahre wurde die Diskussion zwischen Intergouvernementalisten und Neo-Funktionalisten zunehmend durch Analysen abgelöst, die sich theoretischer Perspektiven aus der vergleichenden Politikwissenschaft bedienten (Hix 1994). Hier dominieren vor allem verschiedene Spielarten des Neo-Institutionalismus' (Pierson 1996; Pollack 1997; Schneider/Aspinwall 2001; Tsebelis/Garrett 2001) sowie der Mehrebenenansatz (Marks et al. 1996; Hooghe/Marks 2003).

Neo-Funktionalismus: die Kommission als eigenständiger und einflussreicher Akteur

Neo-Funktionalistische und intergouvernementalistische Darstellungen unterscheiden sich grundsätzlich hinsichtlich des Einflusses, den sie der Europäischen Kommission auf die Entwicklung der Europäischen Integration zuschreiben. Im Neo-Funktionalismus nimmt die Europäische Kommission eine zentrale Rolle ein, wobei ihr ein maßgeblicher und von den Regierungen der Mitgliedstaaten unabhängiger Einfluss auf die Entwicklung der Europäischen Integration zugeschrieben wird. In ihrem Handeln wird die Kommission aus Sicht neo-funktionalistischer Forscher von transnationalen Interessengruppen unterstützt, die zugunsten der Integration weiterer Wirtschaftssektoren Lobbying betrieben, um von den sich hieraus ergebenden ökonomischen Potenzialen zu profitieren („functional spill over"). Ein politischer „spill over"-Prozess, im Rahmen dessen nationale politische Eliten ihre politische Loyalität zunehmend auf die europäische Ebene verlagerten, trage zusätzlich zur eigenständigen Dynamik des europäischen Integrationsprozesses bei (Mattli 1999: 25-26). Die Europäische Kommission kanalisiere diese Dynamiken, indem sie gegenüber den Regierungen Initiativen zur Integration weiterer Politikbereiche unternimmt und mögliche Widerstände in Form von Paketverhandlungslösungen zu überwinden versucht. Sie übe so einen maßgeblichen eigenständigen Einfluss auf die Dynamik des Europäischen Integrationsprozesses aus (vgl. Kap. 2.2.1).

Aus Sicht des Intergouvernementalismus sind Regierungen die zentralen Akteure, die Form und Tempo der europäischen Integration bestimmen. In der klassischen Variante des Intergouvernementalismus (Hoffmann 1966) wird das Handeln der Staaten und deren Bereitschaft zur weiteren europäischen Integration von geopolitischen Sicherheitsinteressen bestimmt. In der liberalen Variante des Intergouvernementalismus sind nationale Regierungen weiterhin zentrale Akteure, allerdings wird deren Handeln nicht von Sicherheits-, sondern von ökonomischen Interessen bestimmt (Moravcsik 1993). Die von den Regierungen im Rahmen des europäischen Integrationsprozesses verfolgten Interessen würden dabei in erster Linie von den ökonomischen Interessengruppen ihres Landes geprägt. Ob es zur europäischen Integration einzelner Sektoren kommt, wie weitgehend die Kompetenzübertragung auf die europäische Ebene ist und welche supranationalen Organisationen mit der Durchführung und Überwachung der neuen Kompetenzen beauftragt werden, werde von den Regierungen in zwischenstaatlichen („intergouvernementalen") Verhandlungen bestimmt. Die Europäische Kommission trage durch ihre Aufgaben bei der Überwachung der Einhaltung der Verträge und in der EU-Gesetzgebung zur Effizienz und Effektivität der EU-Politik bei, habe jedoch, anders als von Neo-Funktionalisten konstatiert, keinen von den mitgliedstaatlichen Regierungen unabhängigen Einfluss auf den europäischen Integrationsprozess (Moravcsik 1998: 24).

Intergouvernementalismus: die Kommission als Erfüllungsgehilfin der Mitgliedsstaaten

Neo-institutionalistische Ansätze versuchen diese dichotome Sichtweise zu überwinden, indem Aussagen zur Dynamik alltäglicher europäischer Entscheidungs- und Integrationsprozesse in Abhängigkeit der Präferenzen und Ideen unterschiedlicher Akteure – Regierungen, Europäische Kommission, Europäisches Parlament, Europäischer Gerichtshof und Interessengruppen – sowie des jeweiligen institutionellen Handlungskontextes getroffen werden (Aspinwall/Schneider 2000; Tsebelis/Garrett 2000, 2001; Pollack 2003). Damit erlauben institutionalistische Ansätze, die relativ statischen und stark generalisierten Aussagen der Integrationstheorien zum Einfluss der Kommission auf die EU-Politik durch konditionale Aussagen zu ersetzen, die die unterschiedlichen Handlungskontexte der Europäischen Kommission besser erfassen. Um diese Vorteile zu nutzen, wird die Europäische Kommission im Folgenden pri-

Neo-institutionalistische Perspektiven

mär aus Sicht der rationalen Variante des Neo-Institutionalismus und des dazu komplementären Prinzipal-Agent-Ansatzes betrachtet (vgl. Kap. 2.2.4).

3.3.2 Die Kommission aus Sicht des Prinzipal-Agenten-Ansatzes: Agentin der Mitgliedstaaten oder politische Unternehmerin?

Wie bereits zu Beginn dieses Kapitels besprochen, kommen der Europäischen Kommission im Rahmen der EU-Politik u. a. die Aufgaben zu, Informationen zur EU-Politik zu erarbeiten und zur Verfügung zu stellen, bei vertragswidrigem Verhalten Sanktionen gegen Mitgliedstaaten einzuleiten und mit ihren Vorschlägen EU-Gesetzgebungsprozesse zu initiieren. Aus Sicht des Prinzipal-Agent-Ansatzes delegieren die Regierungen (die „Prinzipale") diese und weitere Kompetenzen an die Europäische Kommission (die „Agentin"), um die Handlungsfähigkeit und die Wirksamkeit der Zusammenarbeit im Rahmen der Europäischen Union sicherzustellen und durch die Delegation von Aufgaben an die Kommission von Expertise zu profitieren, über die sie selbst nicht verfügen (Tsebelis/Garrett 2001; Pollack 2003; Wonka 2008b: 49-54; Cooley/Spruyt 2009).

Zentrales Motiv der Delegation von Kompetenzen an die Kommission: Expertise

Die Kommission wurde von den Mitgliedstaaten mit umfangreichen administrativen Ressourcen (Kap. 3.2) und Kompetenzen (Kap. 2.1.2 und Kap. 3.2) ausgestattet, damit sie für diese Expertise erarbeitet und ihnen Informationen zur Verfügung stellt. Die Generaldirektionen garantieren die dauerhafte Verfügbarkeit von Policy-Expertise und erlauben der EU nicht zuletzt, in den unterschiedlichen Politikbereichen, in denen die EU über Kompetenzen verfügt, gesetzgeberisch tätig zu sein. Durch die Schaffung eines EU-Beamtenapparates stellen die Mitgliedstaaten zudem sicher, dass die von den Generaldirektionen erarbeiteten Politiken nicht von den inhaltlichen und politischen Interessen einzelner Mitgliedstaaten dominiert werden. Gleichzeitig stehen der Kommission durch die Besetzung der Generaldirektionen mit Mitarbeitern aus allen Mitgliedstaaten Informationen zur ökonomischen, gesetzgeberischen und politischen Situation in allen Mitgliedstaaten zur Verfügung, wodurch die fachliche und politische Effektivität der Vorschläge der Generaldirektionen erhöht wird (vgl. Kap. 3.2).

Überwachungs- und Sanktionsfunktion der Kommission

Neben der Erarbeitung fachlicher Expertise kommt der Kommission die Aufgabe zu, Informationen zum Kooperationsverhalten bzw. zu Regelverletzungen der Mitgliedstaaten zu sammeln. Halten sich Regierungen nicht an die vertraglich und gesetzlich vereinbarten EU-Regeln, kann die Kommission Schritte zur Sanktionierung des vertragswidrigen Verhaltens einleiten. Um vertragswidriges Verhalten effektiv sanktionieren zu können, haben die Regierungen der Europäischen Kommission in den EU-Verträgen das Recht übertragen, beim EuGH Vertragsverletzungsverfahren einzuleiten (Art. 258 AEUV). Im Falle einer Verurteilung durch den EuGH können diese zu Strafzahlungen führen (Art. 260 AEUV). Durch die Delegation von *Überwachungs- und Sanktionskompetenzen* an die Europäische Kommission als „unabhängigen" Dritten erhöhen Regierungen die Glaubhaftigkeit ihres Engagements („credible commitment") in der Europäischen Union sowohl gegenüber den anderen Mitgliedstaaten als auch gegenüber Dritten, zum Beispiel Firmen im eigenen Land oder in anderen Ländern (Majone 1996). Ohne eine solche glaubhafte Bindung bestünde die Gefahr, dass einzelne Mitgliedstaaten die Vorteile der Europäischen Union nutzen, ohne jedoch einen eigenen Beitrag zu leisten („free riding"). Die Übertragung von Sanktionsgewalt an die Europäische Kommission leistet damit einen wichtigen Beitrag zur Vermeidung kollektiver Handlungsprobleme (Moravcsik 1998: 73-76; Olson 1965: 15-16) und damit zur Aufrechterhaltung der Kooperationsbereitschaft der Mitgliedstaaten und zur Sicherstellung ihrer Beiträge zu den von der Europäischen Union produzierten (Kollektiv-) Gütern. Würden die mitgliedstaatlichen Regierungen selbst über die Sanktionierung vertragswidrigen Verhaltens entscheiden, könnte jede einzelne Regierung einen Anreiz haben, auf die tatsächliche Anwendung von Sanktionen zu verzichten, um nicht selbst Adressat einer solchen Sanktion zu werden.

Mit der Übertragung des Monopolrechts, *Gesetzesvorschläge zu formulieren* und in den *Gesetzgebungsprozess einzubringen*, verleihen die Mitgliedstaaten EU-Entscheidungsprozessen darüber hinaus Kontinuität und Stabilität. Hätte jede Regierung das Recht, Gesetzesvorschläge zu formulieren und den anderen Mitgliedstaaten und dem Europäischen Parlament zur Abstimmung vorzulegen, könnte es zu permanenten „Abstimmungszyklen" kommen, die das Zustandekommen eines Entscheidungsergebnisses verhindern. Regierungen, deren Interessen durch einen Vorschlag verletzt werden, könnten einen Alternativvorschlag einbringen und somit ein neues Entscheidungsverfahren in Gang setzen (Shepsle 1979). Indem allein die Europäische Kommission das Recht hat, Vorschläge einzubringen, werden derartige Abstimmungszyklen verhindert. Mit ihren Gesetzesvorschlägen und der Initiierung unverbindlicher Politikinitiativen hilft die Europäische Kommission darüber hinaus, die „unvollständigen" EU-Verträge, die generelle Handlungsziele, nicht jedoch konkrete Handlungsmaßnahmen formulieren, durch konkrete Inhalte auszufüllen und ggf. weiterzuentwickeln (Pollack 2003: 10, 22-23; Cooley/Spruyt 2009).

Initiativfunktion der Kommission

Die Delegation von Kompetenzen an die Kommission birgt jedoch gleichzeitig die Gefahr, dass es zwischen dieser und den Mitgliedstaaten zu Interessenkonflikten kommt, die dazu führen könnten, dass die Kommission nicht den Interessen der Regierungen gemäß handelt, sondern eigene Interessen verfolgt. So könnte sie bei der Erarbeitung von Konsultationsdokumenten nur einen geringen Aufwand betreiben („leisure shirking"), bei der Formulierung von Gesetzgebungsvorschlägen versuchen, eigene Präferenzen zu realisieren, die denen der Regierungen zuwider laufen („dissent shirking"), oder schließlich durch ihr Handeln versuchen, die Handlungsabsichten der Regierungen direkt zu untergraben („sabotage"; zu den unterschiedlichen Formen des „shirking" siehe Brehm/Gates 1997). Möglichkeiten hierzu hat die Kommission vor allem dann, wenn sie über Informationen – beispielsweise zu ihren eigenen Handlungsabsichten oder dem Aufwand, den sie bei der Formulierung von Entscheidungen betreibt – verfügt, die den Regierungen nicht zur Verfügung stehen.

Gefahren der Delegation

Ex ante-Kontrolle der Kommission

Den Regierungen stehen jedoch verschiedene institutionelle Möglichkeiten zur Verfügung, mit denen sie versuchen können, die Gefahr von Informationsasymmetrien zu ihren eigenen Ungunsten sowie systematisch abweichende Unterschiede zwischen ihren eigenen und den Präferenzen der Europäischen Kommission möglichst weitgehend zu reduzieren. Unterscheiden lassen sich hier institutionelle Kontrollmechanismen, die *ex ante*, also vor der Übertragung einer Aufgabe, oder *ex post*, nach der Aufgabenübertragung an den Agenten, ihre Wirkung entfalten sollen (Kiewiet/McCubbins 1991; Lupia 2003). Ein zentraler e*x ante*-Kontrollmechanismus besteht in den Regeln, nach denen die Prinzipale die politische Führung eines Agenten auswählen. Wie in Kapitel 3.1.1 besprochen, haben sich die Regierungen seit Gründung der Europäischen Wirtschaftsgemeinschaft einen maßgeblichen Einfluss auf die Auswahl der Kommissare gesichert (Wonka 2008b: 92) und nutzen diesen, um in der Mehrzahl Kommissare zu nominieren, die ihre grundlegenden politischen Einstellungen und Positionen teilen (Wonka 2007; Kap. 3.2). Mit ihrem Auswahlverhalten versuchen die Regierungen, Einfluss auf die Politik der Kommission zu nehmen und die Wahrscheinlichkeit zu reduzieren, dass es zwischen ihnen und der Kommission zu dauerhaften Interessendivergenzen kommt.

Ex post-Kontrolle des Handelns der Kommission

Bei der *ex post*-Kontrolle des Handelns der Europäischen Kommission spielen Berichterstattungsregeln, die direkte und indirekte Überwachung des Handelns der Kommission durch Regierungen und andere Akteure sowie die institutionellen Regeln zur Änderung und Annahme von Vorschlägen und Entscheidungen innerhalb der Kommission und zwischen den Gesetzgebungsorganen der EU eine zentrale Rolle. Dabei hilft die relativ umfangreiche formale Institutionalisierung der internen Entscheidungsregeln zu verhindern, dass einzelne Generaldirektionen und die sie leitenden Kommissare Politiken verfolgen können, die von der Mehrheit der Kommissare nicht mitgetragen werden. Zu diesem Zweck sind alle in den Generaldirektionen der Kommission anhängigen Verfahren in einem zentralen Melderegister registriert (Wonka 2008b: 134). Darüber hinaus besteht in der Kommission das Prinzip der kollegialen Verantwortlichkeit (Europäische Kommission 2010). Die internen Entscheidungsregeln der Kommission und die mit der kollegialen Verantwortlichkeit der Kommissare verbundene Pflicht, konflikthafte Entscheidungen im Kollegium zu diskutieren und anzunehmen, schränkt den Spielraum einzelner Kommissare zur Verfolgung eigener oder der Interessen der jeweiligen Generaldirektion ein (Wonka 2008a; vgl. Kap.l 3.4.1 und 3.4.2).

Strategien zur Reduzierung von Informationsasymmetrien

Die umfangreichen Berichterstattungspflichten, denen die Europäische Kommission unterliegt, helfen nationalen Verwaltungen, Regierungen und Interessengruppen, sich über das Handeln der Kommission zu informieren und auf diese Weise die Gefahr von Informationsasymmetrien zugunsten der Kommission zu reduzieren. So veröffentlicht die Europäische Kommission in wichtigen und kontroversen Entscheidungen vor der Einleitung des formalen Gesetzgebungsverfahrens in der Regel Grün- oder Weißbücher, in denen das geplante Vorhaben allgemein (Grünbuch) oder detailliert (Weißbuch) dargestellt und den betroffenen Akteuren die Möglichkeit zur Stellungnahme gegeben wird (vgl. Kap. 3.4.1). Außerdem ist die Kommission verpflichtet, am Ende eines jeden Jahres ein Arbeitsprogramm für das kommende Jahr vorzustellen, was ebenfalls zur Transparenz ihres Handelns beiträgt und betroffenen Akteuren die Möglichkeit bietet, einen Überblick über die mittelfristige politische Agenda zu erhalten und ggf. politischen Widerstand zu organisieren. Darüber hinaus sind Vertreter nationaler Verwaltungen, wie in Kapitel 3.2 besprochen, über zahlreiche Expertengruppen und die Komitologie-Ausschüsse (Kap. 4) direkt in die Arbeit der Europäischen Kommission eingebunden. Durch diese Mitarbeit ist ein dauerhafter Informationsfluss über Arbeiten in der Kommission in die mitgliedstaatlichen Verwaltungen sichergestellt, was den nationalen Verwaltungen und Regierungen einerseits erlaubt, ihre Expertise in die Entscheidungsformulierung der Kommission einzubringen, sowie andererseits, das Handeln der Beamten in den Generaldirektionen zu überwachen.

Allerdings ist die dauerhafte aktive Überwachung des Handelns der Kommission für die mitgliedstaatlichen Verwaltungen mit einem erheblichen Ressourcenaufwand verbunden. Es ist deshalb fraglich, ob Prinzipale in der Lage und willens sind, diese Ressourcen zur ständigen aktiven Überwachung des Agenten, von McCubbins und Schwartz im Zusammenhang der Prinzipal-Agent-Theorie als „Polizeikontrolle" bezeichnet, aufzubringen (McCubbins/ Schwartz 1984). Neben der sogenannten „Polizeikontrolle" besteht jedoch die Möglichkeit des „Feueralarms", z. B. durch von einer Entscheidung betroffene Interessengruppen (McCubbins/Schwartz 1984): Interessengruppen auf europäischer und nationaler Ebene mobilisieren sehr umfangreich, um politische Akteure auf EU-Entscheidungen aufmerksam zu machen und zu versuchen, diese in ihrem Interesse zu beeinflussen (Wonka et al. 2010; Kap. 3.2). Die Lobbyingaktivitäten nationaler Interessengruppen zielen dabei primär auf die Exekutiven ihres Landes (Pappi/Henning 1999; Beyers 2002; Eising 2004; Wonka 2008c), was den nationalen Verwaltungen und Regierungen wiederum hilft, sich ohne großen Eigenaufwand zu aktuellen politischen Entwicklungen zu informieren und ggf. zu versuchen, politisch auf EU-Ebene zu intervenieren und Veränderungen an einer Entscheidung zu erreichen. Dieser Effekt des Interessengruppenlobbying zeigt sich deutlich in den Fallstudien der Kapitel 3.4.1 und 3.4.2.

„Police patrol" versus *„Fire alarm"*

Das wirkungsvollste Instrument zur Sicherung der *ex post*-Kontrolle des Kommissionshandelns haben sich die Mitgliedstaaten in Form der Zustimmungspflicht des Rates zu allen Gesetzgebungsvorschlägen der Kommission gesichert (Kap. 3.1.1). Über die Zustimmungspflicht im Rat stellen die Regierungen sicher, dass die Kommission bei der Formulierung von Gesetzesvorschlägen die Interessen der Regierungen berücksichtigen muss. Gleichzeitig jedoch versetzt die mit dem Monopol zur Einbringung von EU-Gesetzesvorschlägen verbundene formale Agenda-Setzungsmacht (Kap. 3.1.1) die Kommission in die Lage, von allen mit Blick auf die Zustimmung der Mitgliedstaaten aussichtsreichen Entscheidungsvorschlägen denjenigen auszuwählen, der ihren Präferenzen am nächsten kommt. Wie weitgehend die Europäische Kommission ihr Recht zur Einbringung von Gesetzesvorschlägen nutzen kann, um eigene Interessen zu

Zustimmungspflicht des Rates als wirkungsvollstes Kontrollinstrument

realisieren, die sich unter Umständen von denen einzelner Regierungen und des Europäischen Parlamentes unterscheiden (Thomson et al. 2004; Zimmer et al. 2005; Thomson 2009), hängt schließlich von den Positionen der Regierungen im Rat und den Fraktionen im Europäischen Parlament ab. Je größer die Interessenunterschiede und je restriktiver die Entscheidungsregel (vgl. Kap. 2.1.4 und 3.1.2), desto schwieriger ist es für den Rat in seiner Funktion als „multipler Prinzipal", eine Änderung am Vorschlag der Kommission vorzunehmen oder diese für eine den Interessen der Regierungen zuwiderlaufende Entscheidung zu sanktionieren (Tsebelis 2002: Kap. 10; Pollack 2003: 40, 43-45).

Bedeutung situativer
Faktoren für Einfluss
der Kommission

Aufgrund der genannten *ex ante*- und *ex post*-Kontrollmöglichkeiten der Mitgliedstaaten ist nicht davon auszugehen, dass die Präferenzen der Europäischen Kommission generell von denen der mitgliedstaatlichen Regierungen abweichen. Gleichzeitig machen die vorangegangenen Ausführungen deutlich, dass die Europäische Kommission aus Sicht des Prinzipal-Agent-Ansatzes über Möglichkeiten verfügt, eigenständigen Einfluss auf EU-Entscheidungsprozesse zu nehmen. Ob es zu Interessendivergenzen zwischen der Kommission und den Regierungen kommt und ob die Kommission diese zur Verfolgung eigener Interessen nutzen kann, hängt dabei nicht zuletzt von den konkreten – institutionellen und akteursbezogenen – Handlungsbedingen der jeweiligen Entscheidungssituation ab. Um diese Fragen zu beleuchten, wird in Kapitel 3.4 das Handeln zweier Generaldirektionen eingehender betrachtet. Zuvor jedoch wird die Legitimität des Handelns der Kommission aus Sichtweise verschiedener normativer Theorien diskutiert (vgl. Kap. 2.3).

3.3.3 Die Kommission aus der Sicht normativer Theorien: funktionalistische und politische Legitimierung der Kommission

Grundsätzlich können zwei Ansätze zur normativen Legitimierung (vgl. Kapitel 2.3) des Handelns der Europäischen Kommission unterschieden werden: funktionalistische (oder technokratische) Ansätze, die das Handeln der Kommission aufgrund der Qualität der Entscheidungsverfahren und -ergebnisse für legitim halten, und politische Ansätze, die zur Legitimierung der Kommission politische und/oder demokratische Kontrollen für notwendig erachten.

Funktionalistische
Legitimierung der
Kommission

Aus funktionaler Sicht wird das Handeln der Kommission durch die Qualität der Entscheidungsverfahren und die inhaltliche Qualität der von ihr erarbeiteten Vorlagen legitimiert. Die Entscheidungsverfahren sollen dabei sicherstellen, dass an den Entscheidungen der Kommission (wissenschaftliche und administrative) Experten beteiligt sind, die politisch unabhängig agieren, sich gegenseitig Rechenschaft ablegen und auf der Basis ihrer Expertise problemadäquate Lösungen erarbeiten. Eine politische Kontrolle der Kommission wird abgelehnt. Da gewählte Repräsentanten aufgrund ihres Interesses an der eigenen Wiederwahl primär an der Realisierung kurzfristiger Handlungsziele interessiert seien und bei politischer Kontrolle des Entscheidungsprozesses zudem die Gefahr drohe, dass einmal getroffene Entscheidungen revidiert würden, so dass es zu (funktional) inkonsistenten Entscheidungen kommt („time inconsistency problem"), gefährde die politische Kontrolle der Kommission die Realisierung problemadäquater Ziele. Ergänzt wird dieses Argument um die Annahme, dass die Kommission primär regulatorisch tätig sei. Da regulatorische Entscheidungen per definitionem pareto-optimal seien, d. h. keine umverteilende Wirkung besitzen, bedürfte die Kommission keiner demokratischen Kontrolle (Majone 2000, 2001). Weil er aufgrund der Einflussnahme von Regierungen und der zunehmenden Parlamentarisierung der Kommission deren Unabhängigkeit gefährdet sieht, spricht sich Majone, Hauptvertreter der funktionalistischen Perspektive, für die Einrichtung politisch unabhängiger EU-Agenturen aus (Majone 2000) (Kap. 5).

Die funktionale Perspektive wird aus verschiedenen Gründen kritisiert: So wird argumentiert, dass die von der Kommission erarbeiteten Entscheidungsvorschläge sehr häufig umverteilende Wirkungen haben, weshalb eine rein funktionalistische oder technokratische Legitimierung unzureichend sei (Føllesdal/ Hix 2006: 542-543). Der funktionalistischen Perspektive wird ebenso entgegen gehalten, dass unter Experten häufig Uneinigkeit über die wissenschaftliche Bewertung von Sachverhalten bestehe, so dass sich für einen Sachverhalt verschiedene, wissenschaftlich abgesicherte Positionen finden ließen, die Mitglieder der Bürokratie zur Verfolgung ihrer jeweiligen politischen Interessen nutzen können (Brown 2009: 11). Die Möglichkeit, eine „objektive", rein funktional zu rechtfertigende Problemlösung zu formulieren, erscheint unter solchen Bedingungen unrealistisch. Diese Schwierigkeiten lassen sich auch in den alltäglichen Auseinandersetzungen in der Europäischen Kommission beobachten, in denen sich die von den Kommissaren bezogenen politischen Positionen wegen grundsätzlicher Wertentscheidungen und divergierender Interessengewichtungen teilweise erheblich unterscheiden (siehe Fallstudie zu REACH, Kap. 3.4.1). Nicht zuletzt wegen dieser Konflikte und der grundsätzlichen Wert- und Interessenentscheidungen, die ihnen zugrunde liegen, wird in der Literatur zunehmend eine politische Legitimierung des Handelns der Kommission gefordert (Føllesdal/ Hix 2006).

Grenzen der rein funktionalistischen Legitimierung

Bei den politischen Legitimierungen können zwei unterschiedliche Positionen unterschieden werden: eine *intergouvernementale* politische Legitimierung der Europäischen Kommission über nationale Regierungen und eine *supranationale*, die einen noch stärkeren Einfluss des Europäischen Parlaments auf die Auswahl der Kommissare und die Politik der Kommission vorsieht (vgl. Kap. 2.3). Aus Sicht der Vertreter einer intergouvernementalen politischen Legitimierung ist die Kommission aufgrund bestehender Mehrheitsanforderungen und informeller Konsensnormen gezwungen, für ihre Vorlagen die Zustimmung einer breiten politischen Mehrheit der mitgliedstaatlichen Regierungen zu gewinnen. Darüber hinaus hätten die Regierungen über ihre zentrale Rolle bei der Auswahl der Kommissare und der Bestellung der Kommission einen direkten Einfluss auf das Handeln der Kommission. Darüber hinaus wird argumentiert, dass die Kommission auf der Grundlage eines begrenzten Mandats handele und bei dessen Ausübung der richterlichen Kontrolle des (Europäischen) Gerichts-

Intergouvernementale politische Legitimierung der Kommission: Regierungen und institutionelle Gewaltenteilung

hofs unterworfen sei. Die Kommission sei somit in ein System umfangreicher „checks and balances" eingebunden, das deren indirekte politische Kontrolle und Legitimierung sicherstelle (Moravcsik 2002). Wie unschwer zu erkennen, steht die intergouvernementale Legitimierungsperspektive in der Tradition des liberalen Intergouvernementalismus (vgl. Kap. 2.3). In weiten Teilen der Literatur wird jedoch die Fähigkeit der Regierungen zur effektiven Kontrolle der Kommission und anderer supranationaler Organisationen als begrenzt angesehen. Darüber hinaus wird argumentiert, dass die Regierungen selbst über kein europapolitisches Mandat verfügen, welches der Kommission indirekte Legitimität verleihen könnte, da europapolitische Themen und Auseinandersetzungen in nationalen Wahlen eine untergeordnete Rolle spielen (Føllesdal/Hix 2006).

Supranationale politische Legitimierung: Parlamentarisierung der Kommission und Politisierung der EU-Politik

Folgt man dieser Argumentation, bedarf die Kommission einer direkteren politischen Kontrolle zur Legitimierung ihres politischen Einflusses auf EU-Entscheidungen. Um diese zu erreichen, werden verschiedene Möglichkeiten diskutiert (Føllesdal/Hix 2006): Im Rahmen einer weitgehenden supranationalen Parlamentarisierung der EU könnte der Kommissionspräsident von der Mehrheitsfraktion im Europäischen Parlament gewählt werden. Mit diesem Vorschlag wird die Hoffnung verbunden, dass die Präsentation von Spitzenkandidaten durch die Fraktionen des Europäischen Parlaments zu einer stärkeren Personalisierung der Wahlen zum Europäischen Parlament und einem Fokus auf europapolitische Inhalte führt. Den Wählern würde hierdurch ermöglicht, eigene Positionen zu europapolitischen Themen zu entwickeln. Die Wahl zum Europäischen Parlament könnten die Bürger dann nutzen, um Einfluss auf die generelle Richtung der Europapolitik zu nehmen, Amtsträger in der EU durch (Ab-) Wahl politisch zu kontrollieren und hierüber zur supranationalen Legitimierung der EU-Politik im Allgemeinen und der Kommission im Speziellen beitragen. Eine alternative Parlamentarisierung könnte in der Aufwertung nationaler Parlamente bei der Bestellung der Kommission bestehen, indem beispielsweise Delegationen nationaler Parlamentarier den Kommissionspräsidenten (aus-) wählen. Ein weiteres Mittel zur direkten politischen Kontrolle ist die Aufwertung der Rolle des Europäischen Parlaments und nationaler Parlamente in der Politikformulierung.

Institutionelle Mechanismen zur direkten politischen Kontrolle

Die von Vertretern der direkten politischen Kontrolle geforderten Maßnahmen wurden zum Teil schon realisiert. So wirkt das Europäische Parlament bei der Bestellung der Kommission mit, auch wenn es hierbei keine zentrale Rolle spielt (siehe Kap. 3.1.1). Diese jedoch nimmt das Europäische Parlament, wie ebenfalls in Kapitel 3.1.1 dargestellt, bei der EU-Gesetzgebung ein. Mit dem Vertrag von Lissabon (2009) erfolgte darüber hinaus eine Ausweitung der Kompetenzen nationaler Parlamente, die vor allem in der Ausweitung der Informationspflicht der Kommission gegenüber diesen besteht, teilweise jedoch auch Möglichkeiten zur politischen Überprüfung politischer Entscheidungen im Rahmen der Subsidiaritätskontrolle umfasst (Protokoll Nr. 1 [„Über die Rolle der nationalen Parlamente in der Europäischen Union"] und Protokoll Nr. 2 [„Über die Anwendung der Grundsätze der Subsidiarität und der Verhältnismäßigkeit"] zum Lissaboner Vertrag).

Ergänzend zu den bereits genannten Maßnahmen wird in Teilen der Literatur der positive Beitrag von Interessengruppen zur politischen Kontrolle und Legitimität der Europäischen Kommission diskutiert (Greenwood 2007). In Kapitel 3.2 wurde gezeigt, dass die Kommission den Austausch mit Interessengruppen zumindest teilweise in Form von Expertengruppen und öffentlichen Konsultationen institutionalisiert. Außerdem leistet sie durch die Förderung bestimmter Interessengruppen einen Beitrag zur Repräsentanz diverser Interessen in Brüssel (Mahoney/Beckstrand 2011). Auch wenn dies die Transparenz der Interaktionen zwischen Interessengruppen und der Kommission erhöht, bleibt der Beitrag zur demokratischen Legitimierung der Kommission beschränkt. Zum einen unterliegen diese Gruppen selbst keiner Kontrolle durch die von den Entscheidungen betroffenen Bürger. Zum anderen tragen sie praktisch nicht zur Herstellung einer politischen Öffentlichkeit bei, die die Voraussetzung für eine effektive Kontrolle der Kommission schafft. Schließlich, wie ebenfalls oben dargestellt, sind bestimmte – ökonomische – Interessen in der EU-Interessengruppenpolitik überrepräsentiert, so dass eine gleiche Beteiligung der Betroffenen, wie sie in demokratischen Prozessen gefordert wird, nicht gegeben ist (Hüller 2010). Aus funktionalistischer Perspektive können Interessengruppen durch die Einbringung ihrer Expertise jedoch zu einer Verbesserung der Qualität politischer Entscheidungen beitragen und hierüber die („Output") Legitimierung der Kommission erhöhen.

Begrenzte Wirkung der komplementären politischen Legitimierung durch Interessengruppen

3.4 Die Kommission und ihre Generaldirektionen in verschiedenen Politikfeldern

Wie in Kapitel 3.2 dargestellt, verfügt die Europäische Kommission derzeit über ca. 40 Verwaltungseinheiten. Hiervon haben etwas mehr als 20 Generaldirektionen Zuständigkeiten in Bereichen, die für die Politikinitiierung und -formulierung in der Europäischen Union von zentraler Bedeutung sind. Im Folgenden werden die Organisation, der institutionelle Aufbau und das Handeln der Europäischen Kommission anhand der Generaldirektionen „Umwelt" und „Handel" ausführlicher dargestellt und diskutiert. Die Generaldirektion „Umwelt" spielt eine zentrale Rolle bei der Formulierung europäischer Umweltgesetzgebung, die wiederum einen maßgeblichen Anteil am gesetzgeberischen Handeln der Europäischen Union einnimmt. An der GD Umwelt lassen sich somit die Herausforderungen skizzieren, mit denen Kommissare und ihre Generaldirektionen in der europäischen Politikformulierung im europäischen Mehrebenensystem konfrontiert sind. Die Generaldirektion „Handel" wiederum spielt eine maßgebliche Rolle im Handeln der Europäischen Union gegenüber Drittstaaten und anderen internationalen Organisationen und vertritt die Interessen der EU und ihrer Mitgliedstaaten in Verhandlungen mit diesen.

Fallbeispiele: GD „Umwelt" und GD „Handel"

In den folgenden Abschnitten werden die institutionellen Ressourcen der Generaldirektionen „Umwelt" und „Handel" ebenso wie ihre formalen Handlungskompetenzen vorgestellt. Ergänzt wird die Beschreibung durch einen

Blick auf die Vernetzung der Generaldirektionen mit nationalen Verwaltungen und unterschiedlichen zivilgesellschaftlichen Akteuren. Hieraus lässt sich ein Eindruck davon gewinnen, in welchem politischen Handlungsumfeld sich die Generaldirektionen bewegen und auf welche zusätzlichen institutionellen und politischen Ressourcen sie zurückgreifen, um ihre politischen Ziele zu realisieren. Schließlich werden das Handeln der Generaldirektionen und die Konflikte, die dabei auftreten können, anhand konkreter politischer Entscheidungsprozesse skizziert. Im Falle der GD „Umwelt" liegt der Fokus auf der frühen Phase des Entscheidungsprozesses, in dem die Europäische Kommission mit der Formulierung von Gesetzesvorschlägen eine zentrale Rolle einnimmt. Die Generaldirektion Handel wiederum spielt eine zentrale Rolle in einem der Kernbereiche des außenpolitischen Handelns der EU. An ihrem Beispiel lässt sich somit die Rolle der Europäischen Kommission gegenüber Drittstaaten und internationalen Organisationen illustrieren.

3.4.1 Generaldirektion „Umwelt"

Herausbildung der umweltpolitischen Kompetenz der EU

Die Europäische Union verfügt seit Inkrafttreten der Einheitlichen Europäischen Akte 1987 über Kompetenzen im Bereich der Umweltpolitik (König 1996; Lenschow 2010: 311). Tätig war die damalige Europäische Wirtschaftsgemeinschaft im Bereich Umwelt allerdings bereits seit Beginn der 1970er Jahre. Den Anstoß hierfür gaben die mitgliedstaatlichen Regierungen auf einer Gipfelkonferenz in Paris im Jahr 1972. Dabei wurde die Europäische Kommission aufgefordert, ein umweltpolitisches Aktionsprogramm für die damalige Europäische Wirtschaftsgemeinschaft auszuarbeiten (Hix/Høyland 2011: 203). Seither spielen umweltpolitische Rahmenprogramme eine zentrale Rolle bei der Festlegung von mittelfristigen Handlungsschwerpunkten im Bereich der EU-Umweltpolitik. Da die EU vor dem Inkrafttreten der Einheitlichen Europäischen Akte über keine vertraglichen Handlungsgrundlagen verfügte, wurde das umweltpolitische Handeln in erster Linie ökonomisch begründet (Knill 2005: 185); bei umweltpolitischen Aktionen griff die Kommission in dieser Zeit vorwiegend auf ihr in den Artikeln 100 und 235 des EWG-Vertrages festgelegtes generelles Vorschlagsrecht zurück.

Handlungsspielraum der Kommission im Bereich „Umwelt"

Die Handlungsmöglichkeiten der Europäischen Union im Bereich „Umwelt" änderten sich grundlegend mit der Einführung umweltpolitischer Kompetenzen durch die Einheitliche Europäische Akte. Zwar galt im Bereich der ausschließlich umweltpolitischen Kompetenztitel das Einstimmigkeitserfordernis (Art. 100r-t EGV, EEA-Version), was den Handlungsspielraum der Europäischen Kommission erheblich einschränkte. Allerdings wurde mit der Einheitlichen Europäischen Akte bestimmt, dass bei der Angleichung von Rechtsvorschriften zur Schaffung eines EU-Binnenmarktes umweltpolitische Ziele berücksichtigt werden sollen (Art. 100a (3), EGV, EEA-Version). Dies erweiterte den Handlungsspielraum der Europäischen Kommission erheblich, da der Rat in diesem Bereich Gesetzesvorlagen mit qualifizierter Mehrheit verabschiedete. Mit den

Verträgen von Maastricht und Amsterdam wurde die qualifizierte Mehrheitsregel auch auf umweltpolitische Kompetenztitel ausgeweitet und „umweltverträgliches Wachstum" (Art. 2 EGV, Maastricht-Version) als Teil der „Aufgaben der Gemeinschaft" sowie „ein „hohes Schutzniveau" (Art. 174 EGV, Amsterdam-Version) als Regulierungsziel definiert.

Umweltpolitische Entscheidungen haben häufig einen direkten Einfluss auf andere Politikbereiche. Wenn beispielsweise Umweltstandards für bestimmte Produkte festgelegt werden und gesetzlich bestimmt wird, dass ohne die Einhaltung dieser Standards das jeweilige Produkt innerhalb der EU nicht gehandelt werden darf, folgen hieraus handelspolitische Implikationen, die bei der Formulierung berücksichtigt werden müssen. Die direkte politische und programmatische Verknüpfung der Umweltpolitik mit anderen Politikbereichen wurde auch im 2002 verabschiedeten sechsten Umweltaktionsprogramm unter dem Begriff der „nachhaltigen Entwicklung" festgehalten. Demnach strebt die EU an, bei ihrer wirtschafts- und umweltpolitischen Regulierungsaktivität das Ziel eines hohen Umweltschutzniveaus mit den Zielen eines hohen Beschäftigungsniveaus, einer hohen Wettbewerbsfähigkeit der europäischen Industrien und eines hohen Wirtschaftswachstums in Europa in Einklang zu bringen. Aufgrund dieses „horizontalen" Charakters der EU-Umweltpolitik, die unterschiedliche und teilweise konfligierende Ziele zu einem Ausgleich bringen möchte, muss sich die Generaldirektion „Umwelt" bei der Wahrnehmung ihrer regulatorischen Kompetenzen sehr häufig mit anderen Generaldirektionen, beispielsweise der Generaldirektion „Handel" oder der Generaldirektion „Unternehmen und Industrie", abstimmen.

Die Generaldirektion „Umwelt" wurde 1973 mit fünf Mitarbeitern als Teil der Generaldirektion „Industrie" gegründet.[14] Seit ihrer Gründung bis heute waren insgesamt zehn Kommissare für die Generaldirektion politisch verantwortlich. Mit Blick auf die Vergabe der politischen Führung ist zu vermuten, dass insbesondere Mitgliedstaaten, die traditionell ein starkes Interesse an strikter Umweltregulierung besitzen – z. B. Deutschland, Schweden, Dänemark oder die Niederlande (Hix/Høyland 2011: 210; Lindgren/Persson 2008: 35; Lenschow 2010: 314) –, auch ein besonders großes Interesse daran haben, die Verantwortlichkeit für das Portfolio zu übernehmen. Unternehmen in diesen Ländern könnten ein Interesse an einer umfangreichen Umweltregulierung auf EU-Ebene haben, da auf diese Weise die Wettbewerbsnachteile, die ihnen gegenüber den Unternehmen in Mitgliedstaaten mit weniger restriktiven Regeln entstehen können, ausgeglichen werden könnten. Einer dieser Rationalität entgegen gesetzten Logik folgend, könnten die Mitgliedstaaten jedoch auch versuchen, durch die Ernennung eines Kommissars aus einem südeuropäischen Land – die südeuropäischen Mitgliedsländer werden in der EU häufig als umweltpolitische „Bremser" angesehen – die umweltpolitischen Ambitionen der Europäischen Kommission zu begrenzen (Wonka 2008b: 124). Tatsächlich wurde die Generaldirektion „Umwelt" seit 1973 in der Hälfte aller Fälle an italienische (dreimal) oder grie-

Umweltpolitische Kompetenz als Querschnittskompetenz – hoher Abstimmungsbedarf der GD „Umwelt"

---

14   http://ec.europa.eu/environment/pubs/pdf/factsheets/dg_environment.pdf; Zugriff: 31. 05. 2013.

chische Kommissare (zweimal) vergeben. Kommissare aus Ländern mit relativ hohen Umweltstandards (Deutschland (einmal), Dänemark (einmal) und Schweden (einmal)) bilden die Minderheit (vgl. Franchino 2009: 9). Auch die Parteizugehörigkeit der Kommissare deutet nicht darauf hin, dass von linken Parteien geführte Regierungen, die umweltpolitischer Regulierung auf EU-Ebene positiv gegenüber stehen (Hooghe et al. 2002: 972-973), überproportional häufig die DG „Umwelt" mit ihren Kommissaren besetzen.

Organisation der GD „Umwelt"

Aktuell verfügt die Generaldirektion „Umwelt" über ca. 450 Mitarbeiter (vgl. Tabelle 2). Organisatorisch gliedert sie sich in sieben Abteilungen und 23 Referate. Die Leitung des Verwaltungsapparates der GD obliegt dem deutschen Generaldirektor Karl Falkenberg, der zuvor mehr als 30 Jahre in verschiedenen administrativen Funktionen der Europäischen Kommission tätig war. Politisch steht der Generaldirektion der slowenische Kommissar Janez Potocnik, Mitglied der Liberaldemokratie Sloweniens (LDS), vor. Dieser hielt in der Vorgänger-Kommission das Portfolio „Wissenschaft und Forschung". Für sein Heimatland hat Potocnik zuvor die Beitrittsverhandlungen geleitet und war von 2001 bis 2004 Europaminister in der slowenischen Regierung. Der aktuelle Umweltkommissar verfügt somit nicht nur über europapolitische Expertise, sondern auch über umfangreiche Erfahrung in exekutiven Leitungsfunktionen und bei der politischen Führung großer Verwaltungen, was ihm bei den Auseinandersetzungen innerhalb der Europäischen Kommission und mit den anderen EU-Organisationen im Rahmen der EU-Gesetzgebung von Vorteil sein sollte. Dass einschlägige Expertise bei der Besetzung der Generaldirektionen nicht der allein ausschlaggebende Faktor ist, verdeutlicht die Tatsache, dass Potocnik in den beiden von Kommissionspräsident Barroso geführten Kommissionen die politische Verantwortlichkeit für unterschiedliche Portfolios erhielt.

Bisherige Gesetzgebungsaktivitäten der EU im Bereich „Umwelt"

Seit Beginn der europäischen Gesetzgebung im Bereich „Umwelt" hat die Europäische Union über 200 Richtlinien und Verordnungen verabschiedet (König et al. 2006: 563; Lenschow/Sprungk 2010: 138). Dabei handelt es sich zum Großteil um Mindestharmonisierungen, von denen die Mitgliedstaaten durch striktere Regulierungen abweichen können (Holzinger et al. 2008: 558). Mit dem fünften Umweltaktionsprogramm, das für den Zeitraum 1993 bis 2000 verabschiedet wurde, begann die Europäische Kommission mitgliedstaatliche Verwaltungen und zivilgesellschaftliche Akteure stärker in die Formulierung und Implementierung von EU-Politiken einzubinden. Dies wird unter anderem als Versuch gewertet, Defizite bei der Implementierung von EU-Umweltgesetzen in den Mitgliedstaaten zu verringern (Lenschow 2010: 310, 322-323). Darüber hinaus vertritt die Europäische Kommission die Europäische Union teilweise bei Verhandlungen zu internationalen Umweltabkommen, wovon die EU bislang fast 50 unterzeichnet hat.[15] Bei den Verhandlungen verfügen die Europäische Union und die Europäische Kommission nicht über die alleinige Kompetenz, die Mitgliedstaaten zu vertreten (Art. 191 (4) AEUV). Vielmehr werden bei interna-

---

15   http://ec.europa.eu/environment/international_issues/pdf/agreements_en.pdf; Zugriff am 31. 05. 2013.

tionalen Umweltverhandlungen regelmäßig sowohl die Interessen der Europäischen Union durch die Europäische Kommission oder die Ratspräsidentschaft vertreten als auch die Interessen einzelner EU-Mitgliedstaaten durch deren Regierungen (Lenschow 2010: 326-327).

Zur Wahrnehmung ihrer Aufgaben arbeitet die Generaldirektion „Umwelt" eng mit anderen Organisationen und öffentlichen Einrichtungen zusammen. Diese Zusammenarbeit verfolgt politische und funktionale Ziele (vgl. Kapitel 3.2.3): Den Mitarbeitern der GD „Umwelt" erlaubt der Austausch mit Vertretern nationaler Verwaltungen und Interessengruppen, potenzielle politische Widerstände und technisch-administrative Umsetzungsprobleme (König et al. 2006: 563; Lenschow 2010: 322-323; Lenschow/Sprungk 2010: 138) frühzeitig zu erkennen und hierauf entsprechend politisch zu reagieren. Den Mitgliedstaaten wiederum bietet die Arbeit in diesen Gremien die Möglichkeit, bereits in der Entstehungsphase von politischen Initiativen Einfluss auf das Handeln der Kommission zu nehmen. Aus funktionaler Perspektive fördert die Kooperation nationaler und europäischer Experten in den Netzwerken und Expertengruppen der GD „Umwelt" die Formulierung problemadäquater Umweltpolitiken und -initiativen.

Kooperation in Netzwerken und Expertengruppen: politische und funktionale Ziele

Von besonderer Relevanz für diese Zusammenarbeit sind die Europäische Umweltagentur (EEA, siehe Kap. 5) und Netzwerke, die bei der EEA (siehe Kap. 6) oder direkt bei der GD „Umwelt" angesiedelt sind (Levi-Faur 2011). So beteiligt sich die GD „Umwelt" beispielsweise finanziell und organisatorisch an dem „GreEnforce"-Netzwerk, in dem nationale Umweltministerien und Umweltämter Informationen zu ihren Praktiken im Umwelt- und Forstschutz austauschen und auf diese Weise nicht zuletzt die Implementierung einschlägiger europäischer Politiken verbessern wollen. Von zentraler Bedeutung sind außerdem die von ihr eingesetzten Expertengruppen. In 47 der bei der Generaldirektion „Umwelt" angesiedelten 50 Expertengruppen stellen Vertreter einschlägiger nationaler Verwaltungen einen maßgeblichen Teil der Mitglieder (vgl. auch Tabelle 5). Darüber hinaus sind Repräsentanten anderer Organisationen – Interessengruppen, internationale Organisationen, Hochschulen – in knapp der Hälfte der Expertengruppen vertreten.[16]

Zur Illustration der Aufgaben und Zusammensetzung einer solchen Expertengruppe wird hier die Expertengruppe „Competent Authorities expert group for Regulation 850/2004 on Persistent Organic Pollutants (POPs) (E01656)" vorgestellt. Diese trifft sich mindestens einmal jährlich, um die Durchführung einer EU-Verordnung aus dem Jahr 2004, die den Umgang mit schwer abbaubaren organischen Schadstoffen regelt, zu koordinieren und zu unterstützen. Bereits in der Regulierung selbst wurde festgelegt, dass alle Mitgliedstaaten nationale Kontaktstellen angeben müssen, die diese Aufgaben übernehmen. Einige Mitgliedstaaten haben bis zu vier Ansprechpartner genannt, so dass insgesamt 41 mitgliedstaatliche Behörden sowie eine norwegische Behörde („Norwegian Climate and Pollution Agency") formales Mitglied dieser Expertengruppe sind.

Die „Competent Authorities expert group for Regulation 850/2004 on Persistent Organic Pollutants (POPs)"

---

16 http://europa.eu/transparency-register/index_de.htm; Zugriff am 18.04.2013.

Acht Interessengruppen verfügen darüber hinaus über einen Beobachterstatus. Der europäische Chemieverband (European Chemical Industry Council – CEFIC), der europäische Verband der Chlor-Alkali Industrie (Euro Chlor) und der Verband europäischer Pflanzenschutzmittelhersteller (European Crop Protection Association – ECPA) vertreten dabei industrielle Interessen, während das Europäische Umweltbüro (EEB), der Greenpeace European Unit, das International POPs Elimination Network (IPEN) und der World Wildlife Fund for Nature (WWF) für Umweltinteressen eintreten. Schließlich verfügt auch die European Free Trade Association (EFTA) über einen Beobachterstatus.

Umfangreiche Lobbyingaktivitäten gegenüber der GD „Umwelt"

Nicht jeder Austausch der GD „Umwelt" mit öffentlichen und privaten Akteuren ist jedoch in dem Maße institutionalisiert, wie dies für die oben aufgeführten Kooperationen in Netzwerken und Expertengruppen gilt. In dem von der Europäischen Kommission und dem Europäischen Parlament unterhaltenen „Transparenz-Register" geben mehr als 3000 Interessenvertreter an, in dem von der GD „Umwelt" betreuten Politikbereich aktiv zu sein. Für keinen anderen Politikbereich erfasst das „Transparenz-Register" eine ähnlich hohe Zahl freiwillig registrierter Interessenvertreter. Von den für den Bereich Umwelt registrierten Interessenvertretern gibt die Hälfte an, als Repräsentant von Firmen, Wirtschaftsverbänden und Gewerkschaften ökonomische Interessen zu vertreten. Die Gesamtzahl der im Umweltbereich aktiven Interessenvertreter und der hohe Anteil ökonomischer Interessenvertreter verdeutlichen, dass die politischen Aktivitäten der GD „Umwelt" erhebliche wirtschaftliche Konsequenzen haben und häufig Gegenstand teilweise sehr konflikthafter politischer Auseinandersetzungen sind. Hierzu tragen auch die Organisationen, die allgemeine Interessen vertreten (beispielsweise Umwelt- und Verbraucherschutzgruppen), bei, die mit mehr als 700 Vertretern die zweitgrößte Zahl der umweltpolitisch aktiven Interessenvertreter stellen.

Umfang der finanziellen Förderung von NGOs durch die GD „Umwelt"

Die Europäische Kommission selbst leistet einen Beitrag zum umweltpolitischen Interessenausgleich, indem sie Nichtregierungsorganisationen in diesem Bereich seit 1997 finanziell unterstützt. Zwischen 1997 bis 2010 unterstützte die GD „Umwelt" jährlich zwischen 15 und 50 Nichtregierungsorganisationen finanziell. 2010 wurden insgesamt 9,23 Millionen Euro an 32 verschiedene Organisationen vergeben. Für manche NGOs deckt der Anteil der EU-Förderung bis zu 70 % ihrer Gesamtkosten. Voraussetzung für die Förderung ist, dass die Organisationen auf EU-Ebene politisch aktiv sind und Mitglieder aus mindestens drei EU-Mitgliedstaaten haben. Man könnte argumentieren, dass die Europäische Kommission über die finanzielle Förderung von NGOs weniger den politischen Interessenausgleich als vielmehr den Erhalt und Zuwachs ihrer Macht sicherstellen möchte (vgl. Kap. 3.2.3). Allerdings überzeugt dieses Argument nur bedingt. Zwar erhält die GD „Umwelt" in ihren politischen Aktivitäten regelmäßig Informationen von Nichtregierungsorganisationen und nutzt diese, um ihr politisches Gewicht gegenüber anderen Generaldirektionen oder den Mitgliedstaaten zu stärken. Gleichzeitig erfährt die GD „Umwelt" und die Kommission insgesamt auch regelmäßig scharfe Kritik seitens dieser NGOs.

Die Dynamik von Konsultations- und Aushandlungsprozessen innerhalb der Europäischen Kommission wird auf den folgenden Seiten anhand der frühen Phase des Entscheidungsprozesses zur EU-Chemikalienregulierung „REACH" beispielhaft dargestellt. Die REACH-Entscheidung führte sowohl innerhalb der Kommission als auch im weiteren Gesetzgebungsverfahren zu erheblichen Konflikten.[17] Die hier dargestellte REACH-Vorlage wurde von der Europäischen Kommission im Rahmen eines „mündlichen Verfahrens" behandelt und in ihrer Sitzung am 28. Oktober 2003 als „B-Punkt" behandelt; sie zählt damit zur Minderheit der konflikthaften Fälle, die erst nach einer Diskussion unter den Kommissaren vom Kollegium verabschiedet wurden (siehe Kap. 3.2.1) und eignet sich somit zur Veranschaulichung der Ursachen für Konflikte zwischen den Generaldirektionen und den Umgang mit diesen.

Intra- und inter-institutionelle Konflikte im REACH-Fall

Der politische Impuls für die Neuregulierung der Chemikalienkontrolle und -zulassung auf EU-Ebene ging von den Umweltministern der Mitgliedstaaten aus. Sie forderten die Kommission auf ihrem informellen Ratstreffen in Chester im April 1998 auf, Diskussionsvorschläge für die Neugestaltung des Europäischen Chemikalienrechts zu unterbreiten. In der Europäischen Kommission gehört die Chemikalienregulierung zum Zuständigkeitsbereich der Generaldirektion „Umwelt". Gleichzeitig hat die Regulierung von Chemikalien einen maßgeblichen Einfluss auf die wirtschaftliche Situation der in diesem Bereich tätigen Industrieunternehmen. Im Rahmen des Konzepts der „nachhaltigen Entwicklung" hat die Europäische Union sich darüber hinaus verpflichtet, hohe Umweltstandards, ein hohes Beschäftigungsniveau und internationale ökonomische Wettbewerbsfähigkeit gleichzeitig zu verfolgen (siehe Beginn dieses Unterkapitels). In der damals unter dem Kommissionspräsidenten Jacques Santer amtierenden Kommission wurde hieraus die politische Konsequenz gezogen, die Vorbereitungen zur Überarbeitung des EU-Chemikalienrechts nicht allein der Generaldirektion „Umwelt, Nuklearsicherheit und Zivilschutz" zu überlassen, sondern die Federführung hierfür zwischen dieser und der Generaldirektion „Wirtschaft und Finanzen" aufzuteilen. Nach Konsultation der Regierungen in Form eines von der Kommission vorgelegten Arbeitsdokumentes und dem Austausch mit mehr als 150 Vertretern nationaler Verwaltungen, der Wissenschaft sowie von Umwelt-, Verbraucherschutz- und Industrieverbänden im Februar 1999, wurde die Kommission schließlich vom Umweltministerrat aufgefordert, mit der Erarbeitung eines neuen Chemikaliengesetzes zu beginnen. In seiner Kommentierung beschränkte sich der Umweltministerrat nicht auf allgemeine Aussagen, sondern forderte die Kommission auf, bestimmte inhaltliche Prinzipien bei ihrer Vorbereitung des Regulierungsvorschlags zu berücksichtigen (Wonka 2008b: 190).

Vorbereitende Phase der Chemikalien-regulierung durch REACH

Schon aus der Betrachtung dieser sehr frühen Phase der Entscheidungsvorbereitung wird deutlich, dass die Europäische Kommission und die Generaldirektion „Umwelt" versuchen, bei Entscheidungen von erheblicher politischer und ökonomischer Bedeutung durch Konsultationen und die Einbindung zentraler

Informations-strategien der GD „Umwelt"

---

17   Die folgende Diskussion basiert auf Wonka 2008a; 2008b: 1145-1163.

„Stakeholder" mögliche Konflikte früh zu erkennen und bei ihrem weiteren politischen Vorgehen zu berücksichtigen. Da es sich bei der Chemikalienpolitik um einen technisch komplexen Gegenstand handelt, hatte die Europäische Kommission darüber hinaus ein Interesse daran, technische und ökonomische sowie praktische Informationen zu möglichen Umsetzungsproblemen von den direkt Betroffenen zu erhalten. Den beteiligten politischen Akteuren – den Ministerien in den Mitgliedstaaten, den Generaldirektionen der Europäischen Kommission und den betroffenen Firmen und Interessengruppen – standen damit relativ umfangreiche Informationen zum Stand des Verfahrens und der inhaltlichen Entwicklung der neuen Chemikalienregulierung zur Verfügung. Sie konnten auf dieser Basis eine eigene inhaltliche Position formulieren und zudem versuchen, die Entscheidungsformulierung in ihrem Interesse zu beeinflussen.

Weißbuch „Strategie für eine zukünftige Chemikalienpolitik"

In der Prodi-Kommission übernahm mit der schwedischen Sozialdemokratin Margot Wallström eine Kommissarin aus einem Land mit relativ hohen Umweltstandards die Verantwortung für die Generaldirektion „Umwelt". Die politische Leitung der Generaldirektion „Industrie", die die Arbeit an der Chemikalienregulierung von der umgebildeten Generaldirektion III („Wirtschaft und Finanzen") übernahm, lag beim finnischen Sozialdemokraten Erkki Liikanen. Im Februar 2001 legten die beiden Kommissare das unter geteilter Verantwortung formulierte Weißbuch „Strategie für eine zukünftige Chemikalienpolitik" vor. Die im Weißbuch dargelegte Regulierungsstrategie sah eine erhebliche Verschärfung sowohl der Zulassungs- als auch der Prüfanforderungen für Chemikalien vor. Zur Verbesserung der Umsetzung der geplanten Chemikalienregulierung wurde außerdem die Errichtung eines „Europäischen Chemikalienbüros" vorgeschlagen. Im Anschluss an die Veröffentlichung des Weißbuches (Februar 2001) kam es zu umfangreichen politischen Auseinandersetzungen, die nach der Einbringung der Gesetzesvorlage durch die Europäische Kommission im Oktober 2003 auch in der Entscheidungsphase fortgeführt wurden. Die Kommission begegnete diesen erneut durch umfangreiche Konsultationen mit Vertretern der Mitgliedstaaten sowie Vertretern umweltpolitischer und industrieller Interessen.

Politische Auseinandersetzungen rund um REACH

In den Konflikten um die REACH-Regulierung standen Interessengruppen der chemischen Industrie und die Regierungen derjenigen Mitgliedstaaten, in denen die Chemieindustrie eine maßgebliche Rolle spielt, den Vertretern umweltpolitischer Interessen gegenüber (Lindgren/Persson 2008: 45-46; Lenschow 2010: 320-321; Wonka 2008c; Wonka 2008a: 1153). Auch innerhalb der Europäischen Kommission kam es zu Auseinandersetzungen zwischen den beiden federführenden Generaldirektionen „Umwelt" und „Industrie" (Wonka 2008b: 191-193), die das politische Mandat beider GDs widerspiegeln: Kommissar Liikanen und die GD „Industrie" stellten die Erhaltung der Wettbewerbsfähigkeit der Europäischen Chemieindustrie in den Vordergrund, während Kommissarin Wallström und die GD „Umwelt" für einen umfangreichen Umwelt- und Verbraucherschutz eintraten. Auch der für die GD „Handel" zuständige Kommissar Lamy unterstützte die Position Liikanens mit dem Hinweis, REACH dürfe die transatlantischen Handelsbeziehungen nicht gefährden und müsse im Einklang mit den Regeln der Welthandelsorganisation (WTO) stehen (Wonka 2008a: 1154). Angenommen wurde die Gesetzesvorlage vom Europäischen Parlament und dem Rat schließlich im Dezember 2006 (Wonka 2008b: 195-196). Der letztliche Gesetzesinhalt stellt sowohl hinsichtlich der gewählten Regulierungsinstrumente als auch mit Blick auf die festgelegten Regulierungsnormen einen Kompromiss zwischen Umwelt- und Industrieinteressen dar (Lenschow 2010: 321).

Die hier dargestellte Entscheidungsformulierung zeigt, dass die zwischen den Generaldirektionen „Umwelt" und „Industrie" geteilte Federführung zu einer erheblichen Einschränkung der Handlungsfreiheit der GD „Umwelt" führte. Dies verdeutlicht, wie vom Prinzipal-Agent-Ansatz erwartet (Kapitel 3.3.2), dass die Kommissare die ihnen zur Verfügung stehenden prozeduralen Mittel nutzen, um in politischen kontroversen Entscheidungen die Berücksichtigung ihrer eigenen und ihrer Ressorts sicherzustellen. Außerdem verdeutlichen die oben dargestellten Auseinandersetzungen, dass die Europäischen Kommissare durchaus sehr unterschiedliche politische und inhaltliche Ziele verfolgen können. Es ist deshalb unangebracht, generell davon auszugehen, dass „die Europäische Kommission" geschlossen das Ziel einer weiterführenden Integration und höherer EU-Regulierung verfolgt, wie dies regelmäßig in neo-funktionalistisch inspirierten Analysen im Bereich der neo-institutionalistischen EU-Gesetzgebungsforschung (Tsebelis/Garrett 2000; Hörl et al. 2005) und in Prinzipal-Agent-Anwendungen (Pollack 2003) geschieht (vgl. Kap. 2.2.1, 2.2.4 und 3.3.2). Schließlich zeigt der REACH-Fall, dass Interessengruppen einen erheblichen Einfluss auf die Arbeit in der Europäischen Kommission haben und durch ihren „Feueralarm" (vgl. Kapitel 3.3.2) zur Einschränkung des Handlungsspielraums der Kommission beitragen, da Regierungen als Reaktion auf umfangreiche Interessengruppenaktivitäten ihre Kontroll- und Einflussnahmeversuche auf die Kommission intensivieren.

Erkenntnisse aus dem REACH-Beispiel

3.4.2 Generaldirektion „Handel"

(Außen-) Handelspolitik ist einer der Kernbereiche der europäischen Integration und für die Mitgliedstaaten von enormer wirtschaftlicher und damit auch politischer Bedeutung. Die Tatsache, dass Exporte aus den EU-Mitgliedstaaten in Drittländer im Jahr 2009 17,1 % der weltweiten Exporte ausmachten und Importe in die EU mit 17,6 % knapp ein Fünftel der weltweiten Importe bilden (Europäische Union 2010: 14, 16), verdeutlicht den Grad, zu dem die EU über Handel in die internationale Ökonomie eingebunden ist. Die wichtigsten außereuropäischen Handelspartner der EU-Mitgliedstaaten sind die USA und China (Europäische Union 2010: 24-27). Neben dem Abbau von Zöllen nutzen die Regierungen und die Kommission die EU-Handelspolitik, um die regulatorischen Standards der EU im Rahmen internationaler Abkommen auf Nicht-EU-Staaten auszudehnen und damit Unternehmen aus den Mitgliedstaaten den Zugang zu Märkten außerhalb der EU zu erleichtern und die internationale Wettbewerbsposition dieser Unternehmen zu verbessern (Kelemen/ Vogel 2010; Kelemen 2010; Knodt 2011).

Hohe ökonomische und politische Bedeutung der EU-Handelspolitik

Bereits 1957 im Rahmen der Römischen Verträge haben die Mitgliedstaaten der Europäischen Wirtschaftsgemeinschaft Kompetenzen für eine gemeinschaftli-

Genese der europäischen Handelspolitik

che Handelspolitik übertragen. Zentraler Bestandteil der Handelspolitik war und ist die Festlegung eines einheitlichen Zolltarifs gegenüber Drittstaaten sowie der Abbau von Zollschranken, die den internationalen Handel beschränken (Art. 110, 113 EWG Vertrag). Die Notwendigkeit einer gemeinsamen Handelspolitik ergab sich unter anderem aus der ebenfalls in den Römischen Verträgen festgelegten Schaffung eines gemeinsamen Marktes ohne Zölle zwischen den Mitgliedstaaten. Nachdem die Zölle zwischen den Mitgliedstaaten 1968 abgeschafft und die Zollunion damit realisiert war, mussten die Mitgliedstaaten auch gegenüber Drittstaaten einen gemeinsamen Zolltarif festlegen. Die gemeinsame Handelspolitik umfasste von Beginn an den Abschluss von Zoll- und Handelsabkommen, eine gemeinsame Ausfuhrpolitik, die Vereinheitlichung von Liberalisierungsmaßnahmen sowie die Anwendung von handelspolitischen Schutzmaßnahmen zur Bekämpfung von Dumping- und Subventionspraktiken (Art. 133 EWG Vertrag). Mit dem Amsterdamer Vertrag wurde der Europäischen Gemeinschaft die Kompetenz übertragen, Handelsabkommen zu schließen, die über die Einigung auf reduzierte Zolltarife hinausgingen und den Handel von Dienstleistungen sowie vom Handel betroffene Aspekte des geistigen Eigentums betreffen (Art. 133, 5 EGV, Amsterdam-Version). Diese „regulatorischen" Kompetenzen in der Handelspolitik wurden in den Verträgen von Nizza (Art. 133, 6 EGV, Nizza-Version) und Lissabon nochmals erweitert (Art. 207, 1 AEUV).

Die zentrale Rolle der Kommission bei der Aushandlung bi- und multilateraler Handelsabkommen nimmt (Art. 207, 3 AEUV; ex-Artikel 133 EGV) in erster Linie der Handelskommissar und die Generaldirektion „Handel" wahr. Der Handelskommissar legt dem Rat Empfehlungen zur Aufnahme von Verhandlungen vor und erhält nach Zustimmung der Mitgliedstaaten ein Mandat zur Aufnahme von Verhandlungen. Die Verhandlungen werden seitens der Kommission auf der Grundlage eines vom Rat festgelegten Mandats geführt. Ein vom Rat bestellter „Sonderausschuss" (ehemals: Art. 133 Ausschuss) mit Vertretern aller Mitgliedstaaten begleitet die internationalen Verhandlungen der Kommission und kontrolliert, ob die Europäische Kommission die Verhandlungen im Einklang mit dem ihr erteilten Mandat führt. Darüber hinaus wird der Verhandlungsverlauf von verschiedenen, dem Rat zugehörigen Arbeitsgruppen verfolgt, die den Mitgliedstaaten und dem „Sonderausschuss" ggf. eine politische Intervention ermöglichen (De Bièvre/Dür 2005: 1282). Betreffen Handelsabkommen umwelt- oder agrarpolitische Aspekte, verhandelt die GD „Handel" in Absprache mit den dafür zuständigen Kommissaren und deren Generaldirektionen (De Bièvre/Dür 2005: 1283; Dür/Elsig 2011; Dür/Zimmermann 2007: 773), wobei es immer wieder vorkommt, dass die unterschiedlichen Generaldirektionen verschiedene Interessen verfolgen (Woolcock 2010: 388-399). Schließlich müssen die ausgehandelten Ergebnisse im Rat, je nach Art der Vereinbarung und des Inhalts (Art. 207, 4 AEUV; Art. 218 AEUV), mit qualifizierter Mehrheit oder einstimmig angenommen werden. Mit dem Vertrag von Lissabon wurde darüber hinaus die Rolle des Europäischen Parlaments in der EU-Handelspolitik gestärkt. Das Europäische Parlament legt gemeinsam mit dem Rat die allgemeinen Leitlinien der EU-Handelspolitik, beispielsweise im

Interessenabgleich zwischen unterschiedlichen GDs in handelspolitischen Querschnittsfragen

Bereich der oben besprochenen defensiven handelspolitischen Maßnahmen, fest (Art. 207, 2 AEUV).

Aufgrund der Bedeutung der GD „Handel" in der EU-Handelspolitik könnten insbesondere liberale und konservative Regierungsparteien versuchen, das Portfolio mit einem ihrer Kandidaten zu besetzen. Ähnliches gilt für große Mitgliedstaaten, deren Unternehmen einen wesentlichen Beitrag zur Wirtschaftskraft der EU leisten und die deshalb ein erhebliches Interesse an der Ausgestaltung der EU-Handelspolitik haben. Tatsächlich wurde die Zuständigkeit für die GD „Handel" in den 14 seit 1958 berufenen Kommissionen sechs Mal an Kommissare vergeben, die Mitglied einer liberalen Partei waren und drei Mal an Angehörige konservativer Parteien, wohingegen nur ein Christdemokrat und vier Sozialdemokraten die politische Verantwortung für die GD „Handel" trugen. Für die Mehrzahl der bislang berufenen Kommissare ist deshalb davon auszugehen, dass sie über eine politische Grundausrichtung verfügten, die gegenüber dem ökonomischen Wettbewerb und Freihandel prinzipiell positiv eingestellt ist. Mit vier Briten, drei Deutschen und zwei Franzosen kamen knapp zwei Drittel aller Handelskommissare aus großen Mitgliedstaaten. Während der restlichen fünf Amtszeiten wurde das Portfolio vier Mal von belgischen Kommissaren und einmal von einem Niederländer gehalten. Dass die Mitgliedstaaten der GD „Handel" eine wichtige politische Bedeutung zuschreiben, zeigt sich auch darin, dass die in das Portfolio berufenen Kommissare über überdurchschnittliche politische Erfahrung bei der Ausübung exekutiver Spitzenpositionen auf nationaler und europäischer Ebene verfügen (Franchino 2009: 19).

Besetzung des Postens des Handelskommissars

Aktuell verfügt die GD „Handel" zur Wahrnehmung ihrer Aufgaben über einen Etat von etwas mehr als 100 Millionen Euro und beschäftigt in acht Abteilungen und 29 Referaten knapp über 500 Mitarbeiter.[18] Der französische Generaldirektor Jean-Luc Demarty übt derzeit (Stand Mai 2013) die Leitung der Generaldirektion aus. Demarty verfügt über umfangreiche Erfahrung in exekutiven Leitungsfunktionen sowohl auf nationaler als auch auf europäischer Ebene. Bevor er zur Europäischen Kommission stieß, war er zu Beginn der 1980er Jahre für mehrere Jahre Berater des Kabinetts des damaligen französischen Wirtschaftsministers Jacques Delors. 1988 folgte er dann Delors, inzwischen Präsident der Europäischen Kommission, in die Kommission und wurde Mitglied in dessen persönlichem Kabinett. Nachdem Delors 1995 als Kommissionspräsident ausschied, stieg Demarty innerhalb der Generaldirektion „Landwirtschaft" in wenigen Jahren zum Generaldirektor auf. 2011 übernahm er die administrative Leitung der GD „Handel". Als Handelskommissar übernimmt derzeit der Belgier Karel de Gucht die politische Leitung der GD „Handel"; de Gucht ist Mitglied der flämischen liberalen Partei (VLD), deren Vorsitzender er von 1999 bis 2004 war. Europapolitische Erfahrung sammelte de Gucht von 1980 bis 1994 als Mitglied des Europäischen Parlaments. Bevor er sein Amt als Handelskommissar aufnahm, war de Gucht mehrere Jahre Mitglied des belgischen Parlaments, belgischer Handelsminister (2007 - 2009) sowie Außen- und Europaminister (2004 - 2009). Neben

Organisation und Leitung der GD „Handel"

---

18   http://ec.europa.eu/trade/about/organisation/index_en.htm; Zugriff am 31.05.2013.

umfangreicher Erfahrung in der nationalen und europäischen Politik sowie bei der politischen Leitung von Exekutivorganisationen verfügt der aktuelle Handelskommissar damit auch über einschlägige fachliche Expertise.

Bei ihrer Arbeit greifen die Mitarbeiter der GD „Handel" und der Handelskommissar weit weniger als andere Generaldirektionen auf die Unterstützung durch Expertengruppen und andere Beratungsgremien zurück (Tabelle 5). Nur fünf Expertengruppen und ein Beratergremium sind derzeit bei der GD „Handel" angesiedelt, wovon die „Expert Group on trade and investment with China" über das breiteste Mandat verfügt und Mitarbeitern der Generaldirektion sowie einschlägigen mitgliedstaatlichen Behörden und Ministerien als Forum zum Austausch über die weitere Gestaltung des Handels mit China dient.[19] Ein Grund für die relativ geringe Zahl an Expertengremien könnte darin bestehen, dass die GD „Handel" zwar für die politische und technische Formulierung von defensiven Handelsregeln und Handelsabkommen zuständig ist, deren technische Umsetzung und Durchführung wird jedoch von der Generaldirektion „Steuern und Zollunion" in enger Zusammenarbeit mit den zuständigen nationalen Behörden wahrgenommen. Außerdem sind, wie weiter oben dargestellt, beim Rat zahlreiche Ausschüsse angesiedelt, die die GD „Handel" nicht nur bei der Ausübung ihres Mandats kontrollieren („Sonderausschuss" für Handelsfragen [ex-Artikel 133 Ausschuss]), sondern auch direkt an der Formulierung handelspolitischer Maßnahmen beteiligt sind („Antidumpingausschuss", „Antisubventionsausschuss"). Über diese Ausschüsse sind die nationalen Verwaltungen direkt an der Formulierung der EU-Handelspolitik beteiligt und können so die mitgliedstaatlichen Perspektiven und Interessen einbringen.

Ein weiterer Grund für die relativ geringe Anzahl an Expertengruppen besteht darin, dass die GD „Handel" sehr umfangreiche direkte Kontakte zu europäischen und nationalen Interessengruppen unterhält und diese eine weitere politische und informationelle Verknüpfung in die Mitgliedstaaten sicherstellen. Laut den gesetzlichen Grundlagen für die defensiven handelspolitischen Maßnahmen können Interessengruppen und Firmen ausdrücklich Beschwerden nicht nur bei nationalen Behörden, sondern auch direkt bei der GD „Handel" einreichen. Dies und ihre zentrale Rolle bei der Aushandlung von Handelsabkommen führt dazu, dass über 1700 Interessenvertreter angeben, ihre Interessen aktiv gegenüber der GD „Handel" zu verfolgen. Hiervon sind knapp zwei Drittel Firmen, Unternehmensverbände und Gewerkschaften. Die GD „Handel" versucht, den Austausch teilweise zu strukturieren, indem sie einen offiziellen Dialog mit der Zivilgesellschaft anbietet. Hierzu hat sie eine „Civil Society Contact Group" eingerichtet, in der unter anderem Vertreter europäischer Wirtschaftsverbände und Gewerkschaften sowie von Umwelt- und Verbraucherschutzverbänden vertreten sind. Ein Großteil des von der GD „Handel" strukturierten Dialogs mit Interessengruppen findet allerdings in den hierfür durchgeführten Konferenzen statt. Seit 2001 führte die GD „Handel" mehr als 160 solcher Treffen durch. Darüber, wie viel Einfluss

---

19 http://ec.europa.eu/transparency/regexpert/index.cfm?do=groupDetail.groupDetail&groupID=2607; Zugriff am 31.05.2013.

Interessengruppen auf das Handeln der GD „Handel" und die EU-Handelspolitik generell haben, gehen die Ansichten auseinander. Während manche Autoren den Einfluss ökonomischer Interessengruppen bejahen, „diffusen" Interessen hingegen keinen Einfluss auf die EU-Handelspolitik zuschreiben (Dür/De Bièvre 2007), argumentieren andere, dass die GD „Handel" generell über eine relativ hohe Unabhängigkeit von Interessengruppen bei ihren Aktivitäten in der EU-Handelspolitik verfüge (Dür/Zimmermann 2007: 777).

Die Europäische Union und die GD „Handel" agieren in unterschiedlicher Form in der internationalen Handelspolitik. Zum einen verfolgt die EU ihre Handelsinteressen im multilateralen Rahmen der Welthandelsorganisation (WTO). Die Interessen, die die GD „Handel" im Rahmen der aktuellen Doha-Welthandelsrunde vertritt, variieren mit den Positionen der Mitgliedstaaten zu den verschiedenen Verhandlungsgegenständen. Teilweise wird argumentiert, dass die EU in klassischen Handelsgegenständen seit den 1990er Jahren im Rahmen der WTO eine generell handelsliberalisierende Position verfolgt. Konflikte zwischen Interessengruppen, Regierungen und der GD „Handel" stellten eine Ausnahme dar (Dür/Zimmermann 2007: 777; Young 2007: 798-800). Betreffen die Verhandlungen allerdings regulative Standards in der EU oder Agrarsubventionen, vertrete die EU nicht zuletzt auf Druck von Interessengruppen und nationalen Fachministerien regelmäßig Status Quo bewahrende Positionen und versuche, EU-Standards auf internationaler Ebene durchzusetzen (Young 2007: 807).

Neben ihren multilateralen Aktivitäten im Rahmen der Welthandelsorganisation schließt die Europäische Union mit anderen Ländern und anderen Regionalorganisationen Zoll- und Freihandelsabkommen, sogenannte „präferenzielle Handelsabkommen". Diese umfassen spezifische Sektoren und Produkte und gelten ausschließlich zwischen den Vertragsstaaten. Weltweit lässt sich im Laufe der letzten 20 Jahre ein Anstieg bei den Abschlüssen präferenzieller Handelsabkommen feststellen. Seit 1990 hat sich die Zahl dieser Abkommen, nicht zuletzt aufgrund mangelnder Fortschritte in der Doha-Welthandelsrunde (Woolcock 2010: 397), vervierfacht. Aktuell sind weltweit ungefähr 300 präferenzielle Handelsabkommen in Kraft (World Trade Organization 2011: 6). Die EU unterhält aktuell 37 präferenzielle Handelsabkommen. Die ersten dieser Abkommen wurden 1973 mit den EFTA- („European Free Trade Area") Mitgliedsländern Norwegen, Island und der Schweiz abgeschlossen. Geographisch konzentrieren sich die bislang abgeschlossenen Abkommen, vor allem im Bereich des Handels mit Waren, auf Europa und den Mittelmeerraum.

Bilaterale Handelspolitik der EU: Präferenzielle Handelsabkommen

2010 schloss die Europäische Union mit der Republik Korea ein Freihandelsabkommen. Nach den USA, China und Japan gehört Südkorea zu den wichtigsten außereuropäischen Handelspartnern der EU-Mitgliedstaaten. Firmen aus den EU-Mitgliedstaaten exportierten 2009 Waren im Wert von 21,5 Milliarden Euro nach Südkorea und importierten in demselben Jahr Waren im Wert von 32,1 Milliarden Euro (Europäische Union 2010: 25, 27). Im Dezember 2006 kündigte der damalige britische Handelskommissar Peter Mandelson die Aufnahme von Freihandelsverhandlungen mit Südkorea und anderen Ländern aus dem Regionalverbund ASEAN an. Im April 2007 erteilte der Rat der Europäischen Kommissi-

Das Freihandelsabkommen der EU mit Südkorea

on das Mandat, Verhandlungen mit Südkorea aufzunehmen. Die Verhandlungen wurden von der GD „Handel" und dem britischen Handelskommissar Mandelson im Mai 2007 aufgenommen und nach acht offiziellen Verhandlungsrunden und über zwei Jahren Verhandlungszeit im Oktober 2009 abgeschlossen. Nach Verhandlungen zwischen den Mitgliedstaaten und mit dem Europäischen Parlament, das durch das Inkrafttreten des Lissabon-Vertrages im Dezember 2009 Kompetenzen im Handelsbereich hinzugewonnen hat, wurde das Abkommen im September 2010 im Rat angenommen (2010/265/EU) und trat im Juli 2011 vorläufig in Kraft. Beeinflusst wurden die Verhandlungen des Freihandelsabkommens der EU mit Südkorea auch durch die Tatsache, dass die Südkoreaner bereits im Frühjahr 2006 begonnen hatten, ein bilaterales Freihandelsabkommen mit den USA zu verhandeln, und die europäische Industrie befürchtete, durch das Abkommen Nachteile im Handel mit beiden Ländern zu erleiden.

Konfliktthemen bei
der Aushandlung
des Freihandels-
abkommens
EU – Südkorea

In der frühen Verhandlungsphase wurden keine Konflikte zwischen einzelnen Mitgliedstaaten und der Kommission oder unter den Mitgliedstaaten bekannt. Im weiteren Verlauf der Verhandlungen allerdings begannen Interessenvertreter der Automobil- und der Elektroindustrie vor einer schnellen Marktöffnung zu warnen. Firmen in beiden Sektoren hatten die begründete Sorge, dass sie nach einer weitgehenden Liberalisierung des Handels mit Südkorea Marktanteile an südkoreanische Anbieter verlieren werden. Im Oktober 2008 übernahm die Britin Catherine Ashton die Verantwortung für die Generaldirektion „Handel" von ihrem Parteikollegen Mandelson. Im weiteren Verlauf der Verhandlungen begann vor allem die europäische Automobilindustrie, allen voran der europäische Automobildachverband „European Automobile Manufacturers Association" (ACEA), gegen den Abschluss des Abkommens zu mobilisieren. Vertreter der Automobilindustrie befürchteten, dass Südkorea die Einfuhr europäischer Automobile mittels nichttarifärer Handelshemmnisse, hier insbesondere im Bereich von Sicherheits- und Umweltstandards, behindern wird. Darüber hinaus wurde kritisiert, dass die südkoreanische Regierung vorhatte, Einfuhrzölle an Firmen zurückzuerstatten, wenn diese die eingeführten Güter weiterverarbeiten und die daraus entstehenden Produkte anschließend exportieren.

Konflikte zwischen
Kommissaren

Nachdem die Verhandlungen über weite Strecken jenseits der politischen Öffentlichkeit und primär unter Beteiligung von Spezialisten der Generaldirektion „Handel" und der Mitgliedstaaten stattgefunden haben, erreichte der Widerstand von Teilen der europäischen Automobilindustrie im April 2009, wenige Monate vor Abschluss der Verhandlungen, die politische Ebene. Nachdem das Freihandelsabkommen von der EU-Handelskommissarin fast vollständig ausgehandelt worden war, drohten mehrere EU-Mitgliedstaaten mit großen Automobilherstellern mit der Blockade des Abkommens im Rat. Auch in der Europäischen Kommission kam es zu Konflikten: Der deutsche Industriekommissar Verheugen, der italienische Verkehrskommissar Tajani, der französische Kommissar für „Transport", Barrot, und der tschechische Kommissar für „Beschäftigung und Soziale Angelegenheiten", Spidla, stellten sich gegen das von der Handelskommissarin ausgehandelte Abkommen (Frankfurter Allgemeine Zeitung 2009a; EUObserver 2009a, b). Wie auch in anderen handelspolitischen Auseinandersetzungen (Dür

2007; Dür/Zimmermann 2007: 774; Conceição-Heldt 2011) und der EU-Gesetzgebung (Wonka 2008a) kam es in der Kommission auch in dem hier diskutierten
Fall zu Auseinandersetzungen zwischen Kommissaren, die teilweise national motiviert gewesen zu sein scheinen und teilweise aus unterschiedlichen „sektoralen"
Perspektiven der Kommissare und ihrer Generaldirektionen resultierten.

Wenige Monate vor der Annahme des Abkommens im Rat und im Euro-
päischen Parlament sprachen sich allerdings der Dachverband der europäischen
Industrie – „Business Europe" – und der Bundesverband der Deutschen Industrie
(BDI) sowie andere sektorale Verbände, darunter der Verband des Maschinen- und
Anlagebaus (VDMA) und der Verband der Chemischen Industrie (VCI), klar für
das Abkommen aus (Frankfurter Allgemeine Zeitung 2010). Die abschließenden
Verhandlungen wurden seitens der Kommission durch den neuen belgischen Han-
delskommissar Karel de Gucht geführt, der im Zuge der Berufung der „Barroso II"-
Kommission (Februar 2010) die politische Leitung der GD übernahm. Bevor das
Abkommen im Rat angenommen wurde, wurde dem Widerstand der Autoindustrie und der sie unterstützenden Regierungen und Abgeordneten durch Nachver-
handlungen mit der südkoreanischen Regierung Rechnung getragen (Frankfurter
Allgemeine Zeitung 2009b). Die Auseinandersetzungen während der Verhandlungen zum Freihandelsabkommen zwischen Südkorea und der EU stützen die
Befunde von Studien, die das Handeln der GD „Handel" und der mitgliedstaatlichen Regierungen primär auf das Lobbying ökonomischer Interessengruppen und
weniger technokratischen oder bürokratischen Interessen der Kommission, politischen Ideologien und Ideen („Freihandel", „Souveränität") oder geopolitischen
Interessen der Regierungen (Dür/Zimmermann 2007: 777) zurückführen.

Einfluss von Interessengruppen auf das Verhandlungs-ergebnis

3.4.3 Analytische Nachbetrachtung

Die in den Kapiteln 3.4.1 und 3.4.2 diskutierten Fälle zeigen, dass den Mitgliedstaaten institutionelle und politische Mittel zur Verfügung stehen, die ihren Einfluss auf die Politiken der Kommission sicherstellen. Das führt jedoch nicht, wie
von Anhängern der intergouvernementalistischen Theorie vertreten, zu einer
vollständigen und jederzeit effektiven Kontrolle der Europäischen Kommission
durch die Regierungen. Die Europäische Kommission agiert somit durchaus als
politische Akteurin, die auch eigene Vorstellungen und Interessen verfolgt. Allerdings tut sie dies in einem politischen und institutionellen Umfeld, das ihrem
Handeln Grenzen setzt. Ob es zur effektiven Kontrolle kommt, hängt nicht zuletzt
von situativen Faktoren (Mobilisierung von Interessengruppen, Entscheidungsregeln, Positionen von Regierungen) ab, die zwischen verschiedenen Entscheidungen erheblich variieren. Darüber hinaus zeigt die ausführlichere Analyse der
Generaldirektionen „Umwelt" und „Handel", dass politische Konflikte, denen sich
die Europäische Kommission im Laufe von Entscheidungsprozessen stellen muss,
auch aus politischen Auseinandersetzungen innerhalb der Europäischen Kommission und zwischen einzelnen Generaldirektionen resultieren. In den Konflikten
zwischen den Kommissaren spiegeln sich teilweise die unterschiedlichen, von den

Funktionale und politische Rolle von Expertengruppen

Generaldirektionen jeweils vertretenen sektoralen Interessen und teilweise die von den Kommissaren eingebrachten nationalen Interessen der mitgliedstaatlichen Regierungen wider. Dieses Konfliktpotenzial gilt es in Analysen der Europäischen Kommission zu berücksichtigen, um zu vermeiden, dass „die Kommission" *a priori* als monolithischer Akteur wahrgenommen wird, der ein einheitliches Interesse verfolgt, das notwendig den Interessen der mitgliedstaatlichen Regierungen zuwider läuft.

In Kapitel 3.4.1 und 3.4.2 haben wir gesehen, dass die GD „Umwelt" und die GD „Handel" in den dort diskutierten Fallbeispielen umfangreich auf Experten- und Arbeitsgruppen zurückgegriffen haben, mit denen sie bei der Vorbereitung der Entscheidungen zu einem relativ frühen Zeitpunkt politische Widerstände und Unterstützung sowohl inner- als auch außerhalb der Kommission sondierten. Den anderen Generaldirektionen, den mitgliedstaatlichen Regierungen und Verwaltungen sowie wichtigen politischen und ökonomischen Akteuren wiederum erlaubte die Mitarbeit in diesen Gremien, sich aktuelle Informationen über das Handeln der Generaldirektionen in diesen Fällen anzueignen. Aus Sicht der Prinzipal-Agent-Theorie verbesserten diese Gremien die Fähigkeit nationaler Regierungen und Verwaltungen (Prinzipale), die Generaldirektionen der Kommission (Agenten) zu kontrollieren, indem sie die Wahrscheinlichkeit dauerhafter Informationsasymmetrien zwischen diesen reduzierten (vgl. „*Polizeipatrouille*" Kapitel 3.3.2, McCubbins/Schwartz 1984). Solche Informationsasymmetrien hätten die Generaldirektionen nutzen können, um Ziele zu realisieren, die denen der Regierungen zuwider laufen (*Shirking*) (vgl. Kap. 3.3.2). Aus funktionalistischer Sicht wiederum boten diese Gremien den Experten aus den Generaldirektionen und nationalen Verwaltungen die Möglichkeit, auf der Grundlage ihrer Expertise Entscheidungen zu formulieren, die eine adäquate Lösung für die zu behandelnden Probleme darstellen und hierüber die Legitimität des Handelns der Generaldirektionen erhöhen (Kap. 3.3.3). Beide Aspekte spielten in den oben diskutierten Fallbeispielen eine Rolle. Dies macht deutlich, dass sich die Prinzipal-Agent-Theorie und die funktionalistische Perspektive bei der Betrachtung der Experten- und Arbeitsgruppen durchaus ergänzen. Eine rein funktionalistische, ausschließlich an der Problemlösung orientierte Perspektive greift jedoch zu kurz.

„Feueralarm" durch Interessengruppen und politische Kontrolle

Sowohl im Entscheidungsverfahren zu REACH (Kap. 3.4.1) als auch bei der Verhandlung des Freihandelsabkommens zwischen der EU und Südkorea (Kap. 3.4.2) kam es zu umfangreichen Lobbyingaktivitäten nationaler und europäischer Interessengruppen. Diese trugen dazu bei, die Aufmerksamkeit von politischen Entscheidungsträgern – Ministern und Regierungschefs der Mitgliedstaaten, Kommissaren und Mitgliedern des Europäischen Parlaments – auf politisch kontroverse Aspekte zu lenken. Der „*Feueralarm*" der Interessengruppen (vgl. Kap. 3.3.2, McCubbins/Schwartz 1984) führte zu einer Verlagerung der Entscheidungen von der administrativen auf die politische Ebene und schließlich dazu, dass einzelne Regierungen bei den zuständigen Kommissaren und Generaldirektionen intervenierten und Änderungen an den ursprünglich geplanten Vorschlägen erreichten. Die Interessengruppenaktivitäten bildeten damit eine wichtige Ergänzung zu der relativ ressourcenaufwendigen Mitarbeit nationaler Verwaltungen in den Arbeits- und Expertengruppen der Generaldirektionen.

Aus Sicht der normativen Theorien (Kap. 3.3.3) ergibt sich aus den empirischen Befunden des vorangegangenen Unterkapitels ein gemischtes Bild. Zwar könnte man argumentieren, dass die umfangreiche Einbindung von Interessengruppen und Experten aus nationalen Ministerien in die im vorangegangenen Unterkapitel dargestellten Entscheidungsverfahren die funktionale Legitimierung der Kommission stärkt. Gleichzeitig wurde jedoch deutlich, dass diese Interessenvertreter häufig ihre partikularen (nationalen und ökonomischen) Interessen verfolgten. Auch haben die Regierungen bei den Entscheidungen (teilweise erfolgreich) versucht, Einfluss auf die Entscheidungen der Kommission zu nehmen. Dies deckt sich zwar in Teilen mit der liberal intergouvernementalistischen Position einer Legitimierung der Kommission durch die „indirekte Kontrolle" durch mitgliedstaatliche Regierungen, läuft jedoch der funktionalen Perspektive der Legitimierung der Kommission durch weitgehende politische Unabhängigkeit zuwider. Die politische Kontrolle der Kommission ist wiederum weitgehend beschränkt auf Interessengruppeneliten und politische Eliten in den europäischen Organisationen sowie nationale Regierungen. Die politischen Auseinandersetzungen fanden zwischen diesen Akteuren unter weitgehendem Ausschluss der breiten Öffentlichkeit statt. Von einer demokratischen Rückbindung der politischen Kontrolle durch die Regierungen und Interessengruppen kann somit kaum gesprochen werden. Ihre Legitimität zieht die Europäische Kommission somit weniger aus der Zustimmung der mitgliedstaatlichen Bevölkerungen als vielmehr aus der Kooperation mit den Experten und betroffenen Interessengruppen eines Feldes (*funktionales* Legitimationselement) sowie der Rücksichtnahme auf die von einzelnen Regierungen als politisch wichtig erachteten Interessen (*intergouvernementales* Legitimationselement).

Kein permanenter Interessengegensatz zwischen Kommission und Regierungen

3.5 Rolle und Zukunft der Europäischen Kommission

Dieses Kapitel hat deutlich gemacht, dass die Europäische Kommission seit Gründung der heutigen EU in Form der Europäischen Wirtschaftsgemeinschaft im Jahr 1958 eine zentrale Rolle im EU-Mehrebenensystem einnimmt (vgl. Kap. 2.1.2 und Kap. 3.1). Mehrere Entwicklungen der letzten Jahre haben jedoch das Handlungsumfeld der Europäischen Kommission erheblich verändert. Im Folgenden werden drei zentrale Aspekte für die Europäische Kommission diskutiert: Erstens: die Auswirkungen des veränderten institutionellen Handlungskontextes auf die relative Macht der Kommission in der EU-Politik. Zweitens: der Einfluss der zunehmenden Heterogenität der Mitgliedstaaten auf die EU-Entscheidungsfindung und die Wahl von Steuerungsinstrumenten durch die Kommission und mitgliedstaatlichen Regierungen. Drittens: die Einschränkung der Handlungsspielräume der Kommission durch die zunehmende EU-Skepsis in den Bevölkerungen der Mitgliedstaaten.

Veränderte Rahmenbedingungen des Handelns der Kommission

Agieren in einem
veränderten
institutionellen
Umfeld

Mit Blick auf die Veränderungen des institutionellen Kontextes werden hier zunächst zwei maßgebliche „externe" institutionelle Veränderungen angesprochen: die Aufwertung des Europäischen Rates und des permanenten Ratspräsidenten sowie die weitere Aufwertung des Europäischen Parlamentes. Wie weiter oben (Kap. 2.1) dargelegt, wurde die Rolle des Europäischen Rates im europäischen Institutionengefüge im Laufe der letzten Jahre 35 Jahre erheblich aufgewertet. Es ist zu erwarten, dass die Ausweitung der formalen Kompetenzen des Europäischen Rates und die Einsetzung einer ständigen Präsidentschaft das politische Gewicht des Europäischen Rates in der EU-Politik weiter erhöht. Die Präsidenten des Europäischen Rates und der Europäischen Kommission konkurrieren nicht nur um mediale und politische Aufmerksamkeit, sondern auch um die Führungsrolle als Impuls- und Ideengeber für spezifische politische Initiativen und den mittelfristigen Kurs der europäischen Integration. Es ist zu wenig Zeit vergangen, um beurteilen zu können, wie sich die aktuellen Veränderungen des Europäischen Rates auf die Fähigkeit der Europäischen Kommission auswirken, politische Führung innerhalb der Europäischen Union auszuüben. Die bisherigen Erfahrungen deuten jedoch darauf hin, dass die Aufwertung des Europäischen Rates und die Etablierung des Europäischen Ratspräsidenten zu einer Schwächung der Kommission als politische Taktgeberin in der EU führen.

Europäischer
Ratspräsident vs.
Kommissions-
präsident

Dies gilt vor allem für politische Bereiche, denen die Regierungen zu einem bestimmten Zeitpunkt eine hohe politische Bedeutung beimessen und mittels ihrer Präsenz im Europäischen Rat ihren direkten Einfluss sicherstellen wollen. Als illustratives Beispiel können die durch die Banken- und Staatsschuldenkrise in den Jahren 2008 und 2009 angestoßenen Arbeiten an einer Reform des „Stabilitäts- und Wachstumspaktes" zur Stabilisierung des Euros dienen. Diese Reform wurde in einer Task Force unter Vorsitz des Europäischen Ratspräsidenten van Rompuy und nicht unter Federführung des für Finanzen zuständigen Europäischen Kommissars oder des Präsidenten der Europäischen Kommission durchgeführt. Auch in den im Zuge der „Euro-Krise" verabschiedeten Verträgen (Fiskalpakt) und Instrumenten (Europäisches Semester) und in aktuellen Plänen zur besseren Koordinierung der Wirtschaftspolitiken der Euro-Mitgliedstaaten wurde der Kommission, anders als teilweise gefordert, keine verbindliche Entscheidungsmacht, sondern vielmehr eine konsultierende oder Vorschlagsrolle zugewiesen. Welche Rolle und Bedeutung der Europäische Ratspräsident in Zukunft einnehmen wird, wird nicht zuletzt von der personellen Besetzung dieser Position abhängen. Mit van Rompuy haben die Regierungen einen Ratspräsidenten gewählt, von dem aufgrund seines bisherigen politischen Wirkens nicht zu erwarten war, dass er seine Aufgabe in einer starken politischen Führungsrolle sieht. Sollte bei zukünftigen Besetzungen ein Kandidat gewählt werden, der zuvor als Präsident, Regierungschef oder Außenminister wiederholt durch europapolitische Vorstöße auf sich aufmerksam gemacht hat, könnte das Gewicht des Europäischen Ratspräsidenten bei der Initiierung politischer Richtungsvorschläge für die EU weiter zu ungunsten des Kommissionspräsidenten und der Kommission zunehmen.

Weitere Parlamentari-
sierung der
Kommission?

Weiterhin bleibt abzuwarten, ob die Rolle des Europäischen Parlaments bei der Ernennung der Europäischen Kommission weiter ausgebaut wird. Bislang muss das Europäische Parlament dem von den Regierungen nominierten Kommissionspräsidenten zustimmen und, in einem letzten Schritt, der gesamten Kommission (Grafik 1). Mit dem Vertrag von Lissabon wurde festgelegt, dass die Regierungen bei ihrem Vorschlag für einen Kommissionspräsidenten die Mehrheitsverhältnisse im Europäischen Parlament berücksichtigen sollen (Art. 17 [7] EUV). Darüber hinaus hat das Europäische Parlament die informelle Praxis durchgesetzt, dass alle Kommissare vor ihrer Ernennung den ihrer designierten Zuständigkeit entsprechenden Fachausschüssen im Europäischen Parlament Rede und Antwort stehen müssen. In der aktuellen politikwissenschaftlichen Diskussion wird teilweise eine weitergehende Parlamentarisierung des Ernennungsverfahrens vorgeschlagen (siehe auch Kap. 2). Diese könnte beispielsweise darin bestehen, dass der Kandidat für das Präsidentenamt der Kommission von der Mehrheitsfraktion des Europäischen Parlaments vor Europawahlen vorgeschlagen und anschließend vom Europäischen Parlament gewählt wird. Alternativ wird auch eine Direktwahl durch die Bevölkerungen der Mitgliedstaaten oder die Parlamente in den Mitgliedstaaten diskutiert (Føllesdal/Hix 2006: 554). Proponenten einer solchen weitergehenden Parlamentarisierung der Kommissionsernennung erhoffen sich hiervon eine stärkere Personalisierung und einen offenen parteipolitischen Wettbewerb um die politische Führung der Kommission und hierüber wiederum eine stärkere Politisierung der EU-Politik, welche das politische Interesse der europäischen Bevölkerungen an der EU-Politik erhöhen und diese mit einem eigenen politischen Mandat legitimieren soll (Føllesdal/Hix 2006) (vgl. Kap. 3.3.3).

Aus mehreren Gründen scheint eine solche Entwicklung derzeit unrealistisch: Nach den Schwierigkeiten bei der Verabschiedung des Lissabon-Vertrages scheint es wenig wahrscheinlich, dass es in nächster Zeit zu weitergehenden Vertragsänderungen kommt. Darüber hinaus ist zweifelhaft, ob die Regierungen an einer mit der weitergehenden Parlamentarisierung verbundenen politischen Stärkung der Europäischen Kommission und vor allem des Kommissionspräsidenten interessiert sind. Die Einsetzung eines permanenten Ratspräsidenten und die Aufwertung des Europäischen Rates deuten eher darauf hin, dass sie nicht bereit sind, der Kommission weitere Kompetenzen – gerade mit Blick auf die generelle politische Führung in der EU – zuzusprechen. Angesichts dessen scheint es realistischer, dass die Regierungen auch zukünftig die zentrale Rolle bei der Auswahl und Ernennung des Kommissionspräsidenten und der Kommissare spielen und das Europäische Parlament seinen Einfluss auf die Europäische Kommission primär über seine starken (Veto-) Positionen im „ordentlichen Gesetzgebungsverfahren" der EU ausübt. Eine weitergehende Parlamentarisierung der europäischen Politik und der Arbeit der Europäischen Kommission könnte auch über eine stärkere Einbindung nationaler Parlamente erfolgen. Diese verfügen inzwischen über umfangreiche Informations- und Kontrollrechte gegenüber ihren jeweiligen Regierungen (Winzen 2012: 663-664), ihr formaler Einfluss auf die Europäische Kommission ist jedoch äußerst begrenzt. Er konzentriert sich im Wesentlichen auf die Möglichkeit nationaler Parlamente, Gesetzesvorschläge der Kommission auf die Einhaltung des Subsidiaritätsprinzips hin überprüfen zu lassen (Art. 12(b) EUV).

Gesteigerte
Heterogenität
zwischen den
Mitgliedstaaten
als politische
Herausforderung

Die zunehmende politische Heterogenität in der EU, die aus der wachsenden Zahl und der – ökonomischen und politischen – Verschiedenheit der EU-Mitgliedstaaten resultiert, stellt für die Europäische Kommission zukünftig eine zentrale Herausforderung bei der Formulierung von Gesetzesvorlagen und neuer politischer Initiativen dar. Zwar führen die unterschiedlichen ökonomischen und politischen Bedingungen in den Mitgliedstaaten nicht zwangsläufig dazu, dass diese in der EU-Gesetzgebung unterschiedliche Interessen verfolgen. Empirisch zeigt sich allerdings, dass die Heterogenität der von den Mitgliedstaaten in EU-Gesetzgebungsprozessen eingenommenen Positionen mit der Erweiterung auf inzwischen 28 Mitgliedstaaten zugenommen hat. Dabei nehmen die osteuropäischen Mitgliedstaaten zumindest teilweise relativ ähnliche Positionen ein, die sich wiederum systematisch von denen der „alten" Mitgliedstaaten unterscheiden (Thomson 2009: 767). Die gestiegene Heterogenität könnte der Kommission die Formulierung von Gesetzesvorschlägen, die die Zustimmung zumindest der Mehrzahl der mitgliedstaatlichen Regierungen finden, erschweren. Für die Kommission ergibt sich hieraus die Notwendigkeit, vor der Einbringung von Entscheidungsvorschlägen umfangreichere Konsultationen mit den Regierungen zu führen. Seit 2003 sind die Konsultationen tatsächlich deutlich angestiegen (Häge 2011: 11). Auch wenn die Zahl der von der Kommission eingebrachten Gesetzesvorschläge seit Beginn 2000 relativ konstant ist (Häge 2011: 12), könnte die Kommission darauf verzichten, politisch kontroverse Vorschläge einzubringen. Bislang liegen jedoch zu wenige empirische Arbeiten vor, um eine einigermaßen zuverlässige Einschätzung der Auswirkungen der Osterweiterung auf die Qualität des Entscheidens und die inhaltliche Qualität der Entscheidungen vorzunehmen.

Einen Hinweis darauf, dass die Mitgliedstaaten und die Kommission Schwierigkeiten bei der Verabschiedung von Gesetzen nach der Osterweiterung antizipiert haben, gibt die Tatsache, dass vor den Erweiterungsrunden, und besonders vor der EU-Osterweiterung, die EU-Gesetzgebungsaktivitäten signifikant anstiegen (Leuffen/Hertz 2010: 64-65). Vor diesem Hintergrund könnte sich die Entscheidung der Mitgliedstaaten, auch weiterhin jedem Mitgliedstaat das Recht auf einen (stimmberechtigten) Kommissar zu belassen, als politisch effektiv erweisen. Für die Kommission ist es durch die direkte politische Verbindung in die Mitgliedstaaten einfacher, die politische Situation in den Mitgliedstaaten einzuschätzen. Die Mitgliedstaaten wiederum könnten dem Handeln der Kommission eine größere Legitimität zuschreiben, solange sie dort direkt vertreten sind. Diese Vorteile könnten die mit der Größe der Kommission verbundenen erhöhten (Transaktions-) Kosten aufwiegen und sich als ein politisch effektives Vorgehen erweisen (Schmidt/Wonka 2012).

Unverbindliche
Koordination –
geringer Einfluss der
Kommission

Eine weitere Entwicklung in EU-Politikprozessen besteht in der Zunahme nicht-hierarchischer politischer Steuerungsinstrumente in der EU. Hierbei handelt es sich um Abkommen zwischen den Mitgliedstaaten, deren Einhaltung von der Europäischen Kommission begleitet wird, in denen diese jedoch über keine Sanktions- oder Verpflichtungskompetenzen verfügt (Sabel/Zeitlin 2008). Die Zunahme solcher Abkommen geht maßgeblich auf die vom Europäischen Rat im Jahr 2000 beschlossene „Lissabon Agenda" zurück. Ziel war es, die ökonomische

Wettbewerbsfähigkeit der Europäischen Union durch bildungs-, sozial- und wirtschaftspolitische Maßnahmen zu erhöhen. Die Regierungen waren jedoch nicht
bereit, den europäischen Gesetzgebungsinstitutionen weitergehende Kompetenzen
zu verpflichtendem Handeln in diesem Bereich zu übertragen. Stattdessen sollte
die „offene Methode der Koordinierung" durch gemeinsame Zielvereinbarungen
und Peer-Review-Prozesse den Mitgliedstaaten möglichst große Spielräume bei
der Umsetzung dieser Ziele belassen. Die aktuelle Initiative „Europa 2020" verfolgt ähnliche wirtschafts- und sozialpolitische Ziele. Zu deren Realisierung wurde das „europäische Semester" etabliert, in dessen Rahmen die Regierungen die
Kommission im Frühjahr über politische Initiativen zur Erreichung der „Europa
2020"-Ziele informieren, die dann von der Kommission kommentiert werden, um
schließlich vom Europäischen Rat beschlossen zu werden. Im Rahmen des „europäischen Semesters" kontrollieren die Mitgliedstaaten darüber hinaus ihre Haus-
haltspolitik. Die bewusste politische Entscheidung der Regierungen, der Europäischen Kommission und den anderen EU-Gesetzgebungsinstitutionen in zentralen
haushalts-, sozial- und wirtschaftspolitischen Bereichen keine Kompetenzen und
lediglich kommentierende und koordinierende Aufgaben zuzuschreiben, bedeutet
eine Schwächung des formalen Einflusses der Europäischen Kommission. Die Europäische Kommission kann versuchen, diesen Mangel an formalem Einfluss zu
kompensieren, indem sie versucht, auf die in diesen Foren behandelten Themen
Einfluss zu nehmen und ihre eigene Position in diesen Prozessen durch die Zusammenarbeit mit nationalen Verwaltungen und Interessengruppen zu stärken.

Wie erfolgreich die Kommission hierbei ist, wird nicht zuletzt von der weite-
ren Entwicklung des europapolitischen Klimas abhängen. Es wird teilweise argumentiert, dass der europäische Integrationsprozess im Laufe der letzten 10 bis 15
Jahre an einem Punkt angekommen ist, an dem europapolitische Themen und EU-
Entscheidungen zunehmend Gegenstand der politischen Auseinandersetzung in
den Mitgliedstaaten sind (Kriesi et al. 2012). Damit sei das Ende des „permissiven
Konsenses" erreicht, während dessen der Integrationsprozess unter weitgehendem
Ausschluss der politischen Öffentlichkeit stattfand und stattdessen von politischen
und ökonomischen Eliten getragen und vorangetrieben wurde (Hooghe/Marks
2009). Dies lässt sich an der Abnahme der generellen Zustimmung zur europäischen Integration in den Bevölkerungen aller Mitgliedstaaten festmachen, die zu
Beginn der 1990er Jahre bei über 65 % lag, bis Ende der 1990er Jahre auf ca.
55 % fiel und seither relativ stabil um diesen Wert schwankt (Hix/Høyland 2011:
108). Auf einem ähnlichen Niveau bewegt sich die Zustimmung zur Europäischen
Kommission: Im Jahr 2012 gaben 40 % der Befragten in allen EU-Mitgliedstaaten an, dass sie der Kommission „eher vertrauen", während 44 % angaben, dies
„eher nicht" zu tun. Damit bewegt sich die Kommission auf einem vergleichbaren
Niveau mit der Europäischen Zentralbank und dem Europäischen Parlament und
erfährt etwas mehr Vertrauen als der Rat (Europäische Kommission 2012a: 78).
Vor allem radikale Parteien haben begonnen, das EU-skeptische Potenzial in den
mitgliedstaatlichen Bevölkerungen, den „schlafenden [politischen] Riesen" EU
(van der Eijk/Franklin 2004), zu wecken und zu verstärken, wie nicht zuletzt die
jüngeren Erfolge vor allem rechtspopulistischer Parteien bei nationalen Wahlen

Das Ende des
„permissiven
Konsenses"?

in Finnland, Frankreich und den Niederlanden zeigen. Die aktuelle Schuldenkrise und die dauerhafte Institutionalisierung von Kredithilfen in Form des „European Monetary System" könnte eher zu einer Verschärfung dieser Situation und einer Ausweitung auf zentristische Parteien führen, als zu einer Entspannung derselben beizutragen.

EU-skeptisches
Meinungsklima
begrenzt
Handlungsspielraum
der Kommission

In einem solchen EU-skeptischen Klima ist es schwierig für die Europäische Kommission, dem Integrationsprozess durch politische Initiativen neue Impulse zu geben, nicht zuletzt, weil die Regierungen sich mit Blick auf die momentan relativ starke EU-Skepsis und die eigenen Wiederwahlchancen neuen politischen EU-Initiativen entgegenstellen könnten. Seit geraumer Zeit versucht die Europäische Kommission, dieser Skepsis durch eine proaktive Informationspolitik und den zunehmenden Einsatz von öffentlichen Konsultationen im Rahmen des „Your Voice for Europe"-Programms zu begegnen.[20] Diese Konsultationen helfen, wie weiter oben bereits erwähnt, der Europäischen Kommission die politischen Konflikte in einzelnen Entscheidungen zuverlässiger einzuschätzen. Dass die Europäische Kommission durch die Konsultationen eine größere Zustimmung in den Mitgliedstaaten und unter den mitgliedstaatlichen Bevölkerungen erhält, erscheint nicht zuletzt deshalb fraglich, weil Bürger sich praktisch überhaupt nicht an den Befragungen beteiligen (Hüller 2010) und diese primär eine weitere Plattform für die ohnehin in Brüssel vertretenen organisierten Interessen darstellen.

Die oben (keinesfalls mit dem Anspruch auf Vollständigkeit) skizzierten Entwicklungen zeigen, dass sich die Europäische Kommission aktuell und zumindest in der mittelbaren Zukunft in einem politischen und institutionellen Umfeld bewegt, das ihren Spielraum für neue politische Impulse und ihre Fähigkeit, die politische Führerschaft in bereits vergemeinschafteten Politikbereichen einzunehmen, einschränkt. Trotzdem hat die Europäische Kommission auch weiterhin eine zentrale Rolle in der EU-Gesetzgebung und in der Umsetzung europäischer Politiken. Die in diesem letzten Unterkapitel skizzierten Entwicklungen könnten dazu beitragen, dass die Kommission auch in der absehbaren Zukunft bei der Vorbereitung von Gesetzesvorschlägen und Umsetzungskaten relativ umfangreich auf die kooperative Einbindung und die umfangreiche Konsultation von Interessengruppen und Regierungen – beispielsweise in Form der oben vorgestellten Online-Konsultationen und Expertengruppen – zurückgreift. Zunehmen könnten in diesem Zusammenhang auch Verfahren und institutionelle Arrangements, wie die in Kapitel 6 angesprochenen Verwaltungsnetzwerke und EU-Agenturen (Kap. 5), die die Kommission bei der technisch und politisch effektiven Vorbereitung und Umsetzung von EU-Politiken unterstützen, indem sie nationale Verwaltungen sehr stark in die Verfahren einbinden und auf diese Weise die Situation und Erfahrungen in den unterschiedlichen Mitgliedstaaten stärker berücksichtigen (Levi-Faur 2011; Maggetti/Gilardi 2011).

---

20 http://ec.europa.eu/yourvoice/index_de.htm; Zugriff am 31.05.2013.

Empfohlene Literatur zum Weiterlesen

- Kassim, Hussein, John Peterson, Michael W. Bauer, Sara Connolly, Renaud Dehousse und Liesbet Hooghe. 2013. *The European Commission of the Twenty-First Century*. Oxford: Oxford University Press.
- Thomson, Robert. 2011. *Resolving Controversy in the European Union. Legislative Decision-Making Before and After Enlargement*. Cambridge: Cambridge University Press.
- Wonka, Arndt. 2008. *Die Europäische Kommission. Supranationale Bürokratie oder Agent der Mitgliedstaaten?* Baden-Baden: Nomos.

4 Komitologie

Die Komitologie ist von allen in diesem Band analysierten Verwaltungsstrukturen am wenigsten eindeutig mit den Kategorien zentral oder dezentral zu beschreiben: Während die Verwaltung durch die Kommission (besonders dort, wo sie alleine Politiken implementiert) als zentral bezeichnet werden kann und vor allem die Verwaltungsnetzwerke stark dezentralen Charakter haben, vereinigt die Komitologie zentrale und dezentrale Elemente je nach Kontext in unterschiedlicher Weise und steht damit geradezu sinnbildlich für die Notwendigkeit der Verwaltung im europäischen Mehrebenensystem, das zentrale gemeinschaftliche und das dezentrale mitgliedstaatliche Element zu verbinden.

Der Begriff Komitologie beschreibt die Existenz und Tätigkeit der sogenannten Durchführungsausschüsse der Europäischen Union, in denen Mitarbeiter der Kommission und mitgliedstaatliche Delegierte bei der Implementation europäischer politischer Programme kooperieren (Töller 2002: 15). Man kann davon ausgehen, dass etwa ein Fünftel aller von der Europäischen Union verabschiedeten Gesetze von einem Komitologieausschuss verwaltet wird. 2011 gab es 268 Ausschüsse (Europäische Kommission 2012: 8). Komitologieausschüsse gibt es bereits seit Beginn der 1960er Jahre, aber sie arbeiteten lange Zeit im Verborgenen. War man noch in den 1980er Jahren verbreitet der Auffassung, in den Ausschüssen würden nur technische und daher politisch eher unerhebliche Dinge entschieden, so zeigten die politischen Konflikte um die Zulassung von Genpflanzen oder den Schutz vor BSE Mitte der 1990er Jahre, mit welch brisanten Fragen die Ausschüsse mitunter befasst sind (Bradley 1996; Hofmann/Töller 1998; Töller/Hofmann 2000; Töller 2002). Als Bestandteil der Regulierung der Finanzdienstleistungen im Rahmen des sogenannten Lamfalussy-Verfahrens gelangte die Komitologie seit 2002 zu neuem „Ruhm", um mit den neuen Regelungen des Lissabonner Vertrags von 2009 und der Umsetzungsregelung von Anfang 2011 in ihrem formalen Anwendungsgebiet dramatisch zurückgestutzt zu werden.

> Nicht nur technische Fragen werden hier entschieden

Während sich die Rechtswissenschaft schon früh mit den rechtlichen Grundlagen der Ausschüsse befasste (z. B. Harnier 1969; Schmidt von Sydow 1980), galt die Komitologie in der (empirisch arbeitenden) Politikwissenschaft lange als geheimnisvoll und wurde erst im Laufe der späten 1990er Jahre in größerem Maßstab Gegenstand politikwissenschaftlicher Untersuchungen – sowohl von Einzelfallstudien (z. B. Joerges/Neyer 1997a, 1997b; Töller 1998) als auch von breiter angelegten Arbeiten (z. B. Wessels 1998; Hofmann/Töller 1998; Töller 2002; Pollack 2003; Dehousse 2003; Huster 2008; Blom-Hansen 2008; Brandsma 2010). Diese zielten neben der Erfassung und Beschreibung des bis dahin wenig bekannten Gebildes vor allem auf die Einordnung der Ausschüsse als „kleine Ministerräte" oder Expertenzirkel (s. u.). Gegenwärtig befassen sich Beiträge vor allem mit der Reform der Komitologie mit und in Folge des Lissabonner Vertrags (z. B. Hofmann 2009; Christiansen/Dobbels 2012; Brandsma/Blom-Hansen 2012; Héritier et al. 2013; Töller 2013).

Im Folgenden wird zunächst der politische und institutionelle Entstehungskontext der Komitologie skizziert und dann die institutionelle Grundstruktur erläutert. Es folgt eine theoretische Betrachtung aus der Perspektive der positiven und der normativen Theorien. Im Anschluss wird die Rolle der Komitologie in den Politikfeldern und insbesondere bei der Verwaltung der Agrarmarktordnungen sowie der Finanzmarktregulierung genauer betrachtet. Das Kapitel endet mit einem Ausblick auf die Zukunft der Komitologie.

4.1 Politischer und institutioneller Entstehungskontext

Die Komitologie als europäische Verwaltungsstruktur wurde nicht am Reißbrett entworfen. Sie entstand vielmehr zunächst dezentral und inkrementalistisch in einzelnen Politikfeldern und breitete sich dann langsam aus. Ihren Beginn nahm sie in der Agrarpolitik der frühen 1960er Jahre, als die Notwendigkeit entstand, die neuen Agrarmarktordnungen zu verwalten (Bertram 1967/68: 248f.; Harnier 1969; Schmidt von Sydow 1980: 139).

> „Die Frage war, wer die Durchführung und Verwaltung dieser Marktorganisationen übernehmen sollte. Man wußte, daß es um eine Fülle von Materien gehen würde, die untergeordneter, technischer Natur sein und gleichzeitig eine schnelle Entscheidung erfordern würden. Man war sich ebenfalls klar, daß der Ministerrat [...] nicht das geeignete Organ für Detailfragen sein würde. Eine alleinige Kompetenz der Kommission hatte bei der politischen Brisanz landwirtschaftlicher Fragen kaum eine Chance auf die Zustimmung aller sechs Mitgliedstaaten." (Schmidt von Sydow 1980: 139)

Erste Ausschüsse gehen auf Walter Hallstein zurück

Während die Kommission zunächst nur beratende Ausschüsse vorgeschlagen hatte, denen die Mitgliedstaaten mit höchst unterschiedlichen Positionen gegenüberstanden, einigte man sich schließlich auf das von Walter Hallstein vorgeschlagene Verwaltungsausschussverfahren, in dem die Kommission zunächst Beschlüsse fassen und diese auch durchführen konnte (siehe auch Blom-Hansen 2008: 217). Nur wenn der Ausschuss mit einer qualifizierten Mehrheit *gegen* den Beschluss stimmte, würde der Rat befasst und konnte eine anderslautende Entscheidung treffen (Schmidt von Sydow 1980: 140). Das Verfahren wurde 1962 für eine ganze Reihe von Agrarmarktordnungen (u. a. für Getreide, Schweinefleisch und Wein) mit insgesamt 10 Ausschüssen eingerichtet. Schon damals protestierte das Europäische Parlament (Blom-Hansen 2008: 217). Auch in anderen Bereichen der Agrarpolitik (Finanzierung, Information und Forschung) wurden im Laufe der 1960er Jahre Verwaltungsausschüsse eingesetzt (Blom-Hansen 2008: 219). Damit war ein Prototyp geschaffen, der die Frage der Kontrolle der Mitgliedstaaten in gewisser Weise institutionalisierte und damit auch für die Mitgliedstaaten Komplexität und Unsicherheit reduzierte (Blom-Hansen 2008: 223). Entlang dieses Pfades entwickelte sich die Komitologie weiter. Im Rahmen der Ausweitung der Entwicklungshilfen für Afrika wurde 1963 nach einigen Wirrungen das erste Regelungsausschussverfahren eingeführt (Blom-Hansen 2008: 219). Hier konnte die Kommission eine Maßnahme nur beschließen, wenn sie eine qualifizierte Mehrheit im Ausschuss *für* diese Maßnahmen erhielt. Andernfalls musste der Rat im Rahmen des sogenannten „Rekurses" befasst werden.

Das Regelungsausschussverfahren wurde 1968 auch im Kontext der anstehenden Gestaltung der Durchführungskompetenzen für die Zollunion eingeführt (Blom-Hansen 2008: 221f.). Allerdings kam hier ein weiteres Verfahrenselement hinzu, das später als „Filet" (Sicherheitsnetz) bekannt wurde: Fasste im Falle eines Rekurses der Rat, auf Vorschlag der Kommission, nicht binnen drei Monaten einen Beschluss, konnte die Kommission die Maßnahme erlassen (Töller 2002: 235; Blom-Hansen 2008: 222).

Entstehung und Entwicklung schon in den 1960er Jahren

Im offenbar sensiblen Bereich des Futtermittel- und Veterinärrechts kam das „Contrefilet" hinzu: der Rat sollte eine Beschlussfassung der Kommission (Filet, s. o.) mit einfacher Mehrheit verhindern können.[21] Allerdings musste die Kommission dem Parlament schon 1968 zusagen, dass sie von sich aus kein Contrefilet-Verfahren in einem Rechtsakt vorschlagen würde (Meng 1988: 213). Im Laufe der folgenden Jahre, die man als Konsolidierungsphase der Komitologie bezeichnen kann, wurden immer neue Ausschüsse eingesetzt. 1970 wurde der EuGH erstmals mit dem Phänomen befasst, an dem er im Wesentlichen nichts auszusetzen hatte, da die Ausschüsse ja nicht anstelle der Kommission zu entscheiden hätten, sondern diese in ihrer Arbeit unterstützten (EuGH Rs. 25/70. Slg. 1970: 1162; Ehlermann 1971). Die folgenden Jahre führten neben der Zunahme der Ausschüsse auch zu einem Wildwuchs an Verfahrensvarianten.

War also die Verwendung der Komitologie bis Mitte der 1980er Jahre einer eher inkrementalistischen Logik gefolgt, so kam es mit der Einheitlichen Europäischen Akte 1987 erstmals zu einem bewussten und jenseits der einzelnen Politikfelder geplanten Einsatz dieser institutionellen Form. Im Kontext des neu in Angriff genommenen Binnenmarktprojektes sollte die Komitologie (neben neuen Entscheidungsrechten der Gemeinschaft und dem Prinzip der gegenseitigen Anerkennung) eine Strategie darstellen, um – vor allem angesichts des erwartbar steigenden Regulierungsbedarfs – die Entscheidungsfähigkeit der Gemeinschaft zu verbessern (Töller 2002: 144ff.; s. u.). In diesem Zusammenhang wurden die Grundlagen der Komitologie erstmals in Art. 145 des geänderten EGV festgelegt, in dem es hieß:

Institutionalisierung mit der Einheitlichen Europäischen Akte 1987

> „Zur Verwirklichung der Ziele und nach Maßgabe dieses Vertrags […] überträgt der Rat der Kommission in den von ihm angenommenen Rechtsakten die Befugnisse zur Durchführung der Vorschriften, die er erläßt. Der Rat kann bestimmte Modalitäten für die Ausübung dieser Befugnisse festlegen. Er kann sich in spezifischen Fällen außerdem vorbehalten, Durchführungsbefugnisse selbst auszuüben. Die oben genannten Modalitäten müssen den Grundsätzen und Regeln entsprechen, die der Rat auf Vorschlag der Kommission nach Stellungnahme des Europäischen Parlaments vorher einstimmig festgelegt hat."

Diese „Grundsätze und Regeln" (eigentlich nur Regeln, keine Grundsätze) wurden durch den sogenannten (ersten) Komitologiebeschluss von 1987 (ABl. 1987 Nr. L 169/24) festgelegt. Bereits im Vorfeld dieses Beschlusses hatte sich der Widerstand des Europäischen Parlaments geregt, welches, wie bereits 1968 gefordert, über die Komitologie umfassend unterrichtet, im Verwaltungsausschussverfahren im Rekursfall durch Anhörung beteiligt werden und die Regelungsausschussverfahren ganz abgeschafft sehen wollte (ABl. 1968 Nr. C 108/38; 1986 Nr. C 297/94).

Es folgten massive interinstitutionelle Konflikte: Parlament gegen Rat, Kommission gegen Rat und Parlament gegen Kommission

---

21 Diese Rechnung ging allerdings nicht auf, denn wie sich später (s. u.) herausstellte, konnte der Rat auch hier nur den Vorschlag der Kommission mit Mehrheit beschließen; wollte er den Vorschlag der Kommission abändern, bedurfte es der Einstimmigkeit.

Der Rat ging aber auf keine der Forderungen des Parlaments ein (Töller 2002: 240). Damit begann ein gleichermaßen heftiger wie auch komplexer interinstitutioneller Konflikt, in dessen Beschreibung in der Literatur auch mit Metaphern des Krieges nicht gespart wurde (Reich 1990; Blumann 1993). Hier stand einmal die Kommission gegen den Rat, das Parlament gegen den Rat und schließlich auch noch das Parlament gegen die Kommission. Dabei war die Kommission gar nicht gegen die Komitologie als solche, wehrte sich aber gegen das Contrefilet-Verfahren, gegen den Einsatz von Komitologieverfahren im Bereich ihrer Haushaltskompetenzen sowie gegen die Fälle, in denen sich der Rat die Durchführungbefugnisse selber vorbehielt (Töller 2002: 244ff.). Das Parlament hingegen lehnte die Komitologie als solche ab und sah die Ausschüsse als trojanische Pferde, durch die die Umsetzung von Gemeinschaftspolitiken unbemerkt renationalisiert wurde (Bradley 1997). Zugleich fürchtete das Parlament eine Schwächung der ihm politisch verantwortlichen Kommission. Schließlich forderte das Parlament schon früh, ebenso wie der Rat am Rekurs beteiligt zu werden.

Ende der 1980er Jahre scheiterte das Europäische Parlament mit dem Versuch, auf dem Klageweg vor dem EuGH gegen die Komitologie vorzugehen (EuGH Rs. 302/88). Nach Maastricht, Anfang der 1990er Jahre, spitzte sich dieser Konflikt weiter zu. Waren die Rechte des Europäischen Parlaments mit der Einführung des Kooperationsverfahrens bereits gestärkt worden, so empfand sich das Parlament seit der Einführung des Mitentscheidungsverfahrens im Maastrichter Vertrag – zu Recht – als Bestandteil des delegierenden Gesetzgebers. Art. 145 EGV und der Komitologiebeschluss hingegen kannten nur den „Rat" als delegierendes Organ. Aus diesem Dissens wurde Mitte der 1990er Jahre einer der heftigsten interinstitutionellen Konflikte der Gemeinschaft überhaupt. Das erste Gesetzgebungsverfahren, das das EP im Mitentscheidungsverfahren scheitern ließ, scheiterte an der Komitologie (Bradley 1997; Töller 2002: 252).[22] Das Parlament erwies sich auch darüber hinaus als äußerst kreativ und setzte sowohl seine Rechte in der Gesetzgebung als auch in der Haushaltsbewilligung ein, um seine Positionen zur Komitologie durchzusetzen und Mitte der 1990er Jahre zumindest erste interinstitutionelle Vereinbarungen (Modus Vivendi von 1994) zu erreichen.

Das Europäische Parlament bemängelte die Intransparenz des Systems – zu Recht! Im Konflikt zwischen Parlament und Kommission ging es insbesondere um die Intransparenz des Systems, die dem Parlament seine politische Kontrolle erschwerte (s. u., Töller 2002: 253). Ebenfalls Mitte der 1990er Jahre gelang es dem EP, die Kommission zu einem ersten umfassenden Bericht über die Komitologie zu zwingen, indem es mehrfach Finanzmittel für die Komitologie auf Eis legte (Töller 2002: 254).

Mit dem Komitologiebeschluss von 1999 (ABl. 1999 Nr. L 184/23) wurden zum einen die Verfahren etwas verändert, zum anderen erhielt das Parlament erstmals Informations- und Beteiligungsrechte, die seiner gestärkten Position als

---

22 Empirische Untersuchungen zeigen indes, dass auch das Europäische Parlament kaum als einheitlicher Akteur zu konzeptualisieren ist. Vielmehr ergab sich auch hinsichtlich der Komitologie eine Vielzahl nicht immer stimmiger Politiken, u. a. seitens des konstitutionellen Ausschusses, des Haushaltsausschusses und des Umweltausschusses, um nur die wichtigsten Akteure zu nennen (Töller 2002: 250f.).

Gesetzgeber entsprechen sollten: Das Parlament konnte (in Ausschuss- und Rekursphase) nun darüber wachen, ob die in Komitologieverfahren getroffenen Beschlüsse im Rahmen der delegierten Kompetenzen blieben. Eine mögliche Folge
war, dass die Kommission die Entscheidung ins Gesetzgebungsverfahren zurück-
holt, also die Ebene wechselt (im Einzelnen Lenaerts/Verhoeven 2000). Außerdem
wurde die Kommission verpflichtet, jährliche Berichte über die Arbeit der Ausschüsse vorzulegen. Allerdings waren die Kontrollrechte damit relativ eng definiert. Das Europäische Parlament erhielt nicht das Recht, eine in der Komitologie
getroffene Entscheidung zurückzuholen.

Dem interinstitutionellen Konflikt wurde 2006 ein neues Kapitel hinzugefügt, nachdem die neuen Regelungen des Verfassungsvertrags wegen der Referenden in Frankreich und den Niederlanden 2005 nicht in Kraft getreten waren und
zudem eine für die Kommission peinliche Dokumentation 50 Fälle offengelegt
hatte, in denen die Kommission das Recht des Parlaments, über die laufende Beratung von Durchführungsrechtsakten informiert zu werden, missachtet hatte (Bradley 2008). Mit einem Ratsbeschluss wurde das Regelungsverfahren mit Kontrolle eingeführt – ein deutlicher Erfolg für das Parlament. Dieses Verfahren sollte
eingesetzt werden, wenn im Mitentscheidungsverfahren (also unter maßgeblicher
Beteiligung von Rat und Europäischem Parlament) Durchführungsbefugnisse an
die Kommission delegiert werden, die die Verabschiedung von Maßnahmen von
allgemeiner Tragweite vorsehen. In diesem Verfahren kann der Gesetzgeber (und
damit Rat und Parlament) nun die Verabschiedung einer Maßnahme ablehnen, und
zwar mit der Begründung, dass die Maßnahme über die delegierten Befugnisse
hinausgeht, mit dem Ziel und Inhalt des Basisrechtsaktes nicht vereinbar ist oder
gegen die Grundsätze der Subsidiarität oder Verhältnismäßigkeit verstößt (ABl.
2006 Nr. L 200/11; siehe hierzu Neuhold 2008; Wolfram 2009: 9ff.). Ein Rückruf
aus anderen, politisch motivierten Gründen blieb weiter verwehrt. Eine Vielzahl
von Rechtsakten wurde in der Folgezeit hinsichtlich der Komitologieverfahren
entsprechend angepasst (Europäische Kommission 2009: 2). In der Praxis ist die
Neigung von Rat und Parlament, diese Möglichkeit wahrzunehmen, unterschiedlich ausgeprägt: 2008 legten Rat und Parlament bei sieben Maßnahmen ein Veto
ein, 2009 war es nur eine Maßnahme, die das Europäische Parlament ablehnte
(Europäische Kommission 2010a: 8). Aber wie alle formalen Verfahren dürfte die
Regelung die Kommission motiviert haben, schon vorab (informell) die Positionen vor allem des Europäischen Parlaments zu berücksichtigen.

Der am 1. Dezember 2009 in Kraft getretene Lissabonner Vertrag beinhaltet
eine geradezu revolutionäre Veränderung der Grundlagen für die Komitologie. Die
hier festgelegten Neuerungen wurden durch die Verordnung EU 182/2011 vom 16.
Februar 2011 konkretisiert (ABl. 2001 Nr. L 55/13). Anknüpfend an die zuvor
lange diskutierten Ideen einer Normenhierarchie (Hofmann 2000) unterscheidet
der Lissabonner Vertrag (zurückgehend auf den Vertragsentwurf des Konvents)
drei verschiedene Kategorien von Normen (unterhalb des Vertrags- oder Primär-
rechts):

1. ordentliche, im Gesetzgebungsverfahren zustande gekommene Gesetze
   (Art. 289 AEUV, Sekundärrechtsakte),

Marginalien:

Neue Regelungen
zu den
Beteiligungsrechten
des EP 1999 und
2006

Der Lissabonner
Vertrag
revolutionierte die
Komitologie

2. quasi-legislative Maßnahmen („delegierte Rechtsakte", Art. 290 AEUV, Tertiärrechtsakte) und

3. einfache Durchführungsmaßnahmen („Durchführungsrechtsakte", Art. 291 AEUV).

Die Komitologie – und das ist eine gravierende Neuerung – kommt nur noch bei letzteren zum Einsatz, während zweitere von Parlament und Rat als delegierendem Gesetzgeber kontrolliert werden.

Delegierte Rechtsakte gem. Art 290 AEUV sind Rechtsakte (letztlich legislativer Natur), die der Gesetzgeber der Kommission überträgt, die dieser aber auch selber beschließen könnte. Hierdurch können bestimmte, nicht wesentliche Vorschriften des delegierenden Basisrechtsaktes geändert oder ergänzt werden (Art. 290 Abs. 1 AEUV; Scharf 2010: 17; Kotzur 2010). Der Gesetzgeber muss hierfür (ähnlich wie im Grundgesetz in Art. 80 Abs. I GG festgelegt) bei der Ermächtigung *ex ante* Ziele, Inhalt, Geltungsbereich und Dauer der Übertragung festlegen. Wesentliche Aspekte müssen im Gesetz selber geregelt werden. *Ex post* können Parlament und Rat (unabhängig voneinander) entweder die Übertragung von Befugnissen widerrufen oder – innerhalb einer bestimmten Frist – Einwände gegen die Entscheidung der Kommission erheben (Art. 290 Abs. 2 AEUV; Scharf 2010: 19). Die Funktionsweise dieses neuen Verfahrens wurde in einem Common Understanding geregelt (Töller 2013: 224). Nur noch die Ausübung von Durchführungsrechtsakten gemäß Art. 291 unterliegt der Kontrolle durch Komitologieausschüsse. Darauf basierend wurde im Frühjahr 2011 eine Komitologieverordnung beschlossen, die die Verfahren neu regelt, aber innerhalb der Komitologie vieles beim Alten lässt (Brandsma/Blom-Hansen 2012; Töller 2013: 224f., s. u.).

4.2 Institutionelle Grundstruktur

Bei der Analyse der Komitologie ist es sinnvoll, drei Ebenen zu unterscheiden (Töller 2002: 52):

1. Die allgemeine konstitutionelle Ebene: Hier erfolgt die Konstitutionalisierung der Komitologie als Verwaltungsphänomen, indem (im Vertrag und in den Komitologiebeschlüssen) die allgemeinen Verfahrensregeln, Ausschusstypen etc. festgelegt werden. Wie bereits oben skizziert, waren diese institutionellen Grundlagen seit 1987 deutlichen Veränderungen unterworfen und wurden zuletzt mit dem Lissabonner Vertrag (Art. 291 AEUV) sowie der Komitologieverordnung vom Februar 2011 neu geregelt.

2. Die konkrete konstitutionelle Ebene: Hier werden die einzelnen Komitologieausschüsse eingerichtet. Die Einrichtung jedes einzelnen Ausschusses erfolgt durch das jeweilige Gesetz (i.e. Richtlinie oder Verordnung), dessen Durchführung der Ausschuss dienen soll. Ohne Gesetz gibt es keine Komitologie. Auf dieser Ebene wird nicht nur festgelegt, welche Verfahrensart gewählt wird, sondern auch und mindestens so wichtig, welche Materien im

Rahmen des delegierenden Rechtsaktes überhaupt im Komitologieverfahren entschieden werden können.

3. Die konkrete Arbeit der Ausschüsse. Hier müssen zwingend zwei Tätigkeitsfelder unterschieden werden: erstens die allgemeine Beratungstätigkeit, die streng gesehen keine Komitologie ist, tatsächlich in den meisten Ausschüssen aber den quantitativ weitaus größeren und qualitativ wichtigeren Teil der Arbeit darstellt. Und, zweitens, das Fassen von Beschlüssen in den festgelegten Komitologieverfahren. Zwar ist es wichtig, die Komitologieausschüsse von anderen Gremien, z. B. den Sachverständigenausschüssen der Kommission, zu unterscheiden (Europäische Kommission 2010a: 4; vgl. Kapitel 3), zugleich überschneiden sich beide häufig personell und inhaltlich.

Komitologieausschüsse unterscheiden sich somit von anderen Gremien durch eine Reihe institutioneller Eigenschaften (Töller 2002: 271ff.; Huster 2008: 28ff.). Erstens haben sie eine klare Rechtsgrundlage in einem Basisrechtsakt, dessen Umsetzung sie dienen. Zweitens werden der Kommission hier sogenannte Durchführungsbefugnisse übertragen, die sie in Kooperation mit einem Ausschuss aus nationalen Delegierten wahrnimmt. Dabei ist die Kommission verpflichtet, den Ausschuss zu konsultieren. Die formellen Maßnahmen, die hier beschlossen werden, sind sogenannte Tertitärrechtsakte, sie firmieren als Entscheidungen, Verordnungen oder Richtlinien *der Kommission* (exekutive Rechtsakte), sind im Kern vergleichbar mit deutschen Rechtsverordnungen (Deutscher Bundestag 2011) und oft erst auf den zweiten Blick von normaler (sekundärer) Rechtsetzung zu unterscheiden.

Charakteristische Eigenschaften

Komitologieausschüsse arbeiten meist kontinuierlich über einen längeren Zeitraum.[23] Manche treffen wöchentlich in Brüssel zusammen, andere monatlich, einige nur ein bis zweimal im Jahr.[24] Die Ausschüsse setzen sich, wie schon erwähnt, aus nationalen Vertretern zusammen. Dies sind häufig jeweils fachlich zuständige Referenten aus den Ministerien. Die Besetzung der Delegationen obliegt den Mitgliedstaaten. Während z. B. in den deutschen Delegationen neben Vertretern der Bundesministerien fast immer auch Ländervertreter dabei sind, ist es in anderen Mitgliedstaaten üblich, z. B. auch Industrievertreter in den Ausschuss zu entsenden (Töller 2002: 271f.).[25] Besonders aktive Ausschüsse setzen Arbeitsgruppen ein, um bestimmte Themen spezialisiert zu bearbeiten und ziehen hier ggf. externe Experten zu Rate (Huster 2008: 107). Die Ausschusssitzungen werden meist simultan in einige, aber nicht in alle Amtssprachen übersetzt (Huster 2008: 108). Arbeitspapiere liegen in der Regel auf Englisch, ggf. auch auf Französisch vor. Offizielle Maßnahmenentwürfe müssen aber in alle Amtssprachen übersetzt werden.

Komitologieausschüsse arbeiten meist über viele Jahre und sogar Jahrzehnte

---

23 Zu einzelnen Aspekten wie Vorsitz, Sekretariatsgeschäften, Übersetzung etc. siehe Huster 2008: 105ff.

24 Die Gemeinschaft trägt die Reisekosten der Delegierten, was das System in der Vergangenheit anfällig für den strategischen Einsatz der Haushaltskompetenzen durch das Europäische Parlament gemacht hat.

25 Beitrittskandidaten sowie EFTA und EWR-Staaten können einen Beobachterstatus in den Ausschüssen erhalten.

Viel Streit um
Verfahren, die in
der Praxis meistens
keine wichtige Rolle
spielen – manchmal
aber doch!

Die Kommission hat in den Ausschüssen die Federführung inne und beraumt Sitzungen an, bestimmt die Tagesordnung und hat das Initiativrecht für Beschlüsse (siehe Huster 2008: 273f.). Bis 2011 wurden Beratende Ausschüsse, Verwaltungsausschüsse und Regelungsausschüsse unterschieden, heute funktionieren Ausschüsse nach dem Beratungs- oder dem Prüfverfahren (sowie dem Regelungsverfahren mit Kontrolle). Allerdings arbeiten viele Ausschüsse – je nach Materie – nach unterschiedlichen Verfahren. In der Arbeit der Ausschüsse gibt es eine merkwürdige Ambivalenz hinsichtlich der Relevanz der Verfahren. Einerseits ist die Frage, welches Verfahren gewählt wird, insbesondere auf der Ebene der Gesetzgebung zwischen den Organisationen höchst umstritten. Andererseits spielt das anzuwendende formelle Verfahren in der konkreten Ausschussarbeit selbst meist gar keine so bedeutende Rolle. Dies lässt sich daran festmachen, dass viele Delegierte zwar genau wissen, um was es im Ausschuss geht, aber nicht unbedingt, ob es sich beim Ausschuss etwa um einen Verwaltungs- oder einen Regelungsausschuss handelt.[26] Eine Ursache für diese Relativierung ist, dass das Treffen formeller Beschlüsse nur einen bestimmten und in vielen Ausschüssen eher kleinen Teil der Arbeit darstellt. Eine zweite Ursache ist, dass die Kommission auch dort, wo formelle Beschlüsse nach dem Mehrheitsentscheid zu fassen sind, in aller Regel sehr darauf bedacht ist, weitestmöglichen Konsens herzustellen.

Ausschüsse sind nicht
nur Kontrollinstanzen

Daher wird eine Reduktion der Komitologie auf ein Kontrollinstrument der Mitgliedstaaten ihren komplexen Funktionen nicht gerecht. In der Entstehung der Komitologie war neben der Anbindung der Kommission an die Kontrolle der Mitgliedstaaten eine weitere, funktionale, Motivation immer schon die Sicherstellung sachadäquater Entscheidungen über die Implementation von Programmen. Heute ist die Komitologie aus der *Implementation* vieler Programme nicht mehr wegzudenken, denn in vielen Bereichen wäre die Kommission ohne die Informationen aus den Mitgliedstaaten sowie auch die politikfeldspezifische Expertise der nationalen Delegierten kaum in der Lage, ein Programm vernünftig umzusetzen (Groenleer 2011; vgl. Kapitel 3). Das wird sich auch nach den gravierenden Veränderungen in Folge des Lissabonner Vertrags nicht ändern und hat verschiedene Gründe (Töller 2002: 144ff.; Wolfram 2009: 4ff.; Hofmann et al. 2011: 265):

- Erstens sind die meisten europäischen Politiken (i.e. politischen Programme) in gewissem Maße operationalisierungsbedürftig, d. h. sie müssen anwendbar gemacht werden, indem z. B. in Anhängen bestimmte Produktgrup-

---

26 Gegen eine allzu große Bedeutung formeller Verfahren spricht in diesem Zusammenhang auch eine schöne Anekdote am Rande: Mitte der 1990er Jahre stellte sich heraus, dass bis dahin eine Fehlinterpretation des genauen Verfahrensablaufs im sogenannten Filetverfahren vorherrschte. Während die Mitgliedstaaten davon ausgegangen waren, dass in der Rekursphase der Rat (mit qualifizierter Mehrheit) den Kommissionsvorschlag beliebig verabschieden, ändern oder ablehnen könne, stellte sich im Kontext des sogenannten Genmais-Falls heraus, dass die Beschlussfassung im Rat mit qualifizierter Mehrheit sich nur auf den Kommissionsvorschlag in unveränderter Form bezieht, eine Veränderung oder Ablehnung aber – wie im Vertrag allgemein festgelegt – einstimmig erfolgen muss (Hofmann/Töller 1998). Damit erwies sich die Kommission in diesem Verfahren als deutlich stärker als zunächst angenommen, was dazu führte, dass der Rat das Verfahren seit Mitte der 1990er Jahre nur noch wenig einsetzte (Töller 2002: 285, 345).

pen definiert werden, für die bestimmte Regelungen des Programms gelten. Hierfür sind sowohl technische Expertise als auch Kenntnisse über die konkreten Kontexte in den Mitgliedstaaten, in denen das Programm anzuwenden ist, erforderlich. Die Komitologie macht also die politischen Programme der EU in gewissem Maße „lernfähig". Manchmal geht es hier auch nur um die gemeinsame Auslegung und ein geteiltes Verständnis zentraler Begriffe und Kategorien einer Regelung, die wiederum eine einheitliche Umsetzung sicherstellen sollen.

- Zweitens bedürfen auch solche auf den ersten Blick technischen Regelungen der Zustimmung aus den Mitgliedstaaten, um dann auch eine reibungslose Umsetzung zu gewährleisten. Die Komitologie ermöglicht also die Generierung und Aufrechterhaltung von Folgebereitschaft in den Mitgliedstaaten für das jeweilige Programm.

- Drittens erfordern einige Programme auch das Treffen von administrativen Einzelfallentscheidungen, z. B. über die Zulassung bestimmter Stoffe oder Produkte oder die Etablierung von Ausnahmen oder die Verteilung von Mitteln, an denen alle Mitgliedstaaten beteiligt sein müssen. Auch hierfür bietet die Komitologie einen Rahmen.

- Viertens ist die Umsetzung von Gemeinschaftsprogrammen in den Mitgliedstaaten nie selbstverständlich, zumal die Kommission nach dem Prinzip des Vollzugsföderalismus dort nicht über eigene Verwaltungseinheiten verfügt (Joerges 1996: 89). Sowohl die Umsetzung in nationales Recht (im Falle von Richtlinien) als auch die Anwendung in vielfältigen dezentralen Organisationszusammenhängen erweisen sich oft als schwierig. Ursächlich ist, wie wir aus Deutschland nur zu gut wissen, nicht unbedingt mangelnder Wille, sondern oft auch die fehlende Fähigkeit, eine Richtlinie beispielsweise in der Gesetzgebung von 16 Bundesländern regelkonform umzusetzen. In diesem Kontext stellen die Komitologieausschüsse für die Kommission eine Möglichkeit dar, kontinuierlich konkrete Informationen über den Stand der Umsetzung und der Anwendung in den Mitgliedstaaten zu erheben und – im Schatten möglicher Vertragsverletzungsverfahren – im eher kollegialen Kreis auf eine adäquate Implementation zu drängen (Magiera 1998: 183).

- Fünftens schließlich nehmen Komitologieausschüsse häufig auch eine Funktion wahr, die jenseits der Implementationsphase liegt: Gerade dort, wo die Komitologie einen Rahmen für programmbezogenes Lernen darstellt, können Weichen für die Evaluationsphase und sogar für die Neuformulierung politischer Programme gestellt werden (Töller 2002: 430f., 498f.; Versluis et al. 2011: 168).

Abbildung 2:   Ausschüsse im europäischen Politikzyklus

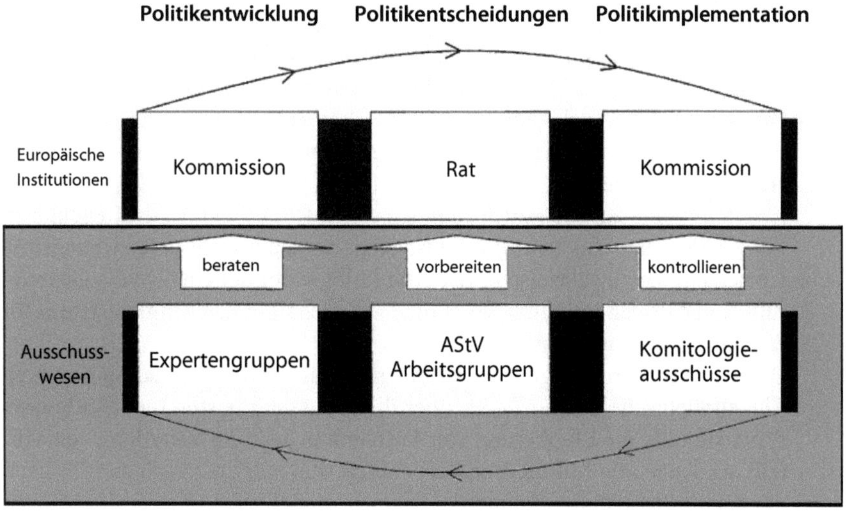

Quelle: Huster 2008: 28

<table>
<tr><td></td><td>

Komitologie hat die Entscheidungsfähigkeit des Gesamtsystems deutlich verbessert

</td></tr>
</table>

Alle fünf gerade beschriebenen programmbezogenen Funktionen der Komitologie *können* in den Ausschüssen wahrgenommen werden. In Abbildung 2 ist die *idealtypische* Rolle der Komitologie in der Implementationsphase aufgezeigt.

War die Komitologie also eher inkrementell aus einer Mischung aus programmspezifischen Erfordernissen und Kontrollansprüchen der Mitgliedstaaten entstanden, so stellte sich die Konstitutionalisierung der Komitologie mit der EEA 1987 als Bestandteil einer Gesamtstrategie dar, die die gemeinschaftliche *Entscheidungsfähigkeit* verbessern und die Herstellung des europäischen Binnenmarkt ermöglichen sollte. Der europäische Gesetzgeber war bis dahin regelmäßig an detaillierten Richtlinien gescheitert. Er sollte nun für wesentliche Entscheidungen entlastet werden. Dasselbe Ziel verfolgte auch eine Initiative, die, basierend auf dem Ziel des Lissabonner Rates von 2000, den Binnenmarkt für Finanzdienstleistungen nun zu realisieren, von einem sogenannten Weisenausschuss vorgeschlagen wurde, nachdem die Idee einer europäischen Regulierungsagentur nach amerikanischem Vorbild schnell wieder verworfen worden war (Pollack 2003: 149). Das sogenannte Lamfalussy-Verfahren, das u. a. eine schlanke Rahmengesetzgebung und eine zentrale Rolle eines komplexen Komitologieverfahrens vorsieht, wurde zunächst 2002 für die Regulierung des Wertpapiersektors entwickelt und dann auf den gesamten Finanzsektor ausgedehnt (Schmolke 2006; siehe Kap. 4.4.3). Allerdings sieht das revidierte Verfahren (Lamfalussy III) – entsprechend den Änderungen im AEUV – die Komitologie nun nur noch in bestimmten Bereichen vor (s. u.), während die beratenden Ausschüsse inzwischen in EU-Agenturen umgewandelt wurden.

Wie bereits erwähnt, ist mit der Reform mit und infolge des Lissabonner Vertrags (siehe Tabelle 6) nur noch ein Teil der delegierten Rechtsetzung der Kommission, nämlich die in Art. 291 AEUV festgelegten Durchführungsrechtsakte, Gegenstand von Komitologieverfahren. Diese wurden mit der Verordnung 182/2011
(ABl. 2011 Nr. L 55/13) neu geregelt, während zu Art. 290 (delegierte Rechtsakte)
ein „Common Understanding" verabschiedet wurde (Töller 2013: 224).[27]

Komitologie nach
Lissabon: The end
of the world as we
know it?

Demnach gibt es – im Prinzip – nur noch zwei verschiedene Komitologieverfahren.

- Im *Beratungsverfahren* muss die Kommission den Ausschuss konsultieren,
  soll dessen Stellungnahme so weit wie möglich berücksichtigen, muss ihr
  aber nicht folgen (Art. 4).
- Im *Prüfverfahren* kann die Kommission, ähnlich wie beim bisherigen Verwaltungsverfahren, nur dann eine Maßnahme *nicht* erlassen, wenn im Ausschuss eine qualifizierte Mehrheit *dagegen* zustande kommt (Art. 5 Abs. 3).[28]
  In diesem Fall kann die Kommission die Maßnahme zurückziehen, dem
  Ausschuss einen geänderten Vorschlag vorlegen oder die Maßnahme einem
  sogenannten Berufungsausschuss vorlegen (Art. 6). Die Befassung des aus
  Vertretern der Mitgliedstaaten zusammengesetzten Berufungsausschusses
  (letztlich, wie die Kommission deutlich macht, ein Komitologieausschuss)
  ersetzt den Rekurs zum Rat, der abgeschafft wird (Europäische Kommission
  2012: 5). Wie 1999 eingeführt, können bei der Durchführung von im Mitentscheidungsverfahren beschlossenen Basisrechtsakten Rat und Parlament
  hier (nur) überwachen, ob die Durchführungsmaßnahme die delegierten Befugnisse überschreitet.
- Allerdings öffnet Art. 5 Abs. 4 S. 2 Komitologieverordnung ein ‚Hintertür-
  chen' für ein weiteres Verfahren (analog zum bisherigen Regelungsverfahren): In diesem kann die Kommission in bestimmten, für sensibel erachteten
  Gebieten (Besteuerung, Finanzdienstleistungen, Schutz der Gesundheit oder
  Sicherheit von Menschen, Tieren und Pflanzen oder endgültige multilate-
  rale Schutzmaßnahmen) nur dann eine Maßnahme erlassen, wenn sie eine
  qualifizierte Mehrheit im Ausschuss für die Maßnahmen erhält oder keine
  einfache Mehrheit dagegen. Art. 5 Abs. 5 Komitologieverordnung sieht eine
  weitere Ausnahme für Antidumping- oder Ausgleichsmaßnahmen vor, Art. 7
  Komitologieverordnung regelt Ausnahmefälle, in denen schnell entschieden
  werden muss.

Des Weiteren legt die Verordnung Kriterien fest, welche Verfahren in welchen
Politikfeldern und für welche Aufgaben verwendet werden sollen (Art. 2): So soll
das Prüfverfahren bei Maßnahmen von „allgemeiner Tragweite" sowie bei allen
Durchführungsrechtsakten in Bezug auf Programme mit wesentlichen Auswirkun-

---

27 Da das Verfahren nach Art. 290 AEUV eben *keine* Komitologie verwendet, wird es hier nicht
detailliert erörtert.
28 Als qualifizierte Mehrheit gilt ab dem 1.11.2014 gem. Art. 16 Abs. 4 EUV „eine Mehrheit von
mindestens 55 % der Mitglieder des Rates, gebildet aus mindestens 15 Mitgliedern, sofern die von diesen vertretenen Mitgliedstaaten zusammen mindestens 65 % der Bevölkerung der Union ausmachen".
Bis 2014 gilt Protokoll Nr. 36 über die Übergangsbestimmungen, Art. 3 Abs. 3.

gen, die gemeinsame Agrar- und Fischereipolitik, den Umwelt- und Gesundheits-
schutz, die Handelspolitik sowie die Besteuerung verwendet werden.

Tabelle 6:   Die neuen Verfahren unterhalb der Gesetzgebung im AEUV

	,Delegierte Rechtsakte'	,Durchführungs- rechtsakte'
Vertragsgrundlage	Art. 290 AEUV	Art. 291 AEUV
Konkretisierung	Common Understanding 2011	Komitologieverord- nung 2011
Verfahren	Alleiniges Entscheidungsrecht der Kommission, Revokationsrechte von Europäischem Parlament und Rat in zwei Varianten	Kommissionsentscheidung nach Befassung der Komitologie • Beratungsverfahren • Prüfverfahren • gegebenenfalls weitere Verfahrensoptionen
Gegenstände	Legislative Ergänzung nicht-wesentlicher Inhalte des Basisrechtsakts; abstrakt-generelle Maßnahmen	Exekutive Durchführungsmaßnahme; Einzelfallentscheidungen

Quelle: Töller 2013: 223

Die Unterscheidung
zwischen Materien
für Art. 290 und 291
AEUV ist rechtlich
unklar und politisch
brisant

Ob nach der neuen Regelung eine bestimmte, im Rahmen der Durchführung eines
politischen Programms erforderliche Maßnahme den Charakter delegierter Rechtsetzung nach Art. 290 oder aber eines Durchführungsrechtsaktes nach Art. 291
hat, ist zunächst im Gesetzgebungsverfahren zu entscheiden. Da diese Frage angesichts der unterschiedlichen Verfahrensweisen (einmal mit Kontrolle durch den
Gesetzgeber und einmal durch die Komitologie) höchst brisant ist (z. B. Scharf
2010: 21; Kotzur 2010: 868; Georgiev 2011: 15), ist mit weiteren Konflikten
hierüber zwischen Kommission, Parlament und Rat im Gesetzgebungsverfahren
zu rechnen. Die Formulierungen der Art. 290 und 291 geben hier nach Auffassung rechtwissenschaftlicher Analysen keine klaren Kriterien vor, „da der Begriff
delegierter Rechtsakt auf die Verankerung im Basisrechtsakt verweist, während
der Begriff Durchführungsrechtsakt sich an der Funktion des Rechtsaktes orientiert" (Scharf 2010: 21; auch Wolfram 2009: 17f.; Hofmann et al. 2011: 533).
Auch die Unterscheidung zwischen dem legislativen Charakter von Maßnahmen
nach Art. 290 versus Maßnahmen von exekutivem Charakter gem. Art. 291 hilft
im Grenzfall wenig. Der Hinweis, dass delegierte Rechtsakte abstrakt-genereller
Natur sind, während jedenfalls Einzelfallentscheidungen Durchführungsmaßnahmen sind (Scharf 2010; schon: Hofmann/Töller 1998), hilft zwar an den „Polen",
nicht aber im Zweifelsfall.

    Die Komitologieverordnung sieht in Art. 13 eine automatische Anpassung
der Ausschussverfahren bei bereits bestehenden Rechtakten vor. Dabei wird das

frühere Beratungsverfahren zum neuen Beratungsverfahren, die früheren Verwaltungs- und Regelungsverfahren werden zu Prüfverfahren und das frühere Verfahren bei Schutzmaßnahmen wird zum Dringlichkeitsverfahren (Europäische Kommission 2012: 4). Lediglich bei Regelungsverfahren mit Kontrolle wird nicht automatisch angepasst, sondern die Rechtsakte müssen geändert werden (Christiansen/Dobbels 2013: 45). Es muss von Fall zu Fall entschieden werden, ob die Materien unter Art. 290 oder 291 AEUV fallen. Gemäß Art. 15 der Komitologieverordnung muss die Kommission 2016 einen Bericht über die Durchführung der Komitologieverordnung vorlegen.

4.3 Theoretischer Kontext

Den in Kap. 2 entwickelten theoretischen Kontext aufgreifend, wird die Komitologie im Folgenden aus der Perspektive der positiven und der normativen Theorien betrachtet.

4.3.1 Komitologie aus der Perspektive der positiven Theorie

4.3.1.1 Die Gretchenfrage: Sind Komitologieausschüsse Wachhunde oder Expertenzirkel?

Wie bereits ausgeführt, folgte die Entstehung und Entwicklung der Komitologie auf der allgemeinen konstitutionellen Ebene zunächst einer im weitesten Sinne (macht)politischen Logik: Die Mitgliedstaaten waren seit der Etablierung der Agrarmarktordnungen in den 1960er Jahren nicht bereit, der Kommission zunehmend Entscheidungskompetenzen zu übertragen, ohne auf deren Ausübung zumindest einen gewissen Einfluss zu behalten. Die Ausschüsse wurden als „watchdogs" der Mitgliedstaaten eingeführt und auf der konstitutionellen Ebene etabliert (Wessels 1998: 211), um die Einrichtung der Kommission als zentralisierte Verwaltungsinstanz zu verhindern (Dehousse 2003: 809).

> Komitologieausschüsse als Wachhunde der mitgliedstaatlichen Regierungen …

Auch in der Festlegung der einzelnen Ausschussverfahren in Gesetzgebungsprozessen (konkrete konstitutionelle Ebene) versuchten die Mitgliedstaaten im Rat, den Einfluss der Kommission durch besonders „strenge" Verfahren (s. o.) zu begrenzen. Ganz grob kann man sagen, dass die Beratenden und Verwaltungsausschüsse der Kommission eine relativ starke Position einräumten, während im Regelungsausschuss die Mitgliedstaaten eine stärkere Position hatten. Daher wurde gerade die Schaffung und Ausbreitung des Regelungsausschussverfahrens seit Ende der 1960er Jahre als „Wiederaufleben der nationalen Idee" in de Gaulles Europa der Vaterländer interpretiert (Harnier 1969: 176). In der Phase der Gesetzgebung kann man durchaus beobachten, dass die Kommission in ihren Vorschlägen zwar auch politikfeldspezifischen Mustern folgt, insgesamt aber eher solche Verfahren vorschlägt, die ihr eine vergleichsweise starke Rolle einräumen, während der Rat eher Verfahren präferiert, die die Mitgliedstaaten stärken – dies hat in Gesetzgebungsverfahren mitunter rituellen Charakter. Auch bemühte sich die Kommission bislang darum, möglichst umfangreiche Befugnisse im Komitologieverfahren wahrnehmen zu können, während der Rat hier eher zurückhaltend ist (im Einzelnen Töller 2002: 280). Diese Konfliktlinie wird sich nun voraussichtlich auf die Unterscheidung zwischen Art. 290 und 291 verschieben.

... oder als Expertenzirkel?

Dass die Arbeit der Komitologieausschüsse allein durch ihre Watchdog-Funktion (etwa als „kleine Ministerräte") hinreichend beschrieben werden könnte, haben inzwischen viele Autoren in Zweifel gezogen (siehe z. B. auch Huster 2008: 82f.). Denn von der Zusammenarbeit mit den Ausschüssen profitiert meist auch die Kommission (siehe auch Blom-Hansen 2008; siehe Kap. 4.3.1.4). Vielfach wurde hierbei – in einer funktionalen Argumentationslogik – die stark fachbezogene Kooperation in den Ausschüssen betont. Die Delegierten arbeiten in den Ausschüssen untereinander und mit der Kommission über viele Jahre themenbezogen zusammen, so dass sich administrative „Fachbruderschaften" entwickeln können. Daher werden die Ausschüsse oft auch eher als Expertenzirkel und nicht als „Watchdogs" beschrieben (siehe Kap. 4.3.1.3).

In der Realität kommt beides vor, aber in unterschiedlichen Mischungen

Auch wenn wir (wie auch in Kap. 2 ausgeführt) die Fragen der Integrationstheorie (das Warum und das Wohin der Integration) heute nicht mehr primär relevant finden, können deren Kategorien durchaus als *Idealtypen* verwendet werden, um unterschiedliche Mischungen politischer und funktionaler Elemente, z. B. in Entscheidungsverfahren, zu identifizieren. Mit Hilfe von zwei Typen von Interaktionsmodi können wir die institutionellen Grundlagen sowie auch die konkrete Arbeit der Ausschüsse systematisieren:

1. Zu einer machtpolitischen Perspektive passt zum anderen der Typus des strategischen Verhandelns, der zum einen durch die Kategorie des *intergouvernementalen* strategischen Verhandelns ausgefüllt wird; er ist durch die Dominanz der Mitgliedstaaten und deren Versuche, bereits bestehende nationale Interessen auf der europäischen Ebene durchzusetzen, charakterisiert. Ihm entspricht auf der Seite der Kommission eine Kategorie *supranationalen* strategischen Verhandelns, die durch signifikante Autonomiebestrebungen der europäischen Organisationen zu charakterisieren ist; hier treten nationale Delegierte als Repräsentanten ihres Mitgliedstaates auf (Töller 2002: 92).

2. Zu einer funktionalen (Experten-) Perspektive passt der Typus des argumentativen Problemlösens, der erfasst, dass unter Umständen weder gemeinschaftsinstitutionelle Dominanz- noch mitgliedstaatliche Autonomiebestrebungen eine relevante Rolle spielen und stattdessen die Tätigkeit vorrangig auf die technokratische Bearbeitung politikfeldspezifischer Fragen nach sachlichen und professionellen Maximen abzielt (Töller 2002: 57). In diesem Fall treten sowohl die nationalen Delegierten als auch die Kommissionsvertreter als Fachexperten in Erscheinung, nationale Positionen müssen durch gute Gründe untermauert werden (Töller 2002: 92).

Nach unserer Auffassung verhalten sich beide Perspektiven komplementär, nicht exklusiv zueinander. Die Arbeit eines konkreten Ausschusses lässt sich also immer als jeweils zu bestimmende Mischung dieser Typen – ggf. auch mit Veränderungen im Zeitverlauf – darstellen. Es gibt inzwischen eine ganze Reihe von Studien, die anhand dieser beiden Interaktionsmodi die Komitologie untersuchen (Töller 2002; Pollack 2003; Dehousse 2003; Huster 2008; Blom-Hansen/Brandsma 2009; Brandsma 2010: 152f.).[29] Ausgangspunkt solcher Studien stellen v. a. die Veröffentlichungen von Joerges und Neyer dar. Diese grenzten sich ihrerseits zunächst gegen den Mitte der 1990er Jahre noch einflussreichen Intergouvernementalismus ab. In ihren konstruktivistisch inspirierten Arbeiten über den Ständigen Lebensmittelausschuss überbetonten die Autoren aber die Problemlösungsorientierung unter Experten und stilisierten diese konzeptionell zu einem „deliberativen Supranationalismus" (Joerges/Neyer 1997a, 1997b; kritisch: Töller 2002: 45ff.; Joerges 2006). Allerdings benennen die Autoren bereits Bedingungen dafür, dass das Problemlösen gegenüber dem Interessenvertreten überwiegen kann, so die technische Natur der Regelungsmaterie, die wissenschaftlichen Sachverstand erfordert, die langjährige Zusammenarbeit und die Entwicklung eines gemeinsamen Problemverständnisses sowie Unklarheit über distributive Effekte von Entscheidungen (Joerges/Neyer 1997a: 616; Wessels 1998: 225). Die nachfolgenden Untersuchungen legen ein deutlich differenzierteres Bild der Interaktionsmodi vor und zeigen, dass abhängig von Politikfeld und Regelungsmaterie zumeist eine Kombination argumentativer und verhandlungsorientierter Arbeitsweise beobachtbar ist.

In kritischer Auseinandersetzung mit der rein funktionalen Expertenperspektive hat Töller sowohl die Gestaltung der Komitologie in der Gesetzgebungsphase als auch die Arbeit einzelner Ausschüsse in der Umweltpolitik untersucht. Ergebnis der Studie ist, dass auf der Ebene der Gesetzgebung (v. a. bei der Auswahl der Komitologieverfahren) politische Muster überwiegen, in denen in der Tat sowohl die Kommission und (mit Einschränkungen) das Europäische Parlament ihre supranationalen als auch die Mitgliedstaaten ihre intergouvernementalen Interessen verfolgen, auch wenn mitunter Irrationalitäten entstehen, weil Verfahren lange Zeit falsch eingeschätzt wurden (Töller 2002: 517). In der konkreten Arbeit der umweltpolitischen Ausschüsse spielen zwar funktionale Elemente argumentativen Problemlösens eine wichtige Rolle, aber sie überwiegen nicht zwangsläufig (Töller 2002: 521ff.). Als wesentlich erwies sich hier die Institutionalisierung des durch die Komitologie umzusetzenden politischen Programms, das gewissermaßen die Arbeitsgrundlage der Ausschüsse darstellt: Wenn dieses nicht ausreichend regelt und stattdessen Konflikte in die Ausschussphase verlagert oder Widersprüche beinhaltet, birgt dies erhebliches Konfliktpotenzial für die Ausschussphase, womit ein funktionaler Modus des argumentativen Problemlösens nicht zustande kommt. Allerdings kann die Arbeit in einzelnen Ausschüssen jeweils eigene Dynamiken entwickeln. Diese kann in dem einen Fall von

Interessen durchsetzen versus Probleme lösen

Wovon hängt ab, wie die Arbeit im Ausschuss läuft?

---

29   Siehe die weitere Liste von Fallstudien zur Arbeitsweise von Ausschüssen bei Blom-Hansen/ Brandsma 2009: 725.

einer zunächst eher an Interessen orientierten Interaktionsweise starten und später ein höheres Maß an sachorientierter, argumentativer Arbeitsweise erreichen, sie kann aber auch von einer eher an sachlicher Problemlösung orientierten Arbeit starten und sich später in eine stark verhandlungsorientierte Richtung entwickeln. Insgesamt kann man für die Umweltpolitik also festhalten, dass in der Komitologie Machtaspekte ebenso wichtig sind wie die sachbezogene Zusammenarbeit unter Experten (Töller 2002: 373ff.).

Verschiedene Untersuchungen kommen zu ähnlichen Ergebnissen

Auch Pollack hält die oben dargelegte Einschätzung der Komitologie bei Joerges und Neyer für zweifelhaft und möglicherweise durch die Auswahl des Untersuchungsfeldes Lebensmittelsicherheit verzerrt (Pollack 2003: 139). Er untersucht in einem Beitrag empirisch zwei rivalisierende Hypothesen, nämlich, ob Komitologieausschüsse eher (aus rational-choice-Perspektive) als Kontrollmechanismen der Mitgliedstaaten über die Kommission zu verstehen sind oder eher (aus der Perspektive des soziologischen Institutionalismus oder gar Konstruktivismus) als Forum, in dem nationale und supranationale Experten nach den effizientesten Problemlösungen suchen (Pollack 2003: 125). Er kommt zu dem Schluss, dass beide Varianten möglich sind, es aber von den Rahmenbedingungen abhängt, welche überwiegt (Pollack 2003: 153). Allerdings geht er davon aus, dass, wenn die Experten-Hypothese zuträfe, die Mitgliedstaaten sich nicht in Kämpfe über unterschiedliche Komitologieverfahren begeben würden, da diese dann keine Rolle spielen sollten (Pollack 2003: 140). Hier wird aber die letztlich institutionentheoretische Erkenntnis verkannt, dass die Komitologie auf unterschiedlichen Ebenen eben ganz unterschiedlichen Logiken folgt: Auf der Ebene der Gesetzgebung ist die Frage der Komitologieverfahren hoch politisiert (Töller 2002: 341f.), was aber eben nicht heißen muss, dass die formalen Verfahren in der Arbeit der Ausschüsse tatsächlich eine Rolle spielen (ebenso Blom-Hansen/Brandsma 2009: 720).

Verhandeln oder Argumentieren?

Blom-Hansen und Brandsma sind ebenfalls der Frage nachgegangen, ob in den Ausschüssen eher das intergouvernementale Verhandeln oder das auf gute Gründe gestützte Argumentieren unter Experten überwiegt und haben hierzu dänische und niederländische Delegierte in den Ausschüssen befragt. Sie kommen auf der Basis ihrer Befragung zu dem Ergebnis, dass in den meisten Ausschüssen beide Elemente zugleich eine Rolle spielen und benennen Faktoren, die einen systematischen Einfluss auf das relative Gewicht der beiden Interaktionsmodi haben (Blom-Hansen/Brandsma 2009: 736, s. u.). Zu demselben Ergebnis gelangt schließlich auch Huster, u. a. auf der Basis der Beobachtung von Ausschusssitzungen. Zwar überwog in den von Huster besuchten Ausschusssitzungen eine problemlösungsorientierte Arbeitsweise, gleichwohl waren nationale Interessen und politische Statements keinesfalls, wie in der Literatur oft vertreten, verpönt.

> „Sobald sich Interessenkonflikte nicht mehr auf der Ebene juristischer, technischer oder wissenschaftlicher Argumente lösen ließen, wurden nationale Positionen durchaus ohne weitere Begründung geltend gemacht." (Huster 2008: 275)

In Husters Befragung sahen 32,7 % der befragten Delegierten argumentatives Problemlösen als dominant an, 16,5 % hielten strategisches Verhandeln für vorherrschend, während 50,9 % der Befragten angaben, beides hielte sich die Waage. Dazu passt, dass nach dem Eindruck der Delegierten Positionen gleichermaßen durch wissenschaftliche wie durch politische Argumente begründet werden und dass diese Positionen von einem erheblichen Anteil der Befragten (41 %) im Falle von überzeugenden Argumenten für veränderbar gehalten wurden (Huster 2008: 277ff.).[30]

Alle empirisch angelegten Arbeiten kommen also zu dem Ergebnis, dass die Arbeit von Komitologieausschüssen sowohl eher politisch (intergouvernemental versus supranational) verlaufen als auch eher den funktional-technokratischen Charakter von argumentativen Expertenzirkeln haben kann. Folgende Faktoren haben einen Einfluss darauf, ob das eine oder das andere überwiegt:

Wesentlich hängt die Interaktionsweise im Ausschuss von der im Komitologieverfahren zu entscheidenden Materie (Politik- und Regelungsfelder) und deren Konfliktgehalt ab. Der Konfliktgehalt hängt neben der Regelungsmaterie auch davon ab, ob der delegierende Rechtsakt präzise und konsistent ist, oder ob er ungelöste Konflikte in der Gesetzgebungsphase in die Durchführungsphase verschiebt (Töller 2002: 74). Werden in einem Ausschuss Materien mit starken distributiven Effekten entschieden und zeigen darüber hinaus industrielle Interessenvertreter starkes Interesse an den Entscheidungen des Ausschusses, dann neigt die Interaktionsweise stärker in Richtung intergouvernementales Verhandeln. Aber auch hohe technische Komplexität, die sonst eher mit technokratischer Arbeitsweise in Verbindung gebracht wird, führt nach Blom-Hansen und Brandsma eher zu intergouvernementalem Verhandeln (Blom-Hansen/Brandsma 2009: 736). Nach dieser Studie ist es vor allem die Dauer der Zusammenarbeit, die eher den Interaktionsmodus des argumentativen Problemlösens hervorbringt.

Bestimmungsfaktoren für die Arbeitsweise im Ausschuss

4.3.1.2 Komitologie aus Sicht der Prinzipal-Agent-Theorien

Der Prinzipal-Agent-Blick auf die Komitologie ist eng verwandt mit der intergouvernementalen Sichtweise (z. B. Franchino 2000; Pollack 2003: 134; Blom-Hansen/Brandsma 2009: 723). Dass die Kommission in gewisser Weise eine Beauftragte der Mitgliedstaaten ist, sie als „Agentin" aber Ziele verfolgt, die nicht mit denen der Mitgliedstaaten als Prinzipalen übereinstimmen müssen (Pollack 2003: 135), liegt auf der Hand. In diesem Kontext werden Komitologieverfahren als Kontroll-Instrumente der Prinzipale interpretiert (z. B. Steunenberg et al. 1997). Allerdings erlaubt die Prinzipal-Agent-Theorie an manchen Punkten auch einen spezifischeren Blick auf die Komitologie. Sie weist darauf hin, dass wir es beim europäischen Gesetzgebungsverfahren mit Delegation an Komitologieverfahren mit *multiplen* Prinzipalen zu tun haben. Das heißt, dass wir es nicht nur mit inzwischen 28 Mitgliedstaaten im Rat zu tun haben, hinzu kommt als delegierender Gesetzgeber auch noch das Europäische Parlament. Nun unterscheiden sich üblicherweise die Vorstellungen der Prinzipale v. a. zwischen den Mitgliedstaaten

Ausschüsse als Kontroll-Instrumente des Prinzipalen

---

30 Allerdings könnte der Befragung ein leichter Bias zugrunde liegen, weil der überwiegende Teil der befragten Delegierten aus dem Politikfeld der Agrarpolitik stammt (Huster 2008: 101).

und dem Parlament. Es unterscheiden sich aber die Entscheidungsmöglichkeiten dieser Prinzipale auf den verschiedenen Ebenen:

1. Auf der allgemeinen konstitutionellen Ebene (wo es um die allgemeinen Regelungen der Komitologie geht) sind die Mitgliedstaaten primäre Entscheider.

2. Auf der konkreten konstitutionellen Ebene sind sich Mitgliedstaaten und Parlament (jedenfalls überall dort, wo das Mitentscheidungsverfahren Anwendung findet) annähernd ebenbürtig.

3. Auf der Ebene der konkreten Arbeit der Ausschüsse war das Verhältnis zwischen den Prinzipalen (Mitgliedstaaten im Rat auf der einen und Parlament auf der anderen Seite) durch eine ausgeprägte Asymmetrie charakterisiert, was die hohe Konflikthaftigkeit der Thematik erklärt. In den Ausschüssen sind die Mitgliedstaaten mit Delegierten vertreten, während das Parlament lange Zeit Mühe hatte, auch nur informiert zu werden. In der Rekursphase (wenn also die Kommission im Ausschuss nicht die nötige Unterstützung bekam) war lange Zeit nur der Rat beteiligt. Das Parlament hatte kaum Informationsrechte und keine wesentlichen Kontrollrechte (jenseits des allgemeinen Misstrauensvotums), was sich mit dem Lissabonvertrag für den Anwendungsbereich von Art. 290 (delegierte Gesetzgebung) wesentlich geändert hat. Die Prinzipal-Agent-Theorie hilft hier zum einen, diese – je nach Phasen unterschiedlich ausgeprägte – Asymmetrie zwischen Parlament und Rat/Mitgliedstaaten deutlich zu machen, und zum anderen, Ansätze zu entwickeln, wie das Parlament (auch im Rahmen der neuen Regelungen) verfahren kann: Eine flächendeckende Überwachung der Komitologie nach Art der *police patrol* kann, wie sich seit den 1990er Jahren gezeigt hat, das Parlament nicht leisten; wohl aber eine Überwachung nach dem Prinzip des *fire alarm*, die also dann ansetzt, wenn sich aufgrund der Mobilisierung durch Externe Themen in der Komitologie als politisch brisant erweisen, was gerade angesichts der neuen Befugnisse des Parlaments aus Art. 290 AEUV eine wichtige Strategie darstellen könnte (McCubbins/Schwartz 1984; Töller 2002: 226ff.; Wolfram 2009: 18; Brandsma 2010: 155).

4.3.1.3 Komitologie aus der Mehrebenenperspektive

Der Mehrebenenansatz entstand als Korrektiv gegenüber der Sichtweise der Integrationstheorien (Marks et al. 1996; Grande 2000). Für die Analyse der Komitologie enthält er eine Reihe von relevanten Erkenntnissen.

Mitgliedstaaten sind keine einheitlichen Akteure

Erstens macht der Mehrebenenansatz deutlich, dass Mitgliedstaaten nicht, wie vom Intergouvernementalismus angenommen, einheitliche Akteure mit klaren Positionen sind. Vielmehr folgen nationale Referenten, die als Delegierte in Ausschüssen sitzen, häufig einer fachlichen Logik, in der sie mitunter mehr mit Fachkollegen aus anderen Ländern verbindet, als mit der Leitung des eigenen Hauses – oder gar Referenten aus anderen Ressorts. Dabei sind die Delegierten oft von den nationalen Zwängen (im Sinne der Partei- und Ressortpolitik) entkoppelt (Benz 2003: 321), was Chancen für eine europäische Einigung eröffnet, aber

Probleme für Legitimationsprozesse eröffnen kann. Eine Voraussetzung hierfür ist die hochgradige politikfeld- und sogar regelungsfeldspezifische Fragmentierung (Töller 2002: 58). Dasselbe gilt übrigens auch für die Gemeinschaftsinstitutionen, insbesondere für die Kommission. Auch hier kann ein Ausschussvorsitzender eine ganz andere Position vertreten als ein Generaldirektor oder gar eine Kommissarin. Deshalb ist auch die intergouvernementale Lesart des Rekurses zumindest ergänzungsbedürftig: Nicht nur die Kommission verliert im Rekursfall vorübergehend das Heft aus der Hand. Auch die Delegierten im Ausschuss verlieren mit dem Rekurs häufig die Entscheidung an eine „höhere", politische Ebene, und ob diese genauso entscheidet wie der Delegierte selbst, ist daher offen.

Zweitens betont der Mehrebenenansatz, dass im europäischen Mehrebenensystem die Kompetenzen in fast allen Bereichen konkurrierender Natur sind, so dass politische Entscheidungen nicht auf einer zentralen Ebene getroffen werden, sondern diese Entscheidungen über verschiedene Ebenen verteilt stattfinden. Angesichts der zwangsläufig entstehenden Interdependenzen zwischen den Ebenen stellt die Komitologie in der Verwaltung dieser Mehrebenen-Politiken eine Art Scharnier zwischen den Verwaltungen dieser Ebenen (vor allem der gemeinschaftlichen Verwaltung und den mitgliedstaatlichen Verwaltungen) dar, die gewissermaßen Interdependenz-Management betreibt.

Ausschüsse als Scharniere zwischen nationalen Verwaltungen sowie der Kommission

Drittens scheitert die auf Integration fokussierte Perspektive der Integrationstheorie auch bei der Wahrnehmung des größeren territorialen und gesellschaftlichen Kontextes. Der Mehrebenenansatz hilft hier zu verstehen, dass Komitologie nicht nur in den Ausschüssen im engeren Sinne besteht. Vielmehr gibt es in vielen Zusammenhängen *erweiterte* Ausschüsse oder distinkte beratende Ausschüsse, in denen beispielsweise Vertreter von Wirtschafts-, Arbeitnehmer- und Umwelt- oder Verbraucherinteressen sitzen. Ein Beispiel ist das im Rahmen des Lamfalussy-Verfahrens beteiligte CESR (Committee of European Securities Regulators), dessen Aufgabe es u. a. war, im Rahmen von Entscheidungen im Komitologieverfahren Marktteilnehmer, Verbraucher und Endnutzer in den Mitgliedstaaten zu konsultieren (Schmolke 2006: 434). Zugleich sind – im Rahmen der mitgliedstaatlichen Kerndelegierten oder im Rahmen der erweiterten Mitgliedschaft – oft auch Akteure der subnationalen und gelegentlich auch der internationalen Ebene (z. B. im EMAS-Ausschuss ein Vertreter des nichtstaatlichen internationalen Normungsgremiums ISO) vertreten (Töller 2002: 373ff.).

Komitologie als Kern eines größeren Netzwerkes

4.3.1.4 Integrationstheoretische Perspektive auf die Reform von Lissabon

Aus integrationstheoretisch inspirierter Perspektive ist die jüngste, radikale Reform der Komitologie mit und infolge von Lissabon nur schwer zu erklären. Die neue Unterscheidung zwischen delegierter Rechtsetzung (Art. 290, ohne Komitologie) und Durchführungsrechtsakten (Art. 291, mit Komitologie) geht zurück auf Vorschläge der Arbeitsgruppe „Vereinfachung" des Konvents. Zwar kann man argumentieren, dass es die Grundidee des Konvents war, hier eine von den üblichen Regierungskonferenzen abweichende Arena zu schaffen, in der neben nationalen Regierungen auch z. B. das Europäische Parlament und nationale Par-

Vieles ist noch unklar

lamente beteiligt sind (Maurer 2006: 3ff.). Und in der Tat, auch wenn der Konvent nur unverbindliche Vorschläge für die Regierungskonferenz entwickeln konnte, gelang es dort Vertretern von Kommission und Parlament, die Idee der delegierten Rechtsetzung – auch unter den nationalen Delegierten – konsensfähig zu machen (Töller 2013: 229 mit weiteren Verweisen; Lijsberg 2006). Dass diese neue Konstellation, die den Vorstellungen des Europäischen Parlaments sehr entgegen kam, im Ergebnis vor allem aber wohl der Kommission nutzt (Töller 2013: 226), zwei Regierungskonferenzen (2004 und 2007) überstehen konnte, ohne von den Mitgliedstaaten wieder „einkassiert" zu werden, ist erstaunlich und auf der Basis der Annahme voll informierter, rationaler Akteure in den Ministerien nicht zu verstehen. Am ehesten kann man sich noch erklären, dass in Konvent und Arbeitsgruppen der Regierungskonferenzen die Generalisten aus den Regierungen saßen, denen die Verfassungskonzepte hinter den neuen Regelungen vertraut erschienen, während erst in der konkreten Anwendung den Politikfeldexperten auffiel, dass die Mitgliedstaaten mit der partiellen Abschaffung der Komitologie deutlich an Einfluss auf die Durchführung verlieren, während das Parlament nun – im Rahmen der delegierten Rechtsetzung – auf Augenhöhe mit dem Rat agiert (Töller 2013: 230f.). Ebenfalls schwer zu erklären ist, warum das Parlament, das 2010 erstmals die Komitologiemodalitäten gleichberechtigt mitentscheiden durfte, so wenig von seinen Vorstellungen durchgesetzt hat. Während die einen argumentieren, das Parlament habe sich letztlich strategisch nicht gut organisiert (Christiansen/Dobbels 2012), kann man auch annehmen, das Parlament habe mit der Einführung der delegierten Rechtsetzung das bisherige Interesse an der Komitologie verloren (siehe Töller 2013).

4.3.2 Komitologie aus der Perspektive der normativen Theorie

Komitologie als „least transparent policy-making process in the democratic world"?

Für die Komitologie lässt sich feststellen, was oben schon für die europäische Politik im Allgemeinen und die europäische Verwaltung im Besonderen gesagt wurde: Lange Zeit stellte sich die Frage der demokratischen Legitimation gar nicht. Zum einen galten die Ausschüsse ja selber als Kontrollinstanzen (Dehousse 2003: 810), zum anderen herrschte die Wahrnehmung vor, dass es sich bei den in der Komitologie zu entscheidenden Materien um eher technische Detailfragen handelt. Mit dem Aufkommen der allgemeinen Diskussion über die demokratische Legitimation des europäischen Regierens kam auch schnell Kritik an der demokratischen Qualität des Ausschusswesens auf, auch deshalb, weil diese zunehmend als Bestandteil einer europäischen Institutionenordnung wahrgenommen und in zunehmend sensiblen Bereichen tätig wurden und daher der Kontrolle bedürfen (Dehousse 2003: 810). Die weit verbreitete Kritik an der Komitologie als „the least transparent policy-making process in the democratic world" (Shapiro 1997: 291; siehe Scharf 2010: 5) erscheint gleichwohl überzogen. Beispielsweise im Kontext des deutschen föderalen Regierungssystems gibt es durchaus vergleichbare Ausschussstrukturen (Töller 2002: 150), und vermutlich gibt es in vielen politischen Systemen Vergleichbares (so auch Huster 2008: 25), ohne dass hierin eine Bedrohung für die Demokratie gesehen würde.

Aus der Sicht moderner Demokratietheorie bedarf Verwaltung grundsätzlich der Anbindung an demokratisch legitimierte Entscheidungsstrukturen, die typischerweise über das Hierarchieprinzip und/oder Kontrollmechanismen hergestellt wird. Insofern sind die Ausgestaltung von Kontrollverfahren und Transparenz von Bedeutung. Dass Verwaltungen fachliche Expertise in politische Prozesse einbringen, gilt als ihr wesentlicher Funktionsbeitrag in demokratischen Systemen. Wichtig ist, dass die Anbindung an demokratische Verfahren sicherstellt, dass die Verwaltung ihre fachliche Expertise in den politischen Prozess einbringen kann.

Ein wesentlicher Aspekt der Legitimation des Komitologiesystems ist die Transparenz. Während es nicht übertrieben erscheint, zu konstatieren, dass in den 1990er Jahren Intransparenz und Verschleierung die Strategie der Kommission war, hat sich hier seit der Jahrtausendwende – insbesondere auf Druck des Europäischen Parlaments hin – vieles geändert. Beispielsweise legt die Kommission jährliche Berichte über die Komitologie vor, die auch im Internet veröffentlicht werden. Außerdem gibt es heute im Netz Register der für die Komitologie relevanten Dokumente und der im Komitologieverfahren getroffenen Beschlüsse. Einzelne Generaldirektionen (wie die für Landwirtschaft) veröffentlichen auch die Ausschussprotokolle, die früher als Geheimdokumente galten, im Internet. Hierzu hat auch eine Entscheidung des EuGH Ende der 1990er Jahre beigetragen, der befand, dass die Kommission die Herausgabe von Ausschussprotokollen nicht verweigern darf (EuGH Rs. T-188/97; Wolfram 2009: 12). Damit hat sich die Transparenz insgesamt sehr deutlich verbessert, so dass sich auch der interessierte Beobachter informieren kann.

> Transparenz hat sich in den letzten 10 Jahren erheblich verbessert – das war aber auch nötig!

4.3.2.1 Legitimation durch parlamentarische Kontrolle

Aus einer politischen Perspektive muss Kontrolle im Sinne demokratischer Legitimation letztlich durch gewählte Repräsentanten in den Parlamenten erfolgen. Allerdings führt die Mehrebenenstruktur der Komitologie dazu, dass man nicht auf eine einzige Kontroll- und Legitimationskette fokussieren kann, sondern die Komplexität der nationalen und europäischen Beziehungen berücksichtigen muss (Brandsma 2010: 154).

Betrachten wir vorrangig die europäische Ebene, dann ist das Insistieren des Europäischen Parlaments auf einer Verbesserung seiner Kontrollmöglichkeiten nicht nur als Strategie einer Gemeinschaftsinstitution zu verstehen, die ständig darauf bedacht ist, ihre prozeduralen Machtressourcen auszuweiten. Vielmehr ist eine Rolle des Parlaments bei der Kontrolle der Komitologie auch normativ zu begründen.

Möglich erscheinen verschiedene Kontrollverfahren: Zunächst kann man argumentieren, dass die in der Komitologie handelnde Akteurin die Kommission und nicht der Ausschuss ist. In diesem Sinne wäre die Kommission, auch wenn sie im Komitologieverfahren entscheidet, den umfangreichen Kontrollmechanismen

> Kontrolle vor allem durch das Europäische Parlament

durch das Europäische Parlament unterworfen (siehe Kap. 2 und Hix/Højland 2011: 40ff.). Das heißt, das Parlament kann für die Komitologie immer die Kommission zur Verantwortung ziehen, wofür es im Prinzip ausreichende Mittel hat.[31] Allerdings gibt es hier noch nicht die aus den parlamentarischen Regierungssystemen bekannten engen Kontrollbeziehungen einer politisch von der parlamentarischen Mehrheit abhängigen Regierung (Dehousse 2003: 804). Daher sind diese Mittel meist zu unspezifisch, um die Aktivitäten in der Komitologie zu kontrollieren.

Es wurde eingangs schon besprochen, dass das Parlament über Jahrzehnte für seine spezifischen Kontrollrechte gegenüber der Komitologie gekämpft hat und dass sich zwischen den Organisationen die Vorstellungen bezüglich adäquater parlamentarischer Kontrollrechte lange Zeit gravierend unterschieden haben. Auch in der wissenschaftlichen Literatur sind die angemessenen Kontrollrechte umstritten (z. B. Wolfram 2009: 6ff.; Möllers/von Achenbach 2011: 14; Hofmann et al. 2011: 279).

Das Parlament sollte ein Rückholrecht haben – nur nicht bei administrativen Einzelfallentscheidungen

Die Frage, welche spezifischen Kontrollbefugnisse das Parlament gegenüber der Komitologie haben *soll*, hängt letztlich wesentlich von der Frage ab, welche Arten von Entscheidungen dort getroffen werden. Im Falle quasi-legislativer Maßnahmen ist es schlüssig, zu fordern, dass der delegierende Gesetzgeber gegen eine getroffene Entscheidung auch ein Veto einlegen darf. Das entspricht nicht nur der Überlegung, dass diese Entscheidungen letztlich legislativer Natur sind und somit dem Gesetzgeber originär zustehen (Töller 2002: 224), sondern auch praktischen Erwägungen, wonach vor allem (wie auch z. B. im Lamfalussy-Verfahren I und II gezeigt werden kann, s. u.) vom Europäischen Parlament kaum erwartet werden kann, dass es großzügig Entscheidungsbefugnisse an die Kommission delegiert, wenn es einzelne Maßnahmen nicht ggf. auch „zurückholen" *kann*. Anders sieht dies für administrative Einzelfallentscheidungen aus. Diese sollen vom Parlament zwar überprüft, aber nicht getroffen werden. Das spricht übrigens deutlich gegen die vom Parlament gelegentlich geforderte Beteiligung an den Komitologieausschüssen selbst (Neuhold 2008: 11). Die Ungleichheit zwischen Parlament und Rat, insofern der Rat im Institutionensystem der EU legislative und exekutive Aufgaben wahrnimmt, ist hier nicht aufzuheben.

Nachdem aus historischer Perspektive der Ausschluss aus den Komitologieverfahren für das Europäische Parlament umso problematischer wurde, je weiter sich seine Befugnisse als Gesetzgeber im Mitentscheidungsverfahren entwickelten, stellte der Komitologiebeschluss von 1999 nur eine zaghafte Verbesserung dar, weil er Parlament und Rat als delegierenden Organisationen nur eine Ultra-Vires-Kontrolle einräumte (also eine Kontrolle, ob sich die verabschiedete

---

31 Eine zweite Legitimationskette kann man in den mitgliedstaatlichen Delegierten ausmachen – dies betont Brandsma in seinem Beitrag (2010: 169ff.). Diese sind in ihrer Eigenschaft als nationale Ministerialbeamte ihrer Amtshierarchie und letztlich den nationalen Parlamenten politisch verantwortlich. Inwiefern Entscheidungen in den Ausschüssen in den nationalen Ministerien kontrolliert werden, variiert stark (Brandsma 2010: 170). Allerdings sind die nationalen Parlamente in der Mehrzahl kaum dem Anspruch gewachsen, die europäische Gesetzgebung zu kontrollieren und effektiv zu beeinflussen – mit Komitologieverfahren befassen sich diese nur im größten Ausnahmefall.

Maßnahme auch im Rahmen der delegierten Befugnisse bewegte; siehe Lenaerts/ Verhoeven 2000). Der Komitologiebeschluss von 2006, der das Regelungsverfahren mit Kontrolle einführte, räumte dem Europäischen Parlament im Bereich von delegierten Rechtsakten auf der Basis des Mitentscheidungsverfahrens erstmals ein inhaltliches Kontrollrecht ein, das allerdings auf bestimmte Prüfungen (ob eine Maßnahme über die delegierten Befugnisse hinausgeht, mit dem Ziel und Inhalt des Basisrechtsaktes nicht vereinbar ist oder gegen die Grundsätze der Subsidiarität oder Verhältnismäßigkeit verstößt) beschränkt blieb (Scharf 2010: 38) und z. B. ein Veto aus politischen Gründen nicht erlaubte.

Die Neuregelung der delegierten Regelsetzung mit Lissabon ist für das Parlament als machtpolitischer Sieg zu verbuchen, erfüllt aber auch normative Kriterien. So schwierig die Abgrenzung zwischen delegierter Rechtsetzung und Durchführungsmaßnahme im Einzelfall sein mag, so schlüssig ist es aus der Perspektive der Kontrollverfahren, die quasi legislativen Maßnahmen einem Rückhol- oder Widerrufsrecht des Gesetzgebers zu unterwerfen, während bei administrativen Maßnahmen der Gesetzgeber lediglich kontrollieren darf.

> Lissabon ist im Bereich der Komitologie als Sieg des Parlaments zu verbuchen. Was es daraus macht, ist aber offen

Allerdings liegen die Herausforderungen für das Parlament nun in der praktischen Umsetzung seiner neuen Rechte aus Art. 290 AEUV. Denn das Parlament muss von der Kommission frühzeitig unterrichtet werden, und die Fristen, innerhalb derer der Gesetzgeber ein Veto einlegen kann, müssen ausreichend bemessen sein (Möllers/von Achenbach 2011: 12). Zudem muss sich das Parlament (im Rahmen der Fachausschüsse) administrativ so organisieren, dass es kritische von unkritischen Entscheidungen unterscheidet. Auch dann bleibt die Frage virulent, ob die Abgeordneten wirklich über die erforderliche Expertise verfügen (siehe auch Dehousse 2003: 805). Schließlich garantiert eine kritische Haltung im Fachausschuss zu einem von der Kommission vorgesehenen delegierten Rechtsakt noch nicht, dass auch im Plenum die erforderliche Mehrheit zustande kommt (Wolfram 2009:19).

Auch wenn Parlament und Rat nun nicht mehr auf bestimmte Gründe (Überschreiten der delegierten Befugnisse, Unvereinbarkeit mit Ziel und Inhalt des Basisrechtsaktes, Verstoß gegen Subsidiaritäts- oder Verhältnismäßigkeitsprinzip) festgelegt sind, sondern vielmehr aus verschiedensten politischen Gründen ein Veto einlegen können, besteht die Kommission auf einer Begründungspflicht des ein Veto einlegenden Gesetzgebers (Europäische Kommission 2009: 10).

4.3.2.2 Legitimation durch Expertise, Argumentation und Konsens

Die meisten Autoren sind der Auffassung, dass die Entscheidungen in der Komitologie sich jedenfalls auch durch ein starkes funktionales Moment legitimieren (z. B. Huster 2008; Georgiev 2011: 19ff.; Ruffing 2011). Dazu gehört die Einbindung von Expertise, aber auch der Interaktionsmodus des Argumentierens und der Umstand, dass trotz des formal vorgesehenen Mehrheitsentscheids häufig der Konsens aller Delegierten gesucht wird (Ruffing 2011: 51f.; 80f.).

Expertise kann man nach fachlicher und wissenschaftlicher Expertise unterscheiden. Im Kontext der Komitologie wird zum einen der Umstand

> Argumentieren versus verhandeln

hervorgehoben, dass die nationalen Delegierten in den Ausschüssen in der Regel Ministerialbeamte sind, die sich mit der betreffenden Materie und ihrer politisch-administrativen Verarbeitung meist über einen längeren Zeitraum hinweg befassen und von denen daher (anders als vielleicht vom zuständigen Minister oder der Bundeskanzlerin) im weitesten Sinne sachgerechte Entscheidungen zu erwarten sind. In diesem Kontext wird in der Literatur auf zwei Eigenschaften der Willensbildung und Entscheidungsfindung hingewiesen, die in der Komitologie oft vorherrschen. Das ist erstens eine stark argumentative Willensbildung: im Gegensatz zur intergouvernementalen Logik gelten Positionen nicht per se als legitim, weil sie ein mitgliedstaatlicher Delegierter vorträgt. Vielmehr müssen – gerade unter Experten, die oft über viele Jahre zu einem Thema zusammenarbeiten – für eine Position gute Gründe angegeben werden.[32] Zweitens kommen die formellen Entscheidungsverfahren in der Komitologie, die unterschiedliche Formen des Mehrheitsentscheids vorsehen, oft gar nicht zur Anwendung. Statt dessen ist die Kommission meist darum bemüht, weitgehenden Konsens unter den Delegierten herzustellen, um so die größtmögliche Unterstützung aus den Mitgliedstaaten – und damit Legitimation – für eine Entscheidung herzustellen (Töller/Hofmann 2000: 33; Töller 2002: 196f.; Huster 2008: 279).

Einbindung wissenschaftlicher Expertise

Zum anderen werden in die Komitologie zum Teil auch wissenschaftliche Experten hinzugezogen, insbesondere im Rahmen wissenschaftlicher Ausschüsse. Auch wenn man heute nicht mehr davon ausgeht, dass wissenschaftliche Politikberatung der Politik klare und unumstrittene Handlungsempfehlungen geben kann, die diese dann nur noch umsetzen muss, verwirft man die Idee, Wissenschaft könnte zu einer prozeduralen und substanziellen Verbesserung politischer und administrativer Entscheidungen führen, nicht grundsätzlich. Besonders im europäischen Kontext hat die BSE-Krise, in deren Zusammenhang die Erkenntnis von Experten gerade ignoriert worden ist, zur Formulierung und Durchsetzung strengerer Maßstäbe für die Integration wissenschaftlicher Expertise beigetragen.

Als wichtige Prinzipien gelten hier insbesondere (Töller/Hofmann 2002: 45ff; Töller 2002: 204f.):

- dass es rechtlich verbindliche Regeln gibt, unter welchen Bedingungen welche wissenschaftlichen Gremien konsultiert werden (Joerges 1997: 297; Töller/Hofmann 2000: 43), um politische Instrumentalisierung zu vermeiden;
- dass wissenschaftliche und politische Bewertung im Kern zwei unterschiedliche Verfahren bleiben;
- dass durch die Einhaltung von Transparenzregeln die Unabhängigkeit der Experten gewährleistet ist;
- dass die Gremien in disziplinärer und nationaler Hinsicht möglichst plural zusammengesetzt sind.

Unter diesen Bedingungen kann die Einbindung wissenschaftlicher Expertise eine spezifische Legitimationsquelle der Komitologie darstellen.

---

32 Dass damit noch kein deliberativer Diskurs im Habermas'schen Sinne vorliegt, wie andere Autoren (Joerges/Neyer 1997a, 1997b) annehmen, liegt u. a. am Fehlen von Öffentlichkeit (siehe im Einzelnen Töller 2002: 200ff.).

4.4 Komitologie in verschiedenen Politikfeldern

Um die bislang nur abstrakt erörterten Aufgabenfelder, Funktions- und Interaktionsweisen der Komitologieausschüsse, aber auch Fragen von Zentralität und Dezentralität, Kontinuität und Wandel konkreter betrachten zu können, wird in diesem Unterkapitel zunächst ein Überblick über die Komitologie in den verschiedenen Politikfeldern gegeben, um dann spezifische Konstellationen in der Agrarpolitik sowie in der Finanzmarktregulierung genauer zu betrachten. Diese Politikfelder wurden ausgesucht, weil sie typisch für bestimmte Verwendungsformen der Komitologie sind: Die Komitologie in der Agrarpolitik besteht seit Jahrzehnten und ist typisch für die alltägliche Verwaltung von Programmen. Die Komitologie im Bereich der Finanzmarktregulierung ist hingegen typisch für eine neuere Konstruktion, in der die Komitologie auch die Aufgabe haben sollte, den Gesetzgeber zu entlasten.

4.4.1 Überblick

Um sich einen ersten Überblick über die Bedeutung der Komitologie in den verschiedenen Politikfeldern zu verschaffen, kann man drei Parameter betrachten:

1. die Anzahl der gelisteten Ausschüsse,
2. die Anzahl der jährlichen Sitzungen,
3. die Anzahl der Stellungnahmen und beschlossenen Maßnahmen.

Erfreulicherweise kann man diese Daten seit 2000 den jährlichen Kommissionsberichten über die Komitologie entnehmen, auch wenn man ein vollständiges Bild erst aus dem Studium der entsprechenden Haushaltstitel erhalten dürfte. 2011 waren die meisten der aufgelisteten 268 Ausschüsse in den Bereichen Unternehmen und Industrie (31), Umwelt (30), gefolgt von Mobilität und Verkehr (29) und Verbraucherschutz (24). 25 Ausschüsse wendeten das Regelungsverfahren mit Kontrolle an, 99 das Prüfverfahren. In den meisten Ausschüssen (121) wurden mehrere Verfahren verwendet (Europäische Kommission 2012: 7f.).

Für 2011 listet die Kommission insgesamt knapp 800 Sitzungen auf, davon die meisten in den Bereichen Landwirtschaft (142), Verbraucherschutz (146) sowie Steuern und Zollunion (81). Im Bereich Umwelt waren es 2011 41 Sitzungen. Bei den Maßnahmen führt der Bericht für 2011 1625 beschlossene Durchführungsmaßnahmen auf. Davon wurden die meisten im Verbraucherschutz (574), gefolgt von der Landwirtschaft (271) sowie Forschung und Technologie (200) verabschiedet (Europäische Kommission 2012: 12f.).

2011 gab es 800 Sitzungen von Komitologieausschüssen, davon die meisten im Bereich Verbraucherschutz

Interessant ist auch, die Größenordnung der von der Kommission im Komitologieverfahren verabschiedeten tertiären Maßnahmen in Relation zu Sekundärrechtsakten zu betrachten. Nach der Berechnung von Bergström für das Jahr 2003 beispielsweise verabschiedete die Kommission die Hälfte aller Richtlinien (62 von 123) und 77 % (645 von 838) aller Verordnungen (Bergström 2005: 12ff.). Auch wenn nicht alle Maßnahmen der Kommission im Komitologieverfahren zustande kommen, dürfte der Anteil doch erheblich sein.

Tabelle 7:   Komitologieausschüsse nach Politikfeldern

Politikbereich	2011
Landwirtschaft und ländliche Entwicklung	14
Amt für Betrugsbekämpfung (OLAF)	1
Haushalt	2
Klimapolitik	4
Kommunikation	1
Entwicklung und Zusammenarbeit	6
Wirtschaft und Finanzen	1
Bildung und Kultur	7
Beschäftigung, Soziales, Integration	4
Energie	15
Erweiterung	4
Unternehmen und Industrie	31
Umwelt	30
Dienst für außenpolitische Instrumente	4
Gesundheit und Verbraucher	24
Inneres	11
Humanitäre Hilfe und Katastrophenschutz	2
Informatik	1
Informationsgesellschaft und Medien	7
Binnenmarkt	13
Justiz	13
Maritime Angelegenheiten und Fischerei	5
Mobilität und Verkehr	29
Regionalpolitik	1
Forschung	6
Generalsekretariat	2
Statistik	8
Steuern und Zollunion	11
Handel	11
INSGESAMT:	268

Quelle: Europäische Kommission 2012: 7f.

Schaut man nicht nur nach der Intensität der Arbeit, sondern auch nach dem Ausmaß an Konflikthaftigkeit, dann bietet die in den Kommissionberichten ebenfalls enthaltene Anzahl der Rekurse zum Rat einen ersten Anhaltspunkt. Rekurse sind im Normalfall keine politisch-administrativen ‚Unfälle'. Üblicherweise ist die Kommission im Ausschuss bemüht, weitgehenden Konsens herzustellen. Grundsätzlich geht sie erst in die Abstimmung, wenn sie sich, auch mit Hilfe von Probeabstimmungen, zumindest der erforderlichen Mehrheit für ihren Vorschlag oder der Abwesenheit einer Mehrheit gegen ihren Vorschlag sicher sein kann (Huster 2008: 281; Wolfram 2009). Rekurse weisen somit darauf hin, dass eine Einigung im Ausschuss nicht möglich war. Die Anzahl der Rekurse tendiert in den meisten Politikfeldern gegen 0, was für eine hohe Konsensorientierung der Arbeit spricht. In der Umweltpolitik gibt es gelegentlich Rekurse, allein im Bereich Gesundheits- und Verbraucherschutz kommen Rekurse öfter vor, wenn auch jährlich variierend: 2008 gab es hier 5 Rekurse, 2009 sogar 35 (Europäische Kommission 2009: 87; 2010: 20).

> Rekurse zum Rat weisen darauf hin, dass es nicht gelungen ist, sich unter Experten zu einigen

Im Folgenden soll die Komitologie in zwei Politikfeldern genauer betrachtet werden, weil hier jeweils politikfeldspezifische Besonderheiten der Rolle der Ausschussverfahren gezeigt werden können. In der Agrarpolitik kann man das stark administrative Profil zeigen, das seit 50 Jahren im Kern im wöchentlichen Beschließen von Einzelfallentscheidungen zum Verkauf aus Interventionsbeständen und der Festsetzung von Ausfuhrerstattungen und Importkontingenten besteht. Im Bereich der Finanzmarktregulierung kann gezeigt werden, wie die Komitologieverfahren im Rahmen des Lamfalussy-Verfahrens zum sich extrem dynamisch weiterentwickelnden Bestandteil einer umfassenden Regulierungsstrategie wurden. Allerdings sind die Analysen, die diesen Fallbeispielen zugrunde liegen, sehr unterschiedlicher Natur. Für die Ausschüsse in der Agrarpolitik liegen inzwischen eine Reihe von sowohl anekdotischen Beschreibungen als auch theoriegeleiteten empirischen Fallstudien vor, während die Analyse des Lamfalussy-Verfahrens im Bereich der Regulierung des Finanzsektors noch im Gange ist.

4.4.2 Komitologie in der Agrarpolitik

Die Gemeinsame Agrarpolitik (GAP) war schon früh ein sehr weitgehend integriertes Politikfeld und gilt heute als das am weitesten vergemeinschaftete Politikfeld überhaupt (Huster 2008: 112). Die Grundzüge der heutigen GAP stammen aus den 1960er Jahren, auch wenn mit der MacSharry-Reform von 1992 und der Agenda 2000 wichtige Reformen durchgeführt wurden. Ziel der Agrarmarktordnungen war damals wie heute die ausreichende Versorgung der Verbraucher zu auch für die landwirtschaftlichen Produzenten angemessenen Preisen. Bis 2008 wurden 22 Marktorganisationen eingeführt, die den Markt für die einzelnen Produktarten regeln und so 90 % der landwirtschaftlichen Endprodukte abdecken (Huster 2008: 112). Im Mittelpunkt der Marktordnungen steht die Regulierung der Agrarmärkte

> In der Agrarpolitik tagen manche Ausschüsse seit 50 Jahren

durch eine Markt- und Preispolitik.[33] Die Ausgaben für die Agrarpolitik betrugen 2009 knapp 43 % des Gesamthaushalts der EU (Europäische Kommission 2011).

4.4.2.1 Überblick

Ausschüsse verwalten hier die gemeinsamen Marktordnungen: z. B. für Getreide, Milch und Fleisch

Die Ausschüsse in der Agrarpolitik entstanden in den frühen 1960er Jahren und blicken somit auf die längste Geschichte in der Komitologie überhaupt zurück. Im Jahr 2011 erfolgten knapp 17 % der in Komitologieverfahren insgesamt gefassten Beschlüsse (271) im Bereich der Agrarpolitik. Den größten Anteil haben hier die Ausschüsse zur Verwaltung der landwirtschaftlichen Märkte. Für 2011 weist die Kommissionsliste für die Landwirtschaft insgesamt 14 Ausschüsse auf, wobei hier die Ausschüsse für die verschiedenen Agrarmarktordnungen, die zuvor einzeln aufgeführt wurden (Europäische Kommission 2010b: 6; Huster 2008: 122), im Verwaltungsausschuss für die gemeinsame Organisation der landwirtschaftlichen Märkte zusammengefasst wurden. Die Verwaltungsausschüsse der Marktorganisationen befassen sich – je nach Marktordnung – z. B. mit Fragen der Interventionsausschreibungen, Ausfuhrerstattungen oder Importkontingenten (Huster 2008: 127, s. u.). In diesen Verwaltungsausschüssen der Marktordnungen wurden alleine 2009 229 der 460 Beschlüsse gefasst (Europäische Kommission 2010b: 6). Noch deutlicher wird dies anhand der Daten für 2004: Von den 1274 von der Kommission verabschiedeten Maßnahmen entfielen 518 auf den Verwaltungsausschuss für Getreide, 226 auf den Verwaltungsausschuss für Milch und Milcherzeugnisse und 140 auf den Verwaltungsausschuss für Zucker (Huster 2008: 124f.). Damit weist die Komitologie im Rahmen der Agrarmarktordnungen eine besonders hohe Dichte formaler Entscheidungen auf. Weitere Ausschüsse sind z. B. der Ausschuss für Agrarstruktur und ländliche Entwicklung, der Ausschuss des europäischen Ausrichtungs- und Garantiefonds und der Ständige Ausschuss für den ökologischen Landbau (Huster 2008: 125; Europäische Kommission 2010b: 5). In etwa 90 % der Fälle fällt die Stellungnahme des Ausschusses positiv aus. Fast immer kann die Kommission ihre vorgeschlagenen Maßnahmen beschließen (Huster 2008: 124). Die Protokolle sämtlicher Ausschusssitzungen können auf der Homepage der GD Landwirtschaft eingesehen werden.[34]

Gleichwohl sind die Ausschüsse in diesem Bereich noch in wenigen Studien genauer betrachtet worden, was vor allem daran liegen dürfte, dass ihre Arbeit als stark technisch und eher langweilig gilt. Huster (2008) hat sich in seiner Arbeit genauer mit den Entscheidungsinhalten und den Interaktionsmodi in den Agrarausschüssen befasst. Im Folgenden wird (anhand der Fallstudie bei Huster 2008: 157ff.) der Verwaltungsausschuss für Getreide, der, gemessen an der Anzahl der förmlichen Entscheidungen, von allen Verwaltungsausschüssen der produktivste ist, genauer betrachtet (siehe auch Brandsma 2010: 151).

---

33 Zur GAP im Einzelnen und den neueren Reformen siehe Huster 2008: 112ff.
34 http://ec.europa.eu/agriculture/minco/index_de.htm (letzter Zugriff 02.10.2013).

4.4.2.2 Der Verwaltungsausschuss für Getreide

Der Verwaltungsausschuss für Getreide, gegründet mit der ersten Marktordnung für Getreide von 1962, war einer der ersten Komitologieauschüsse überhaupt. Er trifft sich seit beinahe 50 Jahren wöchentlich und hat sich seither zum wichtigsten Instrument der laufenden Verwaltung der Getreide- (und der Reis-) Marktordnung entwickelt.

Der Ausschuss hat vier wesentliche Verhandlungsgegenstände (Huster 2008: 162ff.): Erstens die Verwaltung der Getreide- und Reismärkte durch Verkauf aus den Interventionsbeständen sowie die Festsetzung der Ausfuhrerstattungen und Importkontingente. Dies deckt im Untersuchungszeitraum von 2002-2004 etwa 90 % der Beratungsgegenstände ab. Zweitens findet ein Informationsaustausch über die aktuelle Marktsituation statt, den der jeweilige Kommissionsexperte eröffnet und der ggf. durch nationale Delegierte ergänzt wird. Hiermit befassen sich 15 % der Beratungsgegenstände. Drittens dann die Weiterentwicklung der Durchführungsgesetzgebung für die Marktorganisation (4 %). Viertens schließlich befasst sich der Ausschuss auch mit Maßnahmen zur Lösung individueller Probleme, etwa durch Hilfsmaßnahmen oder Ausnahmeregelungen aufgrund besonderer Bedingungen (1 %). Es geht hier also um Entscheidungen, die einerseits technischer Natur sind, andererseits schneller Beschlüsse bedürfen (Huster 2008: 179).

> Der Ausschuss berät und entscheidet über den Verkauf aus Interventionsbeständen und die Festsetzung der Ausfuhrerstattungen und Importkontingente

Ausschussmitglieder sind neben den Vertretern der GD Landwirtschaft die nationalen Delegierten der Mitgliedstaaten, meist Mitarbeiter aus den Landwirtschaftsministerien oder nachgeordneten Behörden, wie für Deutschland die Bundesanstalt für Landwirtschaft und Ernährung. Die nationalen Delegationen stehen in ständigem Kontakt zu den Regionen, Landwirtschaftskammern und Wirtschaftsverbänden, die sie regelmäßig zur Marktentwicklung konsultieren, und versorgen so die Kommission mit wichtigen Informationen aus der Praxis vor Ort (Huster 2008: 170).

Dcr Ausschuss tritt wöchentlich donnerstags nachmittags zusammen, die Sitzung beginnt mit einem Bericht der Kommission über die Marktsituation, es folgen Beschlüsse über Verkaufsausschreibungen, Ausfuhrerstattungen und Importkontingente. Danach erfolgt die Abstimmung über die Änderung von Durchführungsbestimmungen, die, wie in anderen Ausschüssen auch üblich, vormittags im Rahmen eines beratenden Ausschusses von denselben Delegierten mit der Kommission inhaltlich beraten wurden (Huster 2008: 164). Einmal im Monat befasst sich der Ausschuss mit Verarbeitungserzeugnissen aus Getreide. Bei zwischen 400 und 600 Stellungnahmen jährlich fasst der Ausschuss wöchentlich mehr als 10 Beschlüsse (Huster 2008: 165).

> Donnerstags vormittags treffen sich dieselben Delegierten als beratender Ausschuss, nachmittags als Komitologieauschuss

Im Ausschuss geht es oft um Verteilungsfragen. Die Delegierten gehen überwiegend mit feststehenden Positionen in den Ausschuss, es geht klar um nationale Interessen, und diese werden durchaus strategisch, etwa durch Stimmenthaltung, Koalitionsbildung oder Protest, vertreten (Huster 2008: 177). So war nach der schlechten Getreideernte 2003 die Situation im Ausschuss angespannt: Aufgrund von Engpässen in ihren Getreidemärkten forderten die portugiesische und die spanische Delegation die Vermarktung größerer Getreidemengen aus den Interventi-

> Bei Verteilungsfragen wird verhandelt

onsbeständen und die Übernahme der Transportkosten durch die Gemeinschaft. Die Kommission lehnte dies aber ab. In solchen Fällen enthalten sich einzelne Delegationen bei Abstimmungen, um ihren Protest deutlich zu machen. Wenn mehrere Delegationen den Maßnahmen der Kommission kritisch gegenüberstehen, fasst der Ausschuss keinen zustimmenden Beschluss (Huster 2008: 172). Unmut entsteht auch, wenn die Kommission in ihrem Verfahren nicht ausreichend transparent agiert, wie etwa, als die Kommission das Berechnungsverfahren für die Produktionserstattung für Stärke änderte. Da die Kommission aber im Verwaltungsverfahren nur einen mehrheitlichen Beschluss *gegen* ihre Maßnahme fürchten muss, kann sie sich in solchen Fällen, wie Huster detailliert beobachtet hat, letztlich durchsetzen (Huster 2008: 172f.), und sie tut dies bei den Einzelfallentscheidungen zur Marktverwaltung auch. Lediglich bei der Anpassung der Durchführungsmaßnahmen bemüht sich die Kommission um die breitere Zustimmung aller Delegierten (Huster 2008: 176). In anderen Zusammenhängen wiederum überwiegt die fachliche Diskussion unter Experten, aber der Raum für gemeinsame Lernprozesse wird von Huster als eher begrenzt eingeschätzt (Huster 2008: 181).

Im Verwaltungsausschussverfahren ist die Entscheidungsfähigkeit gesichert – das ist wichtig für die Steuerung der Agrarmärkte

Weil es bei der Verwaltung der Marktordnungen um Entscheidungen geht, die schnell getroffen werden müssen, ist es wichtig, dass (im bisherigen Verwaltungsausschussverfahren und jetzigen Prüfverfahren) die Kommission eine Maßnahme mit hoher Wahrscheinlichkeit erlassen kann (im Gegensatz zum Regelungsverfahren), die Handlungsfähigkeit des Systems also gesichert ist. Huster nennt eine ganze Reihe von Situationen, in denen die Kommission mit dem Ausschuss schnell wichtige Maßnahmen beschloss; so wurden etwa 2002 beim Jahrhunderthochwasser in Deutschland Vorauszahlungen auf die Flächenzahlungen für die Landwirte in den Überschwemmungsgebieten beschlossen (Huster 2008: 181).

4.4.3 Lamfalussy-Verfahren zur Regulierung der Finanzdienstleistungen

Komplexe und sehr dynamische Regulierungsstruktur – die Komitologie mittendrin

Im Bereich der Regulierung und Beaufsichtigung der Finanzdienstleistungen wurde in den vergangenen 13 Jahren eine komplexe Regulierungsstruktur eingeführt, in der drei Komitologieausschüsse, aber auch beratende Ausschüsse nationaler Behörden, eine zentrale Rolle spiel(t)en. Ende der 1990er Jahre erschien der Kommission die Gesetzgebung im Mitentscheidungsverfahren als zu „mühselig und langsam", um den Binnenmarkt für Finanzdienstleistungen – wie im Aktionsplan der Kommission für Finanzdienstleistungen von 1999 dargelegt – endlich zu realisieren (Europäische Kommission 1999: 16). Der Rat setzte daraufhin 2000 einen „Ausschuss der Weisen" unter Vorsitz von Alexandre Lamfalussy ein. Dieser sollte Vorschläge machen, wie der Binnenmarkt für Finanzdienstleistungen zügig realisiert werden könnte. Der Ausschuss identifizierte neben der Schwerfälligkeit des Mitentscheidungsverfahrens das Problem, dass das bisherige System nicht zwischen wesentlichen Grundsätzen und praktischen Vorschriften für die tägliche Anwendung unterscheide, weshalb erstere zu detailliert ausfielen und letztere zu schwer zu aktualisieren seien (Rat der Weisen 2001: 38). Nachdem die Idee einer europäischen Regulierungsagentur nach amerikanischem Vorbild schnell wieder verworfen worden war (Pollack 2003: 149), wurde 2002 zunächst für die Regulierung des Wertpapiersektors das sogenannte Lamfalussy-Verfahren entwickelt, das dann als Konzept für „better regulation" (Schaub 2005: 115) 2004 auch auf den Bereich Banken sowie Versicherungen und Pensionsfonds – und damit auf den gesamten Finanzsektor – ausgedehnt wurde (Schmolke 2006: 439).

Im Zusammenhang mit diesem Verfahren wurden zunächst zwei Ausschüsse geschaffen: der Wertpapier-Ausschuss aus nationalen Delegierten (ESC – ein Regelungsausschuss gemäß Komitologiebeschluss von 1999) sowie ein beratender Ausschuss der Wertpapierregulierer (CESR), der letztlich nicht nur deren Beteiligung an der europäischen Regelsetzung, sondern auch der EU-weiten Vernetzung der nationalen Wertpapierregulierer dienen sollte. Für die anderen beiden Bereiche wurden später analog der europäische Bankenausschuss sowie der europäische Ausschuss für das Versicherungswesen und die betriebliche Altersversorgung als Komitologieausschüsse sowie als beratende Ausschüsse der Ausschuss der europäischen Bankenaufsichtsbehörden (CEBS) und der Ausschuss der europäischen Aufsichtsbehörden für das Versicherungswesen und die betriebliche Altersversorgung (CEIOPS) eingerichtet. In drei Bereichen wurden je ein Komitologie-ausschuss und ein beratender Ausschuss geschaffen

Das Lamfalussy-Verfahren enthielt in der damaligen Fassung vier Stufen (Pollack 2003: 149ff.; Schmolke 2006: 432; Europäische Kommission 2007), der Kern war ein „schlankes" Gesetzgebungsverfahren, die umfangreiche Delegation von Befugnissen an die Kommission (im Komitologieverfahren) sowie die Vernetzung der nationalen Aufsichtsbehörden: Vierstufiges Lamfalussy-Verfahren

1. Rat und Parlament verabschieden auf Vorschlag der Kommission, die bereits hier vom jeweiligen *beratenden* Ausschuss unterstützt wird, im Mitentscheidungsverfahren nur eine Art Rahmengesetzgebung. Art und Umfang der in Stufe 2 zu beschließenden technischen Detailregelungen müssen hier festgelegt werden.

2. Die Einzelheiten werden von der Kommission im Komitologieverfahren beschlossen. Der CESR (oder der jeweils andere beratende Ausschuss) kann der Kommission Vorschläge unterbreiten, die diese bei ihren Entwürfen berücksichtigt. Wenn die Kommission eine Maßnahme beschließen will, benötigt sie nach dem Regelungsausschussverfahren eine qualifizierte Mehrheit im jeweiligen Komitologieausschuss (Schmolke 2006: 434). Zudem musste sich die Kommission informell verpflichten, in diesem Verfahren zu vermeiden, sich über überwiegende Auffassungen („predominant views", die nach Einschätzung der Kommission zwischen 50 % und einer qualifizierten Mehrheit liegen) hinwegzusetzen (Pollack 2003: 151).[35] Der CESR kann auch auf eigene Initiative tätig werden (Ruffing 2011: 143).

3. Dann koordinieren die nationalen Regulierer in den jeweiligen beratenden Ausschüssen die nationale Umsetzung, wobei sie über den jeweiligen bera-

---

35 Wenn die Kommission diese qualifizierte Mehrheit nicht erhält, gilt das übliche Rekursverfahren nach dem 1999er Komitologiebeschluss (siehe auch Schmolke 2006: 434).

tenden Ausschuss durch rechtlich unverbindliche Maßnahmen wie Leitlinien und gemeinsame Empfehlungen zu Auslegungsfragen (sogenanntes „Soft Law") die Umsetzung abstimmen (Schmolke 2006: 435).

4. Schließlich wacht die Kommission (mit zusätzlichen Ressourcen) rigoros darüber, dass die Regeln auch fristgemäß und korrekt in nationales Recht umgesetzt werden (Pollack 2003: 149; Schmolke 2006).

Komitologie als Strategie für „bessere", d. h. hier effizientere Regulierung

Mit der Einführung und Ausweitung des Lamfalussy-Verfahrens geschah in geplanter Weise, was sonst in vielen anderen Kontexten eher ad-hoc erfolgte: Die Komitologie wurde als Strategie für eine, wenn man so will, bessere Regulierung eingesetzt, wobei ‚besser' hier zum einen ‚schneller' heißt, zum anderen, dass die relevanten mitgliedstaatlichen Akteure einbezogen und vernetzt werden, um Maßnahmen nicht nur zu verabschieden, sondern auch in den Mitgliedstaaten zügig und möglichst ohne Widerstand umzusetzen. Allerdings war die sehr weitgehende Verlagerung der Regelsetzung auf die Kommission mit Expertenausschüssen schon in der Entstehung umstritten. Das Parlament forderte auch hier ein Rückholrecht, ließ sich schließlich aber auf das Versprechen der Kommission ein, das Verfahren völlig transparent zu machen, indem das Parlament umfassend über geplante Maßnahmen unterrichtet werden und ausreichend Zeit erhalten soll, diese Maßnahmen hinsichtlich ihrer Übereinstimmung mit der gegebenen Ermächtigung zu überprüfen (Pollack 2003: 150f.; Schmolke 2006: 437). Das Parlament blieb insbesondere gegenüber einer weiteren Ausdehnung des Verfahrens ohne entsprechendes Rückholrecht skeptisch (Schmolke 2006: 439). In einer ersten Revision des Verfahrens (Lamfalussy-Verfahren II) wurde 2007 die bisherige Sunset-Klausel, die das Mandat der Kommission zur Umsetzung von Richtlinien in der Komitologie auf vier Jahre begrenzt, abgeschafft und stattdessen das Regelungsausschussverfahren mit Kontrolle gemäß Komitologiebeschluss von 2006 mit einem Rückholrecht für Parlament und Rat ausgestattet (Ruffing 2011: 152).

Die Bilanzen sind überwiegend positiv, die Entscheidungseffizienz jedenfalls ist beachtlich

Die seit 2007 verschiedentlich gezogenen Bilanzen des Verfahrens sind überwiegend positiv (Schaub 2005; Schmolke 2006; Europäische Kommission 2007; Walter/Kern 2011; Ruffing 2011; eher kritisch: Möllers 2010). Nach Auffassung der Kommission hat der „Lamfalussy-Prozess erheblich zur Entwicklung eines flexibleren europäischen Regulierungssystems beigetragen und den Weg für eine größere aufsichtliche Konvergenz und Zusammenarbeit geebnet" (Europäische Kommission 2007: 4). Der regulative Output ist jedenfalls beachtlich, die Entscheidungseffizienz deutlich gewachsen (Schmolke 2006: 445). Die für die Verabschiedung der ersten vier Richtlinien erforderliche Zeit betrug durchschnittlich 20 Monate (gegenüber Vorgängerregelungen, die in diesem Bereich zwischen vier und neun Jahren gebraucht hatten, Europäische Kommission 2007: 4; Möllers 2010: 136). Im Wertpapierbereich wurde bislang die umfangreichste Regulierung im Lamfalussy-Verfahren beschlossen: Der Kommissionsbericht von 2007 weist vier Rahmen-Richtlinien aus (Ebene 1),[36] acht Richtlinien, die die Kommission im Komitologieverfahren verabschiedet hat (Ebene

---

36 Siehe bei Ruffing die Fallstudien zur Marktmissbrauchsrichtlinie (2011: 163ff) und zur MiFID (2011: 213). In den anderen Bereichen ist die Bilanz nicht ganz so strahlend. In einigen Fällen bestand das Parlament zunächst aufgrund des fehlenden Rückholrechts in vielen Bereichen auf vergleichs-

2) und 23 (rechtlich unverbindliche) Leitlinien, Standards und Empfehlungen, die der beratende Ausschuss der Wertpapierregulierer (CESR) erarbeitet und beschlossen hat (Ebene 3).[37]

Anhand des Entscheidungsverfahrens auf Stufe 2 (Durchführungsmaßnahmen) zur Marktmissbrauchsrichtlinie beschreibt Ruffing präzise, wie die Entscheidungsfindung im Komitologieverfahren genau ablief: Zunächst beauftragte die Kommission den beratenden Ausschuss der Aufsichtsbehörden (CESR), Empfehlungen zu entwerfen. Dieser setzte wiederum eine Expertengruppe ein und erarbeitete ein Konsultationspapier. Alle wichtigen Interessen wurden konsultiert (Ruffing 2011: 184). Der CESR beschloss seine Empfehlung im Konsens. Auf der Basis dieser Empfehlung erarbeitete dann die Kommission ihren Richtlinienvorschlag. Schon hier wurde die Kommission vom Komitologieausschuss (dem ESC) aufgefordert, zu begründen, warum sie in einigen Punkten vom CESR-Vorschlag abgewichen war. Die Kommission veröffentlichte dann den Richtlinienvorschlag auf ihrer Homepage, forderte Marktteilnehmer auf, Stellung zu nehmen (im Einzelnen Ruffing 2011: 186f.) und entwickelte drei weitere Varianten ihres Vorschlags, in den sie einige Forderungen der „Marktteilnehmer" aufnahm und auch Forderungen des Europäischen Parlaments berücksichtigte, bevor der Regelungsausschuss (ESC) zustimmte (Ruffing 2011: 187f.). In einem anderen Fall folgte die Entscheidungsfindung zwar einem ähnlichen Muster, erwies sich aber als schwieriger, weil hier die Rahmenrichtlinie keine Entscheidungskriterien zur Verfügung gestellt hatte (Ruffing 2011: 195).

Kritischer wird insgesamt die Funktionsweise der dritten Stufe beurteilt. Zwar gab sich beispielsweise der CESR selbst eine Satzung und identifizierte drei Haupttätigkeitsfelder: die koordinierte Umsetzung von EU-Recht, die Konvergenz der Aufsichtsentscheidungen und die Übereinstimmung der Aufsichtsziele. Wie umfangreich und systematisch die Konsultationen von Marktteilnehmern durch den CESR sind, ist aber umstritten. Ruffing kommt in ihrer Analyse hier zu einer eher kritischen Einschätzung (2011: 206).

Lamfalussy-Verfahren: Entscheidungen auf drei Stufen

---

weise detaillierten Regulierungen, so dass das Konzept der schlanken Rahmengesetzgebung nur mit Einschränkungen realisiert werden konnte (Schaub 2005: 114; Schmolke 2006: 447; IIMG 2007: 4).
37 Zu den rechtlichen Schwierigkeiten solcher Regeln aus deutscher Sicht siehe Möllers 2010.

Abbildung 3:   Das Lamfalussy-Verfahren III

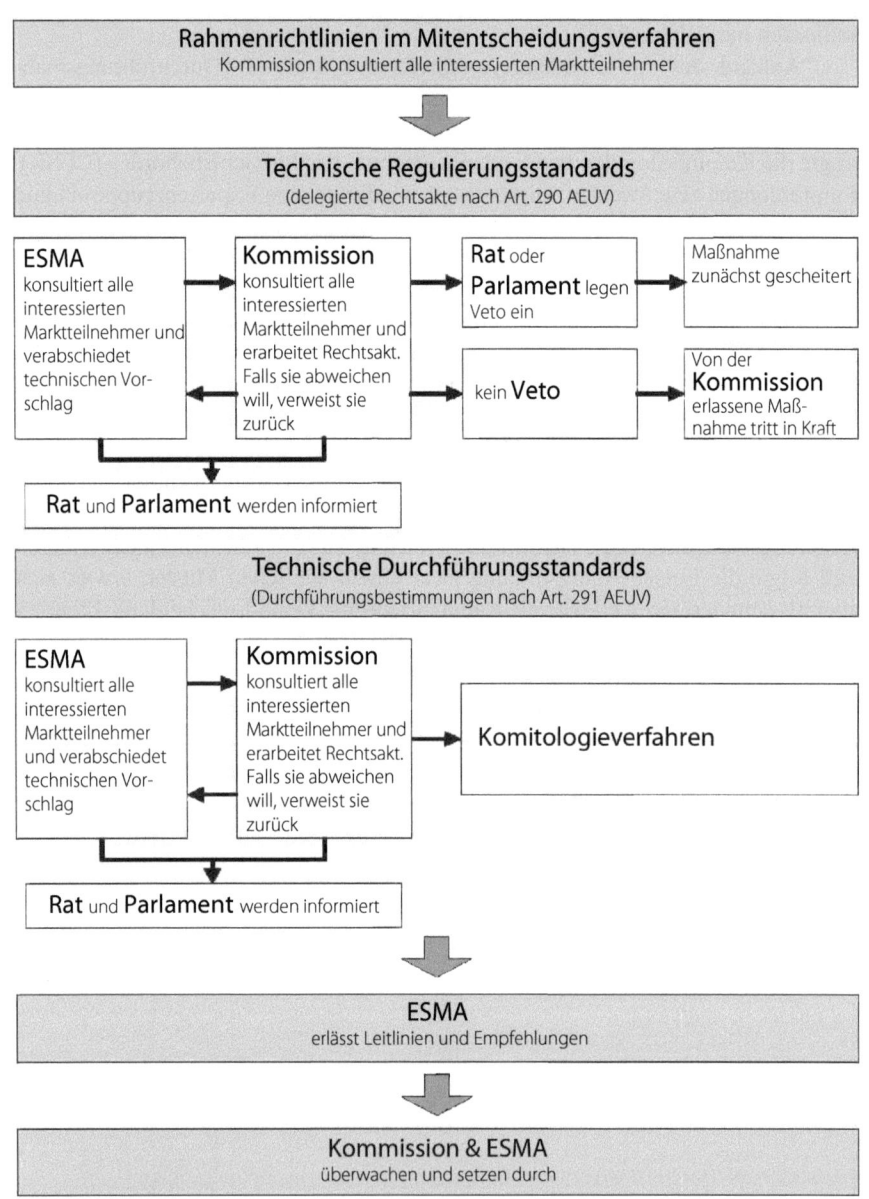

Quelle: Ruffing 2011: 294

| Zusammenarbeit der Aufsichtsbehörden war ein wichtiger Schritt | Die Kommission, der man natürlich ein Interesse an der Verstetigung und ggf. auch Ausbreitung des Verfahrens unterstellen darf, hält die Zusammenarbeit der Aufsichtsbehörden im Hinblick auf eine Konvergenz der Aufsicht (Stufe 3) für einen der innovativsten Aspekte des Lamfalussy-Verfahrens (Europäische Kommis- |

sion 2007: 7). Diese Konstellation entspricht den in Kapitel 6 betrachteten Verwaltungsnetzwerken. Allerdings sieht auch die Kommission in der Praxis eine Reihe von Schwierigkeiten, die sie vor allem auf fehlende Ressourcenausstattung der Ausschüsse zurückführt (Europäische Kommission 2007: 8). Auch bemängelt die Kommission, dass diejenigen Beschlüsse, die gefasst wurden (etwa zu Leitlinien), in den Mitgliedstaaten nicht konsequent genug angewendet werden und die nationalen Behörden z.T. eigene, konkurrierende Leitlinien verfassen (Europäische Kommission 2007: 11). Auch die Umsetzung der beschlossenen Maßnahmen in den Mitgliedstaaten blieb insgesamt hinter den Erwartungen zurück (IIMG 2007: 4). Allerdings wurde mitunter auch grundlegendere Kritik an der Handhabung des Verfahrens geübt. Unter anderem wurde kritisiert, der CESR, der Ausschuss der Regulierungsbehörden, werde auch dort tätig, wo noch gar keine Rahmengesetzgebung oder Durchführungsbestimmungen vorlägen (Schmolke 2006: 440). Die Kommission wiederum argumentiert, diese Art der Parallelarbeit sei erforderlich, weil man sonst nicht zu der gewünschten Beschleunigung komme (Schaub 2005: 114). Insgesamt erscheint es gegenwärtig noch zu früh und im Rahmen dieses Bandes auch nicht möglich, eine abschließende Bilanz des Verfahrens zu ziehen (ansatzweise Ruffing 2011).

In Folge der Finanz- und Wirtschaftskrise wurde die soeben beschriebene institutionelle Konstellation deutlich verändert, womit die beratenden Ausschüsse (CESR, CEBS und CEIOPS) „zum Fundament einer einheitlichen EU-Finanzaufsichtsarchitektur" geworden sind (Walter/Kern 2011: 103). Seit Anfang 2011 haben diese drei Ausschüsse den Status von Behörden erlangt: die European Securities Markets Authority (ESMA), die European Banking Authority (EBA) und die European Insurance and Occupational Pensions Authority (EIOPA) (Walter/Kern 2011: 97; Fischer-Appelt 2011). Mit den Aufsichtsfunktionen dieser Behörden und der neuen Kategorie des delegierten Rechtsaktes wurde das Lamfalussy-Verfahren neu gestaltet (sogenanntes Lamfalussy-Verfahren III). Eine wesentliche Änderung, die die Komitologie betrifft, liegt darin, dass in Stufe 2 nun zwischen technischen Regulierungsstandards (delegierte Rechtsakte nach Art. 290 AEUV) und technischen Durchführungsstandards (nach Art. 291) unterschieden wird (Ruffing 2011: 295ff.).[38] In beiden Fällen erarbeitet die jeweils zuständige Behörde (ESMA, EBA oder EIOPA) einen Vorschlag. Diesen kann die Kommission billigen oder (mit einer Begründung) zurückverweisen. Im Fall von Regulierungsstandards können Parlament und Rat ein Veto einlegen; im Fall von Durchführungsstandards wird (wie bisher) der Komitologieausschuss konsultiert (Ruffing 2011: 295). Für welche Materien welches Verfahren angewendet wird und wie das Ganze funktionieren soll, ist aktuell noch relativ offen. Klar ist, dass die nationalen Aufsichtsbehörden in ihrer europäischen Funktion nun gestärkt, die nationalen Regierungsexperten und auch die Kommission eher geschwächt wurden. Denn die Kommission muss ein Abweichen von den Vorschlägen der jeweiligen Behörde gut begründen, zugleich aber jedenfalls bei den Regulierungsstandards die Vor-

Beratende Ausschüsse wurden 2011 zu Aufsichtsbehörden über den Finanzsektor weiterentwickelt

---

38 Es ergeben sich auch Veränderungen auf den weiteren Stufen, die aber hier nicht ausführlicher erörtert werden können. Siehe hierzu Ruffing 2011: 298ff.

stellungen von Rat und Parlament berücksichtigen, will sie von diesen kein Veto riskieren (Ruffing 2011: 297).

4.5 Rolle und Zukunft der Komitologie

Auf der allgemeinen konstitutionellen Ebene wie auch bei der Gestaltung spezifischer Programme war die Komitologie seit 50 Jahren ein wesentlicher Zankapfel, während die tatsächliche Arbeit häufig geräusch- und problemlos läuft. Die konkrete Funktion der Ausschüsse wird in der Literatur gerne *entweder* als politische Wachhunde der Mitgliedstaaten gegenüber der Kommission, in denen strategisch über feststehende Positionen verhandelt wird, *oder* als europäische Expertenzirkel zur Erreichung fachlich begründeter, funktionaler Problemlösungen beschrieben. Wie in diesem Kapitel gezeigt wurde, ist die theoretisch angeleitete empirische Forschung inzwischen zu der Erkenntnis gelangt, dass diese Gegenüberstellung in die Irre führt. Die Ausschüsse sind immer beides, wenn auch in unterschiedlicher Dosierung.

Die Erweiterung dürfte die Kommission in der Komitologie gestärkt haben

Eine Frage, die sich in jüngerer Zeit gestellt hat, ist die nach den Auswirkungen der verschiedenen Erweiterungsrunden auf die Arbeit der Komitologie. Entgegen den weit verbreiteten Annahmen wurden bislang keine gravierend negativen Effekte der Erweiterung auf die Effizienz dieses Entscheidungssystems identifiziert (Alfé et al. 2007: 14). Tatsächlich waren die Delegierten der neuen Mitgliedstaaten schon einige Jahre vor dem offiziellen Beitritt an den Ausschüssen beteiligt und konnten sich mit den Arbeitsweisen vertraut machen. Allerdings ist das Sprachen-Regime wenig an die neuen Mitgliedstaaten angepasst worden, noch immer ist meist englisch die Arbeitssprache, und die Übersetzung der relevanten Arbeitsdokumente sowie die Simultanübersetzung der Sitzungen bleiben die Ausnahme, so dass die Delegierten neuer Mitgliedstaaten nicht immer optimale Bedingungen vorfinden (Alfé et al. 2007: 14). Beobachter identifizieren – infolge der größeren Anzahl der Delegationen – eine stärkere Trennung von Beratung und formaler Beschlussfassung. Das System erscheint disziplinierter, dafür aber weniger flexibel. Mit der Zunahme der Zahl und der Heterogenität der Mitgliedstaaten erscheinen informelle Praktiken, die insbesondere auf die Erreichung größtmöglichen Konsenses abzielen, auf dem Rückzug; im Zweifelsfalle lässt die Kommission abstimmen. Aber auch dauerhafte Koalitionen, die mitunter in Ausschüssen ebenso wie im Rat zu beobachten sind, werden mit der Erweiterung selten. In der Tendenz dürfte im Kräftegleichgewicht der Komitologie die Kommission ihre Position gestärkt haben (Alfé et al. 2007: 16).

Charakteristisch ist die Koexistenz von starkem institutionellen Beharrungsvermögen und ständiger Weiterentwicklung

Die zwei gewählten Fallbeispiele haben zwei wichtige Charakteristika der Entwicklung der europäischen Institutionenstruktur im Allgemeinen und der Verwaltungsstruktur im Besonderen plastisch gemacht: Kontinuität und Wandel. Während der Verwaltungsausschuss für Getreide im Kern seit 50 Jahren dieselbe Aufgabe nach demselben Verfahren erledigt, können wir im Kontext des Lamfalussy-Verfahrens ausgeprägten Wandel beobachten. Vor gut 10 Jahren eingeführt und im Großen und Ganzen erfolgreich, wurde das Verfahren unter dem Eindruck der

Finanzmarktkrise einerseits und der weitgehenden institutionellen Veränderung des Lissabon-Vertrags andererseits grundlegend modifiziert. Dabei zeigt sich in geradezu exemplarischer Weise, wie aus einem die Komitologie ergänzenden Ausschuss ein Verwaltungsnetzwerk und aus dem Verwaltungsnetzwerk eine eigenständige Regulierungs- und Aufsichtsbehörde geworden ist, deren Aufsichtsfunktion sich gleichwohl noch erweisen muss. Das macht das Evolutive und Experimentelle der europäischen Verwaltungsstrukturen aus (siehe auch z. B. Groenleer 2011).

Die jüngste Reform des Gesamtsystems der delegierten Regelsetzung durch die Kommission in Folge des Lissabonner Vertrags und der neuen Komitologie-Verordnung vom Februar 2011 beinhaltet die gravierendste Veränderung der Komitologie seit ihrer Entstehung und kann als revolutionär bezeichnet werden (Töller 2013). Nur ein Teil der delegierten Regelsetzung, die sogenannten Durchführungsrechtsakte nach Art. 291, unterliegt noch den Komitologieverfahren. Die Verabschiedung von delegierten Rechtsakten durch die Kommission hingegen wird von Rat und Parlament kontrolliert. Dass diese Veränderungen Auswirkungen auf die interinstitutionelle Machtverteilung haben werden, ist unstrittig. Während man zunächst das Parlament als Gewinner dieser neuen Konstellation feierte, weil es seine bisherigen Vorstellungen weitgehend durchsetzen konnte, kristallisiert sich inzwischen eher die Kommission als Gewinnerin heraus. In der neuen Komitologie habe sie nun mehr Macht, da kein Rekurs zum Rat mehr drohe (Edenharter 2011; Greorgiev 2011; Christiansen/Dobbels 2013: 44). Bei den Kompetenzen nach Art. 290 AEUV könne die Kommission nun ganz ohne Kontrolle durch die Komitologieausschüsse agieren, während die Nutzung des damit verbundenen Revokationsrechts durch Europäisches Parlament und Rat erst im Anschluss an den eigentlichen Entscheidungsprozess stattfinde. Auch kann auf der Basis von Art. 290 AEUV mit einer großzügigeren Delegation von Kompetenzen durch den Gesetzgeber gerechnet werden. Allerdings zwingt die neue Konstellation die Kommission, in ihren Gesetzentwürfen sehr genau zu definieren und gegenüber dem Gesetzgeber zu begründen, für was und warum sie Kompetenzen delegiert haben möchte. Zugleich ist aber noch offen, wie sich die Organisationen längerfristig zu den neuen Verfahren verhalten werden. Die relativ unklare Unterscheidung zwischen Art. 290 und 291 AEUV eröffnet grundsätzlich neue Räume für Konflikte, insbesondere zwischen Parlament und Rat. Es kann plausibel angenommen werden, dass in der Gesetzgebung das Europäische Parlament prinzipiell ein Interesse daran hat, möglichst viele Materien gem. Art. 290 AEUV zu delegieren, weil es hier gleichberechtigt neben dem Rat kontrolliert, während die Kommission in der Entscheidungsphase ohne privilegierten Einfluss der Mitgliedstaaten über die Komitologieausschüsse agiert (Brandsma/Blom-Hansen 2012: 942). Hingegen dürfte der Rat daran interessiert sein, Materien gem. Art. 291 AEUV zu delegieren, weil hier nach wie vor mitgliedstaatliche Delegierte in den Ausschüssen partizipieren.

Allerdings ist gegenwärtig noch unklar, welche Relevanz das Parlament diesem Thema beimisst und wie viel Wert es im Einzelfall auf diese institutionellen Finessen legt, wenn es ja immer auch Konflikte über substanzielle Inhalte der Rechtsetzung gibt (Christiansen/Dobbels 2012: 16). Zumindest der Rat scheint entschlossen, so wenig wie möglich gem. Art. 290 AEUV zu delegieren. Selbst

Es ist noch offen, wie sich die Komitologie-Reform in der Praxis auswirken wird

wenn das Parlament im Rahmen von Paketlösungen hier mitspielen sollte, wird sich die Kommission wohl früher oder später mit rechtlichen Mitteln wehren.

Schließlich ist auch die Überführung des Acquis noch nicht abgeschlossen und wird bis zu ihrem Abschluss 2014 voraussichtlich Quelle für neue Konflikte sein, deren Ausgang noch ungewiss ist. Während sich Parlament und Rat einig sind, dass die Bereiche, in denen bisher das Regelungsverfahren mit Kontrolle Anwendung fand, nicht wie von der Kommission vorgeschlagen automatisch in delegierte Rechtsetzung überführt werden soll, sind sich beide auch hier zutiefst uneinig über die Art der Abweichung: Während das Parlament das Anwendungs-gebiet der delegierten Rechtsetzung gerne breiter sehen würde, vertritt der Rat die gegenteilige Position (Christiansen/Dobbels 2012). Mit weniger Konflikten ist infolge der Reform also eher nicht zu rechnen.

Die Reform von 2009/2011 ist nicht das Ende der Komitologie, aber ein ganz empfindlicher Einschnitt. Zwar werden die Ausschüsse nicht an Anzahl ab-nehmen, aber die bestehenden Ausschüsse werden formell weniger zu entschei-den haben. Vorstellbar ist gleichwohl, dass dieselben Ausschüsse informell auch weiterhin bei der Entscheidungsfindung im Rahmen der delegierten Rechtsetzung beteiligt werden – gleichwohl nach anderen Regeln und mit weniger Einflussmög-lichkeiten.

Empfohlene Literatur zum Weiterlesen

- Blom-Hansen, Jens, und Gijs J. Brandsma. 2009. The EU Comitology System: Intergovernmental Bargaining and Deliberative Supranationa-lism? Journal of Common Market Studies 47: 719-740.
- Groenleer, Martijn. 2011. Regulatory Governance in the European Uni-on: The Political Struggle Over Committees, Agencies and Networks. In Handbook on the Politics of Regulation, Hrsg. David Levi-Faur, 548-560. Cheltenham: Edward Elgar.
- Töller, Annette Elisabeth, 2013. Die Reform der Komitologie mit und nach dem Vertrag von Lissabon: The End of The World As We Know it? Integration 36: 213-233.

5 Agenturen

Agenturen sind in den letzten Jahren zu einem festen Bestandteil des administrativen Gefüges der EU geworden. Zwar wurde die erste Agentur in der EG bereits in den 1970er Jahren gegründet, doch vor allem seit den 1990er Jahren kam eine Vielzahl weiterer Agenturen hinzu. Insbesondere dieses rasche quantitative Wachstum von EU-Agenturen hat das politik- und verwaltungswissenschaftliche Forschungsinteresse geweckt. Die vorliegende Forschung zu den EU-Agenturen lässt sich in vier Stränge unterteilen.

Erstens zielen Studien vor allem aus der EU-Forschung darauf ab, die Entstehung von EU-Agenturen zu erklären. In diesen frühen Studien dominiert eine funktionale Etablierungslogik, die EU-Agenturen als funktionale Lösung sieht, um typische Implementationsprobleme regulativer Politik zu bewältigen (Dehousse 1997; Majone 1997a, 1997b; Yatanagas 2001). Die Delegation komplexer Aufgaben an Agenturen erhöht demnach einerseits die Glaubwürdigkeit getroffener Entscheidungen und ermöglicht andererseits, spezialisierte Expertise in den Agenturen vorzuhalten. Letztlich stärken Agenturen damit die Handlungsfähigkeit der Kommission.

Etablierung von EU-Agenturen

Daran anknüpfend beschäftigen sich, zweitens, zahlreiche Studien mit den formalen Strukturen, Ressourcen und Kompetenzen von EU-Agenturen. Hier werden – oft aus einer Prinzipal-Agent-Perspektive – die Steuerungsmechanismen untersucht, die den beteiligten Prinzipalen zur Eindämmung der Autonomie von EU-Agenturen zur Verfügung stehen (vgl. z. B. Christensen/Nielsen 2010; Wonka/Rittberger 2010).

Erforschung formaler Strukturen, Ressourcen und Kompetenzen

Drittens richtet sich vor allem in jüngerer Zeit das wissenschaftliche Interesse vermehrt auf die empirische Erforschung der Rolle und Steuerung von EU-Agenturen, die – so das Argument – nicht notwendigerweise allein durch formale Strukturen, Ressourcen und Kompetenzen geprägt ist, sondern vielmehr ebenso dadurch bestimmt wird, wie EU-Agenturen *de facto* ihre Aufgaben wahrnehmen und wie die vorhandenen Steuerungsmechanismen angewendet werden. Diese Forschungsrichtung zeichnet sich durch das Vordringen verwaltungswissenschaftlicher Fragestellungen und Konzepte aus, so dass einige Beobachter gar einen „public administration turn" (Busuioc et al. 2012: 9) in der EU-Forschung identifizieren. Die bereits vorliegenden Studien zur tatsächlichen Rolle und Aufgabenwahrnehmung erweisen sich als ertragreich, da sie zeigen, dass die formalen Regelungsaspekte, die tatsächliche Aufgabenwahrnehmung und die daraus erwachsende Rolle sowie die Steuerung beträchtlich divergieren können (vgl. Groenleer 2009; Busuioc 2012).

Dreh- und Angelpunkt in diesen beiden letztgenannten Forschungssträngen ist die Frage, inwiefern die EU-Agenturen über Autonomie, d. h. über eigenständige Handlungsspielräume verfügen, wie diese Autonomie formal ausgestaltet ist bzw. begrenzt wird und inwiefern sich eine informelle Autonomie in der Steuerung der EU-Agenturen ausmachen lässt. Der formale oder informelle Grad an Autonomie bildet damit einen zentralen Referenzpunkt der EU-Agentur-For-

Autonomie als Dreh- und Angelpunkt der Forschung

schung, der auch in diesem Kapitel aufgegriffen wird. Diese Perspektive wirft die Frage auf, welchem Akteur gegenüber die EU-Agenturen eigentlich autonom sein sollen oder können. Während diese Frage in einem klassischen parlamentarischen Regierungssystem einfach zu beantworten ist und die Autonomie von Behörden gegenüber dem „Mutterressort" entsprechend den Ausgangspunkt vieler Überlegungen bildet, ist diese Frage im Falle der EU-Agenturen komplizierter, wie die nachfolgenden Abschnitte zeigen werden.

„accountability":
Zur Kontrolle und
Legitimation von
EU-Agenturen

Die Autonomie-Diskussion wird, viertens, unter dem Stichwort „accountability" durch eine Diskussion über die Rechenschaftspflicht und mithin die Legitimation der EU-Agenturen flankiert (vgl. Curtin 2005, 2007, 2009; Bovens 2007; Papadopoulos 2007; Busuioc 2009, 2010). Wenn die EU-Agenturen über einen gewissen Grad an Autonomie verfügen, wie sind sie dann in Mechanismen demokratischer Kontrolle und Verantwortlichkeit eingebunden? Autoren, die dieser Frage nachgehen, interessieren sich also für die Effekte der Etablierung von EU-Agenturen und der Delegation von Aufgaben (Busuioc 2009, 2010; Curtin 2005; Flinders 2004). Bisher werden allerdings auch in dieser Diskussion vor allem die Implikationen der formalen Strukturen, Ressourcen und Kompetenzen der EU-Agenturen thematisiert; empirische Studien stehen vielfach noch aus (vgl. aber z. B. Busuioc 2010; Wonka/Rittberger 2011).

Dieses Kapitel knüpft an diese Forschungsstränge an und zielt darauf ab, die EU-Agenturen innerhalb des europäischen Verwaltungssystems zu verorten. Dazu wird zunächst die Entstehungsgeschichte der EU-Agenturen beleuchtet, und dann werden die institutionelle Grundstruktur und personelle Zusammensetzung der EU-Agenturen beschrieben. Im Anschluss werden die zentralen theoretischen Perspektiven aufgegriffen, anhand derer die EU-Agenturen in der politik- und verwaltungswissenschaftlichen Forschung untersucht werden. Es folgen zwei kleine Fallstudien, in denen die Europäischen Umweltagentur (*European Environment Agency*, EEA) und die Europäische Arzneimittelagentur (*European Medicines Agency,* EMA) näher betrachtet werden. Das Kapitel schließt mit einem Ausblick auf mögliche Fortentwicklungen der Agenturen im Mehrebenensystem der Europäischen Union.

5.1 Entstehungsgeschichte, politischer und institutioneller Kontext

5.1.1 Was sind EU-Agenturen? Eine Eingrenzung

Schwierigkeiten der
Begriffsbestimmung

Es ist nicht ganz einfach, EU-Agenturen begrifflich abzugrenzen. Eine EU-Agentur ist mitnichten eindeutig anhand ihres Namens zu identifizieren; so gibt es zwar z. B. die EEA und die EMA, aber auch das Gemeinschaftliche Sortenamt, das den englischen Namen Community Plant Variety Office (CPVO) trägt, sowie das Europäische Zentrum für die Prävention und die Kontrolle von Krankheiten (European Centre for Disease Prevention and Control, ECDC), deren Agenturstatus nicht direkt aus dem Namen hervorgeht. EU-Agenturen sind in einer Vielzahl von Politikfeldern tätig, an unterschiedlichen Standorten in den Mitgliedstaaten sowie an den Standorten der EU-Organisationen Brüssel und Luxemburg angesiedelt, sind zu unterschiedlichen Zeitpunkten gegründet worden, nehmen unterschiedliche Aufgaben wahr und werden je nach Aufgabengebiet in mehrere Gruppen eingeteilt (vgl. Kap. 5.2.3).

In diesem Kapitel werden die sogenannten Regulierungsagenturen und die Unionsagenturen zusammenfassend als „EU-Agenturen" bezeichnet. Diese lassen sich von den Exekutivagenturen und den Joint Undertakings abgrenzen (vgl. auch Groenleer 2009: 19).[39] Die Regulierungsagenturen nehmen unterschiedliche Aufgaben wahr (vgl. Kap. 5.2.1) und sind in den unterschiedlichen Politikbereichen der vormaligen ersten Säule des Vertragswerks angesiedelt. Als Unionsagenturen werden die Agenturen der Gemeinsamen Sicherheits- und Verteidigungspolitik und die Agenturen der polizeilichen und justiziellen Zusammenarbeit in Strafsachen bezeichnet. Sie unterscheiden sich von den Regulierungsagenturen (lediglich) dadurch, dass sie allein durch den Rat errichtet werden (vgl. Kap. 5.1.3). Sie werden „union agencies" (Groenleer 2009: 116) oder „intergouvernemental agencies" (Jann et al. 2008: 96) genannt, weil sie in der ehemaligen 2. und 3. Säule der EU etabliert wurden.

Union Agencies = Agenturen der 2. und 3. Säule

Im Kanon des europäischen Rechts findet sich keine umfassende Definition der Agenturen. Mit den Änderungen, die in den Vertrag von Lissabon eingeflossen sind, werden die Agenturen aber erstmalig im europäischen Vertragswerk erwähnt; eine weitere begriffliche Annäherung fehlt.

EU-Recht einsilbig

Sowohl in den einschlägigen Dokumenten der EU-Organisationen als auch in der wissenschaftlichen Literatur finden sich unterschiedliche Annäherungen und Abgrenzungen (z. B. Barbieri 2003; Groenleer 2006: 156-57; Dehousse 2002: 9; Bergström/Rotkirch 2003: 16-18; Kreher 1997: 236-238; Vos 1999: 191-194; Yataganas 2001: 24). So wurden die Agenturen früher nach ihrer Zuordnung zu den Säulen des europäischen Vertragswerks unterschieden (vgl. z. B. Fleischer 2007)[40], nach ihrem Gründungszeitpunkt, der sie einer der drei Gründungsgenerationen zuordnet (Kap. 5.1.2) und – einer neueren Annäherung folgend – nach ihren Aufgabenbereichen (vgl. Kap. 5.2.1).

Verschiedene Abgrenzungsperspektiven

Die wissenschaftliche Literatur und die Policy-Dokumente der Kommission lassen sich in folgendem Merkmalskatalog einer EU-Agentur zusammenfassen

Definition EU-Agenturen

---

39 Exekutivagenturen sind aus den sogenannten Büros für technische Hilfe hervorgegangen, werden ausschließlich zur Verwaltung spezifischer Gemeinschaftsprogramme für eine bestimmte Zeit eingesetzt und sind der Kommission direkt unterstellt. Joint Undertakings, auch ‚besondere Partnerschaften' genannt, sind öffentlich-private Partnerschaften, die überwiegend zur Umsetzung der Gemeinsamen Technologieinitiativen im Rahmen des 7. Forschungsrahmenprogrammes etabliert wurden. Sie werden von der Kommission gemeinsam mit einem nicht-kommerziellen Konsortium aus Unternehmen, Universitäten und Forschungsinstituten gegründet (vgl. zu Exekutivagenturen und Joint Undertakings: Groenleer 2009: 19 ff.).
40 Mit dem Vertrag von Lissabon wurden die früher typischerweise zur Beschreibung der Evolution des Europäischen Vertragswerks verwendeten „drei Säulen" (vgl. Kap. 2) in einen gemeinsamen Rechtsrahmen überführt, weshalb sie sich nicht mehr zur Darstellung europarechtlicher oder institutioneller Entwicklungen anbieten. Nichtsdestotrotz orientiert sich die Kommission auf der offiziellen Agentur-Website in der Darstellung der Agenturen nach wie vor an dem Drei-Säulen-Modell (vgl. http://europa.eu/agencies/index_de.htm, letzter Zugriff am 01.08.2011).

(vgl. auch Kelemen 2005: 175; Jones/Vitrey 2006: 7-9; Groenleer 2009: 19; Europäische Kommission 2008): EU-Agenturen werden demnach mit einer eigenen Verordnung sekundärrechtlich errichtet, haben eine eigene Rechtspersönlichkeit, sind organisatorisch von den anderen EU-Organisationen (insbesondere der Kommission) getrennt, werden entweder direkt aus dem EU-Haushalt oder durch die Einnahme von Gebühren finanziert, unterliegen der Haushaltsverordnung und dem Personalstatut und haben ihren Sitz in einem EU-Mitgliedsstaat.

Das juristische Kriterium der „eigenen Rechtspersönlichkeit" befähigt Organisationen zur eigenständigen Rechts- und Geschäftsfähigkeit in allen Mitgliedstaaten (vgl. Andoura/Timmerman 2008: 5). Ähnlich wie für nationale Agenturen jenes Ministerium als „Mutterressort" fungiert, dessen Geschäftsbereich sie zugeordnet sind, sind die EU-Agenturen den Generaldirektionen der Kommission zugeordnet, in deren sektorale Zuständigkeit sie fallen. Neben diesen „parent GDs" als zentralen Ansprechpartnern in der Kommission unterhalten die Agenturen in der Regel Beziehungen zur DG „Haushalt", zur DG „Humanressourcen und Sicherheit" und zum Internen Auditdienst (Jann et al. 2008: 152).

Welche Organisationen werden nicht zu den Agenturen gezählt?

Neben diesen „echten" Agenturen gibt es eine Reihe von Organisationen, die nicht zu den Agenturen gezählt werden, obgleich sie z.T. das Wort „Agency" im Namen tragen. Dazu zählen erstens jene Organisationen, die ausschließlich auf intergouvernementaler Basis zwischen den beteiligten Staaten errichtet wurden, wie die Europäische Weltraumbehörde (European Space Agency, ESA), das Europäische Patentamt (European Patent Office), in dem die Kommission gleichwohl Beobachterstatus genießt (Groenleer 2009: 20, FN 19), oder das Europäische Hochschulinstitut in Florenz. Zweitens fallen darunter die Europäische Kommission, der Rat, das Europäische Parlament, der Europäische Gerichtshof und die Europäische Zentralbank. In diese Kategorie fällt auch die Euratom-Versorgungsagentur (Euratom Supply Agency, ebenfalls: ESA), obgleich sie auf der Agentur-Website der Kommission aufgeführt wird.[41] Drittens gehören inter-institutionelle Einrichtungen wie das Europäische Amt für Personalauswahl[42] (European Personnel Selection Office, EPSO) ebenso wenig wie die internen Dienste (z. B. Amt für die Feststellung und Abwicklung individueller Ansprüche, Paymaster`s Office, PMO) oder die sogenannten Allgemeinen Dienste wie die Gemeinsame Forschungsstelle (Joint Research Centre, JRC) zu den EU-Agenturen, da ihnen die eigene Rechtspersönlichkeit fehlt.

5.1.2 Der „Siegeszug" der EU-Agenturen

„agencification" in den Mitgliedstaaten

Die spezifischen Merkmale des politischen Systems der EU ebenso wie die Verwaltungsreformdebatte prägen die Entwicklung der EU-Agenturen, deren Aus-

---

41 http://europa.eu/agencies/euratom_agencies/index_de.htm (letzter Zugriff: 01.08.2011).

42 Beschluss der Generalsekretäre des Europäischen Parlaments, des Rates, der Kommission, des Kanzlers des Gerichtshofes, der Generalsekretäre des Rechnungshofes, des Wirtschafts- und Sozialausschusses, des Ausschusses der Regionen und des Vertreters des Bürgerbeauftragten vom 25. Juli 2002 über die Organisation und den Betrieb des Amtes für Personalauswahl der Europäischen Gemeinschaften (2002/621/EG) (ABl. 2002 Nr. L 197/56).

breitung seit Mitte der 1990er Jahre gelegentlich in Anlehnung an die nationalstaatlichen Reformprozesse ebenfalls als „agencification" (Geradin/Petit 2004:
35/6) beschrieben wird. Spätestens seit Ende der 1980er Jahre wurden Agenturen
in vielen Staaten als Teil der New Public Management (NPM)-Reformen gegründet, und Beobachter diagnostizierten ein „agency fever" (Pollitt et al. 2001).[43] Ziel
der Agencification-Reformen des NPM war es, die Effizienz ebenso wie die Effektivität des Regierungshandelns zu steigern. Die Ministerien sollen sich demzu-
folge auf Aufgaben der Politikformulierung und Steuerung konzentrieren, und den
Agenturen werden Implementationsaufgaben übertragen, die sie aufgrund größerer organisatorischer, personeller und finanzieller Spielräume möglichst eigenständig wahrnehmen sollen. Zwischen Ministerien und Agenturen wird in diesem
Modell eine Zielvereinbarung getroffen, mit der die Agenturen gesteuert werden
und zu deren Erreichung sie den Ressorts berichten.

Während die nationalstaatliche Forschung ihren Ausgangspunkt überwie-   „agencification" in
gend in der NPM-Debatte gefunden hat, ist der Diskurs um den regulativen Staat   der EU?
zentraler Bezugspunkt der Forschung zu EU-Agenturen, als dessen prominentes-
ter Vertreter Giandomenico Majone gelten darf, der schon früh als Verfechter von
Agenturen als Organisationsform regulativer Politik der EU aufgetreten ist (1996,
1997a; vgl. Kap. 5.3.2). Während die ersten Agenturgründungen auf EU-Ebene in
den 1970er Jahren durch die strenge Anti-Delegationsdoktrin (sogenanntes Meroni-Prinzip, s. u.) geprägt war, hat diese im Zeitverlauf an Bedeutung verloren,
so dass in einem zunehmend delegationsfreundlichen Klima die Einrichtung von
EU-Agenturen zu ganz verschiedenen Zwecken möglich wurde. In dieser Hinsicht
ähnelt die Entwicklung auf EU-Ebene jener, die viele OECD-Staaten seit Ende der
1980er Jahre durchlaufen haben. Der „Agencification"-Trend der internationalen
Verwaltungsreformmode hat sich auf der EU-Ebene niedergeschlagen und dort
mit EU-spezifischen Problemlagen und Kontextfaktoren vermengt.

Die Verbreitung der Agenturen auf europäischer Ebene wird üblicherwei-   Drei Generationen
se in drei verschiedene Generationen eingeteilt (Gerardin/Petit 2004; Jann et al.   von EU-Agenturen
2008: 96). Abbildung 4 zeigt, dass die Anzahl der Agenturen in der zweiten und
vor allem der dritten Generation sprunghaft zunahm, die auch in zunehmend mehr
Politikbereiche vordrangen.

---

43 Das prominenteste Beispiel für ein Agencification-Programm sind die britischen Next Steps
Agencies (1989), die aus großen Ministerien ausgegründet wurden, Implementationsaufgaben über-
nahmen, die zuvor in den Ministerien wahrgenommen worden waren, und die per Zielvereinbarung
gesteuert werden (Lodge 2007). Agenturen auf nationalstaatlicher Ebene entstanden allerdings nicht
immer erst mit den NPM-Reformen (siehe zu einer vergleichenden Darstellung nationaler Agenturen:
Bach et al. 2010).

Abbildung 4:   Ausbreitung von EU-Agenturen (1975-2012)

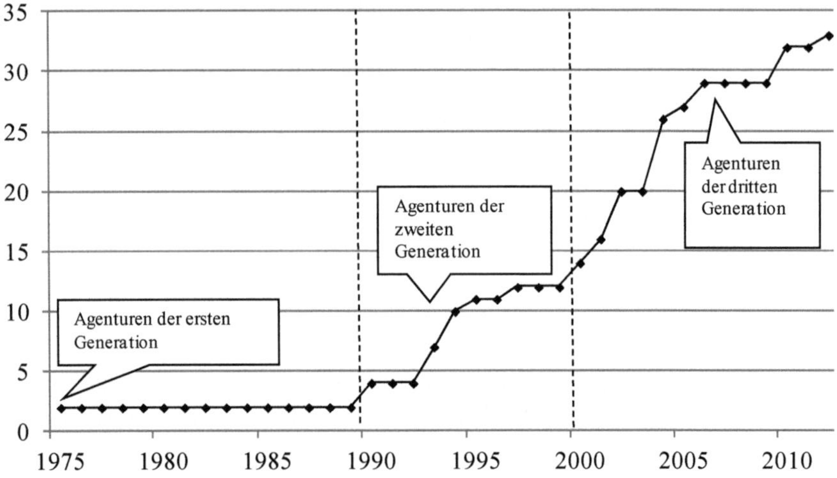

Quelle: Eigene Darstellung

| Agenturen der ersten Generation | 1975 wurden mit Cedefop und EUROFUND die zwei Agenturen der ersten Generation gegründet. Beide entspringen einem sozialpolitischen Programm der Kommission, das auf die Verbesserung der Lebens- und Arbeitsbedingungen innerhalb der EU durch Förderung beruflicher Bildung abzielte. Aufgrund eng begrenzter Aufgaben und Entscheidungsspielräume wurde ihre Rolle als „typical soft policy-making impetus in an area of weak EC competences" (Everson/Majone 1999: 76) beschrieben. |

Meroni-Prinzip = Delegationsverbot (?)

Diese ersten beiden Agenturen blieben aufgrund einer strengen Interpretation des sogenannten Meroni-Prinzips 15 Jahre lang die einzigen ihrer Art. Das Meroni-Prinzip geht zurück auf die Rechtsprechung des Europäischen Gerichtshofs aus dem Jahr 1958 und galt fortan als Anti-Delegations-Doktrin.[44] Der Europäische Gerichtshof hat hier sehr strenge Kriterien für die Delegation von Aufgaben an andere Organisationen formuliert. Insbesondere die „Übertragung von Befugnissen mit Ermessensspielraum"[45] dürfe keinesfalls an Organisationen erfolgen, die nicht *expressis verbis* in den Verträgen erwähnt sind, weil das durch die EU-Verträge etablierte „institutionelle[n] Gleichgewicht"[46] die demokratische Legitimationsbasis der EG/EU bilde, indem die Verbindungslinien zwischen einer jeden EU-Institution zu einem Parlament nachvollziehbar seien. Zwar wurde damit die Delegation von Aufgaben nicht grundsätzlich untersagt, sondern lediglich an strenge Kriterien geknüpft. Und obgleich die Anwendbarkeit des Meroni-Prinzips auf die EU-Agenturen umstritten blieb (Yataganas 2001: 27 ff.), wurde es

---

44   Das Meroni-Prinzip ist nach einer der im Gerichtsverfahren beteiligen Parteien benannt worden.
45   EuGH vom 13.06.1958, Rs. 9/56 [Meroni and Co., Industrie Metallurgiche], in: Slg. 1958, S. 65-85, hier: Leitsätze Ziffer 10 („discretionary powers").
46   EuGH vom 13.06.1958, Rs. 9/56 [Meroni and Co., Industrie Metallurgiche], in: Slg. 1958, S. 65-85, hier: Leitsätze Ziffer 10.

lange strikt im Sinne eines Verbots interpretiert (Groenleer 2009: 98). Kommission und Mitgliedstaaten haben ihren politischen Widerstand gegen die Delegation von Kompetenzen an EU-Agenturen lange Zeit mit dem Meroni-Prinzip begründet (Majone 2002a).

In der Literatur werden zwei Argumente angeführt, um den Widerstand der Mitgliedstaaten gegen die Delegation von Kompetenzen an EU-Agenturen zu erklären. Zum einen fürchteten sie, dass die EU-Agenturen zu Konkurrenten der nationalstaatlichen Verwaltungen erwachsen könnten. Zum anderen könnten die EU-Agenturen danach streben, ihre Kompetenzen zu Lasten nationalstaatlicher Kompetenzen auszuweiten (Fleischer 2007: 222). Die Kommission – insbesondere ihr Juristischer Dienst – war lange Zeit Gegnerin einer Delegation, da sie um ihre exponierte Stellung in der Initiative und Formulierung neuer Regulierungen fürchtete (Majone 2002a: 328).

Bereits mit der Einheitlichen Europäischen Akte (1987) hat der Rat im Komitologieverfahren allerdings regelmäßig Implementationskompetenzen an die Kommission delegiert (Majone 2002a: 328; vgl. Kap. 4). Mit der Ausweitung der vergemeinschafteten Politikbereiche und dem Wachstum an Implementationsaufgaben gewannen die Delegations-Befürworter innerhalb der Kommission an Boden (Majone 2002a: 329). In der Vorbereitung des Vertrags von Maastricht (1993) kam eine Delegation von Aufgaben an Agenturen – vor allem zur Wahrnehmung von Aufgaben der Binnenmarktintegration – erneut auf die Agenda (Groenleer 2009: 98). Insbesondere vielfach kritisierte Implementationsdefizite europäischer Politik, die aus einem „mismatch" (Majone 2002a: 329) zwischen komplexen und weiter zunehmenden Regulierungsaufgaben und den vorhandenen Verwaltungsstrukturen resultierten, ließen den Ruf nach EU-eigenen Verwaltungsstrukturen laut werden. 1989 verkündete der damalige Kommissionspräsident Jacques Delors die Gründung der Europäischen Umweltagentur. Beflügelt durch die schnelle Zustimmung des Rates nach nur 10 Monaten, legte die Kommission neue Gründungsvorschläge vor, und Ende 1997 waren 10 neue Agenturen ins Leben gerufen (Groenleer 2009: 99) (vgl. Abb. 4). Diese Agenturen der zweiten Generation waren zumeist mit der Wahrnehmung von Aufgaben zur Binnenmarktintegration in den verschiedenen Politikfeldern betraut (Gerard/Petit 2004: 37). Zu dieser zweiten Generation von Agenturen der 1990er Jahre werden unter anderem solch unterschiedliche Organisationen wie die EEA, die EMA oder die ETF gerechnet.

Agenturen der zweiten Generation

Die mit dem Korruptionsskandal der Santer-Kommission und der etwa zeitgleichen BSE-Krise offenbar gewordenen Implementations- und Glaubwürdigkeitsprobleme europäischer Politik lenkten die Aufmerksamkeit auf die Strukturen und Prozesse europäischer Verwaltung sowie auf die Implementationsstrukturen und -kompetenzen europäischer Politiken (Majone 2002a: 329/30). So wurde mit dem Amtsantritt der Kommission unter Präsident Romano Prodi (1999) eine Reform der Kommission und ihrer Aufgabenwahrnehmung zu einem wesentlichen Thema. Dazu legte die Kommission ein Weißbuch zur Reform der Kommission (Europäische Kommission 2000) sowie ein Weißbuch „Europäisches Regieren" vor (Europäische Kommission 2001). In beiden Weißbüchern lassen sich Elemente

Agenturen der dritten Generation

der internationalen Verwaltungsreformdebatte identifizieren. Vor allem orientierte sich die Kommission an output-orientierten Management- und Steuerungskonzepten, die sich auch in vielen nationalen Reformprogrammen dieser Jahre finden (vgl. zur Reform der Kommission: Bauer 2008; Kassim 2008; kritisch: Ellinas/Suleiman 2008). Sie kündigte an, „sich stärker auf ihre Kernaufgaben, wie Konzeption der Politik, politische Initiative und Durchsetzung des Gemeinschaftsrechts, zu konzentrieren" (Europäische Kommission 2000).

Weißbuch „Europäisches Regieren"

Im Weißbuch „Europäisches Regieren" spricht sich die Kommission für die Delegation von Aufgaben an „Regulierungsagenturen" aus, da sie „die Anwendung und Durchsetzung von Regeln in der gesamten Union verbessern" (Europäische Kommission 2001: 31) würden. Hier verweist das Weißbuch explizit auf die Existenz von Regulierungsbehörden in den Mitgliedstaaten (Europäische Kommission 2001: 30). Mit dieser plötzlichen Delegations-Freundlichkeit konnte sich die Kommission durchsetzen; bis 2007 wurden immerhin 13 weitere neue Agenturen der dritten Generation gegründet. Die konkreten Auslöser für die Agenturgründungen waren unterschiedlich und wurden zum Teil durch Krisen in einzelnen Politikfeldern ausgelöst. So werden z. B. die Gründung der EFSA mit der BSE-Krise (vgl. Krapohl/Zurek 2006) und die Schaffung der EMSA mit dem Untergang des Tankers ERIKA und damit einhergehender Verschmutzung der französischen Küste verbunden (Groenleer et al. 2010). Zeitlich fallen auch die Gründungen der „union agencies" in diese Periode der dritten Generation von Agenturen. Es ist plausibel anzunehmen, dass ihre Gründungen ebenfalls durch die zunehmende Delegationsfreundlichkeit begünstigt wurden. Aufgrund ihres Sonderstatus' als Agenturen der (vormaligen) 2. und 3. Säule werden sie allerdings zumeist in dieser Betrachtungsperspektive der Generationen nicht aufgenommen (vgl. Geradin/ Petit 2004: 37/8).

Kommission: Sinneswandel durch fortschreitende Binnenmarktintegration oder drohende Kompetenzverluste?

Während die Kommission ihren Sinneswandel zusammenfassend mit der „zunehmenden Sektoralisierung des Binnenmarktes begründet" (Fleischer 2007: 224), ist auch eine andere Interpretation denkbar: Demnach will sich die Kommission neue Regelungsfelder erschließen, in denen EU-Agenturen tätig werden, um den durch die Ausweitung des Mitentscheidungsverfahrens in diversen Politikbereichen entstandenen Kompetenzverlust zu kompensieren (Kelemen 2002; Fleischer 2007).

Agenturen der vierten Generation?

Ob sich die vier neueren Agenturen, ACER, EBA, ESMA und EIOPA als Repräsentantinnen einer vierten Generation von Agenturen interpretieren lassen, bleibt vorerst eine offene Frage. Dagegen spricht, dass sie auf der gleichen Grundlage wie die Agenturen der dritten Generation errichtet wurden und sie somit auf den ersten Blick keinen grundsätzlich anderen Charakter aufweisen. Für die Herausbildung einer neuen Generation von Agenturen spricht allerdings, dass sie über weiterreichende Entscheidungskompetenzen als ihre Vorläuferinnen verfügen. So verfügt ACER über die Kompetenz, bindende Einzelfallentscheidungen zu treffen, insbesondere über den Zugang zu und die Betriebssicherheit grenzüberschreitender Infrastrukturen (Art. 8, Verordnung [EG] Nr. 713/2009). Die drei Finanzmarktaufsichtsbehörden können in ihrer jeweiligen Zuständigkeit verbindliche Entscheidungen für nationale Behörden treffen, z. B. im Krisenfall oder zur

Beilegung von Konflikten zwischen den mitgliedsstaatlichen Behörden (vgl. z. B. Art. 18, 19, Verordnung [EU] Nr. 1093/2010)[47]. Ähnlich wie im Falle der EFSA- und EMSA-Gründungen lassen sich die drei neuen Finanzmarktaufsichtsbehörden als krisenbedingte Entwicklung interpretieren (vgl. die Eingangsbegründungen der drei Gründungsverordnungen: Verordnung [EU] Nr. 1093/2010, Verordnung [EU] Nr. 1094/2010, Verordnung [EU] Nr. 1095/2010). Tabelle 8[48] gibt einen Überblick über die Generationen der EU-Agenturen, ihre offiziellen Namen, das Jahr ihrer Gründung, den Sitzort sowie die Politikbereiche, in denen die jeweiligen Agenturen tätig sind.

Tabelle 8: Übersicht über die Agenturen (Name, Gründungsjahr, Sitz, Politik-feld)

Agentur	Gründungs-jahr[49]	Standort	Politikfeld
Agenturen der 1. Generation			
Europäisches Zentrum für die Förderung der Berufsbildung (Cedefop)	1975	Thessaloniki (GR)	Sozialpolitik, berufliche Bildung
Europäische Stiftung zur Verbesserung der Lebens- und Arbeitsbedingungen (EURO-FOUND)	1975	Dublin (IRL)	Sozialpolitik, berufliche Bildung
Agenturen der 2. Generation			
Europäische Umweltagentur (EEA)	1990	Kopenhagen (DK)	Umweltpolitik
Europäische Stiftung für Berufsbildung (ETF)	1990	Turin (I)	Außenbezie-hungen, Sozialpolitik
Europäische Beobachtungs-stelle für Drogen und Drogen-sucht (EMCDDA)	1993	Lissabon (P)	Gesundheitspo-litik, Drogen-politik,
Europäische Arzneimittel-Agentur (EMA)	1993	London (GB)	Gesundheitspo-litik, Arznei-mittelzulassung

47 Vgl. dazu: http://www.europarl.europa.eu/de/headlines/content/20100910FCS81938/012/html/ Parlament-gibt-gr%C3%BCnes-Licht-f%C3%BCr-die-neue-Finanzaufsicht (Zugriff: 03.08.20111).
48 Für Unterstützung bei der Erstellung der Tabelle danken wir Leonie Beining und Sabrina Mucha.
49 Das Gründungsjahr bezieht sich auf den Zeitpunkt der Verabschiedung des formalen Gründungsdokuments.

Agentur	Gründungs-jahr[49]	Standort	Politikfeld
Harmonisierungsamt für den Binnenmarkt (Marken, Muster und Modelle) (OHIM)	1993	Alicante (E)	Geistige Eigentumsrechte
Europäische Agentur für Sicherheit und Gesundheitsschutz am Arbeitsplatz (EU-OSHA)	1994	Bilbao (E)	Sozialpolitik, Arbeitsschutz,
Gemeinschaftliches Sortenamt (CPVO)	1994	Angers (F)	Sortenschutz
Übersetzungszentrum für die Einrichtungen der Europäischen Union (CdT)	1994	Luxemburg (L)	Innere Verwaltung, Übersetzungsdienstleistungen
Agenturen der 3. Generation			
Europäische Agentur für Wiederaufbau (EAR) *(Mandat endete zum 31.12.2008)*	2000	Thessaloniki (GR)	Außenbeziehungen, Wiederaufbau
Europäische Behörde für Lebensmittelsicherheit (EFSA)	2002	Parma (I)	Landwirtschaft und Verbraucherschutz, Lebensmittelsicherheit
Europäische Agentur für die Sicherheit des Seeverkehrs (EMSA)	2002	Lissabon (P)	Seeverkehr, Binnenmarkt
Europäische Agentur für Flugsicherung (EASA)	2002	Köln (D)	Luftverkehr, Binnenmarkt
Europäische Agentur für Netz- und Informationssicherheit (ENISA)	2004	Heraklion (GR)	Information, Binnenmarkt
Europäisches Zentrum für die Prävention und die Kontrolle von Krankheiten (ECDC)	2004	Solna (S)	Gesundheit
Europäische Eisenbahnagentur – für sichere und kompatible Eisenbahnsysteme (ERA)	2004	Valenciennes (F)	Bahnverkehr, Binnenmarkt

Agentur	Gründungs-jahr[49]	Standort	Politikfeld
Agentur für das Europäische GNSS (GSA)	2004	Brüssel (B)	satellitenge-stützte Ortungs und Navigati-onsprogramme (GALILEO), Binnenmarkt
Europäische Agentur für die operative Zusammenarbeit an den Außengrenzen (FRON-TEX)	2004	Warschau (PL)	Kriminalitäts-überwachung
Europäische Fischereiauf-sichtsagentur (CFCA)	2005	Vigo (E)	Fischereipo-litik, Binnenmarkt
Europäische Chemikalien-agentur (ECHA)	2006	Helsinki (FIN)	Registrierung von Chemika-lien, Binnenmarkt
Europäisches Institut für Gleichstellungen (EIGE)	2006	Vilnius (LIT)	Gleichstellung
Agentur der Europäischen Union für Grundrechte (FRA) (früher: European Monitoring Centre on Racism and Xeno-phobia (EUMC)	2007 (1997)	Wien (A)	Grundrechte
Agentur für die Zusammenar-beit der Energieregulierungs-behörden (ACER)	2009	Ljubljana (SLO)	Energiepolitik
Europäisches Unterstützungs-büro für Asylfragen (EASO)	2009	Valletta (M)	Asylpolitik
Europäische Bankenaufsichts-behörde (EBA)	2010	London (GB)	Finanz-marktaufsicht, Bankenaufsicht
Europäische Wertpapier- und Marktaufsichtsbehörde (ESMA)	2010	Paris (F)	Finanz-marktaufsicht, Wertpapierauf-sicht
Europäische Aufsichtsbehörde für das Versicherungswesen und die betriebliche Altersver-sorgung (EIOPA)	2010	Frankfurt/M. (D)	Finanz-marktaufsicht, Versicherungs-aufsicht

Agentur	Gründungs-jahr[49]	Standort	Politikfeld
Europäische Agentur für das Betriebsmanagement von IT-Großsystemen im Raum der Freiheit, der Sicherheit und des Rechts (IT-Agency)	2012	Tallin (EST)	IT-Sicherheit
Agenturen der Gemeinsamen Sicherheits- und Verteidigungspolitik (ehemals 2. Säule)			
Institut der Europäischen Union für Sicherheitsstudien (IEUSS)	2001	Paris (F)	Sicherheitspo-litik
Satellitenzentrum der Europäi-schen Union (EUSC)	2001	Torrejón de Ardoz (E)	Informationen der Erdbeob-achtung
Europäische Verteidigungs-agentur (EDA)	2004	Brüssel (B)	Verteidigungs- und Rüstungs-zusammenar-beit
Agenturen für die polizeiliche und justizielle Zusammenarbeit in Strafsachen (ehemals 3. Säule)			
Europäisches Polizeiamt (EUROPOL)	1995	Den Haag (NL)	Bekämpfung organisierter Kriminalität
Europäische Polizeiakademie (CEPOL)	2000	Bramshill (GB)	polizeiliche Ausbildung
Einheit für justizielle Zusam-menarbeit der Europäischen Union (EUROJUST)	2002	Den Haag (NL)	grenzüber-schreitende Kriminalitäts-bekämpfung

Quelle: Eigene Darstellung, basierend auf http://europa.eu/agencies/regulatory_agencies_bodies/index_de.htm (letzter Zugriff am 09.06.2013).

5.1.3 Organisatorische Vorläufer: Kommissionsinterna, Ausschüsse und Netzwerke

Agenturen fallen „nicht vom Himmel" – organisatorische Vorläufer

Dass die Etablierung von Agenturen nicht auf Basis eines „Blueprints" der opti-malen Agentur erfolgt, sondern Entwicklungen vor allem auch durch politikfeld-spezifische Pfadabhängigkeiten geprägt werden, zeigt sich auch beim nun folgen-den Blick auf die Vorläufer der Agenturen. Obgleich die EU-Agenturen formal durchweg als Neugründungen den legislativen Prozess durchlaufen haben, sind sie

keineswegs „vom Himmel gefallen", sondern haben (zumindest zum Teil) organisatorische Vorläufer unterschiedlicher Provenienz, wie Tabelle 9 verdeutlicht. So
sind neben kommissionsinternen Zuständigkeiten Netzwerke und Komitologieausschüsse typische Vorläufer der EU-Agenturen (vgl. Kap. 4 und 6).

Im Kern lassen sich vier Triebkräfte für die Einsetzung von EU-Agenturen
identifizieren, denen zum einen funktionale (Triebkraft 1 bis 3) und zum anderen politische Motive zu Grunde liegen (Triebkraft 4). Erstens sind, wie bereits
erwähnt, einige Krisengeburten unter den EU-Agenturen zu finden, also situativ
bedingte Reaktionen auf Krisen in einem Politikfeld, die einen Politikwandel bzw.
eine Organisationsreform auslösen, wie z. B. die BSE-Krise oder die Wirtschafts-
und Finanzkrise (Levi-Faur 2011). So wurde z. B. die EFSA – wie bereits erwähnt – als Reaktion auf die BSE-Krise und deren viel kritisierten Managements
durch die Kommission geboren. Die fragmentierten Zuständigkeiten innerhalb
der Kommission sowie ein zersplittertes System wissenschaftlicher Beratungs-
und Komitologie-Ausschüsse trieben die Kommission auf dem Höhepunkt der
BSE-Krise an den Rand der Entscheidungs- und Handlungsunfähigkeit (Vos
2000: 1130-1132; Krapohl/Zurek 2006). Diese Gemengelage organisatorischer
Fragmentierung sollte durch die Agenturgründung demonstrativ beendet werden.
Die Wirtschafts- und Finanzkrise führte – wie ebenfalls bereits erwähnt – zur
Gründung der drei neuen Finanzmarktaufsichtsbehörden (EBA, ESMA, EIOPA),
die aus zuvor bestehenden Expertenausschüssen (CESR, CEBS, CEIOPS) der
Bankenaufsicht, Wertpapieraufsicht und Versicherungsaufsicht hervorgegangen
sind (Ruffing 2011). Eng damit verbunden (wie z. B. im Falle der EFSA) können – zweitens – Implementationsdefizite in der vorangegangenen Struktur die
Gründung einer Agentur zur Folge haben. Zum Beispiel gingen bei der Gründung
der EMA mit den Ausschüssen für Humanarzneimittel und Tierarzneimittel zwei
Komitologie-Ausschüsse in der neugegründeten Behörde auf, die als nicht mehr
geeignet galten, die Regelungen zur Arzneimittelzulassung zu implementieren
(vgl. dazu Kap. 4 und 5.4.2). Drittens können durch Agenturgründungen langjäh-
rig etablierte Verwaltungskooperationen weiter institutionalisiert werden, die z. B.
der Etablierung von ACER vorausgingen (vgl. Kap. 6). Viertens werden Agenturen – wie bereits angesprochen – auch aus strategischen Gründen gegründet, um
die Handlungsbereiche der Kommission auszudehnen (vgl. hierzu auch Kap. 5.3).
Diese vier Triebkräfte schließen sich nicht gegenseitig aus, sondern können empirisch durchaus zusammenfallen. So kann eine Krise z. B. ein Gelegenheitsfenster
für strategisch erwünschte Kompetenzausdehnung eröffnen.

Triebkräfte von
Agenturgründungen

Tabelle 9:   Übersicht über organisatorische Vorläufer von Agenturen

Agentur	Art des Vorläufers	Name des Vorläufers
EMCDDA	interne Zuständigkeit der KOM	N. A.
EMA	Komitologie-Ausschüsse	• Ausschuss für Humanarzneimittel • Ausschuss für Tierarzneimittel
EFSA	Komitologie-Ausschüsse, Expertenausschüsse und fragmentierte interne Zuständigkeiten	• Ausschüsse unterschiedlicher Zuständigkeiten
EASA	Netzwerk	Joint Aviation Authority
ACER	Netzwerk	Europäische Gruppe der Regulierungsbehörden für Elektrizität und Gas
FRA	Netzwerk	EU network of independent experts on fundamental rights (CFR-CDF)
EBA	Beratender Ausschuss	Committee of European Banking Supervisors (CEBS)
ESMA	Beratender Ausschuss	Committee of European Securities Regulators (CESR)
EIOPA	Beratender Ausschuss	Committee of European Insurance and Occupational Pension's supervisors (CEIOPS)
EUROPOL	Intergouvernementaler Ministerausschuss	Trevi-Gruppe Projektgruppe EUROPOL EUROPOL Drugs Unit
EUROJUST	Netzwerk und provisorische Organisationseinheit	• European Judicial Network (EJN) • Pro-Eurojust

Quelle: Eigene Darstellung basierend auf: Kreher 1997: 232f.; Krapohl/Zurek 2006; Groenleer 2009: 145, 311; Levi-Faur 2011: 816 ff.

5.2 Institutionelle Grundstruktur und personelle Zusammensetzung

Die institutionelle Grundstruktur der EU-Agenturen wird nachfolgend in mehreren Schritten erläutert. Zuerst wird der interinstitutionelle Diskurs der EU-Organisationen nachvollzogen, vor dessen Hintergrund die Position der EU-Agenturen im institutionellen Gefüge der EU zu verstehen ist, bevor in einem zweiten Schritt die Errichtungsverfahren der EU-Agenturen vorgestellt werden. In Kapitel 5.2.3 bis 5.2.5 werden die von den EU-Agenturen wahrgenommen Aufgaben, die Leitungsorganisation, ihre Personalpolitik und -struktur sowie die Haushalte der EU-Agenturen erörtert. Diese vier Kategorien bilden in der Forschung die Ansatzpunkte, anhand derer versucht wird, die Autonomie von Agenturen näher zu bestimmen. Entsprechend werden die Effekte dieser institutionellen Merkmale in Kap. 5.3.2 wieder aufgegriffen, wenn die Befunde der Agenturforschung aus theoretischer Sicht resümiert werden. Ziel des folgenden Kapitels ist es, die institutionelle Grundstruktur anhand dieser Kategorien zunächst zu beschreiben.

5.2.1 Der interinstitutionelle Diskurs

Die bisherigen Ausführungen haben deutlich gemacht, dass der Gründung der EU-Agenturen kein konsistentes Programm einer Art „Agenturpolitik" (Jann et al. 2008) zugrunde liegt. Die Forderung nach einer solchen Agenturpolitik, verstanden als Rahmen für die Definition und Etablierung der Agenturen sowie zu ihrer Positionierung in der institutionellen Landschaft der EU, ist Inhalt einer mehrjährigen interinstitutionellen Debatte insbesondere zwischen Europäischem Parlament und der Kommission, die 2012 mit der Vereinbarung über ein „Gemeinsames Konzept" (Europäisches Parlament/Rat/Europäische Kommission 2012) ihren (bisherigen) Abschluss gefunden hat. Diese Diskussion – das muss betont werden – dreht sich ausschließlich um die sogenannten Regulierungsagenturen.[50] Insgesamt zeigt sich, dass sich die politische Debatte um die Agenturen im Zeitverlauf von der Ausgangsfrage, ob im Anschluss an die Meroni-Doktrin überhaupt delegiert werden dürfe, weit entfernt hat. Nicht mehr das „Ob", sondern das „Wie" der Delegation prägt den interinstitutionellen Diskurs.

    Hier kristallisieren sich vier immer wiederkehrende Eckpunkte der Debatte heraus: Erstens die Beteiligung, insbesondere des Europäischen Parlaments, an der Errichtung der Agenturen; zweitens die durch die Agenturen wahrgenommenen Aufgaben, insbesondere im Hinblick auf die Übertragung bindender Entscheidungsbefugnisse, drittens die Kontrollmechanismen und – weniger prominent – viertens die interne Organisationsstruktur. Diese vier Diskussionspunkte lassen sich als Streit um die Positionierung der Regulierungsagenturen im politischen System der EU zusammenfassen. Im Kern haben in dieser Auseinandersetzung vor allem Kommission und Parlament miteinander gerungen, die jeweils nach größtmöglichem Einfluss auf die Gestaltung der Agenturen strebten. Am interin-

Keine „Agenturpolitik"

---

50 Die Unionsagenturen spielen interinstitutionell keine Rolle, da sie allein durch den Rat errichtet werden.

stitutionellen Konflikt um die Agenturen lässt sich beobachten, wie das Verhältnis zwischen Europäischem Parlament und Kommission (neu) ausgelotet wird. Dieser von Majone als „Parlamentarisierung der Kommission" (Majone 2000: 284ff.) beschriebene Trend führt dazu, dass das Europäische Parlament insgesamt seine Kontrollfunktion gegenüber der Kommission entdeckt und stärker wahrnimmt. Während die Kommission ihren Spielraum vor allem für die Etablierung neuer Agenturen möglichst großzügig erhalten und deshalb einen flexiblen Agenturrahmen vereinbaren wollte, versprach sich das Europäische Parlament von einem solchen Rahmen, dass seine Beteiligungsrechte ausgeweitet und vor allem langfristig garantiert werden.

Abbildung 5:   Meilensteine der Debatte um EU-Agenturen

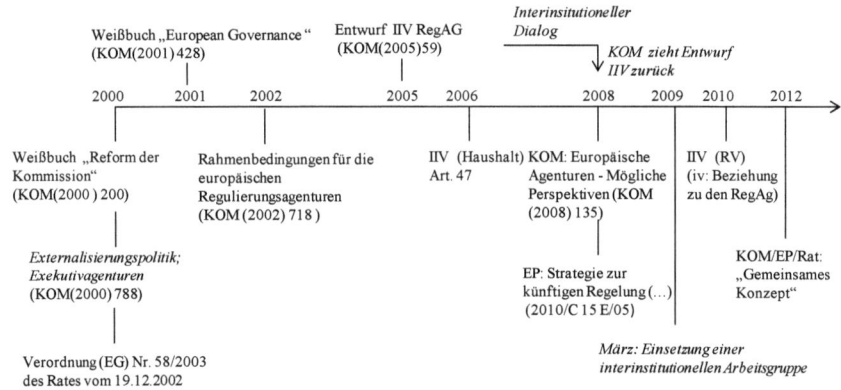

Quelle: Eigene Darstellung

2002: KOM-
Mitteilung zu
Rahmenbedingungen

Abb. 5 gibt einen Überblick über die Meilensteine dieser Debatte, die auf das Weißbuch „Europäisches Regieren" zurückgeht. Daran anknüpfend legte die Kommission 2002 eine Mitteilung zu den EU-Agenturen vor, die durch die bis dato vorherrschende Skepsis gegenüber der Delegation *bindender* Entscheidungsbefugnisse an EU-Agenturen geprägt war (Europäische Kommission 2002: 10) und vom Europäischen Parlament ausdrücklich begrüßt wurde (Europäisches Parlament 2004: Ziffer 3). 2005 legte die Kommission einen Entwurf zur einer Interinstitutionellen Vereinbarung zu den (sogenannten) Regulierungsagenturen vor (Entwurf IIV RegAG, Europäische Kommission 2005), der jedoch im interinstitutionellen Dialog stecken blieb. Insbesondere ein Konflikt zwischen dem Juristischen Dienst des Rates und der Kommission darüber, ob die Frage einheitlicher Rahmenbedingungen durch eine Interinstitutionelle Vereinbarung geregelt werden könnte, blockierte den Dialog (Andoura/Timmerman 2008: 25). Der Entwurf – so Andoura/Timmerman – galt allerdings ohnehin als politisch heikel und als zu detailliert, so dass wenig Raum für Diskussion blieb (Andoura/Timmerman 2008:

25). Insbesondere befürchteten einige Mitgliedstaaten, dass ein genau geregelter, einheitlicher Rahmen der Kommission zu weitreichende Steuerungs- und Kontrollmöglichkeiten gegenüber den Agenturen einräumen würde (Groenleer 2009: 110). In der Folge zog die Kommission diesen Entwurf 2008 zurück. Das Europäische Parlament kritisierte die Blockade des Entwurfs IIV (Europäisches Parlament 2008: Ziffer C) und insbesondere den bis dato erfolglosen Prozess der interinstitutionellen Verständigung harsch (Europäisches Parlament 2008: Ziffer 5).

Mit dem Dokument „Europäische Agenturen – Mögliche Perspektiven" (Europäische Kommission 2008) unternahm die Kommission 2008 einen erneuten Versuch, die interinstitutionelle Debatte zu stimulieren, der an den zurückgezogenen IIV-Entwurf anknüpfte (Europäische Kommission 2008: 10), und regte die im März 2009 eingesetzte interinstitutionelle Arbeitsgruppe zur Erarbeitung eines „gemeinsamen Konzepts" (Europäische Kommission 2008: 10, zur Einsetzung der Arbeitsgruppe: ABl. 2010 Nr. L/304/47, Ziffer iv) an.

2008: KOM: Europäische Agenturen – Mögliche Perspektiven

Im Zeitverlauf wurden zwei langjährige und wesentliche Forderungen des Europäischen Parlaments erfüllt. Zum einen wurde in der Interinstitutionellen Vereinbarung zur Haushaltsdisziplin und wirtschaftlichen Haushaltsführung (IIV Haushalt) festgelegt, das Europäische Parlament unbeschadet des Errichtungsverfahrens frühzeitig in die Planung der Finanzierung neuer Agenturen einzubeziehen (Art. 47 IIV (Haushalt)). Zum anderen sieht die 2010 geschlossene Rahmenvereinbarung über die Beziehungen zwischen dem Europäischen Parlament und der Europäischen Kommission – ebenfalls eine Interinstitutionelle Vereinbarung (IIV RV) (ABl. 2010 Nr. L/304/47) – vor, dass die Kandidaten für das Amt des Exekutivdirektors einer Agentur durch die Ausschüsse des Europäischen Parlaments angehört werden (ABl. 2010 Nr. L/304/47, Ziffer iv).

EP: Erfüllung langjähriger Forderungen durch IIV Haushalt und Rahmenvereinbarung

Basierend auf der Arbeit der interinstitutionellen Arbeitsgruppe haben Kommission, Europäisches Parlament und Rat im Juni 2012 eine rechtlich nichtbindende „Gemeinsame Erklärung" verabschiedet, mit der sie sich auf Prinzipien zur Rolle und Stellung der EU-Agenturen, ihrer Struktur und Arbeitsweise sowie zur Verantwortlichkeit und Kontrolle verständigen (Europäisches Parlament/Rat/Europäische Kommission 2012). Diesem Agenturrahmen zu Folge sollen die EU-Agenturen fortan sowohl vor allem in ihrer institutionellen Grundstruktur sowie in ihrer Arbeitsweise nach einheitlichen Standards organisiert sein. Derzeit ist es zu früh, um zu bewerten, ob und inwiefern die vereinbarten Maßnahmen realisiert werden. Die Erklärung sieht vor, dass die Kommission von Ende 2013 an regelmäßig an das Europäische Parlament und den Rat über die Umsetzung des einheitlichen Agenturrahmens berichtet.

Diese hier grob skizzierten hartnäckigen Konflikte lassen sich auf je unterschiedliche institutionelle Eigeninteressen zurückführen. Während es der Kommission vorrangig darum geht, einen Rahmen zu schaffen, der ihr im Einzelfall nach wie vor Spielraum bei der konkreten Errichtung einer Agentur lässt, interessiert sich das Europäische Parlament insbesondere für die eigenen Steuerungs- und Kontrollrechte und die Position der Agenturen gegenüber dem Europäischen Parlament. Darüber hinaus vergewissert sich das Europäische Parlament seiner Position gegenüber der Kommission, indem es versucht, die Kommission vor sich

Modalitäten der Delegation – institutionelle Eigeninteressen

her zu treiben und insbesondere auf seine Haushaltsrechte zu pochen. Dass der
Rat in dieser Debatte nur am Rande auftaucht, verwundert nicht weiter – hat er
doch ohnehin das Letztentscheidungsrecht über knifflige Fragen wie die Wahl eines Standortes einer neuen Agentur, die mehrere Male Anlass für heftige Auseinandersetzungen zwischen den nationalen Regierungen war. So verzögerte sich
die Etablierung der Agenturen der zweiten Generation (Kreher 1997: 228) ebenso
wie jene der dritten Generation, die auf dem EU-Gipfel in Laeken (2001) ausge-
fochten wurde (Kelemen 2002: 93). Hier sorgte insbesondere der damalige italienische Ministerpräsident Berlusconi für Erheiterung, der das italienische Parma
als Standort für die EFSA gegenüber finnischen Interessensbekundungen mit dem
Argument durchsetzte, dass „dieser Standort ein Synonym für gutes Essen sei und
die Finnen nicht einmal wüssten, was Prosciutto sei" (Fleischer 2007: 223). Die
Mitgliedstaaten erhoffen sich insbesondere einen Prestigezuwachs durch die Etablierung einer EU-Agentur in ihrem Heimatland. Wie die EU-Agenturen errichtet
werden, ist Gegenstand des nächsten Unterkapitels.

5.2.2 Die Errichtung von Agenturen

Ob eine EU-Agentur nach dem Konsultations- oder dem Mitentscheidungsverfahren etabliert wird, richtet sich nach der rechtlichen Grundlage, auf der das
Gründungsdokument bzw. der Gründungsvorgang aufbaut. Wurden die Regulierungsagenturen früher nach dem Konsultationsverfahren gegründet, so werden sie
mittlerweile standardmäßig nach dem Mitentscheidungsverfahren bzw. nunmehr
nach dem ordentlichen Gesetzgebungsverfahren errichtet. Der zentrale Unter-
schied zwischen diesen beiden Errichtungsverfahren liegt in den Einflussmöglichkeiten, die der legislative Prozess den beteiligten Akteuren einräumt.

Konsultations- Die im Konsultationsverfahren etablierten Agenturen wurden mit Verweis
verfahren   auf den damaligen Art. 308 EGV gegründet, der als Residualkategorie gilt[51] und
die Anwendung des Konsultationsverfahrens vorsieht. Wenn ein Gründungsvor-
schlag auf den ehemaligen Art. 308 EGV verweist, erhält der Rat formal größere
Spielräume, um das inhaltliche Mandat der Agentur zu bestimmen (Gerardin/Petit
2004: 43), muss allerdings einstimmig entscheiden. Das Parlament hingegen wirkt
an der Entscheidung nur über eine Stellungnahme mit.

Mitentscheidungs- Das Mitentscheidungsverfahren wird angewendet, wenn Agenturen unter
verfahren   Verweis auf einen konkreten Vertragsartikel etabliert werden und für den entsprechenden Politikbereich das Mitentscheidungsverfahren vorgesehen ist. Das Mandat der Agentur ist dann eng an die vertraglichen Vorgaben anzulehnen, der inhaltliche Spielraum zur Mandatsgestaltung ist also vergleichsweise geringer. Das
Europäische Parlament verfügt über weiterreichende Einflussmöglichkeiten, und
der Rat entscheidet mit qualifizierter Mehrheit (Groenleer 2009: 116).

---

51 Dieser Artikel ermächtigte die europäischen Institutionen, „geeignete Vorschriften" (Art. 308
EGV) zur Verwirklichung der „Ziele des Vertrags" (ebd.) zu erlassen, wenn die konkreten Befugnisse
in den Verträgen nicht festgelegt sind.

2002 hat sich die Kommission dafür ausgesprochen, Agenturen bevorzugt unter Verweis auf einen spezifischen Sektorartikel des Vertrags zu gründen (Europäische Kommission 2002: 8). Während die Agenturen der ersten und zweiten Generation – mit Ausnahme der Umweltagentur – durchweg nach dem Konsultationsverfahren errichtet wurden, wurden von den 18 Agenturen der dritten Generation 13 nach dem Mitentscheidungsverfahren bzw. dem ordentlichen Gesetzgebungsverfahren etabliert.

Vom Konsultations- zum Mitentscheidungsverfahren

Im Gegensatz dazu wurden die Agenturen der Gemeinsamen Sicherheits- und Verteidigungspolitik und diejenigen für die Polizeiliche und Justizielle Zusammenarbeit in Strafsachen aufgrund ihrer Zugehörigkeit zur ehemaligen 2. und 3. Säule der EU allein durch den Rat gegründet. Die Agenturen der Gemeinsamen Sicherheits- und Verteidigungspolitik wurden jeweils in einer sogenannten „Gemeinsamen Aktion" des Rates mit qualifizierter Mehrheit basierend auf Art. J.4 EUV etabliert. Die Agenturen für die Polizeiliche und Justizielle Zusammenarbeit in Strafsachen wiederum basieren auf Art. K3. EUV und wurden ebenfalls mit qualifizierter Mehrheit durch den Rat auf den Weg gebracht. Eine Sonderstellung nimmt hier EUROPOL ein, das 1995 durch ein Übereinkommen des Rates intergouvernemental ins Leben gerufen und 2009 im Konsultationsverfahren in eine „herkömmliche" EU-Agentur überführt wurde (Groenleer 2009: 284).

Unionsagenturen = Ratsgeburten

An der zunehmenden Etablierung der EU-Agenturen per Mitentscheidungsverfahren zeigt sich die ambivalente Haltung der Kommission zu den Agenturen besonders deutlich. Auf der einen Seite wird die Etablierung der Agenturen per Mitentscheidungsverfahren durch die Abkehr vom Einstimmigkeitsprinzip im Rat erleichtert. Auf der anderen Seite werden per Mitentscheidungsverfahren die Agenturmandate begrenzt, weil sie inhaltlich eng an die spezifischen Vorgaben der Verträge angelehnt sein müssen (Gerardin/Petit 2004: 43). Die Kommission nimmt also offenbar eher die gestiegenen Beteiligungsrechte des Parlaments in Kauf, als dem Rat Einflussmöglichkeiten auf die Formulierung des Mandats einzuräumen.[52]

5.2.3 Aufgaben von Agenturen: funktionale Typen

Wie bereits ausgeführt, sind die Aufgaben, die an EU-Agenturen delegiert werden, Thema sowohl der Debatte der beteiligten Akteure als auch der wissenschaftlichen Debatte. Während sich der interinstitutionelle Diskurs aus institutionellen Eigeninteressen der beteiligten Akteure speist, geht der politik- und verwaltungswissenschaftliche Diskurs auf die Frage zurück, ob und inwiefern die Agenturen als Repräsentanten eines „regulativen Staates" (Majone 1997a: 143) gelten können, dessen Charakteristika in Kap. 5.3 näher betrachtet werden. Eine Delegation tatsächlicher regulativer Befugnisse mit bindenden Entscheidungskompetenzen für die Marktteilnehmer wäre ein tiefer Einschnitt in das Institutionengefüge, die damit verbundene Kompetenzverteilung im politischen System der EU und den Policy-Prozess, der traditionell auf die Verwaltungen der Mitgliedstaaten zur Implementation von EU-Politiken setzt. Dieser Hintergrund stimuliert das wissen-

Relevanz funktionaler Typen: der regulative Staat

---

52 Für eine detailliertere Diskussion zu Motiven der Delegation vgl. Kap. 5.3.

schaftliche Interesse an den Aufgaben und Kompetenzen der EU-Agenturen. Gleichermaßen ist vor diesem Hintergrund aber auch der oben beschriebene politische Diskurs der Akteure zu den Aufgaben der EU-Agenturen zu verstehen.

Wie bereits erwähnt, nehmen die Agenturen eine Bandbreite von Aufgaben in verschiedenen Politikbereichen wahr, die Versuche der Bestimmung unterschiedlicher funktionaler Typen hervorgebracht hat. Ältere akademische Typologien unterscheiden drei (Dehousse 2002: 9; Bergström/Rotkirch 2003: 16 ff.) oder vier Typen von EU-Agenturen nach ihren dominanten Aufgaben (Kreher 1997: 236 ff.; Vos 1999: 191 ff.; Yataganas 2001: 24, kritisch dazu: Geradin/Petit 2004: 48 ff.). Die Kommission unterscheidet fünf Typen (Europäische Kommission 2008: 8), die in Tabelle 10 abgebildet sind. Demnach werden Agenturen unterschieden, (1) die rechtlich bindende Einzelfallentscheidungen treffen (RBE-Agenturen), (2) neben EU-Agenturen, die die Kommission technisch und wissenschaftlich unterstützen (TWU-Agenturen), (3) EU-Agenturen, die operative Aufgaben wahrnehmen (OA-Agenturen) sowie (4) EU-Agenturen, die Informationen sammeln, analysieren und weitergeben (ISAW-Agenturen), und (5) EU-Agenturen, die Dienstleistungen für andere Agenturen und EU-Einrichtungen erbringen (DL-Agenturen) (Europäische Kommission 2008: 8). Die Kommission weist explizit darauf hin, dass einige Agenturen mehreren Funktionstypen zugeordnet werden können. So erbringen die EASA und die ECHA neben ihren RBE-Aufgaben Unterstützungsleistungen durch technische und wissenschaftliche Gutachten, und die EMSA z. B. nimmt zusätzlich zu den TWU-Aufgaben operative Aufgaben wahr.

Tabelle 10: Funktionale Typen von Agenturen: Vorschlag der Kommission[53][54]

Agenturen, die	Agentur
… rechtlich bindende Einzelfallentscheidungen treffen (RBE)	CVPO OHIM EASA ECHA [ACER][1] [EBA, ESMA, EIOPS][1]
… die Kommission technisch und wissenschaftlich unterstützen (TWU)	EMSA EFSA ERA EMA
… operative Aufgaben wahrnehmen (OA)	[EAR][2] GSA CFCA FRONTEX EUROJUST EUROPOL CEPOL

---

53 Anmerkung: [1] von den Autoren eingruppiert, [2] Mandat endete zum 31.12.2008.
54 Die Agenturen der ehemaligen 2. Säule sind in der Kommissionsauflistung nicht enthalten und wurden daher auch hier nicht eingetragen (Europäische Kommission 2008: 8).

Agenturen, die	Agentur
... Informationen sammeln, analysieren und weitergeben (ISAW)	CEDEFOP EUROFOUND EEA ETF EMCCDA EU-OSHA ENISA ECDC FRA EIGE
...Dienstleistungen für andere Agenturen und EU-Einrichtungen erbringen (DL)	CdT

Quelle: Europäische Kommission 2008: 8

Politik- und verwaltungswissenschaftliche Beobachter werden nicht müde zu betonen, dass derzeit keine der EU-Agenturen als Regulierungsagentur im eigentlichen Sinne zu verstehen ist (Majone 2002a; Fleischer 2007: 228), sondern diese bestenfalls als „Quasi-Regulierungsagenturen" (Yatanangas 2001: 24) verstanden werden können. Die Agenturen dieses Typs sind für die Registrierung und Überwachung der Konformität von Produkten sowie Sicherheitsstandards zuständig (z. B. OHIM, EASA). Dazu verfassen sie Berichte und Stellungnahmen und können in wenigen Einzelfällen bindende Entscheidungen treffen. Da sie bisher nicht für den Erlass allgemein anwendbarer Regeln zuständig sind, dürfen sie nicht als vollwertige unabhängige Regulierungsbehörden im US-amerikanischen Sinne gelten. Aus diesem Grund wird ihre zentrale Aufgabe darin gesehen, Entscheidungen der Kommission vorzubereiten (Fleischer 2007: 228), der im Grundsatz das Letztentscheidungsrecht vorbehalten bleibt. Insbesondere mit den Befugnissen der drei neuen Finanzmarktaufsichtsbehörden, denen ein weiterer Handlungsspielraum zugestanden wurde, zeichnet sich hier allerdings eine zukünftige Änderung ab.

RBE-Agenturen

Wie am Beispiel der EMA deutlich wird (vgl. Kap. 5.4.2), ist es bei den TWU-Agenturen zentral, das Verhältnis zwischen wissenschaftlicher Expertise und politischer Entscheidung zu organisieren. Im Hinblick auf die Effekte ihrer Aufgabenwahrnehmung lassen sich die TWU-Agenturen bisweilen nur schwerlich von jenen der RBE- und der ISAW-Agenturen abgrenzen. Wie der Fall der EMA zeigt, können auch TWU-Agenturen über die unbestrittene Expertise und damit verbundene Glaubwürdigkeit ihrer Aktivitäten einen „semi-regulativen" Status erreichen. Ebenso sind Aufgaben der technischen und wissenschaftlichen Unterstützung eng mit der Sammlung und Auswertung von Informationen verknüpft und verfügen entsprechend über das gleiche Potenzial wie ISAW-Agenturen, zu einer „regulation by information" beizutragen (Majone 1997b).

TWU-Agenturen

Agenturen, die, wie z. B. FRONTEX oder EUROJUST, sogenannte operative Aufgaben wahrnehmen, entsprechen dem Bild einer typischen Vollzugsbehörde (vgl. Bach et al. 2010: 28), d. h. sie setzen gesetzlich definierte Aufgaben um. Im Falle dieser Agenturen steht aus wissenschaftlicher Sicht die Frage im Vorder-

OA-Agenturen

grund, ob sie ihre Aufgaben so vollziehen, dass die Präferenzen der Agentur-Gründer realisiert werden, oder gemäß ihren eigenen, sich im Vollzug herausbildenden Präferenzen, die nicht notwendigerweise mit jenen ihrer politischen Gründer korrespondieren müssen (vgl. Kap. 5.3).

ISAW-Agenturen

Wie das Beispiel der Umweltagentur zeigt (vgl. Kap. 5.4.1), sind ISAW-Agenturen nicht notwendigerweise politisch unbedeutende Behörden. In den Worten von Majone ist es „by now a truism that public policy is increasingly dependent on relevant, timely and, especially credible information" (Majone 1997b: 264). Die Annahme, eine Behörde würde quasi neutral Daten ermitteln und an den zuständigen Formulierungsakteur – im Falle der EU-Agenturen – die Kommission weiterleiten, „is a curiosly mechanical one" (Shapiro 1997: 284). Informationen unterliegen unterschiedlichen Bewertungen, können umstritten sein und somit sowohl Gegenstand politischer Konflikte sein als auch als politische Ressource dienen. Somit können ISAW-Agenturen deutlich höhere politische Relevanz erlangen als die funktionale Beschreibung „Informationen sammeln, analysieren und weitergeben" auf den ersten Blick vermuten lässt.

DL-Agenturen

Dies ist anders in der Gruppe der DL-Agenturen, der aktuell lediglich CdT zugeordnet wird. CdT erbringt ausschließlich Übersetzungsdienstleistungen für andere Agenturen und wirkt darüber hinaus an den Aktivitäten des Interinstitutionellen Ausschusses der Übersetzungs- und Dolmetscherdienste mit. CdT ist damit in erster Linie als ein Gemeinsamer Dienstleister (*Shared Service Centre, SSC*) zu verstehen (vgl. SSC für EU-Agenturen: Jann et al. 2009). Im Gegensatz zu den anderen drei Gruppen von Agenturen bezieht sich die Frage der Autonomie hier auf interne Managementautonomie in Fragen des Haushaltsverfahrens oder der Personalpolitik. Die Frage, ob CdT eigene Initiativen politischer Relevanz entfalten kann, stellt sich hingegen nicht.

Artifizielle Unterscheidung der Aufgabentypen

Insgesamt zeigt sich, dass die von der Kommission vorgenommene Zuordnung der Agenturen zu dominanten Funktionen z.T. artifiziell ist. Auf der einen Seite nehmen die EU-Agenturen bisher keine „wirklichen" regulativen Aufgaben wahr, auf der anderen Seite ist die Abgrenzung zwischen den einzelnen Gruppen bisweilen nur schwer möglich.

5.2.4 Leitungsorganisation: Direktoren und Verwaltungsräte

Die EU-Agenturen werden durch eine geteilte Leitungsstruktur geführt. Sie werden durch einen Exekutivdirektor geleitet (der in einigen Fällen auch als Präsident bezeichnet wird, z. B. OHIM, EUROJUST), der an einen Verwaltungsrat berichtet.[55] Die Verwaltungsräte nehmen (formal) Aufgaben sowohl in der Steuerung als auch in der Kontrolle der EU-Agenturen wahr, wodurch ihnen eine zentrale Position in der institutionellen Grundstruktur der EU-Agenturen zukommt. Die

---

55 Vgl. zu wissenschaftlichen und weiteren Beiräten, die einigen Agenturen neben dem Verwaltungsrat zugeordnet sind: Kreher 1997: 234; Groenleer 2009: 124f.

Zusammensetzung und die Aufgaben des Verwaltungsrats[56] werden in der Gründungsverordnung festgelegt, ebenso wie das Verfahren zur Rekrutierung des Exekutivdirektors.

Die Führung der täglichen Geschäfte und das interne Management einer Agentur sind die zentralen Aufgaben des Direktors, der in den Gründungsverordnungen regelmäßig als der gesetzliche Vertreter der Agentur beschrieben wird. Er ist dafür zuständig, einen Vorschlag für ein jährliches Arbeitsprogramm zu erarbeiten, über das der Verwaltungsrat entscheidet. Der Europäische Rechnungshof hat ermittelt, dass diese Aufgabe „viel Zeit in Anspruch [nimmt], in der Regel die ersten neun bis zehn Monate des seiner Umsetzung vorausgehenden Jahres" (Europäischer Rechnungshof 2008: 16). Darüber hinaus obliegen dem Exekutivdirektor eine Reihe von Berichtspflichten (vgl. Europäischer Rechnungshof 2008: 24, 31).

Exekutivdirektor

Aufgrund ihrer Aufgaben sowie ihrer personellen Zusammensetzung werden die Verwaltungsräte auch als „interface between the agency and its environment" (Groenleer 2009: 122) bezeichnet. Ihre Zusammensetzung spiegelt im Grundsatz das institutionelle Gefüge der EU wider (vgl. für eine Gesamtübersicht über die Zusammensetzung der Verwaltungsräte: Wonka/Rittberger 2010: 731 ff.). Die Kommission ist in jedem Verwaltungsrat vertreten. Mit Ausnahme von zwei Agenturen (EDA: 26; EFSA: 14) sitzen Repräsentanten aller Mitgliedstaaten in den Verwaltungsräten. Die Mitglieder werden in der Regel durch den Rat ernannt, und die Dauer der Mitgliedschaft in einem Verwaltungsrat schwankt zwischen zweieinhalb und fünf Jahren (Groenleer 2009: 120). Die Mitgliedstaaten sind in der Regel über Vertreter der entsprechenden nationalen Behörden in den Verwaltungsräten repräsentiert. Damit kann die Kommission (ebenso wie das Europäische Parlament und Vertreter gesellschaftlicher Gruppen) grundsätzlich von den Vertretern der Mitgliedstaaten überstimmt werden, was aus Sicht der Kommission Probleme bei ihrer eigenen Rechenschaftspflicht aufwerfen kann (Europäische Kommission 2008: 6). Das Europäische Parlament hat eigene Vertreter in den Verwaltungsräten von drei Agenturen (EMA, ECDC, ECHA) durchgesetzt.

Verwaltungsräte der Agenturen

Stimmberechtigte Vertreter gesellschaftlicher Gruppen oder Interessen unterschiedlicher Art sind in acht Agenturen (CEDEFOP, EUROFUND, EEA, EMCDDA, EMA, EU-OSHA, CdT, EFSA) präsent. Während in den Verwaltungsräten von CEDEFOP, EUROFUND und EU-OSHA mit Arbeitgeber- und Gewerkschaftsvertretern die klassischen Sozialpartner repräsentiert sind, sitzen in den Verwaltungsräten von EEA, EMCDDA und EMA wissenschaftliche Experten ihres jeweiligen Fachbereichs, die vom Europäischen Parlament ernannt worden sind (Kreher 1997: 234; vgl. Curtin 2009: 152/3). Anders im Verwaltungsrat von EFSA: vier der Mitglieder kommen aus dem Kreis der Organisationen, welche die Verbraucherschaft und andere Interessen in der Lebensmittelkette vertreten (Art. 25 (1) Gründungsverordnung-EFSA).

Vertreter gesellschaftlicher Interessen

Die Entscheidungsverfahren in den Verwaltungsräten sind unterschiedlich, dabei wird entweder mit absoluter, mit Zwei-Drittel- oder auch mit einfacher

Entscheidungsverfahren in den Verwaltungsräten

---

56 Die exakte Bezeichnung der Verwaltungsräte variiert zwischen den Agenturen. Die typische englischsprachige Benennung ist „management board", der Verwaltungsrat kann aber auch als „administrative board" oder „college" (z. B. EUROJUST) bezeichnet werden.

Mehrheit abgestimmt (Groenleer 2009: 122). Allerdings verfügen nicht alle Mitglieder in den Verwaltungsräten auch über Stimmrechte. So fehlt der Kommission das Stimmrecht in den Verwaltungsräten von OHIM und CPVO ebenso wie in allen Agenturen der Gemeinsamen Sicherheits- und Verteidigungspolitik. In den Agenturen der ehemaligen 3. Säule stellt sie keine Mitglieder in den Verwaltungsräten. Das Europäische Parlament ist zwar im ETF-Verwaltungsrat repräsentiert, aber ohne Stimmrecht. Die Verwaltungsräte wählen aus ihrer Mitte einen Vorsitzenden, der typischerweise zwei Jahre amtiert. Den meisten Verwaltungsräten sitzt ein Vertreter der Mitgliedstaaten vor (Groenleer 2009: 121).

Die Verwaltungsräte planen und steuern die inhaltliche Tätigkeit der Agenturen. Die Kommission, das Europäische Parlament und die Mitgliedstaaten – ebenso wie ggf. die Repräsentanten gesellschaftlicher Interessen – erhalten also über die Verwaltungsräte die Möglichkeit, direkt an den Aktivitäten der EU-Agenturen mitzuwirken. Die in den Gründungsverordnungen der Agenturen präzisierten Aufgaben unterscheiden sich im Detail zwischen den Agenturen; zentrales Instrument der Steuerungstätigkeit ist in der Regel die Verabschiedung des jährlichen Arbeitsprogramms. Häufig wird dieses eingebettet in ein ebenfalls vom Verwaltungsrat zu genehmigendes mehrjähriges Planungsprogramm. Der Direktor berichtet jährlich über die Aktivitäten der Agentur in einem Jahresbericht an den Verwaltungsrat, der auch an der Vorbereitung und Feststellung des Haushalts beteiligt ist (vgl. Kap. 5.2.3). Der Verwaltungsrat ist dem Direktor gegenüber weisungsberechtigt (bezüglich des Arbeitsprogramms, des Haushalts und des Jahresberichts) (Europäische Kommission 2008: 6). Die schärfste Sanktionsmöglichkeit der Verwaltungsräte ist die Entlassung des Direktors, auf die sie in allen Agenturen – aber nach verschiedenen Verfahren – Einfluss haben. Allerdings bleibt diese Sanktionsmöglichkeit (bisher) ungenutzt (Busuioc 2012: 730).

5.2.5 Personal und Haushalt der Agenturen

Die Aufgabenvielfalt der Agenturen spiegelt sich auch in ihrer Größe – gemessen in Personal und jährlichem Haushalt – wider. Ein Blick in die Jahresberichte der Agenturen zeigt folgendes Bild (Stand 31.12.2010): Während CEPOL mit 21 Mitarbeitern und einem Haushalt von 7,8 Mio. EUR die kleinste Agentur ist, sind die EMA und OHIM mit 762 (EMA) bzw. 705 (OHIM) Mitarbeitern und einem Budget von 208,4 Mio. EUR (EMA) und 365,0 Mio. EUR (OHIM) am anderen Ende des Kontinuums zu finden.

Zusammenhang Aufgabentypen – Agenturgröße

Ordnet man die Agenturen nach ihrer Mitarbeiterzahl den Aufgabentypen zu, ergibt sich folgendes Bild (vgl. Tabelle 11): Die ISAW-Agenturen sind in der Regel klein, OA-Agenturen nur etwas größer. Von den drei hier untersuchten RBE-Agenturen fallen zwei in die Gruppe der größten Agenturen (EASA, OHIM). Die TWU-Agenturen verteilen sich, gehören aber eher zu den mittleren und größeren Agenturen. Insgesamt zeigt sich, dass sich die Agenturen überwiegend in die Gruppen der kleineren und mittleren Größe verteilen und nur vier überhaupt mehr als 200 Mitarbeiter haben (Stand: 2007). Daraus könnte man schließen, dass die

RBE-Agenturen, welche die weitreichendsten Befugnisse im Sinne regulativer Politik wahrnehmen, in der Tat über den größten Apparat verfügen und somit als eigenständige Akteure deutlich komfortabler ausgestattet sind als ihre Geschwisteragenturen.

Tabelle 11: Gruppierung der Agenturen nach Aufgabentyp und Mitarbeiterzahl

Aufgabentyp		0 - 99	100 - 199	> 200	Gesamt
RBE	N	1	0	2	3
	Spalte %	14,3 %	0,0 %	50,0 %	16,7 %
TWU	N	1	1	2	4
	Spalte %	14,3 %	14,3 %	50,0 %	22,2 %
OA[1]	N	0	3	0	3
	Spalte %	0,0 %	42,9 %	0,0 %	16,7 %
ISAW	N	5	3	0	8
	Spalte %	71,4 %	42,9 %	0,0 %	44,4 %
Gesamt	N	7	7	4	18[2]
	Spalte %	100,0 %	100,0 %	100,0 %	100,0 %

Quelle: Jann et al. 2009: 20[57]

In den meisten Fällen ist der Exekutivdirektor für die Rekrutierung des Agenturpersonals verantwortlich, allerdings kann er nicht frei über die Größe des Stellenplans entscheiden, der Teil des Haushaltsplans einer Agentur ist und als solcher der Zustimmung des Verwaltungsrats und der Kommission unterliegt und nachfolgend in das Verfahren zur Aufstellung des EU-Gesamthaushalts eingeht (Jann et al. 2008: 154).

Die EU-Agenturen unterliegen im Hinblick auf ihre Personalstruktur, -rekrutierung und -verwaltung dem „Statut der Beamten der Europäischen Gemeinschaften und den Beschäftigungsbedingungen für die sonstigen Bediensteten der Europäischen Gemeinschaften" (sogenannte „Staff Regulation") und damit den gleichen Regeln wie die Beamten und anderen Bediensteten der anderen EU-Organisationen, allen voran jenen der Kommission, für welche diese Regelungen im Kern getroffen wurden (vgl. Jann et al. 2009). Diese Übertragung führt in zweierlei Hinsicht zu Rekrutierungsproblemen für die EU-Agenturen.

Anwendung der *Staff Regulation* für EU-Agenturen

Erstens benötigen die Agenturen in der Regel Experten – häufig wissenschaftlich-technischer Art – in ihrem jeweiligen Politikfeld, die einerseits bereits sehr gut ausgebildet sind und die sich andererseits ihrer Herkunft nach über die Mitgliedstaaten verteilen, damit sie Kontakte zu den nationalen Behörden pflegen können (Schout/Pereyra 2011: 426). Diese Anforderung kontrastiert mit der Rek-

Rekrutierungsprobleme

---

57   In dieser Studie wurde aus Gründen der statistischen Analysefähigkeit CdT als einzige Vertreterin der Gruppe DL (vgl. Tab. 8) zu den OA-Agenturen gezählt (vgl. Jann et al. 2009: FN 1). In die Gruppierung sind nachfolgende 18 Agenturen eingegangen: CVPO, OHIM, EASA, EMSA, EFSA, ERA, EMA, FRONTEX, EUROJUST, CEDEFOP, EUROFUND, ETF, EMCCDA, EU-OSHA, ENISA, ECDC, FRA, CdT. Diese Agenturen haben an einer Umfrage zum internen Verwaltungsaufwand im Jahr 2008/2009 teilgenommen (vgl. Jann et al. 2009).

rutierungspolitik der Kommission, die zuvorderst Generalisten sucht, die dann im Laufe ihrer Beamtenkarrieren zu Politikfeldspezialisten werden (Jann et al. 2008: 154f.; Suvarerierol et al. 2013: 10). Diese Rekrutierungsprobleme bleiben nicht ohne Folgen für die Aktivitäten der Agenturen: Der Personalbestand ist durch eine hohe Wechselrate gekennzeichnet, die häufig zu nicht besetzten Positionen über längere Zeit führt (Schout/Pereyra 2011: 424).

Zeitbedienstete und Vertragsbedienstete als Normalfall

Zweitens unterscheidet sich die formale Personalstruktur der Agenturen von jener der Kommission. Während in der Kommission viele Beamte arbeiten, die z.T. auch an die Agenturen abgeordnet werden, gibt es in den Stellenplänen der Agenturen nur wenige Beamte. Das Gros der Agenturmitarbeiter sind sogenannte Zeitbedienstete (*temporary agents*), deren Stellen im Stellenplan verzeichnet sind. Daneben werden Vertragsbedienstete (*contract agents)* für einzelne Projekte angestellt, die nicht im Stellenplan der Agenturen auftauchen (Schout/Pereyra 2011: 426; vgl. auch Jann et al. 2008: 155). Das ist aus Sicht der EU-Agenturen ein Problem, da die Bezahlung der Agenturmitarbeiter zwar dem Schema der Kommission folgt, allerdings werden sowohl Zeit- als auch Vertragsbedienstete deutlich schlechter vergütet als die EU-Beamten. Diese deutlich schlechtere Stellung gegenüber den EU-Beamten trägt ebenfalls wesentlich zu den Rekrutierungsproblemen der EU-Agenturen bei, die darüber hinaus damit zu kämpfen haben, dass die Regulierung ein einheitliches Bezahlschema vorsieht, während die Gehälter auf den verschiedenen Expertenmärkten aber deutliche Unterschiede aufweisen (Schout/Pereyra 2011: 427).

Rollenverständnis und Aktivitäten der Agenturmitarbeiter

In empirischen Untersuchungen zum Rollenverständnis und Arbeitsalltag der Agenturmitarbeiter zeigt sich, dass die Agenturen eigene organisationale Identitäten herausgebildet haben, die in erster Linie in ihrem Expertentum verhaftet sind. Sie fühlen sich zuvorderst ihrer eigenen Organisationseinheit und ihrer Agentur gegenüber zur Loyalität verpflichtet und sehen ihre Kollegen vornehmlich als unabhängige Experten des jeweiligen Zuständigkeitsbereiches (Trondal 2010: 142-144; Suvarierol et al. 2013: 12). Die Agenturmitarbeiter unterhalten nur lose Verbindungen zu den anderen EU-Organisationen; das eigene professionelle direkte Kollegen- und Expertenumfeld spielt eine deutlich größere Rolle im Arbeitsalltag. Insgesamt kristallisiert sich in der Untersuchung von Trondal die besondere Position der EU-Agenturen heraus: auf der einen Seite sind sie Repräsentantinnen des Institutionengefüges der EU, in das sie sich aufgrund ihrer Expertenbasis eingliedern, und auf der anderen Seite ist die Vernetzung mit den Mitgliedstaaten und ihren korrespondierenden Behörden Teil ihrer Rolle (Trondal 2010: 130 ff.).

Aufstellung des Haushaltes: formale Regeln

Das Haushaltsverfahren der Agenturen ist in einer Verordnung der Kommission geregelt[58] (vgl. detailliert zum Haushaltsverfahren der Agenturen: Jann et al. 2009: 64). Darüber hinaus erarbeitet jede Agentur eine eigene Rahmenfinanzre-

---

58   Verordnung (EG, Euratom) Nr. 2343/2002 der Kommission vom 23. Dezember 2002 betreffend die Rahmenfinanzregelung für Einrichtungen gemäß Artikel 185 der Verordnung (EG, Euratom) Nr. 1605/2002 des Rates über die Haushaltsordnung für den Gesamthaushaltsplan der Europäischen Gemeinschaften (Rahmenfinanzregelung).

gelung, die dem Zustimmungsvorbehalt der Kommission unterliegt (Art. 1, Rahmenfinanzregelung). Die Gründungsverordnungen der Agenturen spezifizieren, nach welchem Prozedere der Voranschlag des Haushalts aufgestellt wird, bevor er der Kommission übermittelt wird. In der Regel obliegt die Aufstellung des Voranschlags dem Verwaltungsrat, der Vollzug des Haushalts zählt zu den Managementaufgaben des Direktors (Art. 2, 17, Rahmenfinanzregelung). Im Rahmen des Verfahrens zur Aufstellung des Gesamthaushaltsplans übermittelt die Kommission einen Haushaltsvorschlag für jede Agentur an das Europäische Parlament und den Rat.

Die EU-Agenturen unterscheiden sich im Hinblick auf ihre Finanzierungsquellen. Die meisten Agenturen erhalten eine Zuweisung aus dem Gesamthaushaltsplan der EU. Darüber hinaus erheben einige Agenturen, wie z. B. die EMA und die EASA (Fleischer 2007: 227), zusätzliche Gebühren, und die Haushaltszuweisung fungiert als Zuschuss. Lediglich OHIM und CPVO sind finanziell eigenständig und finanzieren sich ausschließlich über Gebühren; der Haushalt dieser beiden Agenturen wird durch ihren Verwaltungsrat entlastet (Europäischer Rechnungshof 2008: 7). Alle anderen Agenturen werden nach Art. 185 (2) der Haushaltsverordnung durch das Europäische Parlament auf Empfehlung des Rates entlastet.

Haushalte der EU-Agenturen – Einnahmen

5.3 Theoretischer Kontext: Delegation und Autonomie zwischen Glaubwürdigkeit, Steuerung und Legitimationsproblemen

Nachdem in den vorangegangen Abschnitten die Entstehungsgeschichte und die institutionelle Grundstruktur der EU-Agenturen vorgestellt wurde, zielt das folgende Kapitel darauf ab, die theoretische Diskussion zu EU-Agenturen nachzuzeichnen. In der Literatur stehen hier zwei Fragen im Vordergrund, die sich als Fragen nach der „Etablierungslogik" und der „Steuerungslogik" (Fleischer 2007: 218) von EU-Agenturen unterscheiden lassen. Erstens wird die Etablierungslogik anhand der Frage diskutiert, warum überhaupt Kompetenzen an EU-Agenturen delegiert werden. Hierzu hat sich in der Debatte um EU-Agenturen eine funktionale Begründung etabliert (vgl. Kap. 5.3.1.1), die einer Perspektive gegenübersteht, welche anknüpfend an den Prinzipal-Agent-Ansatz den Siegeszug der EU-Agenturen zuvorderst als Resultat spezifischer politischer Auseinandersetzungen analysiert (vgl. Kap. 5.3.1.2).

Zweitens wird die Steuerungslogik von EU-Agenturen anhand der Frage nach ihrer Autonomie thematisiert, die unter zwei Gesichtspunkten untersucht wird. Zum einen wird – ebenfalls in einer Prinzipal-Agent-Perspektive – die formale Autonomie und ihre Begrenzung durch Steuerungsmechanismen von EU-Agenturen debattiert, die sich von der informellen Autonomie, die in empirischen Studien ermittelt wird, zum Teil deutlich unterscheiden kann. Zum anderen werden die Legitimation und Verantwortlichkeit („accountability") bzw. die legitimatorischen Defizite von EU-Agenturen bewertet, die nicht zuletzt auf die

Steuerungslogik von Agenturen

vieldiskutierte Autonomie zurückgeführt und entsprechend ebenfalls anhand der Wirksamkeit von Kontrollmechanismen diskutiert werden.

Nachfolgend wird zunächst in die theoretischen Debatten eingeführt, die sich mit der Etablierungslogik von EU-Agenturen befassen, bevor in Kap. 5.3.2 mit den Perspektiven zur formalen und informellen Autonomie von EU-Agenturen und ihrer Relevanz für ihre Legitimationsbasis die Ansätze zur Steuerungslogik vorgestellt werden.

5.3.1 Etablierungslogik: EU-Agenturen als Promotoren regulativer Politik oder als Resultat von Interessenkonflikten?

5.3.1.1 Delegation im regulativen Staat: Funktionale Begründung

Delegation als funktionale Antwort auf Aufgabenwachstum

In einer funktionalen Erklärungsperspektive wird die Delegation von Aufgaben an EU-Agenturen als funktionale Antwort auf gestiegene Implementationsanforderungen an die Kommission betrachtet. Die Etablierung von EU-Agenturen, die spezifische Verwaltungsaufgaben übernehmen, entlastet demnach die Kommission, die sich auf ihre politische Rolle konzentrieren kann. In dieser Perspektive werden insbesondere technische und/oder wissenschaftliche Aufgaben als delegationsgeeignet angesehen, die zur Realisierung des gemeinsamen Binnenmarktes erforderlich sind (Vos 2000; Yatanagas 2001).

Die EU als „regulativer Staat"

Majone ist der zentrale Vertreter einer funktionalen Begründung der Etablierung von EU-Agenturen. Der Grundtenor seiner Überlegungen lautet, dass Delegation die quasi-natürliche Antwort auf die Defizite des legislativen Prozesses der EU ist und versteht Delegation als funktional unausweichlich, um die Handlungsfähigkeit der EU zu sichern. Majone beschreibt die Entwicklung der Kompetenzen der EU als Aufstieg des regulativen Staates (Majone 1996, 1997a). Diese Perspektive hat ihre Wurzeln unübersehbar in der US-amerikanischen Diskussion:

> „Americans virtually invented the regulatory state, in the sense that the United States was a great pioneer of the administrative technology of controlling business through law-backed specialized agencies (…)." (Moran 2002: 392)

Auch wenn das US-amerikanische Regierungssystem sich in vielerlei Hinsicht vom Institutionengefüge der EU unterscheidet (vgl. ausführlich Gerardin 2005), liefert die US-amerikanische Literatur Anknüpfungspunkte für die Diskussion um Delegation an EU-Agenturen (vgl. Kelemen 2002).

In dieser Betrachtungsweise löst der regulative den „positiven Staat" (Majone 1997a: 140 ff.) ab, der sich durch die Verfügung über klassische Politikinstrumente der Umverteilung, der makroökonomischen Stabilisierung durch Finanz- und Währungspolitik sowie der Regulierung zur Korrektur von Marktversagen bediente. Durch nachlassendes Vertrauen in die klassischen staatlichen Interventionsmechanismen auf der einen Seite und einer verstärkten (ökonomischen und politischen) Integration im Rahmen der EU, verbunden mit entsprechendem Kontrollverlust der Mitgliedstaaten über ihre eigenen, klassischen Steuerungsinstrumente auf der anderen Seite, gewinnt der regulative Staat an Bedeutung (Majone 1997a: 140-143). Der EU ihrerseits blieb mangels fiskalischer Kompetenz keine andere Wahl, als primär auf regulative Politik zu setzen (Majone 2002a).

Das zuvorderst als System der Binnenmarktintegration angelegte politische System der EU setzt also in erster Linie auf regulative Politik – verstanden als regelsetzende Maßnahmen für die verschiedenen Teilbereiche des europäischen Binnenmarktes. Die Etablierung (unabhängiger) Agenturen gilt in dieser Perspektive als angemessener institutioneller Ausdruck des regulativen Staates, der mit zwei Argumenten begründet wird.

Erstens erfordert regulative Politik eine besondere Glaubwürdigkeit des Entscheidungsprozesses, die durch selbstauferlegte Zurückhaltung der Politik erreicht wird. Diese Selbstbindung der Politik wird als „credible commitment" bezeichnet (Majone 2000: 288 ff.), und es wird argumentiert, dass mit der Übertragung von Kompetenzen an Agenturen eine solch glaubwürdige Verpflichtung zum Ausdruck kommt. Majone sieht Delegation von Kompetenzen an EU-Agenturen vor allem als Reaktion auf eine zunehmende „Parlamentarisierung" der Kommission (Majone 2000: 284 ff., 2002b). Die Kommission ist seit jeher politischem Druck der Mitgliedsstaaten mittels der durch die Regierungen nominierten Kommissare ausgesetzt. Die Stärkung der Rolle des Europäischen Parlaments innerhalb des Institutionengefüges der EU führt zu einer tiefgreifenden Veränderung der Beziehung zwischen Kommission und dem Europäischen Parlament, an deren Ende die Kommission sich dem Europäischen Parlament gegenüber in größerem Maße verantworten muss. Durch diese Parlamentarisierung gerät die Kommission unter wachsenden politischen Legitimationsdruck (Majone 2000: 287; vgl. Kelemen 2002: 97); sie verliert insgesamt ihre traditionelle Rolle als objektive Ausführungsinstitution und wird anfällig für Glaubwürdigkeitsrisiken (Majone 2000: 285ff.).

„Credible comittment"

Zweitens wird die Etablierung von EU-Agenturen in dieser Sichtweise als Reaktion auf gestiegene Komplexität des policy-making gesehen. Regulative Politik richtet sich regelmäßig an komplexe Sachverhalte, für deren Bearbeitung der Kommission die administrativen Kapazitäten, Instrumente und Expertise fehlen (Majone 2002a: 331 ff.). Die Komplexitätssteigerung hat im Wesentlichen drei Effekte: erstens erhöht sie den Bedarf an „regulation by information" (Majone 1997b); zweitens kann die damit verbundene Unsicherheit über den Regelungsgegenstand zeitinkonsistente Präferenzen politischer Akteure aktivieren, die in hohem Maße wandelbar sein können; drittens richtet sich das Augenmerk unweigerlich auf die Implementation, die gerade in komplexen Bereichen regulativer Politik spezifische Expertise benötigt.

Komplexität regulativer Politik

Zusammenfassend argumentiert eine solch funktionale Perspektive, dass Delegation dem Zweck dient, die Handlungsfähigkeit der Kommission abzusichern. Zum einen wird diese durch gestärkte Glaubwürdigkeit regulativer Politik erhöht, und zum anderen wird die Qualität regulativer Politik durch den Rückgriff auf die in den Agenturen vorgehaltene Expertise verbessert.

5.3.1.2 Delegation zur Befriedigung divergierender Prinzipal-Interessen

Delegation als
Resultat von Kosten-
Nutzen-Kalkülen

Im Kern thematisiert der Prinzipal-Agent-Ansatz, wie bereits in Kap. 2 und den vorangegangenen Themenkapiteln erörtert, eine Delegationsbeziehung zwischen einem Prinzipal und einem Agenten, die durch spezifische Merkmale gekennzeichnet ist (siehe auch McCubbins/Schwartz 1984; McCubbins et al. 1987; 1989; Kiewiet/McCubbins 1991). Jeder Delegationsakt ist grundsätzlich mit politischer Unsicherheit darüber verbunden, ob eine Behörde ihrem Auftrag nachkommen wird, ob sie eigenmächtig handelt oder sich durch Dritte beeinflussen lässt (Döhler 2007: 31; vgl. Moe 1990). Transaktionskostentheoretisch inspiriert, weist diese Perspektive darauf hin, dass Kompetenzen nur delegiert werden, wenn die beteiligten Prinzipale sich davon einen Vorteil versprechen. Delegation resultiert demnach aus dem Kosten-Nutzen-Kalkül der Prinzipale, die die entstehenden Steuerungs- und Kontrollkosten zur Präferenzangleichung von Prinzipal und Agent dem potenziellen Nutzen durch einen Glaubwürdigkeitszuwachs und verbessertem Rückgriff auf Expertise und Information gegenüberstellen (vgl. Epstein/O`Halloran 1999; vgl. Franchino 2004). Hier setzt das Argument an, Delegation verfolge primär das Ziel, die Reichweite regulativer EU-Politik auszudehnen und die administrativen Kapazitäten der EU mit Zustimmung aller Prinzipale zu erweitern.

Das Problem
multipler Prinzipale

Insbesondere Dehousse hat verschiedentlich auf die aus Prinzipal-Agent-Perspektive besondere Position der EU-Agenturen hingewiesen und ein „multi-principal-model" (Dehousse 2008; Kelemen/Tarant 2011) vorgeschlagen. In dieser Perspektive wird abweichendes Verhalten des Agenten nicht als dominantes Problem der Prinzipale gesehen, sondern vielmehr, dass: „agencies are somehow ‚captured' by one of their institutional rivals in the leadership contest" (Dehousse 2008: 796). Entsprechend zögern die Mitgliedstaaten in der Regel, weitere Kompetenzen an die Kommission zu übertragen. Sie versuchen, ihre nationalen Behörden vor dem Zugriff der Kommission zu bewahren und befürworten die Einrichtung dauerhafter Steuerungs- und Kontrollmechanismen (Kelemen 2002: 97; Dehousse 2008: 796). Die Kommission ihrerseits will grundsätzlich den direkten Zugriff der Mitgliedstaaten auf europäische Organisationen verhindern. Folglich ist Delegation an Agenturen nur die „second-best solution" (Dehousse 2008: 796), wenn absehbar ist, dass die Mitgliedstaaten die Übertragung von Kompetenzen an die Kommission direkt blockieren werden. Ein vergleichbares Motiv lässt sich auch im Europäischen Parlament ausmachen, das sich um seine mühsam errungenen Rechte sorgt, sollten den Agenturen weitreichende Kompetenzen übertragen werden (Dehousse 2008: 796/7). Mit der erstarkten Rolle des Parlaments durch die Ausdehnung des Mitentscheidungsverfahrens hat sich die Prinzipal-Position des Europäischen Parlaments gewandelt: während es die Kommission zuvor als „Verbündeten" (Kelemen 2002: 97) in der Förderung des europäischen Integrationsprozesses gesehen hat, interessiert sich das Europäische Parlament seither für die Kommission als zu kontrollierender Verwaltung und befürwortet die Etablierung von Steuerungs- und Kontrollmechanismen (Kelemen 2002: 97).

5.3.2 Steuerungslogik: EU-Agenturen zwischen Autonomie und
      Verantwortlichkeit

Wie in den vorangegangen Abschnitten bereits deutlich geworden ist, sind die
EU-Agenturen in einen komplexen Nexus von Akteuren eingebunden, die jeweils
unterschiedliche Steuerungs- und Kontrollfunktionen ausüben, welche wiederum
das Autonomiepotenzial von Agenturen beeinflussen. Diese Steuerungs- und Kontrollmechanismen bilden die Bezugspunkte, unter denen EU-Agenturen aus Sicht
des Prinzipal-Agent-Ansatzes und in der „accountability"-Forschung untersucht
werden. Zugespitzt formuliert interessiert sich die P-A-inspirierte Forschung zuvorderst für Steuerungsmechanismen zur Bestimmung sowie Begrenzung der Autonomie von EU-Agenturen, während die „accountability"-Forschung zuvorderst
Mechanismen demokratischer Kontrolle der EU-Agenturen untersucht. Vollständig trennen lassen sich diese beiden Stränge allerdings nicht, denn vor allem die
„accountability"-Forschung arbeitet häufig auch mit dem P-A-Ansatz. Autonomie
und Kontrolle bilden in dieser Perspektive „zwei Seiten einer Medaille" (Busuioc/
Groenleer 2012: 131): Eben weil die EU-Agenturen „at arms length" operieren,
gilt es, ihre demokratische Anbindung herauszuarbeiten.

5.3.2.1 Zwischen formaler und informeller Autonomie: Steuerung aus Sicht des
        Prinzipal-Agent-Ansatzes

Aus Sicht des Prinzipal-Agent-Ansatzes ist die Informationsasymmetrie zugunsten des Agenten das wesentliche Merkmal dieser Beziehung. Da der Agent über
einen erheblichen Informationsvorsprung verfügt, vergewissert sich der Prinzipal,
dass Steuerungsmechanismen zu seiner Verfügung stehen, derer er sich entweder
ex ante, d. h. bei der Formulierung des Delegationsaktes, bedienen kann oder die
er ex post, d. h. nach der Errichtung einer Behörde, z. B. durch Monitoringfunk-
tionen und Berichterstattungspflichten, nutzen kann (McCubbins/Schwartz 1984;
Kiewit/McCubbins 1991; vgl. Kap. 2), um Shirking des Agenten, also eigennüt-
ziges Verhalten zu Lasten der Ziele des Prinzipals, zu verhindern oder zumindest
einzudämmen.

Entsprechend stehen aus Sicht des Prinzipal-Agent-Ansatzes Instrumente
zur Steuerung von EU-Agenturen im Mittelpunkt des Interesses. Wie bereits erwähnt, werden in der Literatur zu den EU-Agenturen die in Kap. 5.2 vorgestellten
Faktoren der institutionellen Grundstruktur, also der Aufgabentyp, die Leitungsorganisation und die Regeln zu Personal und Haushalt, im Hinblick auf ihr ex ante-
bzw. ex post-Steuerungspotenzial untersucht (vgl. Kreher 1997; Fleischer 2007:
231-239; Groenleer 2009: 115-133). In diesen vier Kategorien wird typischerweise nach formalen Regeln und Strukturfaktoren gesucht, welche die Autonomie
der Agenturen ermöglichen oder einschränken. Als naheliegende Beschränkung
möglicher Autonomie werden dabei Formen der Steuerung der Agenturen durch
andere Akteure betrachtet. Die in Kapitel 1 angesprochenen Untersuchungen
zur institutionellen Wahl und zum Design befassen sich genau mit den formalen
Regeln und Strukturen, die Prinzipale bei der Etablierung einer Agentur einfüh-

ren und die regelmäßig auf die formale Beschränkung der Autonomie abzielen (z.B. Christensen/Nielsen 2010; Wonka/Rittberger 2010; Hanretty/Koop 2012). Der formale Erwartungshorizont determiniert allerdings nicht die „reale" Autonomie einer Agentur. Entscheidend hierfür ist, ob und inwiefern die beteiligten Akteure ihre Steuerungskompetenzen gegenüber den Agenturen auch tatsächlich wahrnehmen. Diese reale Autonomie wiederum lässt sich nur in Untersuchungen jener Faktoren ermitteln, die das Handeln einer Agentur bestimmen (z.B. Fleischer 2007; Groenleer 2009; Busuioc 2012; Busuioc/Groenleer 2012).

Aufgaben – ex ante Steuerung

Alle an der Gründung einer Agentur beteiligten Prinzipale haben ein erhebliches ex ante-Einfluss*potenzial*. Da die Kommission einen Vorschlag für eine Gründungsverordnung erarbeitet, in dem die Aufgaben der neu zu gründenden Agentur spezifiziert werden, kommt ihr zunächst das größte ex ante-Einflusspotenzial zu. Da – je nach Entscheidungsverfahren – Rat oder Rat und Europäisches Parlament über diesen Vorschlag entscheiden und sie über ein Änderungsrecht verfügen, wird das ex ante-Einflusspotenzial der Kommission durch jenes von Rat und/oder Europäischem Parlament wiederum begrenzt. Empirische Befunde zeigen, dass alle drei Akteure dieses Steuerungspotenzial auch nutzen, um eigene Interessen zu wahren oder durchzusetzen (vgl. z. B. für die Gründung von ECHA: Martens 2012). Obgleich sich aus einer formalen Perspektive erwarten ließe, dass Agenturen, die bindende Entscheidungen treffen können, über einen höheren Grad an Autonomie (gegenüber der Kommission) verfügen als jene, die ISAW-, TWU-, oder DL-Aufgaben wahrnehmen (vgl. Groenleer 2009: 119), zeigt aber z. B. die Studie von Jarle Trondal (2010), dass der Aufgabentyp – zumindest aus Sicht der Mitarbeiter – letztlich keinen Einfluss auf die „gefühlte" Autonomie ausübt.

Das ex ante-Steuerungspotenzial der Kategorie ‚Leitungsorganisation' erwächst einerseits aus dem Einflusspotenzial der Kommission bei der Ernennung des Exekutivdirektors sowie andererseits aus jenem der Mitgliedstaaten über deren dominante Position im Verwaltungsrat. Entsprechend kommt den Regeln zur Ernennung des Exekutivdirektors sowie jenen zur Zusammensetzung der Verwaltungsräte Bedeutung zu. Die Gründungsverordnungen sehen unterschiedliche Verfahren zur Ernennung eines Exekutivdirektors vor. In den meisten Fällen wird der Exekutivdirektor auf Basis eines Kommissionsvorschlags durch den Verwaltungsrat bestimmt (Curtin 2009: 151; Dehousse 2008: 797).[59] Das Europäische Parlament ist erst in jüngerer Zeit und nur in wenigen Fällen in den Auswahlprozess des Exekutivdirektors eingebunden (z. B. bei der Ernennung der Exekutivdirektoren von EFSA und FRONTEX). Wie oben skizziert, ist es dem Europäischen Parlament jüngst gelungen, ein generelles Anhörungsrecht der parlamentarischen Ausschüsse für die Kandidaten der Direktorenämter in die Rahmenvereinbarung über die Beziehungen zwischen dem Europäischen Parlament und der Europäischen Kommission aufnehmen zu lassen. Inwiefern das Europäische Parlament von diesem Recht auch tatsächlich Gebrauch machen wird, bleibt abzuwarten.

---

59 In einigen anderen Fällen wird er von der Kommission auf Vorschlag des Verwaltungsrats ernannt, und in einer dritten Variante wird er durch den Rat aus einer Liste von Kandidaten ausgewählt, die entweder der Verwaltungsrat oder die Kommission erstellt hat (z. B. bei OHIM und CPVO) (Jann et al. 2008: 97 ff.).

Den Verwaltungsräten kommt aufgrund ihrer formalen Kompetenzen in Funktionsunion ein erhebliches ex ante- und ex post-Einflusspotenzial auf die Autonomie der Agenturen zu. An der Zusammensetzung der Verwaltungsräte wird deutlich, dass die Mitgliedstaaten in allen Fällen die Mehrheit der Mitglieder stellen, die damit – ungeachtet der Mehrheitsregelung – die Kommission (und das Europäische Parlament) grundsätzlich überstimmen können (Wonka/Rittberger 2010; Busuioc 2012). Empirischen Untersuchungen zufolge können die Verwaltungsräte ihr formal starkes Steuerungspotenzial aber nicht ausschöpfen. Vielmehr entstehen über Funktionsschwächen der MS-dominierten Verwaltungsräte Einflusspotenziale für andere Akteure (Direktor, Kommission), die zur Autonomie der Agenturen beitragen können. Madalina Busuioc (2012) weist in ihrer Untersuchung von fünf Agenturen auf erhebliche Steuerungsschwächen der Verwaltungsräte hin, die sie insbesondere auf Probleme der Entscheidungsfähigkeit aufgrund ihrer Größe, auf zeitliche und expertisebasierte Kapazitätsprobleme sowie auf in den Verwaltungsräten hervortretende Interessenkonflikte der nationalen Behörden und der EU-Agenturen zurückführt (Busuioc 2012: 732 ff.).

Steuerungsschwächen der Verwaltungsräte

Zur Aufgabenwahrnehmung der Exekutivdirektoren liegt bisher nur wenig empirische Forschung vor, so dass eine Bewertung allenfalls vorsichtig vorgenommen werden kann. Während die formale Position des Direktors gegenüber dem Verwaltungsrat in den Gründungsverordnungen geregelt ist, fällt die de-facto-Bewertung unterschiedlich aus. Dehousse bewertet die Position als „mere executive directors" (2008: 799), vor allem, da sie nicht über das Arbeitsprogramm entscheiden können. Die Untersuchung von Busuioc und Martijn Groenleer weist auf eine erhebliche Varianz informeller Autonomie der Exekutivdirektoren hin (Busuioc/Groenleer 2012). Demnach gelingt es vor allem Direktoren von EU-Agenturen mit nur vage formulierten Agenturmandaten sowie Direktoren (z. T.) gebührenfinanzierter Agenturen eine erhebliche Autonomie gegenüber den Prinzipalen zu erlangen, indem sie eigene Prioritäten durchsetzen, dem Verwaltungsrat konkrete Umsetzungsvorschläge unterbreiten und eine Reihe informeller Kontakte unterhalten. Die Autoren führen diese informelle Autonomie zuvorderst auf die Steuerungsschwächen der Verwaltungsräte zurück (Busuioc/Groenleer 2012: 145 ff.).

Exekutivdirektoren: Varianz informeller Autonomie

Die Vorgaben der *Staff Regulation* und der Rahmenfinanzregelung fungieren als ex ante Steuerungsmechanismen für die Rekrutierung von Personal sowie für Aufstellung, Vollzug und Rechnungslegung des Haushalts. Die Regeln der Rahmenfinanzregelung und der Haushaltsordnung wirken darüber hinaus als ex post-Kontrollmechanismen. Ein erhebliches ex ante-Einflusspotenzial in der Personalpolitik der EU-Agenturen kommt formal zum einen dem Europäischen Parlament und dem Rat als Haushaltsbehörde zu und zum anderen dem Verwaltungsrat durch den Genehmigungsvorbehalt des Stellenplans (als Teil des Haushalts) (vgl. Jann et al. 2008, 2009). Diese formalen Zugriffsrechte auf die Stellen der Agenturen prägen die Personalpolitik der EU-Agenturen wesentlich und können die Autonomie der Agenturen beeinflussen. Die (potenzielle) Autonomie der Agenturen wird damit sowohl gegenüber dem Verwaltungsrat (und damit den Mitgliedsstaaten) als auch gegenüber der Kommission und dem Europäischen Parlament begrenzt. Zwar können die Agenturen ihr Personal eigenständig rekrutieren, allerdings in

Personal und Haushalt – ex-ante- + ex-post-Steuerung

einem strengen formalen Rahmen, der die benannten Rekrutierungsprobleme hervorbringt (vgl. Kap. 5.2.5). Ähnliche Schlüsse lassen sich aus Prinzipal-Agent-Perspektive unter den Gesichtspunkten Finanzierung und Haushalt für die Autonomie bzw. das Autonomiepotenzial der EU-Agenturen ziehen: Erstens verfügen die Agenturen, die sich ganz oder zumindest teilweise über eigene Einnahmen finanzieren, über größere Autonomie als jene, die vollständig über eine Zuweisung aus dem Gesamthaushalt der EU finanziert werden (Groenleer 2009: 128). Zweitens begrenzen die formalen Regeln des Haushaltsverfahrens das Autonomiepotenzial der EU-Agenturen zum einen durch die Rolle des Verwaltungsrats im Haushaltsverfahren und den Feststellungsvorbehalt des EU-Gesamthaushalts und zum anderen durch die Rolle des Europäischen Parlamentes im Entlastungsverfahren.

Aus einer formalen Perspektive lassen sich aus diesen Merkmalen der Leitungsorganisation von Agenturen mehrere Schlüsse ableiten: Erstens sind die Agenturen umso autonomer (von der Kommission), je geringer die Kommission in die Auswahl des Exekutivdirektors involviert ist und je mehr Mitglieder in den Verwaltungsräten durch die Mitgliedstaaten gestellt werden (Groenleer 2009: 121). Zweitens sind die Agenturen autonomer (vom Europäischen Parlament), wenn das Europäische Parlament weder in die Auswahl des Exekutivdirektors eingebunden noch im Verwaltungsrat repräsentiert ist. Drittens verfügen die Agenturen durch die formal dominante Position der Mitgliedstaaten in den Verwaltungsräten jenen gegenüber formal nur über ein geringes Maß an Autonomie. Viertens kommt dem Exekutivdirektor gegenüber der Kommission (je nach Auswahlverfahren) sowie dem Europäischen Parlament (je nach Auswahlverfahren) und dem Verwaltungsrat formal ein geringer Grad an Autonomie zu, die er in die inhaltliche Programmierung „seiner" Agentur umsetzen könnte. Wie am Beispiel der Umweltagentur deutlich wird (vgl. Kap. 5.4.1), kann der Kommission mehr Einfluss in der Steuerung der EU-Agenturen zukommen, als ihre formale Position erwarten lässt. Da sie ein vitales Interesse an den Aktivitäten der Agenturen hat, treten ihre Vertreter in den Verwaltungsräten als Aktivposten auf und können somit Einfluss geltend machen. Dieser Befund allerdings bedarf der Überprüfung in weiteren Fällen.

Insgesamt zeigt sich, dass die Steuerung der EU-Agenturen keinem kohärenten Konzept folgt, sondern sich aus einer Vielzahl einzelner Regelungen in den Gründungsverordnungen und in allgemeinen Vorschriften zusammensetzt sowie durch verschiedene Akteursinteressen in der Wahrnehmung ihrer jeweiligen Steuerungskompetenzen geprägt wird. Während sich Untersuchungen institutioneller Wahl und des Designs vorrangig mit den Bedingungen formaler Autonomie befassen, kann abschließend festgehalten werden, dass das real existierende Ausmaß behördlicher Autonomie nur durch konkrete empirische Fallstudien geklärt werden kann. Zum einen ist die Vielfalt unterschiedlicher Regelungen in den Gründungsverordnungen so groß, dass spezifische Auswertungen zur genauen Erfassung der formalen Regeln, die Effekte auf die Autonomie einer Agentur haben, nötig sind. Zum anderen zeigen die bereits vorliegenden Befunde, dass die formalen Regeln nicht notwendigerweise die Realität innerhalb von Organisationen abbilden.

5.3.2.2 „Accountability": Politische, professionelle und Management-Kontrolle der EU-Agenturen

In dieser Debatte steht die demokratische Absicherung von Delegationsbeziehungen im Vordergrund, die Agenturen über verschiedene Formen der Kontrolle an die klassische Delegationskette anbinden. Vor allem die rasche Ausbreitung und ihr Status „at arms length" nährten Bedenken, die EU-Agenturen könnten zu „uncontrollable centres of arbitrary power" (Everson 1995: 190) erwachsen (vgl. für einen Überblick Busuioc 2009: 600-602). Die „accountability"-Forscher knüpfen hier an und untersuchen, über welche Kontrollmechanismen Anbindung gesichert werden kann. Dabei mischen sich im Sinne der in Kap. 2.3 unterschiedenen Legitimationsmodelle unterschiedliche Anbindungsmöglichkeiten. Zum einen sind die Agenturen über die Verwaltungsräte an die Mitgliedstaaten angebunden (intergouvernementales Modell), zum anderen unterliegen sie im Sinne des supranationalen Modells der parlamentarischen Haushaltskontrolle. Als wichtigste Legitimationsquelle darf aber die in den Agenturen gebündelte Expertise gelten, die als Garant für glaubwürdige, nicht-politisierte Entscheidungen bewertet werden kann, die sich vor allem auch daran messen lassen kann, ob bzw. inwiefern die EU-Agenturen innerhalb der jeweiligen Fachöffentlichkeit ihres Politikfeldes als akzeptierte und geschätzte Akteure gelten.

Delegation, Legitimation und Verantwortlichkeit

In der Literatur wird mit einer Vielzahl von „accountability"-Konzepten gearbeitet, und es wird eine Reihe unterschiedlicher Formen der Verantwortlichkeit unterschieden. Einer weit verbreiteten Definition zufolge versteht man unter „accountability" folgendes:

> „a relationship between an actor and a forum, in which the actor has an obligation to explain and to justify his or her conduct, the forum can pose questions and pass judgment, and the actor may face consequences" (Bovens 2007: 467).

Daran anknüpfend werden unterschiedliche Dimensionen von Verantwortlichkeit herausgearbeitet, wie z. B. politische, rechtliche, administrative, professionelle und soziale Verantwortlichkeit (Bovens 2007; Bovens et al. 2010: 42-44), die auf eine Vielzahl von Verantwortlichkeitsbeziehungen angewendet werden. In der Debatte um EU-Agenturen sind die politische, die professionelle sowie die managerielle Verantwortlichkeit relevant (Busuioc 2010; zur politischen Verantwortlichkeit: Bach/Fleischer 2012; zur professionellen Verantwortlichkeit: Wonka/ Rittberger 2011). In formaler Hinsicht fungieren die Anwendung der *Staff Regulation* und der Haushaltsverordnung, die Unterwerfung unter die Entlastungspflicht durch das Europäische Parlament und den Rat, das Prüfrecht des Europäischen Rechnungshofs und die Bewilligungsvorbehalte der Agenturhaushalte durch die Kommission als Formen der (demokratischen) Kontrolle der Agenturen.

Die politische Verantwortlichkeit der EU-Agenturen entfaltet sich zuvorderst gegenüber dem Europäischen Parlament, dessen parlamentarisches Kontrollrecht vor allem in der Entlastung des Haushalts liegt. Die in Art. 185 (2) der Haushaltsordnung vorgesehene Haushaltsentlastung ist das zentrale Einfallstor zur Kontrolle der Agenturen durch das Europäische Parlament (Jones/Vitrey 2006; Fleischer 2007: 238). Das Europäische Parlament nutzt das Entlastungsverfahren nicht nur,

Politische Verantwortlichkeit

um die Finanzergebnisse einer Agentur zu kontrollieren und nachzuvollziehen, sondern auch, um die Organisationsleistungen einer Agentur zu bewerten und auf typische Defizite der Agentursteuerung hinzuweisen (Bach/Fleischer 2012). So hat das Europäische Parlament z.B. die Entlastung der Haushalte der EFSA, EMA und EEA für das Haushaltsjahr 2010 verweigert. Während es im Falle der EFSA auf „überzogen[e]" Kosten für die Führung verwies, bemängelte es einige Managementpraktiken der EMA, stellte die Unabhängigkeit ihrer Mitarbeiter in Frage und kritisierte Reiseausgaben im Falle der EEA (Europäisches Parlament 2012). Zwar wirken die jeweiligen Fachausschüsse an den Haushaltsberatungen mit, aber der Haushaltsauschuss sowie der Haushaltskontrollausschuss haben die intensivsten Aktivitäten gegenüber den Agenturen entwickelt (vgl. Bach/Fleischer 2012).

Professionelle Verantwortlichkeit

Die professionelle Verantwortlichkeit stellt auf die in den EU-Agenturen vorgehaltene Expertise ab, die sich sowohl innerhalb der Agenturen als auch gegenüber anderen Akteuren sowie der weiteren Fachöffentlichkeit dem professionellen Diskurs stellen muss (Bovens 2007: 456; Wonka/Rittberger 2011: 891). Die Untersuchung von Arndt Wonka und Berthold Rittberger zeigt, dass die Mitarbeiter der EU-Agenturen der professionellen Verantwortlichkeit eine hohe Bedeutung für ihre eigene Arbeit beimessen: 86 % der in dieser Untersuchung befragten Agenturmitarbeiter halten es für richtig, dass professionelle Standards den Maßstab ihrer eigenen Verantwortlichkeit bilden sollten („agree/strongly agree"), und 61 % halten Expertise in politischen Prozessen generell für wichtiger als politische Erwägungen (Wonka/Rittberger 2011: 896). Zugleich ist es den befragten Agenturmitarbeitern ebenfalls wichtig, dass ihre Arbeit öffentlich anerkannt wird (Wonka/Rittberger 2011: 896). Diese Befunde zeigen, dass Expertise, professionelle Standards und öffentliche Anerkennung in der Selbstwahrnehmung der Mitarbeiter wichtige Legitimierungsquellen darstellen.

In managerieller Hinsicht sind die EU-Agenturen zuvorderst den Verwaltungsräten rechenschaftspflichtig (Busuioc 2010). Die bereits erwähnten Steuerungsschwächen der Verwaltungsräte zeigen sich auch in der Bewertung der Frage, wie sie ihre Kontrollaufgabe wahrnehmen. Die Untersuchung von Busuioc arbeitet heraus, dass die Verwaltungsräte ihrer Kontrollfunktion nur zum Teil nachkommen, häufig in die technische und administrative Detailsteuerung eingebunden sind und weniger im Hinblick auf die Performanzevaluation. Vor allem sind die Verwaltungsräte sehr zögerlich, ggf. auch Sanktionen auszusprechen (Busuioc 2010).

Insgesamt liegen bisher nur wenige empirische Untersuchungen zur Verantwortlichkeit vor, das Gros der Diskussion fokussiert bisher auf formale Betrachtungen. Während in formaler Hinsicht eine Reihe von Kontrollmechanismen vorliegt, ist die tatsächliche Anwendung noch weitgehend unerforschtes Terrain. Busuioc kommt zu dem Schluss, das „Verantwortlichkeitsglas" sei aufgrund der zahlreichen formalen Kontrollrechte halbvoll. Diese würden allerdings – soweit bekannt – nicht hinreichend aktiviert (Busuioc 2010: 111-113). Erst auf Basis genauerer empirischer Untersuchungen wird es möglich sein, die Verantwortlichkeit und damit die Legitimation von EU-Agenturen umfassend zu bewerten.

5.4 Agenturen in Politikfeldern

Wie in den vorangegangenen Abschnitten deutlich geworden ist, nehmen die Agenturen unterschiedliche Aufgaben in verschiedenen Politikfeldern unter variierenden formalen Bedingungen wahr. Im Folgenden werden die Aufgabenwahrnehmung und die Rolle der EEA sowie der EMA in ihren jeweiligen Politikfeldern präzisiert. Während beide Agenturen der zweiten Generation zugerechnet werden, repräsentieren sie unterschiedliche Aufgabentypen. Die EEA wird zu jenen Agenturen gerechnet, die Informationen sammeln, analysieren und weitergeben (vgl. Kap. 5.2.3). Ihre Anfangszeit war von einer Reihe von Konflikten über ihre Rolle und Aufgabenwahrnehmung geprägt, die sich im Zeitverlauf erheblich gewandelt haben. Am Fall der EEA zeigen sich typische Konflikte und Probleme der Position einer EU-Agentur im Institutionengefüge der EU. Die EMA wird zu den TWU-Agenturen gezählt, sie soll also die Kommission technisch und wissenschaftlich unterstützen. Gleichermaßen gilt die EMA als eine Agentur mit vergleichsweise weitgehenden, nahezu regulativen Kompetenzen (vgl. Kap. 5.4.2). Am Fall der EMA wird deutlich, dass klar umrissene Aufgaben und im Delegationsakt harmonisierte Präferenzen der Prinzipale die Aufgabenwahrnehmung und Rollenfindung einer EU-Agentur erheblich vereinfachen.

5.4.1 Die Europäische Umweltagentur: zwischen Wach- und Schoßhund

Die EEA wurde als erste Agentur der zweiten Generation gegründet. Der damalige Kommissionspräsident Delors schlug 1989 zur Überraschung selbst der GD „Umwelt" die Gründung einer eigenen Umweltagentur vor, weil er erwartete, dass sich die Mitgliedstaaten weigern würden, die Kompetenzen der Kommission im Umweltbereich auszudehnen (Groenleer 2009: 216).

Obwohl es vor der Einheitlichen Europäischen Akte von 1987 keine expliziten gemeinschaftlichen Kompetenzen für Umweltpolitik gab, verabschiedete die EG seit Mitte der 1960er Jahre eine Reihe umweltpolitischer Programme (Groenleer 2009: 215; siehe auch Kap. 3). Der EEA-Gründung ging das CORINE-Programm voraus, das 1985 etabliert wurde und in dessen Rahmen umweltrelevante Daten und Informationen gesammelt wurden. Im Zuge des CORINE-Programms, das in der GD „Umwelt" bearbeitet wurde, wuchs die Forderung nach einem einheitlichen europäischen System zur Sammlung und Verwaltung entsprechender Daten (Groenleer 2009: 215).

Umweltpolitik zunächst trotz fehlender Kompetenzen

Der formale Gründungsprozess der EEA war mit Konflikten behaftet. Erstens äußerten alle Mitgliedstaaten mit Ausnahme Luxemburgs Interesse, Sitz der neuen Agentur zu werden. 1992 fiel die Entscheidung zu Gunsten von Kopenhagen.[60] 1994 nahm die EEA ihre Arbeit auf. Zweitens hegten die an der Etablierung beteiligten Akteure unterschiedliche Erwartungen an die Aufgabe und Rolle, die sie der Agentur in der Gründungsverordnung zuschreiben wollten. Während die Kommission und einige Mitgliedstaaten die Aufgabe der Agentur auf Datensamm-

---

60   Zu den Gründen für die Standortentscheidung: Groenleer 2009: 238, FN 10.

lung beschränken wollten, beabsichtigte das Europäische Parlament, ihr auch Aufsichtsaufgaben zu übertragen, die unabhängig von der Kommission wahrgenommen werden sollten. Andere Mitgliedstaaten favorisierten eine Agentur, welche die Information gegenüber einer breiteren Öffentlichkeit übernimmt und die Wirksamkeit umweltpolitischer Maßnahmen überprüft (Martens 2010: 884). Da mit dem Konsultationsverfahren zwar das Parlament nur angehört werden musste, aber die einstimmige Zustimmung des Rates erforderlich war (vgl. dazu: Kelemen 2002: 101), flossen diese unterschiedlichen Erwartungen der Akteure in die Gründungverordnung ein, so dass die Rolle der EEA nicht präzise formuliert war und Raum für Interpretationen durch die Umweltagentur selbst blieb (Martens 2010: 885). Ob damit allerdings ein Wach- oder doch eher ein Schoßhund geboren worden war, ist in der Literatur umstritten (Martens 2010).

Laut EEA-GV sollen durch die Agentur

> „ objektive, zuverlässige und auf europäischer Ebene vergleichbare Informationen zur Verfügung gestellt werden, anhand derer sie [die Gemeinschaft und die Mitgliedstaaten, die Autoren] die notwendigen Umweltschutzmaßnahmen ergreifen, die Ergebnisse dieser Maßnahmen bewerten und eine sachgerechte Unterrichtung der Öffentlichkeit über den Zustand der Umwelt sicherstellen können" (Art. 1 [2] Gründungsverordnung-EEA).

Gründungs-
verordnung:
vage Aufgaben-
beschreibung

Art. 2 und 3 EEA-GV bestimmen die Aufgaben der Agentur, zu denen neben der Einrichtung eines EU-weiten Informationsnetzes zu Umweltdaten und -informationen (EIONET) insbesondere die Bereitstellung, Erfassung, Zusammenstellung und Bewertung entsprechender Daten und Informationen zählen. Ferner soll die Umweltagentur die Vergleichbarkeit der Umweltdaten, deren Berücksichtigung in internationalen Umweltprogrammen, die Erarbeitung von Vorhersageverfahren zu Umweltproblemen, die Entwicklung von Methoden zur Kostenbewertung von Umweltschäden und entsprechenden Vorsorgemaßnahmen sowie den Austausch über Umwelttechnologien fördern. Darüber hinaus ist es Aufgabe der EEA, Umweltinformationen zu verbreiten. Damit wurden der EEA keine regulativen Aufgaben übertragen, sondern ausschließlich Aufgaben der Informationsbeschaffung und Analyse. So kann sie z. B. den Mitgliedstaaten nicht vorschreiben, bestimmte Informationssysteme zu etablieren (Groenleer 2009: 218). In der vagen Beschreibung ‚Aufgaben' spiegeln sich die skizzierten unterschiedlichen Interessen und Prioritäten der Gründungsakteure wider. In der Gründungsverordnung wird darüber hinaus auch der „diffuse Anspruch" (Fleischer 2007: 230) an die EEA erkennbar, „einen breiten Adressatenkreis zu bedienen" (Fleischer 2007: 230).

EEA-Aktivitäten

Zur Wahrnehmung ihrer Aufgaben entfaltet die EEA eine Reihe von Aktivitäten. So publiziert sie selbstständig, d. h. ohne die Genehmigung der Kommission oder des Verwaltungsrats einzuholen (Groenleer 2009: 217), verschiedene Berichte. Darunter ist auch der alle fünf Jahre erscheinende „Bericht über den Zustand der Umwelt" (Art. 2 [vi], Gründungsverordnung-EEA), den die EEA anfänglich als ihr „Flaggschiff" (Groenleer 2009: 223, Übersetzung durch die Autoren) ansah. Sie erhebt hingegen keine eigenen Daten, sondern diese werden ihr durch die Umweltbehörden der Mitgliedstaaten geliefert und von der Agentur aggregiert (Groenleer 2009: 217). Aus dieser Kooperation der nationalen Behörden innerhalb des EIONET bezieht die EEA ihre Stellung als „nucleus" (Groenleer 2009: 217) innerhalb dieses Netzwerks (vgl. Kap. 6).

Das durch die Gründungsverordnung etablierte Netzwerk EIONET wird von der EEA koordiniert.[61] Derzeit sind ca. 900 Experten aus 32 Mitgliedsländern und sieben weiteren teilnehmenden Ländern involviert.[62] Diese Experten entstammen den nationalen Umweltbehörden sowie Forschungsinstituten, die sich mit Umweltfragen befassen. EIONET kooperiert über sogenannte nationale Anlaufstellen (*national focal points*), die der EEA die entsprechenden Daten zuliefern und gleichermaßen die Mitgliedstaaten gegenüber der EEA repräsentieren (Groenleer 2009: 224). Die deutsche Anlaufstelle ist beim Umweltbundesamt angesiedelt.

Partnernetzwerk EIONET

Der angesprochene Spielraum zur Interpretation ihrer Aufgaben, den die EEA aus den unpräzisen Vorgaben der Gründungsverordnung gewinnt, nutzte die Agentur bislang „expansiv" (Fleischer 2007: 230) und löste damit anfangs eine Reihe von Kompetenzkonflikten mit der GD „Umwelt" aus (Fleischer 2007: 229/30; Martens 2010: 888ff.). In der Anfangszeit der EEA war insbesondere die Beziehung zu ihrer Mutter-GD „Umwelt" in der Kommission von „wechselseitigem Misstrauen" (Martens 2010: 890, Übersetzung durch die Autoren) gekennzeichnet. Konflikte entsponnen sich vor allem um die Frage, ob die EEA lediglich umweltrelevante Daten an die Kommission liefern oder sich durch die eigenständige Evaluation der Wirksamkeit umweltpolitischer Programme am policy-making beteiligen sollte. Die GD „Umwelt", die sich selbst als „chief client" (Martens 2010: 888) der EEA verstand, beharrte bis Ende der 1990er Jahre darauf, dass die EEA für „harte Fakten, nicht für Policy-Analysen" (Martens 2010: 888f., Übersetzung durch die Autoren) zuständig ist.

Interpretations-spielräume

Die Konflikte zwischen GD „Umwelt" und EEA lösten sich zunehmend dadurch, dass die GD „Umwelt" den Wert unabhängig generierter Daten für ihre eigene Arbeit zu schätzen gelernt hat. Dadurch konnte die Umweltagentur ihre Position stabilisieren und ihre Aufgaben weiter ausdehnen (Groenleer 2009: 225; Martens 2010: 890). Kommission und EEA haben sich, ausgehend von der Arbeitsebene, angenähert, und im Zeitverlauf hat sich die Beziehung zwischen Kommission und EEA so zu einem durch „reciprocity and mutual recognition" (Martens 2010: 894) geprägten Verhältnis entwickelt.

EEA und Kommission: von Konflikten zu gegenseitiger Anerkennung

Die Beziehung zu den Mitgliedstaaten ist für die Aufgabenwahrnehmung der EEA von zentraler Bedeutung, da diese das Gros der relevanten Daten und Informationen freiwillig zuliefern (sollen). Aus diesem Grund legt die EEA Wert darauf, dass ihr nicht – wie gelegentlich diskutiert – formale Aufsichtskompetenzen übertragen werden (Groenleer 2009: 219). Groenleer beschreibt die Beziehung zwischen EEA und Mitgliedstaaten folglich als „more horizontal" (Groenleer 2009: 219). Aus Sicht der Mitgliedstaaten ist die freiwillige Basis ihrer Kooperati-

EEA-Mitgliedstaaten: freiwillige Kooperation als Erfolgsfaktor

---

61 Neben EIONET arbeitet die EEA mit mindestens vier weiteren Netzwerken zusammen: Environmental Protection Agency`s Network (EPA), Euopean Network for the Implementation and Enforcement of Environemental Law (IMPEL), European Network of Heads of Nature Conservation Agencies (ENCS-Network) und European Environment and Sustainable Development Advisory Councils (EEAC) (Levi-Faur 2011: 823) (vgl. Kap. 6).

62 Vgl. http://www.eea.europa.eu/de/about-us/countries-and-eionet (letzter Zugriff am 08.08. 2011).

on mit der EEA ebenfalls zentral. Zwar besteht kein formaler Kooperationszwang, aber die Mitgliedstaaten sehen sich einer moralischen Bindung an die EEA ausgesetzt, der sie im Verwaltungsrat auch zugestimmt haben (Groenleer 2009: 231): Kommt ein Mitgliedstaat den Anforderungen der EEA nicht nach, wird diese Verfehlung durch den Direktor im Verwaltungsrat zur Sprache gebracht (Groenleer 2009: 231). Die Mitgliedstaaten nutzen die Berichte und Informationen der EEA ihrerseits, um Auseinandersetzungen in der nationalen Umweltpolitik zu beeinflussen (Groenleer 2009: 231f.).

Das Tagesgeschäft der EEA wird durch einen von der Kommission nominierten und vom Verwaltungsrat ernannten Direktor geleitet, der gegenüber dem Verwaltungsrat verantwortlich ist. Dem ersten Direktor der EEA, Domingo Jiménez-Beltrán, einem spanischen Beamten mit langjähriger Erfahrung in verschiedenen Positionen der Umweltverwaltung, schreiben Beobachter wesentlich die policy-orientierte und pro-aktive Positionierung der EEA zu (Schout 1999: 122; Groenleer 2009: 227f.).

Gewichtsverteilung im Verwaltungsrat

Dem Verwaltungsrat der EEA gehören Vertreter aller Mitgliedstaaten sowie zwei Vertreter der Kommission (GD „Umwelt"/GD „Forschung und Innovation") und zwei vom Europäischen Parlament benannte Experten an, die dem Europäischen Parlament gegenüber aber nicht weisungsgebunden sind (Groenleer 2009: 220). Formal wird der Verwaltungsrat von den Mitgliedstaaten dominiert, allerdings verfügt die Kommission durch ihre enge Interaktion mit der EEA sowohl über einen Informationsvorsprung als auch über eine klare Vorstellung über die angemessene Rolle und entsprechende Aktivitäten der EEA, die sich aus einem Kapazitätsvorteil sowie einem veritablen Steuerungsinteresse speist. Die Vertreter der Mitgliedstaaten orientieren sich oft an den Positionen der Kommission, der somit eine deutlich bedeutendere Rolle zuwächst als aus ihrer quantitativen Präsenz formal ablesbar wäre (Schout 1999: 97, 130; Fleischer 2007: 233; Martens 2010: 893). Die durch das Europäische Parlament entsandten Vertreter wirken regelmäßig nur zurückhaltend an den Entscheidungen im Verwaltungsrat mit (Martens 2010: 892) und fungieren aus Sicht der EEA als „Alliierte" (Martens 2010: 892, Übersetzung durch die Autoren), wenn die Kommission im Verwaltungsrat „too bossy" (Martens 2010: 892) auftritt.

Wissenschaftlicher Beirat

Verwaltungsrat und Direktor werden durch einen wissenschaftlichen Beirat beraten, der sich aus derzeit 19 Wissenschaftlern zusammensetzt.[63] Der Beirat dient der „Qualitätssicherung" (Fleischer 2007: 233) und Absicherung der Glaubwürdigkeit der EEA (Schout 1999: 127), indem er die Leitung zur strategischen Positionierung der EEA berät und Verwaltungsrat und Direktor bei der Erarbeitung des Arbeitsprogramms und der Berichte unterstützt.

Personalwachstum und -diversifikation

Ausgehend von 10 Mitarbeitern im Jahre 1994, ist der Personalbestand der EEA über die Jahre beachtlich gewachsen (vgl. IEEP/EIPA 2003: 25). Ende 2010 arbeiteten insgesamt 201 Mitarbeiter in der EEA. Wie für eine EU-Agentur typisch, sind die meisten von ihnen als Zeitbedienstete beschäftigt. Anders als in anderen

---

63 Vgl. http://www.eea.europa.eu/about-us/governance/scientific-committee/list-of-scientific-committee-members (letzter Zugriff am 08.08.2011).

EU-Agenturen, wechseln die Mitarbeiter allerdings recht selten; die Verträge der Zeitbediensteten werden regelmäßig verlängert (Groenleer 2009: 225). Während in den Anfangsjahren überwiegend Personal mit naturwissenschaftlichem oder ingenieurwissenschaftlichem Hintergrund beschäftigt wurde, hat sich die Rekrutierungspolitik zu Gunsten von Mitarbeitern mit Management- und Policy-Expertise gewandelt (Groenleer 2009: 225).

Aufgrund eines hohen Anteils an Festkosten (EIONET, Personal- und Gebäudekosten) hat die EEA die Erhöhung ihrer Mittel über die Einnahme von Gebühren vorangetrieben (Schout 1999: 98, 125). Gebühren erhält die EEA für Leistungen, die sie im Auftrag anderer GDs (als der GD „Umwelt") oder anderer externer Auftraggeber erbringt. Seit 2001 hat sich der Anteil der Einnahmen, die nicht aus der Haushaltszuweisung stammen, verdoppelt (Groenleer 2009: 227). Über diese Ko-Finanzierung gelingt es der EEA, ihre Unabhängigkeit von der Kommission zur Realisierung eigener Initiativen ein Stück auszuweiten. *Haushalt*

Zusammenfassend lässt sich festhalten, dass es der EEA im Zeitverlauf gelungen ist, eine Position einzunehmen, aus der es möglich ist „Umweltpolitik durch Information zu beeinflussen" (Groenleer 2009: 222, Übersetzung durch die Autoren). Sie ist nunmehr ein fest etablierter und anerkannter Akteur der europäischen Umweltpolitik und sowohl in die Politikformulierung wie -implementation eingebunden (Martens 2010: 894). Diese Position konnte sie zum einen durch einen Friedensschluss mit der Kommission erreichen, indem sie sich deren Nachfrage und Agenda angenähert hat; zum anderen profitiert sie von der Einbindung der Mitgliedstaaten in den Verwaltungsrat, der die Aktivitäten der Agentur akzeptiert und fördert und somit eine wichtige Legitimationsbrücke in die Mitgliedstaaten bildet. Die Agentur hat gelernt, ihre Aktivitäten zu Gunsten aller beteiligten Akteure zu entfalten und auf diesem Wege Einfluss auf die europäische Umweltpolitik zu nehmen. Dadurch gewinnt die EEA ein beträchtliches Ausmaß an Autonomie – verstanden als Etablierung eines eigenen Handlungsspielraums. Dass die EEA im Autonomieindex von Wonka und Rittberger gemeinsam mit EU-OSHA den letzten Platz einnimmt, der für die am wenigsten unabhängigen Agenturen vorgesehen ist (Wonka/Rittberger 2010: 731), lässt sich als Indiz dafür deuten, dass formale Regeln die „reale" Autonomie einer Agentur nicht abschließend bestimmen. Ausschlaggebend ist vielmehr, inwiefern es einer Agentur gelingt, an sie gerichtete, möglicherweise durch politische Konflikte widersprüchliche Anforderungen in ihrem Sinne zu interpretieren und zu realisieren. Damit kann die EEA zwar formal als Schoßhund, real aber durchaus als Wachhund verstanden werden. *Umweltpolitik durch Information*

Insgesamt lässt sich am Fall der EEA zeigen, dass auch vermeintlich „harmlose" ISAW-Behörden eine einflussreiche Rolle in der Politikgestaltung einnehmen können. Insbesondere durch die gestiegene Relevanz von Daten und Informationen für die Politikformulierung können Informationsagenturen eine politisch unabdingbare Funktion erfüllen und „regulation by information" (Majone 1997b) fördern.

5.4.2 Die Europäische Arzneimittelagentur: eine Erfolgsgeschichte?

Nach Einschätzung Majones kommt von allen EU-Agenturen die EMA einem „fully fledged regulatory body" (Majone 1997b: 263) nächsten. Die EMA wird oft als die Musterschülerin unter den EU-Agenturen beschrieben, da es ihr von Beginn an gelang, ihre Adressaten vom Mehrwert ihrer Existenz zu überzeugen.

Ende der 1980er Jahre wuchs in der Kommission die Sorge, die Pharmaindustrie würde die bis 1992 zu erzielenden Voraussetzungen der Binnenmarktintegration nicht erfüllen (Groenleer 2009: 145). Das seit Mitte der 1970er Jahre gültige Verfahren der gegenseitigen Anerkennung von in einem Mitgliedstaat erteilten Zulassungen hatte nicht den gewünschten gemeinsamen Binnenmarkt für Arzneimittel geschaffen, da die Mitgliedstaaten ihre Vetorechte im Komitologieverfahren exzessiv einsetzten und damit die gegenseitige Anerkennung blockierten (vgl. Lewis/Abraham 2001: 62ff.; Feick 2002: 12; Krapohl 2004: 528; Kelemen/Tarant 2011: 940ff.). Der Anfang der 1990er Jahre vorgelegte Vorschlag der Kommission, mit der Reform der EU-Arzneimittelregulierung zugleich eine Agentur zu errichten, stieß bei den Mitgliedstaaten rasch auf Zustimmung, da alle ein Interesse daran hatten, die beständige Blockade des Zulassungsverfahrens aufzuheben (Kelemen 2002: 103). Die Kommission hatte gegenüber dem Status Quo keine Kompetenzverluste zu befürchten, und diejenigen Mitgliedstaaten, die anfänglich zögerten, ließen sich dadurch überzeugen, dass ihre nationalen Behörden eng in die von der EMA betreuten Genehmigungsverfahren eingebunden würden (Kelemen 2002: 103). Die Reform des Zulassungsverfahrens und die Gründung der EMA zielten also darauf ab, Implementationsdefizite der vorangegangenen Arzneimittelregulierung zu beseitigen.

Insgesamt stand bei der Gründung der EMA die Binnenmarktintegration im Vordergrund und nicht Aspekte der Gesundheitspolitik. Die EMA wurde ebenfalls als Agentur der zweiten Generation etabliert. Mit ihrer Gründung (1993) trat eine Reform der Arzneimittelzulassung in Kraft, die das zuvor geltende Recht ablöste.

Reform der Arzneimittelregulierung als Ausgangspunkt

Neben das Verfahren der gegenseitigen Anerkennung nationaler Arzneimittelzulassung, das in ‚dezentrales Verfahren' umbenannt wurde, trat das sogenannte zentralisierte Verfahren, in dem der EMA eine tragende Rolle zukommt (vgl. ausführlich: Feick 2002: 12-21). Das zentralisierte Verfahren war von Beginn an für die Zulassung von Biotechnologie-Produkten verpflichtend und wird darüber hinaus für Produkte zur Behandlung bestimmter Krankheiten (z. B. Diabetes, AIDS, Krebs) angewendet, für andere innovative Produkte ist das zentralisierte Verfahren optional (Feick 2002: FN 18). Generika, also gegenüber Originalpräparaten wirkstoffgleiche alternative Präparate, und nicht-innovative Produkte werden weiterhin durch das dezentrale Verfahren gegenseitiger Anerkennung zugelassen. Scheitert dieses Verfahren, wird ein Schlichtungsverfahren nach den Regeln des zentralisierten Verfahrens eingeleitet (Gehring/Krapohl 2007: 214).

Im zentralisierten Genehmigungsverfahren bearbeitet die EMA die eingehenden Zulassungsanträge, koordiniert die wissenschaftliche Begutachtung der Anträge und übermittelt der Kommission eine Empfehlung zur Entscheidung. Die

Begutachtung wird durch die wissenschaftlichen Ausschüsse der EMA durchgeführt.

Die an die Kommission übermittelten Empfehlungen sind formal keine Entscheidungen; diese obliegen der Kommission. Auf Basis der Empfehlung erarbeitet die Kommission einen Entwurf für eine Entscheidung (*Draft Commission Decision*). Wenn die Kommission in ihrem Entscheidungsentwurf von der EMA-Empfehlung abweicht, muss sie dies allerdings begründen. Der Entwurf geht dann den Mitgliedstaaten zu, die wissenschaftliche und technische Fragen aufwerfen können. In diesem Fall wird der Antrag an den wissenschaftlichen Ausschuss zurückverwiesen. Werfen die Mitgliedstaaten keine neuen Fragen auf, wird der Entwurf einem Komitologie-Ausschuss übermittelt, in dem die Vertreter der Mitgliedstaaten über den Kommissionsvorschlag entscheiden. Erreicht der Kommissionsentwurf im Komitologie-Ausschuss nicht die erforderliche Unterstützung durch eine qualifizierte Mehrheit, wird dieser dem Rat zur Entscheidung vorgelegt. Die Marktzulassung erfolgt auf dem Wege der einheitlichen Zulassung (*single market authorisation*) durch die Kommission (vgl. Feick 2002: 17).

An dieser Stelle werden die formal beschränkten Kompetenzen der EMA deutlich: sie organisiert und koordiniert die wissenschaftliche Beratung und Begutachtung im Zulassungsverfahren, die (formale) Entscheidungshoheit verbleibt bei Kommission und Mitgliedstaaten (Groenleer 2009: 148). Die Agentur fungiert also als „hub of a multi-level network of actors involved in pharmaceutical regulation" (Groenleer 2009: 145).

Fallstudien zeigen allerdings den de-facto-bindenden Charakter der EMA-Empfehlungen (Groenleer 2009: 154): Kommission und Mitgliedstaaten folgen regelmäßig den Empfehlungen; bislang ist es noch nicht zu einem Rekurs einer Entscheidung an den Rat aufgrund fehlender Mehrheit im Komitologie-Ausschuss gekommen (Gehring/Krapohl 2007: 217). Die durch das Zulassungsverfahren etablierte wissenschaftliche Begründung erschwert der Kommission die Überprüfung der Entscheidung: „… every final decision under the centralized procedure reflects the relevant scientific opinion of the EMEA committee." (Gehring/Krapohl 2007: 217) Auf diese Weise kommt der EMA beträchtlicher regulativer Einfluss zu, der ihr formal nicht übertragen wurde und der ihr die Bezeichnung „(semi-)regulatory agency" (Groenleer 2009: 141) eingebracht hat. Während die Zulassung nach wie vor den „semi-regulativen" Kern der EMA-Aufgaben bildet, wurden ihr mit einer Reform der EU-Arzneimittelregulierung (2004/2008) weitere Zuständigkeiten, z. B. im Bereich der Pharmakovigilanz, also der der Zulassung nachfolgenden dauerhaften Überprüfung der Sicherheit von Arzneimitteln, übertragen.

Während die Mitarbeiter der EMA die eingehenden Anträge verwalten und die Zulassungsverfahren begleiten, wird die eigentliche Begutachtung durch wissenschaftliche Ausschüsse der EMA wahrgenommen. Die wissenschaftlichen Ausschüsse bewerten die Qualität, Sicherheit und Wirksamkeit (Art. 11 EMA-GV) des in Frage stehenden Produkts und entscheiden formal per Mehrheitsentscheidung über die an die Kommission zu ergehende Stellungnahme; in der Praxis allerdings entscheiden die Ausschüsse regelmäßig einstimmig (Groenleer 2009: 152).

Marginalien:

Zentralisiertes Zulassungsverfahren

De-facto-Regulierung durch die EMA

Wissenschaftliche Ausschüsse

Insgesamt sechs EMA-Ausschüsse erarbeiten wissenschaftliche Stellungnahmen, von denen drei für die wissenschaftliche Begutachtung von Anträgen zur
Zulassung entsprechender Medikamente zuständig sind: die Ausschüsse für Humanarzneimittel (*Committee for Medicinal Products for Human Use*, CHMP) und
Tierarzneimittel (*Committee for Medicinal Products for Veterinary Use*, CVMP)
sowie der Ausschuss für seltene Krankheiten (*Committee for Orphan Medicinal
Products*, COMP). Die anderen drei Ausschüsse arbeiten zur Registrierung pflanz-
licher Medikamente (*Committee on Herbal Medicinal Products*, HMPC), zur Prü-
fung klinischer Studien mit Kindern (*Paediatric Committee*, PDCO) und zu neu-
artigen Therapien (*Committee for Advanced Therapies*, CAT). CAT z. B. erstellt
Entwürfe für Stellungnahmen zu entsprechenden Anträgen, über die dann CHMP
entscheidet. Während – wie in Kap. 5.1.4 beschrieben – CHMP und CMVP aus
seit Mitte der 1970er Jahre tätigen Komitologie-Ausschüssen hervorgegangen
sind, wurden die anderen Ausschüsse durch nachfolgende Reformen der EU-Arzneimittelregulierung etabliert.

In den Ausschüssen sind Experten aller 28 Mitgliedstaaten mit je einem Vertreter und einem Stellvertreter repräsentiert. Die weiteren Mitglieder unterscheiden sich je nach Ausschuss. In CHMP und CVMP sind noch je fünf kooptierte
Mitglieder vertreten, die durch die Mitgliedstaaten oder die EMA nominiert werden können und zu spezialisierten Fragen hinzugezogen werden. In CAT ernennt
die Kommission noch je zwei Vertreter und Stellvertreter der Krankenhausmedi-
ziner und Patientenorganisationen für die Mitarbeit.[64]

Die Mitglieder der Ausschüsse werden durch die Mitgliedstaaten nominiert
und durch den Verwaltungsrat ernannt. Gemäß Art. 52 EMA-GV[65] werden sie
„aufgrund ihrer Rolle und Erfahrung bei der Beurteilung von Arzneimitteln für
den menschlichen Gebrauch bzw. für den Veterinärgebrauch ausgewählt und vertreten ihre zuständigen Behörden".

Einbindung der mitgliedstaatlichen Behörden

In den Ausschüssen werden für jeden Antrag ein Berichterstatter und ein
Ko-Berichterstatter bestimmt, die einen Entwurf für die Stellungnahme des Ausschusses vorbereiten und damit die eigentliche wissenschaftliche Begutachtung
durchführen. Dazu greifen sie auf die nationalen Behörden ihres Heimatlandes
zu, welche die einschlägigen Informationen auswerten. Vergegenwärtigt man
sich, dass ein durchschnittlicher Antrag 250.000 Seiten umfasst, dann wird deutlich, dass diese Arbeit nicht durch individuelle Experten verrichtet werden kann
(Gehring/Krapohl 2007: 216).

Präzise Entscheidungs-kriterien und Selbst-bindung

Neben dieser bereits auf Ausgleich zwischen den Beteiligungs- und Kontrollansprüchen der beteiligten Akteure und dem Bedarf an glaubwürdiger wissenschaftlicher Expertise angelegten Konstruktion des Zulassungsverfahrens lassen
sich in der EMA zwei weitere „Schichten" (Gehring/Krapohl 2007: 214, Überset-

---

64 Vgl. http://www.ema.europa.eu/ema/index.jsp?curl=pages/about_us/general/general_content_000266.
jsp&murl=menus/about_us/about_us.jsp&mid=WC0b01ac05800292a4 (letzter Zugriff am 09.08.2011).
65 Wortgleich überführt in Art. 61, Verordnung (EG) Nr. 726/2004 des Europäischen Parlaments und
des Rates vom 31. März 2004 zur Festlegung von Gemeinschaftsverfahren für die Genehmigung und
Überwachung von Human- und Tierarzneimitteln und zur Errichtung einer Europäischen Arzneimittel-
Agentur.

zung durch die Autoren) ausmachen, die helfen, die Autonomieposition der EMA zu verstehen. Erstens sind die Kriterien für die Begutachtung und Entscheidung präzise in einem Gemeinschaftskodex formuliert, der die zentralen Begriffe klärt, Verfahrensregeln präzisiert und Standards für die Durchführung medizinischer Prüfverfahren etabliert. Nicht-wissenschaftliche Kriterien, wie z. B. die ökonomische oder ethische Bewertung eines Medikaments, sollen nicht Grundlage der Entscheidung sein (Gehring/Krapohl 2007: 218). Die klaren Entscheidungskriterien werden dadurch untermauert, dass sie gerichtlich überprüft werden können. Zweitens hat die EMA ihre Glaubwürdigkeit durch die Verabschiedung einer Reihe interner Standards und formalisierter Verfahrensregeln ausgebaut (Gehring/Krapohl 2007: 220 ff.), anhand derer sie die Adressaten über Entscheidungskriterien informiert und die Arbeit der wissenschaftlichen Ausschüsse anleitet. Obgleich informeller Natur, werden die Verfahrensregeln in einem formalisierten Verfahren unter Beteiligung der Adressaten erarbeitet und haben eine „significant binding force" (Gehring/Krapohl 2007: 221) entwickelt. Dass die Ausschüsse an diese Standards gebunden sind, beschränkt ihre machtvolle Position und erhöht die Transparenz der Ausschussarbeit, was wiederum in einem hohen Maß an Glaubwürdigkeit resultiert (Gehring/Krapohl 2007: 221/2).

Die Arbeitsweise der EMA hat Kritiker auf den Plan gerufen, die insbesondere die Marktorientierung des Zulassungsverfahrens gegenüber einer gesundheitspolitischen Orientierung kritisieren (Lewis/Abraham 2001; Permanand/Mossialos 2005). Dreh- und Angelpunkt dieser Kritik ist ein „neo-liberal corporate bias" (Lewis/Abraham 2001) der Arzneimittelregulierung, der die Interessen der Pharmaindustrie gegenüber den Patienteninteressen institutionell begünstige. Insbesondere durch eine geforderte und erzielte Beschleunigung der Verfahren gerieten die nationalen Behörden unter Effizienzdruck, deren Position Lewis und Abraham wie folgt beschreiben: „interests of national regulatory agencies are defined *competively within* Europe rather than *collectively for* Europe" (Lewis/Abraham 2001: 75, Hervorhebung im Original). Zwar ist diese Kritik im Kern zutreffend, die bisher skandalfreie Zulassung allerdings lässt sie ins Leere laufen.

Kritik an der EMA: Neoliberaler Bias?

Zusammenfassend lässt sich festhalten, dass die EMA in einer politisch günstigen Situation etabliert wurde und ihr Aufgaben- und organisatorischer Zuschnitt es ermöglichen, alle relevanten Akteure einzubinden. Anders als im Fall der EEA sind die Aufgaben der EMA klar definiert, und ihre Wahrnehmung ist in einer Weise gesichert, dass die Mitgliedstaaten eine zentrale Position in der Arzneimittelregulierung über ihre Vertreter in den wissenschaftlichen Ausschüssen innehaben, während die Kommission das Letztentscheidungsrecht behält. Auch die Lösung potenzieller Konflikte ist über das integrierte Komitologieverfahren geregelt. Da die nationalen Behörden in den wissenschaftlichen Ausschüssen vertreten sind, ist es für die Mitgliedstaaten problematisch, die wissenschaftlichen Grundlagen einer Empfehlung zu kritisieren, die einer Kritik an ihren eigenen Experten gleichkäme (Gehring/Krapohl 2007: 215). Insgesamt ist es in der EMA gelungen, wissenschaftliche Expertise und politische Entscheidung prozedural zu separieren und dadurch eine glaubwürdige Entscheidungsbasis der Europäischen Arzneimittelzulassung abzusichern.

Wie andere EU-Agenturen auch, wird die EMA durch einen Direktor geführt, der sich einem Verwaltungsrat gegenüber verantwortet. Ähnlich wie im Beispiel der EEA wurde auch die EMA durch ihren ersten Direktor, den französischen Pharmakologen und Juristen Fernand Sauer, geprägt. Dieser war vor seinem Wechsel an die Spitze der EMA in der Kommission für die Reform der Arzneimittelregulierung zuständig gewesen. Sauer verstand sich als „Lobbyist" für die EMA-Interessen gegenüber Kommission und dem Europäischen Parlament (Groenleer 2009: 161). Die EMA sollte ihrem Selbstverständnis nach eine Netzwerkorganisation sein, der sich Mitarbeiter und Experten gleichermaßen zugehörig fühlen (Groenleer 2009: 162).

Der Verwaltungsrat komplementiert die netzwerkartige Arbeitsweise und sichert die zentrale Position der EMA innerhalb des Netzwerks Arzneimittelzulassung ab. Er setzt sich aus Vertretern der 28 Mitgliedstaaten, je zwei Repräsentanten der Kommission und des Europäischen Parlaments sowie insgesamt vier Delegierten von Patientenorganisationen und Verbänden der Human- und Veterinärmediziner zusammen. Die Mitgliedstaaten sind zumeist durch die Präsidenten ihrer nationalen Behörden vertreten, gelegentlich auch durch Abgesandte der Ministerien (Groenleer 2009: 158). Die nationalen Behörden sind somit zweifach in die EMA eingebunden: zum einen über die Experten in den wissenschaftlichen Ausschüssen und zum anderen über die Vertretung im Verwaltungsrat.

Neben den typischen Steuerungsfunktionen fungiert der EMA-Verwaltungsrat als ein Frühwarnsystem, in dem Beobachter eine wesentliche Ursache für die skandalfreie Arbeit der Agentur sehen. Er diskutiert Probleme der Arzneimittelzulassung, die in den nationalen Behörden auftreten. Dass die Mitgliedstaaten im Verwaltungsrat vertreten sind, trägt wesentlich zur Legitimation der EMA gegenüber den nationalen Behörden bei (Groenleer 2009: 159), die allerdings Kapazitätsprobleme sowie einen Informationsnachteil gegenüber dem Direktor beklagen (Groenleer 2009: 160; vgl. Busuioc 2012). Ähnlich wie in der EEA gelingt es dadurch der Kommission unter Rückbezug auf die Position der EMA, ihre Position durchzusetzen. Das Europäische Parlament ist in der Regel nicht durch eigene Mitglieder im Verwaltungsrat vertreten, sondern benennt Professoren oder andere Experten, deren Position im Verwaltungsrat – ähnlich wie in der EEA – nicht immer deutlich wird.

Der Personalbestand der EMA ist schnell und beträchtlich gewachsen. Hatte die EMA 1995 nur gut 60 Mitarbeiter (Groenleer 2009: 155), so ist sie heute mit 762 Mitarbeitern die größte EU-Agentur. Das rapide Personalwachstum verdankt sich in erster Linie einer erheblichen Zunahme der Antragseingänge, obwohl die Mitarbeiter die Anträge ja lediglich bearbeiten, nicht aber begutachten. Darüber hinaus bereiten sie die Ausschusssitzungen vor und pflegen die Außendarstellung der EMA. 85 % der EMA-Mitarbeiter sind Pharmazeuten, Human- und Veterinärmediziner sowie Spezialisten der Arzneimittelregulierung (Groenleer 2009: 156).

Gebühreneinnahmen machen nunmehr ca. 70 % des EMA-Haushalts aus. Die restlichen 30 % erhält die EMA als Zuweisung aus dem EU-Gesamthaushalt. Dieses Verhältnis von Gebühren und Zuweisungen gilt im Vergleich mit anderen Arzneimittelbehörden als hoch (Groenleer 2009: 157) und wird kritisch bewertet.

Denn einerseits wird die EMA durch hohe Gebühreneinnahmen finanziell unabhängiger von den EU-Organisationen, aber andererseits zugleich abhängiger von der Pharmaindustrie. Die Kritiker sorgen sich um die Unabhängigkeit der EMA (von den Industrieinteressen) (Groenleer 2009: 157).

Zusammenfassend lässt sich die Geschichte der EMA als eine Erfolgsgeschichte einer EU-Agentur darstellen, die von Beginn an unter einem guten Stern stand. Die vergleichsweise reibungslose Verständigung unter den Gründungsakteuren über die Aufgaben und die Organisation der EMA sowie die präzise Formulierung ermöglichten der EMA, rasch eine stabile Position im Netzwerk zu beziehen. Die komfortable Position der EMA wird insbesondere dadurch möglich, dass Wissenschaft und Politik (erfolgreich) separiert sind. Die EMA konnte diese Trennung durch eigene Aktivitäten stärken: „the agency chooses to voluntarily bind itself at the mast of institutional rules" (Gehring/Krapohl 2007: 221). Die selbstauferlegten Beschränkungen sichern die Glaubwürdigkeit und schützen vor externem Druck. Die EMA kooperiert mit allen Akteuren des Netzwerks, unter denen den Mitgliedstaaten besondere Bedeutung für die Positionsabsicherung der EMA zukommt. Die Steigerung der EMA-Autonomie im Zeitverlauf

> „seems not to have occured in spite of but because of the agency's close interaction with those involved in the regulation of pharmaceuticals, notably national authorities and the Commission but also industry, health care professionels' and patients' organizations" (Groenleer 2009: 170).

Dass die EMA zu einer Agentur werden konnte, die quasi-bindende Entscheidungen trifft, ergibt sich auf der einen Seite aus diesen Aktivitäten und auf der anderen Seite aus dem Informationsnachteil der Kommission sowie der Position der Mitgliedstaaten, die durch ihre Position im zentralisierten Zulassungsverfahren so integriert werden, dass Widerspruch schwierig wird.

Das Erfolgsgeheimnis der EMA liegt damit im fortschreitenden Ausbau ihrer Glaubwürdigkeit, die sie gegenüber allen beteiligten Akteuren beanspruchen kann, die in der Gründung angelegt ist und zudem durch eigene Aktivitäten gesteigert wird. Das typische Spannungsverhältnis zwischen Steuerungs-, Kontroll- und Aufsichtsbedürfnissen der beteiligten Akteure und dem Erfordernis der wissenschaftlichen Fundierung der Arzneimittelzulassung ist durch die EMA, die von ihr verantworteten Verfahren und die komplementierenden Organisationsstrukturen aufgelöst.

Erfolgsgeheimnis: Glaubwürdigkeit durch Verfahren und Strukturen

5.4.3 EEA und EMA: ein Vergleich aus PA-Perspektive

Wie lassen sich nun die Unterschiede in der Rolle von EEA und EMA vergleichend erklären? Hierzu hilft ein Rückgriff auf die theoretischen Kategorien der Prinzipal-Agent-Theorie. Tabelle 12 stellt die Rollen von EEA und EMA aus einer PA-Perspektive vergleichend gegenüber.

Während beide Agenturen mit Kommission, dem Europäischen Parlament und den Mitgliedstaaten der Steuerung durch dieselben Prinzipale ausgesetzt sind, lassen sich bereits im Delegationsakt Varianzen feststellen, die sich in unterschiedlicher ex ante-Steuerung niederschlagen. Während der EEA-Gründungs-

Unterschiedliche Entstehungsprozesse

akt mit Konflikten behaftet war, die in einer typischen „vague legislation" (Horn 1995: 25) resultierten, verlief der EMA-Gründungsakt vergleichsweise konsensual, was sich entsprechend in einer präzisen ex ante-Steuerung widerspiegelt. Die EMA-Gründungsverordnung formuliert klar die Aufgaben der EMA sowie deren Wahrnehmung über Verfahren und organisatorische Zuständigkeiten. Aus dieser Perspektive ist die EEA-Gründung als klassisches Problem multipler Prinzipale zu verstehen, denen es nicht gelungen ist, ihre Präferenzen in einer gemeinsamen Steuerungsabsicht zu vereinen. Dieses Problem wurde im EMA-Gründungsprozess erfolgreich zu Gunsten einheitlicher ex ante-Steuerungspräferenzen gelöst. Die fehlende ex ante-Steuerung der EEA bedeutet zwar vorderhand mehr Autonomie, die aber – wie deutlich geworden ist – anfänglich nicht von der Umweltagentur genutzt werden konnte, sondern sich in einem Konflikt mit der Kommission entlud.

Die Motive der Delegation unterscheiden sich ebenfalls: während die EEA-Errichtung als Kompetenzexpansion interpretiert werden kann, war für die EMA-Errichtung das Argument der glaubwürdigen Verpflichtung zentral, mit der die Prinzipale sich dem Ziel der Schaffung eines gemeinsames Binnenmarktes im Bereich der Arzneimittelregulierung verpflichteten. Die EMA-Errichtung ist damit ein klassisches Beispiel für die Selbstbindung von Prinzipalen zum Zweck der Glaubwürdigkeitserhöhung, da insbesondere die Mitgliedstaaten eigene Kompetenzansprüche in der Arzneimittelzulassung zumindest teilweise zurückfuhren.

In der ex post-Kontrolle ähneln sich die Mechanismen, denen die EEA und die EMA unterworfen sind. Die formalen Vorgaben der Personal- und Haushaltsregeln wirken dabei ebenso wie die Berichterstattungs- und Zustimmungskompetenzen des Verwaltungsrats als dauerhafte Kontrollmechanismen im Sinne einer „police patrol".

Vor diesem Hintergrund entfalten sich die jeweiligen Steuerungsbeziehungen der Agenturen zu ihren multiplen Prinzipalen. Die Steuerungsbeziehung der EEA war anfänglich geprägt durch Konflikte, insbesondere in der Steuerungsbeziehung zur Kommission, die sich darauf zurückführen lassen, dass die Gründung der EEA nicht mit einer geteilten Vorstellung über die künftige Rolle der neuen Agentur verbunden war. Diese musste sich erst im Steuerungsalltag herauskristallisieren. Dieser Kristallisationsprozess erfolgte durch Präferenzwandel auf beiden Seiten: während die EEA sich den Nachfragepräferenzen der Kommission angenähert hat, hat die Kommission den Wert unabhängig gewonnener Daten schätzen gelernt. Diese Präferenzannäherung auf Seiten des Agenten und eines Prinzipals führte zu gegenseitiger Akzeptanz und Anerkennung, die heute zur gleichermaßen anerkannten wie einflussreichen Rolle der EEA beiträgt. Die Unterschiede in den Präferenzen zwischen EMA und ihren Prinzipalen – auch hier wieder insbesondere der Kommission – sind in der Credible-commitment-Idee anlegt und riefen somit auch keine Konflikte in der Steuerungsbeziehung hervor. Während die EMA zuvorderst darauf bedacht ist, glaubwürdige Stellungnahmen von hoher Qualität zu produzieren, verlässt sich die Kommission eben genau auf jene und ist deshalb nicht daran interessiert, in den Arbeitsalltag der EMA einzugreifen oder die EMA-Stellungnahmen anzuzweifeln. Diese unproblematische Steuerungsbeziehung unterstützt ebenfalls die Rolle der EMA als geschätzte und glaubwürdige Agentur, der quasi-regulativer Einfluss zukommt.

Zwar ist es nicht möglich, auf diese Weise das jeweilige Ausmaß an Autonomie der beiden Agenturen vergleichend zu quantifizieren, aber es lässt sich schlussfolgern, dass sich beide Agenturen mittlerweile ein beachtliches Maß an Autonomie gegenüber ihren Prinzipalen erarbeitet haben. Während die EMA diese Autonomie in weitgehend (informelle) eigenständige Entscheidungskompetenz ummünzen kann – und somit in ihrem Politikfeld als autoritativer Akteur wahrgenommen wird –, ist das der Umweltagentur allerdings aufgrund ihres Mandats nicht in gleichem Ausmaß möglich. Hier sind schlicht keine bindenden Entscheidungen zu treffen.

Tabelle 12: Vergleich der Rollen von EEA und EMA aus einer PA-Perspektive

	EEA	**EMA**
Prinzipale	Kommission, EP, MS	Kommission, EP, MS
Delegationsakt	konflikthaft: Multi-Prin-zipal-Problem	konsensual
Delegationsmotiv	Kompetenzexpansion	glaubwürdige Verpflichtung
Steuerung		
ex ante	„vague legislation"	klare Formulierung
ex post	police patrol	police patrol
Steuerungsbeziehung	anfängliche konflikthafte Muster durch Präferenzwandel zu gegenseitiger Akzeptanz gewandelt	unproblematische Beziehung durch stabile Präferenzdifferenz

Quelle: Eigene Darstellung

5.5 Ausblick: Rolle und Zukunft von Agenturen

Zusammenfassend hat dieses Kapitel gezeigt, dass die EU-Agenturen mittlerweile treffend als etabliertes Element der Verwaltungsstrukturen der EU betrachtet werden können, um welches herum sich – ähnlich wie bei nationalen Agenturen – ein lebhafter und produktiver Forschungszweig entwickelt hat. Die vorangegangene Darstellung lässt sich zu folgenden drei Überlegungen hinsichtlich der Zukunft der Agenturen verdichten:

Erstens zeichnet sich mit der Etablierung von ACER und den drei neuen Finanzmarktaufsichtsbehörden die Bereitschaft der Prinzipale zu einer im Vergleich zu bisherigen Delegationsakten weiterreichenden Kompetenzdelegation ab. Ob diese Agenturen aber als Vorboten einer vierten Generation von EU-Agenturen gelten dürfen, bleibt vorerst eine offene Frage. In jedem Fall nähert sich die EU

Eine vierte Generation von Agenturen?

mit der Übertragung von Entscheidungsbefugnissen ihrem Versprechen, tatsächliche Regulierungsagenturen zu schaffen. Allerdings wird auch hier erst eine empirische Analyse der Steuerungsbeziehungen und der Rolle der neuen Behörden zeigen, wie die Prinzipale mit den Resultaten dieser Delegation umgehen und ob sie sich der durch den Delegationsakt auferlegten Selbstbindung langfristig verpflichtet fühlen. Diese Frage wird für den „Erfolg" und die Glaubwürdigkeit der neuen Behörden von zentraler Bedeutung sein.

Als eine ebenfalls offene Frage darf – zweitens – gelten, ob und inwiefern es den Prinzipalen gelingt, den vereinbarten gemeinsamen Rahmen im Sinne einer Agenturpolitik umzusetzen.

Drittens lässt sich konstatieren, dass die EU-Agenturen ihren Platz innerhalb des exekutiven Gefüges gefunden haben. Die Gründung und formale Organisation der EU-Agenturen spiegelt die traditionelle Machtbalance des Institutionengefüges der EU wider, so dass die Ausbreitung der Agenturen als gradueller Prozess funktionaler Spezialisierung und struktureller Differenzierung zu verstehen und einzuordnen ist. Ob die EU-Agenturen allerdings dazu beitragen, dass sich ein „new executive centre" (Egeberg/Trondal 2010) auf der EU-Ebene herausbildet, das die traditionelle intergouvernementale Balance zwischen Kommission, dem Europäischen Parlament und den Mitgliedstaaten mittelfristig ablöst, lässt sich derzeit nicht gesichert beantworten. Auf der einen Seite üben diese Akteure zentralen Einfluss auf die Steuerung und Kontrolle der EU-Agenturen aus, auf der anderen Seite haben diese zum Teil erhebliche eigene Dynamiken entwickelt und sich eigene Handlungsspielräume erarbeitet. Diese eigene Position der Agenturen spricht durchaus dafür, dass sie zur Stärkung einer EU-eigenen Exekutivstruktur beitragen.

Empfohlene Literatur zum Weiterlesen

- Groenleer, Martijn. 2009. *The Autonomy of European Union Agencies. A Comparative Study of Institutional Development.* Den Haag: Eburon.
- Busuioc, Madalina, Groenleer, Martijn und Jarle Trondal. Hrsg. 2012. *The Agency Phenomenon in the European Union.* Manchester: Manchester University Press.
- Wonka, Arndt, und Berthold Rittberger. 2011. Perspectives on EU Governance: An Empirical Assessment of the Political Attitudes of EU Agency Professionals. *Journal of European Public Policy* 18: 888-908 (vgl. auch die anderen Beiträge in diesem Band).

6   Verwaltungsnetzwerke

Dieses Kapitel beschäftigt sich mit der grenzüberschreitenden Kooperation zwischen Verwaltungseinheiten der EU-Mitgliedstaaten. Noch deutlicher als in den vorausgehenden Kapiteln liegt das Hauptaugenmerk damit auf nationalen Beamten und Behörden, während eine supranationale Komponente, etwa durch Beteiligungsrechte der Europäischen Kommission oder gemeinschaftliche Rechtsetzungskompetenzen, in Verwaltungsnetzwerken meist weniger ausgeprägt bzw. nur indirekt vorhanden ist. Oft entstehen Verwaltungsnetzwerke gerade deshalb, weil beschränkte Ressourcen auf europäischer Ebene und politischer Widerstand auf nationaler Ebene eine stärkere Zentralisierung verhindern. Dennoch handelt es sich bei diesen Netzwerken um einen bedeutenden Teil europäischer Verwaltungsstrukturen, da sie trotz dezentraler Zuständigkeiten eine einheitliche Umsetzung europäischer Regeln gewährleisten und die weitere Harmonisierung nationaler Regeln und Praktiken erleichtern sollen.

Netzwerke als Teil europäischer Verwaltungsstrukturen

Aus verschiedenen Forschungsrichtungen wird versucht, die Breite europäischer Verwaltungsstrukturen und ihren besonderen Netzwerkcharakter begrifflich, teils metaphorisch zu fassen. In der Rechtswissenschaft wird zunehmend von einem „Europäischen Verwaltungsverbund" (Schmitt-Aßmann/Schöndorf-Haubold 2005) gesprochen. Damit soll mehr ausgedrückt werden als nur eine Europäisierung nationaler Verwaltungen, d. h. die „Überformung nationaler Konzepte und Rechtsinstitute mit europäischen Verfahren und Inhalten", sondern vielmehr die systematische „Verknüpfung der Verwaltungsaktivitäten supranationaler wie mitgliedstaatlicher Instanzen" (Ruffert 2007: 770). Der Begriff des „Europäischen Verwaltungsraumes" („European administrative space") wird insbesondere in der Verwaltungswissenschaft verwendet, um nicht nur den Mehrebenencharakter europäischer Verwaltung zu betonen, sondern auch die horizontale Öffnung nationaler Verwaltungen (Trondal 2007: 965f.; Hofmann 2008).

Begriffsvielfalt

In der Politikwissenschaft wurden Verwaltungsnetzwerke zunächst vor allem als Vorreiter neuartiger Steuerungsformen diskutiert. So beschreibt Anne-Marie Slaughter Verwaltungsnetzwerke als Kern einer „neuen Weltordnung", der sie zugleich größere Effektivität und mehr Gerechtigkeit zutraut (Slaughter 2004, Übersetzung durch die Autoren). Bezogen auf den europäischen Integrationsprozess wies Wolfgang Wessels als einer der ersten auf die immer engere Verwaltungskooperation hin und vertrat die These einer möglichen „Fusion" von nationaler und europäischer Exekutive (Wessels 1997: 291). Charles Sabel und Jonathan Zeitlin interpretieren Verwaltungsnetzwerke als Ausdruck eines generellen Trends zu „neuen" oder „experimentellen" Formen der Governance in Europa (Sabel/Zeitlin 2007: 14). Jenseits dieser recht allgemeinen Thesen hat sich aber auch ein Forschungsstrang entwickelt, der sich speziell mit Netzwerken nationaler Regulierungsbehörden befasst. Die meisten Autoren verwenden hierfür den Begriff der „europäischen Regulierungsnetzwerke" („European Regulatory Networks", Dehousse 1997: 259; Coen/Thatcher 2008: 50; Thatcher/Coen 2008: 813; Kassim/Wright 2010; Levi-Faur 2011); teils ist auch von „transnationalen" (Eberlein/Grande 2003: 417; Eberlein/Grande 2005: 89) oder „transgouvernementalen Regulierungsnetzwerken" (Eberlein/Newman 2008) die Rede. Insbesondere bei der Liberalisierung und Regulierung zentraler Wirtschaftssektoren spielen europäische Regulierungsnetzwerke eine wichtige Rolle.

Thematische Eingrenzung und Überblick

Netzwerke zwischen nationalen Regulierungsbehörden stehen auch im Zentrum dieses Kapitels. Diese können rein informell oder stärker formalisiert sein – da sich informelle Netzwerke jedoch nur schwer und mit großem Aufwand untersuchen lassen, werden im Folgenden hauptsächlich solche Verwaltungsnetzwerke behandelt, die ein Mindestmaß an Formalisierung erreicht haben. Um größere Überlappungen zum vorausgehenden Kapitel zu vermeiden und die Eigenheiten von Netzwerken zu betonen, werden vor allem solche Verwaltungsnetzwerke untersucht, die nicht im Kontext europäischer Agenturen arbeiten bzw. aus denen erst im Lauf der Zeit europäische Agenturen hervorgegangen sind (vgl. Levi-Faur 2010: 12). Da es uns hier um europäische Verwaltungsstrukturen geht, bleiben zudem Netzwerke zwischen staatlichen und zivilgesellschaftlichen Akteuren weitgehend ausgeblendet (Börzel/Heard-Lauréote 2009).

Im Folgenden werden zunächst der politische und institutionelle Kontext sowie die Entstehungsgeschichte europäischer Verwaltungsnetzwerke seit dem Ende der 1990er Jahre behandelt. Das anschließende Unterkapitel gibt einen Überblick über die bestehenden Verwaltungsnetzwerke in der EU, ihre institutionelle Grundstruktur und personelle Zusammensetzung sowie ihre Ressourcen und Aufgaben. Das dritte Unterkapitel diskutiert einerseits positive Erklärungen von Verwaltungsnetzwerken, andererseits ihre normative Bewertung, jeweils aus Sicht einer funktionalen und politischen Theorievariante. Darauf folgt eine kurze Übersicht empirischer Studien zu europäischen Verwaltungsnetzwerken, bevor zwei Beispiele eingehend besprochen werden: das Gremium europäischer Regulierungsstellen für elektronische Kommunikation (BEREC) und das Europäische Wettbewerbsnetz (ECN). Auf die künftige Rolle von Verwaltungsnetzwerken und weiteren Forschungsbedarf geht das abschließende Unterkapitel kurz ein.

6.1 Entstehungsgeschichte, politischer und institutioneller Kontext

Transgouvernementale Beziehungen und Netzwerke

Dass einzelne Mitglieder der staatlichen Verwaltung oder ganze Behörden grenzüberschreitend kooperieren, ist nicht neu und auch nicht nur in der EU zu beobachten. In einem einflussreichen Artikel machten Robert Keohane und Joseph Nye bereits 1974 auf das Phänomen der „transgouvernementalen Beziehungen" aufmerksam (Keohane/Nye 1974). In Abgrenzung zu herkömmlichen internationalen Beziehungen, d. h. dem zwischenstaatlichen Austausch auf der politischen Führungsebene, und zu transnationalen Beziehungen, also der grenzüberschreitenden Interaktion privater Akteure (Risse-Kappen 1995), meinten sie mit „transgouvernementalen Beziehungen" die direkte, zwischenstaatliche Zusammenarbeit auf Verwaltungsebene (Keohane/Nye 1974: 43, Übersetzung durch die Autoren). Viele Regulierungsprobleme, so die beiden Autoren, hätten eine internationale

Komponente, die sich oft effektiver über direkte Kontakte zwischen den Spezialisten in der nationalen Bürokratie bearbeiten lasse, als über den Umweg traditioneller Diplomatie (Keohane/Nye 1974: 42).

Die neuere Forschung zu den Internationalen Beziehungen (IB) knüpft an diesen frühen Beitrag an und führt die Debatte hauptsächlich unter dem Begriff der „transgouvernementalen Netzwerke" weiter (Slaughter 2004). Transgouvernementale Netzwerke seien zwar nicht neu, so argumentiert etwa Kal Raustiala, ihre Bedeutung sei aber aufgrund von drei Entwicklungen stetig gewachsen (Raustiala 2002): Technische Neuerungen wie das Internet haben die Kommunikation über Ländergrenzen hinweg einfacher und günstiger gemacht. Der Trend zum Regulierungsstaat hat in den westlichen, industrialisierten Ländern vielfach funktional ähnliche Verwaltungseinheiten hervorgebracht, die sich gegenseitig als Ansprechpartner anerkennen. Der Prozess der wirtschaftlichen Globalisierung schließlich hat den Problemdruck erhöht, unterschiedliche nationale Regeln gegenseitig anzuerkennen oder sich auf gemeinsame Regeln zu einigen (Raustiala 2002: 11-16). Internationale Organisationen und transgouvernementale Netzwerke werden aus dieser Sicht nicht als Gegensätze verstanden, sondern es werden mögliche Synergien betont. So können transgouvernementale Netzwerke dazu beitragen, dass internationale Regeln besser eingehalten und effektiv umgesetzt werden bzw. dass eine Einigung auf gemeinsame Regeln überhaupt erst möglich wird (Raustiala 2002: 77).

Europa wird in der Entwicklung transgouvernementaler Netzwerke oft eine Vorreiterrolle zugesprochen. Für Anne-Marie Slaughter ist die EU das wichtigste Vorbild anderer Regionalorganisationen, und zwar gerade aufgrund ihres transgouvernementalen, nicht föderal-staatlichen Charakters (Slaughter 2004: 134). Frühe Beispiele transgouvernementaler Netzwerke im Kontext der Europäischen Gemeinschaften waren etwa der 1964 eingerichtete „Ausschuss der Zentralbankpräsidenten" oder der Vorläufer der heutigen Agentur Europol, die 1974 vom Europäischen Rat beschlossene, grenzüberschreitende Zusammenarbeit von Innen- und Justizministerien zur Terrorismusbekämpfung namens „TREVI" (Levi-Faur 2011: 811). Zu einer verbreiteten Steuerungsform wurden Verwaltungsnetzwerke in der EU allerdings erst im Laufe der 1990er Jahre. Hintergrund dieser Entwicklung waren Impulse auf nationaler und supranationaler Ebene – die zunehmende Bedeutung unabhängiger Regulierungsbehörden in den Mitgliedstaaten sowie die wachsenden Aufgaben und Kompetenzen der Europäischen Kommission.

Unabhängige Regulierungsbehörden wurden seit den 1980er Jahren vermehrt auf mitgliedstaatlicher Ebene eingerichtet. Diese Entwicklung wird oft als Teil eines generellen Trends zum „Regulierungsstaat" in der EU gesehen (Majone 1994, s. o.). Nur scheinbar paradoxerweise ging die Liberalisierung und Privatisierung vormals staatlich bereitgestellter öffentlicher Güter einher mit einer Zunahme staatlicher Regulierung (Vogel 1996). So sollte etwa gewährleistet werden, dass auf den neu liberalisierten Märkten tatsächlich Wettbewerb entsteht und nicht einfach private an die Stelle öffentlicher Monopole treten (Majone 1996: 48). Unabhängige Regulierungsbehörden galten dabei vielen als geeigneter, um technisch komplexe Entscheidungen zu treffen und um die Politik glaubwürdig

Europäische
Vorreiterrolle

Unabhängige Regu-
lierungsbehörden auf
nationaler Ebene

und langfristig auf diese zu verpflichten, als politisch geführte Ministerien (Thatcher 2002; Coen/Thatcher 2008: 52). Einer der Vorreiter unter den Mitgliedstaaten war Großbritannien. Dort wurden im Zuge der Privatisierung öffentlicher Unternehmen Regulierungsbehörden für Telekommunikation (1984), Gas (1986), Wasser (1989) und Elektrizität (1990) geschaffen (Majone 1996: 48). Im Bereich der Wettbewerbskontrolle verfügte das deutsche Bundeskartellamt bereits über eine lange Tradition seit 1958, während viele andere EU-Mitgliedstaaten entsprechende Behörden erst in den frühen 1990er Jahren einrichteten (Wilks/Bartle 2002: 149). Dass unabhängige Regulierungsbehörden schrittweise in der ganzen EU Verbreitung fanden, lässt sich teilweise auf Lern- und Imitationsprozesse zwischen den Mitgliedstaaten zurückführen, etwa bei der Verbreitung von New Public Management-Reformen (Pollitt et al. 2001; siehe hierzu ausführlicher Kap. 5), hat aber auch mit europäischen Erfordernissen im Zuge der Verwirklichung des Binnenmarktes zu tun (Thatcher 2002: 12f.; skeptisch dagegen Levi-Faur 2004).

Die Kommission als supranationaler Entrepreneur

Als supranationalen „policy entrepreneur" und maßgeblichen Förderer des Regulierungsstaates in der EU beschreibt Giandomenico Majone die Europäische Kommission (Majone 1996: 74). Da einheitliche europäische Regeln oft von Seiten der Wirtschaft gefordert werden und die Ressourcen für redistributive Politik auf europäischer Ebene ohnehin fehlen, ist die Kommission besonders aktiv im Bereich regulativer Politik (Majone 1996: 61-79). Inwieweit sie sich dabei noch im Rahmen ihres mitgliedstaatlichen Auftrags bewegt oder zur eigenständigen politischen Akteurin geworden ist, wurde in Kapitel 3 bereits angesprochen. Für die im Folgenden näher untersuchten Politikfelder gilt jedenfalls: Die Mitgliedstaaten hatten bereits in den Römischen Verträgen von 1957 potenziell weit reichende supranationale Kompetenzen geschaffen, etwa in der Wettbewerbspolitik und bei der Liberalisierung öffentlicher Dienstleistungen. Es bedurfte jedoch eines günstigen politischen Klimas in den Mitgliedstaaten und strategischen Geschicks der Kommission, um die Integration in diesen Bereichen auch tatsächlich voranzutreiben (Schmidt 1998; Blauberger/Töller 2011). So konnte die Kommission in den 1980er und 1990er Jahren schrittweise europäische Regeln zur Liberalisierung spezifischer Sektoren durchsetzen, beginnend mit der Telekommunikation in den späten 1980er Jahren, gefolgt von Elektrizität und Gas sowie gegen Ende der 1990er Jahre von Post und Eisenbahn. Die Liberalisierungspakete dienten nicht bloßer Deregulierung, sondern re-regulierten beispielsweise Fragen des Marktzugangs und der allgemeinen Versorgung (Thatcher/Coen 2008: 817). Entsprechend dem seit 1985 von der Kommission propagierten ‚neuen Ansatz' wurden dabei aber nur europäische Mindeststandards formuliert und nicht im Detail harmonisiert. Auch blieb die Umsetzung der gemeinschaftlichen Regeln mitgliedstaatliche Aufgabe, was eine breite institutionelle Varianz auf nationaler Ebene zuließ (Eberlein/Grande 2005: 95).

Drei Entwicklungsphasen europäischer Verwaltungsnetzwerke

Vor diesem Hintergrund ist die Entstehung europäischer Verwaltungsnetzwerke zu verstehen. Einerseits sollen gemeinschaftliche Regeln in einem funktionierenden Binnenmarkt möglichst einheitlich umgesetzt werden, andererseits erfolgt die Umsetzung dezentral. Eine stärkere Zentralisierung wurde entweder als nicht funktional erachtet (Eberlein/Newman 2008: 35) oder es fehlten administrative Kapazitäten auf europäischer und politischer Wille auf nationaler Ebene (Dehousse 1997: 259). Einen Ausweg aus diesem „Governance Dilemma" (Eberlein/Newman 2008: 28) versprachen Verwaltungsnetzwerke, wie sie seit den 1990er Jahren in Europa entstanden. In Anlehnung an Mark Thatcher und David Coen lassen sich drei Phasen in der Entwicklung europäischer Verwaltungsnetzwerke unterscheiden (Thatcher/Coen 2008: 817-828).

Zunächst wurden in der zweiten Hälfte der 1990er Jahre informelle Verwaltungsnetzwerke ohne rechtliche Anbindung an bestehende europäische und nationale Organisationen eingerichtet. Dies geschah teilweise auf Initiative der Kommission, teilweise auf Bestreben nationaler Regulierungsbehörden. Beispiele für Kommissionsinitiativen sind das 1998 in Florenz eingerichtete Europäische Forum für Elektrizitätsregulierung („Florenz-Forum") sowie das 1999 in Madrid gegründete Forum für Gasregulierung („Madrid-Forum"). Das Florenz-Forum etwa tagt seither halbjährlich und versammelt ein breites Spektrum an nationalen Regulatoren, Vertretern aus Ministerien und den Generaldirektionen der Kommission sowie privaten Marktakteuren (Eberlein 2003: 435). *(Informelle Netzwerke und Foren)*

Im gleichen Zeitraum schlossen sich auch verschiedene nationale Regulierungsbehörden zu informellen Netzwerken zusammen, oftmals gefördert, aber unabhängig von der Kommission (Coen/Thatcher 2008: 56). So entstanden 1997 die „Independent Regulators Group" (IRG) im Telekommunikationssektor und das „Forum of European Securities Commissions" (FESCO) sowie 2000 der „Council of European Energy Regulators" (CEER). Diese Netzwerke erleichtern den informellen Austausch zwischen Mitgliedern nationaler Regulierungsbehörden, verfügen aber über keinerlei rechtliche Befugnisse oder eigenständige Ressourcen.

In einer nächsten Phase lässt sich zu Beginn der 2000er Jahre eine stärkere Formalisierung europäischer Regulierungsnetzwerke beobachten. Die frühen Netzwerke wurden vielfach als zu schwach und langsam kritisiert, da sie Entscheidungen nur im Konsens und ohne rechtliche Bindungswirkung treffen (Thatcher/Coen 2008: 822). Neuere Netzwerke wurden auf einer klaren europäischen Rechtsgrundlage geschaffen. So gründet etwa die Einrichtung der „European Regulators Group for Electricity and Gas" (ERGEG) im Jahr 2003 als „Beratungsmechanismus zur Stärkung der Zusammenarbeit und der Koordinierung der nationalen Regulierungsbehörden" auf zwei Richtlinien zum Elektrizitäts- und Gas-Binnenmarkt. Im Telekommunikationssektor wurde 2002 die „European Regulators Group" (ERG) eingerichtet, ausgestattet mit einem kleinen Sekretariat und formal angebunden an die Europäische Kommission, die Beobachterstatus bei den Treffen der ERG hatte. Wie auch im Energiesektor, wurde die stärker formalisierte ERG nicht als Ersatz, sondern ergänzend zu den bereits bestehenden informellen Netzwerken und Foren geschaffen (Thatcher/Coen 2008: 825). *(Teilweise Formalisierung europäischer Regulierungsnetzwerke)*

Eine Ausnahme bildet in dieser Hinsicht lediglich das seit 2001 bestehende „Committee of European Securities Regulators" (CESR), in dem das Vorgängerforum FESCO aufging. Durch Kommissionsbeschluss wurden im Finanzsektor zudem zwei neue Netzwerke von Regulierungsbehörden geschaffen, das „Committee of European Banking Supervisors" (CEBS) sowie das „Committee of European Insurance and Occupational Pensions Supervisors" (CEIOPS). Schritte zu einer stärkeren Formalisierung waren umstritten, boten aber den nationalen Regulierungsbehörden und der Kommission Vorteile (Eberlein/Grande 2005: 101f.). Die Kommission versprach sich einen größeren Einfluss auf die nationalen Regulierungsbehörden. Letztere konnten sich zugleich in ihrem nationalen Kontext emanzipieren und durch ihre Bereitschaft zu einer Stärkung der Netzwerke möglicherweise größere Zentralisierungsvorschläge der Kommission vermeiden (eingehender dazu Kap. 6.3).

„Agencified networks" und europäische Agenturen

Die Debatte über institutionelle Reformen kam aber auch damit nicht zum Ende, sondern wurde insbesondere von der Kommission auch in der zweiten Hälfte der 2000er Jahre fortgesetzt. Sie beklagte weiterhin die Schwäche der Regulierungsnetzwerke bei der Harmonisierung und der Durchsetzung gemeinsamer Standards. Als mögliche Reformoptionen befürwortete die Kommission eine weitere Formalisierung der Netzwerke mit stärkerer eigener Lenkungsfunktion oder die Schaffung unabhängiger europäischer Agenturen. Statt einer solchen Zentralisierung sprachen sich die Mitglieder der Regulierungsnetzwerke vor allem für eine Stärkung der eigenen Kompetenzen aus (Thatcher/Coen 2008: 826). Das Ergebnis war in verschiedenen Sektoren ein Kompromiss zwischen den Vorstellungen der Kommission und den nationalen Regulierungsbehörden.

David Levi-Faur etwa bezeichnet den 2009 geschaffenen „Body of European Regulators in Electronic Communications" (BEREC) als „agencified network", da er auf den Netzwerken IRG und ERG aufbaut, aber formal stärker an die Kommission angebunden ist (Levi-Faur 2011: 812, 825). Auch die 2010 neu eingerichtete „European Regulators Group for Postal Services" (ERGP) entspricht dieser hybriden Form eines „agencified networks". In anderen Sektoren wurde eine weiter reichende Zentralisierung durch neue europäische Agenturen erreicht. So wurde im Energiesektor 2009 die „Agency for the Cooperation of Energy Regulators" (ACER) geschaffen, im Finanzsektor 2010 sogar drei neue Agenturen für die Bankenaufsicht („European Banking Authority", EBA), Wertpapier- und Marktaufsicht („European Securities and Markets Authoritiy", ESMA) sowie für das Versicherungswesen und die betriebliche Altersvorsorge („European Insurance and Occupational Pensions Authority", EIOPA, siehe Kap. 5).

Einen Sonderfall stellt schließlich das Europäische Wettbewerbsnetz („European Competition Network", ECN) dar, das bereits 2004 auf der Grundlage der europäischen Kartellverordnung geschaffen wurde. Das ECN entstand nicht so sehr aus einer Formalisierung eines horizontalen Netzwerks, sondern es wurde gewissermaßen „von oben" im Zuge der Dezentralisierung zuvor exklusiver Kommissionsbefugnisse geschaffen. Im Kapitel 6.4 wird das ECN in einer ausführlichen Fallstudie besprochen. Zuvor soll jedoch ein allgemeiner Überblick über die Gesamtheit europäischer Verwaltungsnetzwerke und ihre institutionelle Grundstruktur gegeben werden.

6.2 Institutionelle Grundstruktur und personelle Zusammensetzung

Da Verwaltungsnetzwerke zumeist wenig formalisiert sind und kaum über eigenständige Ressourcen verfügen, ist es schwer, allgemeine Aussagen über ihre institutionelle Grundstruktur und personelle Zusammensetzung zu treffen. Schon alleine die Gesamtheit der bestehenden Verwaltungsnetzwerke zu bestimmen, ist eine Herausforderung. Anders als etwa im Falle der Komitologie existiert kein Register europäischer Verwaltungsnetzwerke, und im Vergleich zu den europäischen Agenturen ist die Forschung zu Verwaltungsnetzwerken recht überschaubar. Zudem trägt nur eine Minderheit der Netzwerke diese Eigenschaft auch im Namen; stattdessen heißen sie „Gruppe", „Plattform", „Forum", „Treffen", „Gremium", „Rat", „Ausschuss" etc. (siehe Tabelle 13; vgl. auch Levi-Faur 2011: 816).

Entsprechend schwankt die Zahl der identifizierten Verwaltungsnetzwerke in der Literatur. In der umfassendsten empirischen Erhebung kommt David Levi-Faur auf 51 bzw. 57 europäische Verwaltungsnetzwerke (Levi-Faur 2011: 816, 823). Darin enthalten ist allerdings auch eine Reihe von Netzwerken, die aufgelöst bzw. durch neuere Strukturen ersetzt wurden (ebenda: 823). Zudem erfasst seine Studie eine Vielzahl von Netzwerken, die unter dem Dach von EU-Agenturen operieren und erst nach diesen eingerichtet wurden. Insbesondere im Bereich der Sozial- und Umweltregulierung ist diese Konstellation vorherrschend.[66] Doch selbst diese breite Erhebung europäischer Verwaltungsnetzwerke, so Levi-Faur, „probably underestimate the number of informal and ad hoc networks because of their short life span and the fact that they tend to escape public and academic attention" (ebenda: 823).[67] Andere Studien dagegen wählen einen deutlich engeren Fokus und zählen entsprechend nur sechs (Coen/Thatcher 2008: 58) bzw. sieben (Eberlein/Newman 2008: 34) europäische Regulierungsnetzwerke. Sowohl Coen und Thatcher als auch Eberlein und Newman beschränken sich dabei auf Verwaltungsnetzwerke im Bereich der Wirtschaftsregulierung, denen keine Agenturen auf europäischer Ebene übergeordnet sind bzw. waren.[68]

Anzahl an Verwaltungsnetzwerken

---

66 So lassen sich beispielsweise im Aufgabenbereich der Europäischen Umweltagentur mehrere Netzwerke identifizieren, weshalb Levi-Faur die EEA als „networked agency" bezeichnet. Teils sind die Netzwerke direkt der EEA unterstellt, teils sind sie unabhängig oder an die Generaldirektion „Umwelt" angegliedert (Martens 2008; Levi-Faur 2011).

67 Ein Beispiel hierfür ist etwa die in der Dienstleistungsrichtline 2006/123/EG vorgesehene Verwaltungskooperation (Ruffert 2007). Während die substanzielle Aushandlung der Dienstleistungsrichtlinie große öffentliche und wissenschaftliche Aufmerksamkeit erhielt, wurde die Pflicht nationaler Behörden zur horizontalen Zusammenarbeit weniger beachtet (Schmidt 2008). So verpflichtet die Richtlinie die Mitgliedstaaten zur Einrichtung einheitlicher Ansprechpartner und zur Amtshilfe bei der Kontrolle von Dienstleistern. Um den Informationsaustausch zu erleichtern, hat die Kommission ein elektronisches System („Internal Market Information System", IMI) eingerichtet. Der deutsche Verwaltungsrechtler Utz Schliesky spricht in diesem Zusammenhang von einem „Zwang zur Netzwerkverwaltung" (Schliesky 2009).

68 Als Ausnahme führen Eberlein und Newman auch die sogenannte Datenschutzgruppe („Data Protection Working Party") an, die der Europäischen Kommission und der Behörde des europäischen Datenschutzbeauftragten als Beratungsgremium dient. Vgl. online: http://ec.europa.eu/justice/data-protection/article-29/index_en.htm, Zugriff am 23.05.2013.

Verwaltungs-
netzwerke v.a. in
Dienstleistungs-
sektoren von
allgemeinem
Interesse

Die folgende Tabelle 13 übernimmt diesen engeren Fokus und bietet eine aktualisierte Übersicht der bestehenden Regulierungsnetzwerke in der EU. Sie zeigt, dass europäische Verwaltungsnetzwerke vor allem in Dienstleistungssektoren von allgemeinem Interesse vorkommen, d. h. in den vormals staatlichen Netzwerkindustrien Telekommunikation, Energie, Post, Bahn, im Rundfunk- sowie im Finanzsektor. Das einzige sektorübergreifende Netzwerk besteht in der Wettbewerbspolitik. Für den Energie- sowie den Finanzsektor sind auch (grau hinterlegt) europäische Agenturen aufgelistet, die erst kürzlich an die Stelle der vorherigen Verwaltungsnetzwerke traten.

Tabelle 13: Europäische Regulierungsnetzwerke und Nachfolgebehörden

	Seit	Abk.	Name	EG/EU
Telekommunikation	1997	IRG	Independent Regulators Group *Gruppe unabhängiger Regulierungsbehörden*	
	2002-2010	ERG	European Regulators Group *Gruppe europäischer Regulierungsstellen für elektronische Kommunikation*	Beschluss 2002/627
	2009	BEREC	Body of European Regulators in Electronic Communication *Gremium europäischer Regulierungsstellen für elektronische Kommunikation*	Verordnung 1211/2009
Energie	1998	Florence forum	European Electricity Regulatory Forum *Europäisches Forum für Elektrizitätsregulierung*	
	1999	Madrid forum	European Gas Regulatory Forum *Europäisches Forum für Gasregulierung*	
	2000	CEER	Council of European Energy Regulators *Rat der Europäischen Energieregulierungsbehörden*	
	2003-2011	ERGEG	European Regulators Group for Energy & Gas *Europäische Gruppe der Regulierungsbehörden für Elektrizität und Gas*	Beschluss 2003/796 Richtlinien 2003/54+55
	2009	ACER	Agency for the Cooperation of Energy Regulators *Agentur für die Zusammenarbeit der Energieregulierungsbehörden*	Verordnung 713/2009

	Seit	Abk.	Name	EG/EU
Finanzen	1997-2001	FESCO	Forum of European Securities Commission *Forum der Europäischen Wertpapieraufsichtsbehörden*	
	2001-2010	CESR	Committee of European Securities Regulators *Ausschuss der europäischen Wertpapierregulierungsbehörden*	Beschluss 2001/527
	2010	ESMA	European Securities and Markets Authority *Europäische Wertpapier- und Marktaufsichtsbehörde*	Verordnung 1095/2010
	2003-2010	CEBS	Committee of European Banking Supervisors *Ausschuss der europäischen Bankaufsichtsbehörden*	Beschluss 2004/5
	2010	EBA	European Banking Authority *Europäische Bankenaufsichtsbehörde*	Verordnung 1093/2010
	2003-2010	CEIOPS	Committee of European Insurance and Occupational Pensions Supervisors *Ausschuss der europ. Aufsichtsbehörden für das Versicherungswesen & betriebliche Altersversorgung*	Beschluss 2004/6
	2010	EIOPA	European Insurance and Occupational Pensions Authority *Europ. Aufsichtsbehörde für das Versicherungswesen und die betriebliche Altersversorgung*	Verordnung 1094/2010
Andere Sektoren	1995	EPRA	European Platform of Regulatory Authorities *Europäische Plattform der Rundfunkregulierungsbehörden*	
	2001	ECA	European Competition Authorities *Europäische Wettbewerbsbehörden*	
	2004	ECN	European Competition Network *Europäisches Wettbewerbsnetz*	Verordnung 1/2003
	2010	ERGP	European Reg.Group for Postal Services *Gruppe europ. Regulierungsbehörden für Postdienste*	Beschluss C 217/07
	2011	IRG-rail	Independent Regulators Group – Rail *Gruppe unabhängiger Eisenbahnregulierungsbehörden*	

Für den so eingegrenzten Bereich lassen sich nun leichter Gemeinsamkeiten, aber auch Unterschiede zwischen den Verwaltungsnetzwerken aufzeigen, hinsichtlich ihrer institutionellen Grundstruktur, personellen Zusammensetzung, eigenen Ressourcen sowie Aufgaben und Kompetenzen.

Institutionelle Grundstruktur

In Bezug auf ihre institutionelle Grundstruktur gelten Netzwerke in der Regel als informell und flexibel, als nicht-hierarchisch bzw. überhaupt wenig strukturiert (Martens 2008: 639; Kassim/Wright 2010: 6f.; Levi-Faur 2011: 812). Ihre Anfänge hatten die meisten Verwaltungsnetzwerke in mehr oder weniger regelmäßigen, informellen Treffen zwischen Mitgliedern nationaler Regulierungsbehörden, also unter Gleichen und ohne größere institutionelle Ausdifferenzierung. Im Vergleich zu anderen europäischen Verwaltungsstrukturen lassen sich Netzwerke sicherlich auch weiterhin als weniger formalisiert und flach-hierarchisch beschreiben, absolut dürfen diese Charakteristika aber nicht verstanden werden. So basiert die Mehrheit der oben aufgeführten Verwaltungsnetzwerke auf einer europäischen Rechtsgrundlage – zumeist einem Beschluss der Europäischen Kommission, in einigen Fällen sogar auf einer europäischen Richtlinie (ERGEG) oder Verordnung (BEREC, ECN). Durch Kommissionsbeschluss werden dabei zentrale institutionelle Fragen verbindlich geklärt und formalisiert, vom Namen eines Netzwerks über seine Mitgliedschaft bis hin zu Budget und Arbeitsweise (Levi-Faur 2011: 823). Der Beschluss vom August 2010 zur Einrichtung eines Netzwerks im Postsektor (ERGP) etwa definiert die Mitgliedschaft im Netzwerk (ein Vertreter pro Mitgliedstaat, im Normalfall der Leiter der nationalen Regulierungsbehörde), regelt Sitzungsort (Brüssel) und -kostenübernahme (finanziert durch die Kommission) und sieht die Verabschiedung einer Geschäftsordnung sowie die Einrichtung untergeordneter Arbeitsgruppen vor.

Vorstand, Vollversammlung, Arbeitsgruppen

Eine Untergliederung in thematische Arbeitsgruppen ist in allen Verwaltungsnetzwerken üblich. Die Arbeitsgruppen arbeiten der Vollversammlung eines Netzwerks zu, in der abschließend und normalerweise im Konsens entschieden wird. Die Häufigkeit der Treffen variiert von mindestens einer Vollversammlung pro Jahr (IRG-rail) bis hin zu neun Generalversammlungen der CEER im Jahr 2010. Der Vollversammlung wiederum steht gewöhnlich ein gewählter Vorstand aus Vorsitzendem und mehreren Vertretern vor, die unter anderem für Tagesordnung und Leitung der Treffen verantwortlich sind. Das europäische Wettbewerbsnetz etwa bezeichnen Hussein Kassim und Kathryn Wright als eine „loose, multilayered hierarchical structure of Directors General, plenary, and working groups" (Kassim/Wright 2010: 15). Auch jene Verwaltungsnetzwerke, die nicht auf einer europäischen Rechtsgrundlage basieren, haben eine ähnliche institutionelle Struktur und haben diese zumindest über ein grundlegendes „Statut" (EPRA) oder eine „Gemeinsame Absichtserklärung" („Memorandum of Understanding", IRG-rail) formalisiert.

Formelle und informelle Doppelstrukturen

Teilweise existieren auch Doppelstrukturen von weniger und stärker formalisierten Netzwerken nebeneinander, deren Grenzen verschwimmen. So berichteten die Arbeitsgruppen des unabhängigen Rats der Europäischen Energieregulierungsbehörden (CEER) gleichzeitig auch der an die Kommission angebundenen Gruppe der Energieregulierungsbehörden (ERGEG). Bevor ERGEG in die Agentur für die Zusammenarbeit der Energieregulierungsbehörden (ACER) übergegangen ist, veröffentlichten beide Netzwerke zwischen 2006 und 2010 einen gemeinsamen Jahresbericht, und weiterhin präsentieren sich Netzwerk und Agentur über eine gemeinsame Internetseite.[69] Eine ähnliche Doppelung eines unabhängigen (IRG) und eines formal an die Kommission angebundenen Netzwerks (ERG, seit 2009 BEREC) besteht weiterhin im Telekommunikationssektor. Ihren Charakter als gänzlich informelle Treffen haben am ehesten das Florenz- und Madrid-Forum für Elektrizitäts- bzw. Gasregulierung behalten; auch ihnen wurden mit der Zeit aber stärker formalisierte Netzwerke zur Seite gestellt (Thatcher/Coen 2008: 824f.).

Den meisten Verwaltungsnetzwerken gehört jeweils ein Vertreter pro Mitgliedstaat an, darüber hinaus variiert ihre personelle Zusammensetzung aber in mehrfacher Hinsicht: bezüglich der beteiligten Staaten, der Auswahl der staatlichen Vertreter, der Beteiligung der Kommission sowie der Mitwirkung Dritter. An den Verwaltungsnetzwerken mit EU-Rechtsgrundlage sind jeweils alle 28 EU-Mitgliedstaaten und die Kommission beteiligt; Länder des Europäischen Wirtschaftsraums und Beitrittskandidaten haben teilweise einen Beobachterstatus (BEREC) bzw. sind in ein erweitertes Netzwerk eingebunden (ECA als Erweiterung des ECN). Die Verwaltungsnetzwerke ohne EU-Rechtsgrundlage unterscheiden sich dagegen deutlich hinsichtlich der beteiligten Länder: Die europäische Plattform der Rundfunkregulierungsbehörden umfasst als größtes Netzwerk 53 Länder; an den unabhängigen Netzwerken im Telekommunikations- und Energiesektor sind neben allen EU-Mitgliedstaaten auch einzelne (CEER) oder alle Länder des Europäischen Wirtschaftsraumes und Beitrittskandidaten (IRG) beteiligt. Das jüngste Netzwerk der Eisenbahnregulierungsbehörden (IRG-rail) wurde 2011 zunächst von nur 15 Ländern gegründet und ist mittlerweile auf 21 Mitglieder angewachsen, teils EU-Mitgliedstaaten, teils nicht-EU-Mitglieder.

Personelle Zusammensetzung

Vertreten werden die Mitgliedstaaten in den meisten Netzwerken durch hochrangige Vertreter aus der jeweils zuständigen nationalen Regulierungsbehörde, in der Regel also deren Leiter. In Artikel 4 der Verordnung zur Einrichtung des Verwaltungsnetzwerks im Telekommunikationssektor (BEREC) heißt es etwa:

Hochrangige staatliche Vertreter

> „Der Regulierungsrat setzt sich aus je einem Mitglied pro Mitgliedstaat zusammen, bei dem es sich um den Leiter oder einen nominierten hochrangigen Vertreter der in jedem Mitgliedstaat errichteten nationalen Regulierungsbehörde handelt, die die Hauptverantwortung für die Beaufsichtigung des laufenden Marktgeschehens im Bereich der elektronischen Kommunikationsnetze und -dienste trägt. […]

> Die Mitglieder des Regulierungsrats dürfen weder von Regierungen, von der Kommission noch von anderen öffentlichen oder privaten Stellen Weisungen einholen oder entgegennehmen."

Schwierigkeiten bereitet die Benennung der nationalen Repräsentanten mitunter, wenn es keine nationale Regulierungsbehörde mit eindeutiger Zuständigkeit gibt oder wenn Zweifel an der Unabhängigkeit ihrer Vertreter bestehen (Coen/Thatcher 2008: 61f.). Als beispielsweise der Ausschuss der europäischen Wertpapierregulierungsbehörden (CESR) im Jahr 2001 eingerichtet wurde, waren die Zuständigkeiten in einigen Mitgliedstaaten noch auf verschiedene Behörden verteilt

---

69   Vgl. online: www.energy-regulators.eu, Zugriff am 23.05.2013.

(ebenda: 62, CESR 2002: 8). Um die Unabhängigkeit der nationalen Vertreter in der Gruppe der Regulierungsbehörden für elektronische Kommunikation (ERG) zu überwachen, führte die Kommission ein Mitgliederverzeichnis ein, welches sie „regelmäßig im Hinblick auf Änderungen, die von den Mitgliedstaaten in Bezug auf die Namen und Zuständigkeiten dieser Behörden vorgenommen werden"[70], überprüfte (vgl. Coen/Thatcher 2008: 61).

Beteiligung der Europäischen Kommission

Die Europäische Kommission ist generell in die Arbeit der Verwaltungsnetzwerke eingebunden, die konkrete Ausgestaltung ihrer Mitwirkungsmöglichkeiten variiert aber deutlich. So nimmt die Kommission im europäischen Wettbewerbsnetz (ECN) zweifellos eine privilegierte Stellung ein, da sie das letzte Wort bei der Verteilung von Wettbewerbsuntersuchungen hat und die Mitgliedstaaten ihr gegenüber Berichtspflichten haben (Europäische Kommission 2004: Rdnrn. 44, 51; Kassim/Wright 2010: 12f.). In den anderen Netzwerken mit europäischer Rechtsgrundlage ist bzw. war die Kommission üblicherweise mit Beobachterstatus „hochrangig" (ERGEG, CESR) oder „angemessen" (BEREC) vertreten. In den mittlerweile durch europäische Agenturen ersetzten Netzwerken des Finanzsektors (CEBS, CESR, CEIPOS) konnte die Kommission bei vertraulichen Fragen von den Beratungen ausgeschlossen werden (vgl. auch Coen/Thatcher 2008: 62).

Schließlich ist die Kommission an manchen Netzwerken formal nicht beteiligt, aber es bestehen andere Formen der Zusammenarbeit – entweder durch die bereits erwähnten Doppelstrukturen von unabhängigen und formal an die Kommission angebundenen Netzwerken oder durch informelle Kooperationsbeziehungen. So wurde die Gruppe unabhängiger Eisenbahnregulierungsbehörden (IRG-rail) zwar zusätzlich zur bereits bestehenden Europäischen Eisenbahnagentur („European Railway Agency", ERA) und der von der Kommission geschaffenen Arbeitsgruppe der Eisenbahnregulierer („Rail Regulatory Bodies Working Group") eingerichtet, doch verpflichtet sich die IRG-rail ausdrücklich auf regelmäßige Zusammenarbeit mit der Kommission (IRG-rail 2011: Artikel 8). Im Netzwerk der unabhängigen Rundfunkregulierungsbehörden (EPRA) haben neben der Europäischen Kommission auch der Europarat und die Organisation für Sicherheit und Zusammenarbeit in Europa (OSZE) Beobachterstatus (EPRA 2011: Artikel 4).

Beteiligung von Dritten

Formal setzen sich die europäischen Verwaltungsnetzwerke somit aus nationalen Vertretern, insbesondere aus den nationalen Regulierungsbehörden, und teilweise aus Angehörigen der Kommission zusammen; private Akteure genießen dagegen keinen offiziellen Mitgliederstatus (Eberlein/Newman 2008: 31; Martens 2008: 638). Lediglich gänzlich informelle Netzwerke wie das Florenz- und Madrid-Forum, die keine klar umgrenzte Mitgliedschaft haben, unterscheiden nicht zwischen öffentlichen und privaten Akteuren. Auch die anderen Netzwerke beteiligen jedoch Dritte durch beratende Arbeitsgruppen und öffentliche Konsultationen.

Der Rat der europäischen Energieregulierungsbehörden (CEER) etwa hat in der Vergangenheit jedes Jahr zehn oder mehr öffentliche Befragungen ausgeschrieben und insbesondere Anbieter auf dem Energiemarkt, aber auch Konsumenten

---

70   Artikel 4 des Beschlusses 2004/641/EG der Kommission vom 14. September 2004.

und Endnutzer zur Teilnahme aufgerufen.[71] Befragungen werden üblicherweise frühzeitig auf der Internetseite angekündigt, für etwa zwei Monate freigeschaltet und oft durch begleitende Anhörungen oder Workshops ergänzt. Abgesehen von vertraulichen Stellungnahmen werden die eingereichten Kommentare auf der Internetseite dokumentiert – teils handelt es sich um einige wenige, teils um bis zu 50 Beiträge – und in einem Bericht ausgewertet. Eine regelmäßigere und stärker institutionalisierte Einbindung von Dritten kann durch Arbeitsgruppen geschehen, wie im Bereich der Wertpapierregulierung (bis 2010 CESR, nun ESMA). So wurde im Rahmen von CESR 2002 ein sogenanntes „Market Participants Consultative Panel" eingerichtet, welches das Arbeitsprogramm des Netzwerks beobachten und beispielsweise auf neue Regulierungsfragen hinweisen sollte. Mit der Einrichtung der ESMA 2011 wurde das Panel durch die „Securities and Markets Stakeholder Group" ersetzt. Die Mitglieder der Gruppe wurden für einen Zeitraum von zweieinhalb Jahren ernannt und so ausgewählt, dass Marktteilnehmer, Mitarbeiter und Wissenschaft angemessen vertreten sind.[72]

Die finanziellen und personellen Ressourcen europäischer Verwaltungsnetzwerke sind im Vergleich zu anderen Verwaltungsstrukturen sehr begrenzt und hängen von Beiträgen der Europäischen Kommission und/oder der nationalen Regulierungsbehörden ab (Coen/Thatcher 2008: 64f.). Zumeist verfügen Verwaltungsnetzwerke über ein kleines Sekretariat mit wenigen Mitarbeitern. Das CEER-Sekretariat beispielsweise besteht aus sieben Mitarbeitern mit Sitz in Brüssel und wird aus Beiträgen der Mitgliedstaaten von maximal 200.000 Euro finanziert (CEER 2008: Artikel 11, 22-23). Größer waren die Ressourcen des ehemaligen CESR: Das Netzwerk nahm 2001 seine Arbeit mit acht Mitarbeitern auf, beschäftigte im Jahr 2009, bevor es in eine EU-Agentur überging, aber mehr als 40 Mitarbeiter aus einem Budget von ca. 5 Millionen Euro (CESR 2009: 107-109).

Finanzielle und personelle Ressourcen

Teilweise sind die Verwaltungsnetzwerke ganz auf nationale Ressourcen oder auf die Kapazitäten einer Generaldirektion der Kommission angewiesen. Das Gründungsdokument der IRG-rail etwa bestimmt:

> „There are no financial contributions requested. Each Member has to bear the costs arising from its participation [...] Secretarial functions with regard to the Plenary Assembly shall be carried out by the Member that provides the Chairperson." (IRG-rail 2011: Artikel 12, 13)

Ein Beispiel für ein auf die Ressourcen der Kommission angewiesenes Verwaltungsnetzwerk bietet der Postsektor (Levi-Faur 2011: 823). Die Kommissionsentscheidung zur Einrichtung der ERGP legt in den Artikeln 4 und 5 entsprechend fest:

> „Die Sitzungen der Gruppe [...] finden im Regelfall in den Dienstgebäuden der Kommission zu den von dieser festgelegten Modalitäten und Terminen statt. Die Kommissionsdienststellen nehmen die Sekretariatsgeschäfte wahr [...]
>
> Die Sitzungskosten werden nach Maßgabe der Mittel erstattet, die der Gruppe jährlich von den zuständigen Kommissionsdienststellen zur Verfügung gestellt werden."

---

71 http://www.energy-regulators.eu/portal/page/portal/EER_HOME/EER_CONSULT, Zugriff am 23.05.2013.
72 http://www.esma.europa.eu/SMSG, Zugriff am 23.05.2013.

Aufschluss über die organisatorische Eigenständigkeit der europäischen Verwaltungsnetzwerke bzw. über ihre Abhängigkeit von Ressourcen und ihre Anbindung an die Europäische Kommission geben auch die verschiedenen Internetauftritte (siehe Tabelle 14). Während einige Netzwerke eigene Internetseiten unterhalten, sind andere Verwaltungsnetzwerke nur über die Seiten der jeweiligen Generaldirektion der Kommission im Netz vertreten; im Finanzsektor wurden die Inhalte zu den Verwaltungsnetzwerken in die neu eingerichteten Seiten der europäischen Agenturen integriert.

Tabelle 14: Internetseiten europäischer Verwaltungsnetzwerke

Netzwerk	Internetadresse[73]
CEER/ERGEG	energy-regulators.eu
EPRA	epra.org
ERG/BEREC	berec.europa.eu
IRG	irg.eu
IRG-rail	irg-rail.eu
ECA	ec.europa.eu/competition/publications/eca/
ECN	ec.europa.eu/competition/ecn/index_en.html
ERGP	ec.europa.eu/internal_market/ergp/index_en.htm
Florence Forum	ec.europa.eu/energy/gas_electricity/electricity/forum_electricity_florence_en.htm
Madrid Forum	ec.europa.eu/energy/gas_electricity/gas/forum_gas_madrid_en.htm
CEBS/EBA	eba.europa.eu
CEIOPS/EIOPA	eiopa.europa.eu
CESR/ESMA	esma.europa.eu

Die Aufgaben von Verwaltungsnetzwerken erstrecken sich grundsätzlich über alle Phasen des Politikzyklus, auch wenn der jeweilige Schwerpunkt variieren kann und häufig auf der Implementierungsphase liegt. Die Grenze zwischen klassischen Exekutivfunktionen und der Gesetzgebung oder Rechtsprechung verschwimmt dabei mitunter, etwa wenn weiche Empfehlungen oder Leitlinien ausgearbeitet werden oder wenn Netzwerke eine streitschlichtende Funktion erfüllen (Ruffert 2007: 767).

> „[...] transgovernmental networks participate in supranational rule-making, enforcement, and implementation. In Europe, they function to advise the Commission, draft implementing legislation, coordinate national enforcement, promote information exchange among national regulators, and make recommendations to the public on emerging regulatory issues." (Eberlein/Newman 2008: 32)

Das Spektrum unterschiedlicher Aufgaben von Verwaltungsnetzwerken lässt sich an den Dokumenten des CEER veranschaulichen. Diese reichen von „Visionspa-

---

73 Zugriff jeweils am 23.5.2013.

pieren", mit denen Zukunftsthemen auf die europäische Agenda gebracht werden sollen, über Stellungnahmen und Ratschläge, etwa im Rahmen von Konsultation zu Gesetzesentwürfen der Kommission, bis hin zu unverbindlichen „good practice"-Leitlinien zur Implementierung spezifischer Rechtsakte oder Entwürfen für verbindliche Komitologie-Beschlüsse (CEER 2010: 16).

Trotz dieser potenziellen Aufgabenfülle sind die formalen Kompetenzen aller europäischen Verwaltungsnetzwerke aber sehr beschränkt. Entscheidungen werden in den meisten Netzwerken im Konsens getroffen und haben nur Empfehlungscharakter, beispielsweise für spätere Komitologie-Beschlüsse. Selbst die eigene institutionelle Grundstruktur und Verfahrensregeln sind manchen Netzwerken von den Mitgliedstaaten vorgegeben und/oder von der Zustimmung der Kommission abhängig (Coen/Thatcher 2008: 64):

Wenige Kompetenzen

> „Thus, European regulatory networks face ambitious aims and are asked to consult widely and cover broad fields. Yet they lack formal powers to impose decisions on their members and indeed even to organise their own internal arrangements." (ebenda: 64)

6.3 Theoretischer Kontext: Netzwerke als „neue Formen der Governance" oder als Machtinstrumente der Kommission?

Nach diesem allgemeinen Überblick über die institutionelle Grundstruktur europäischer Verwaltungsnetzwerke und vor der eingehenden Besprechung zweier Beispiele führt das folgende Kapitel in die theoretischen Debatten zu Verwaltungsnetzwerken ein. Positive Erklärungsansätze lassen sich grob in die beiden eingangs unterschiedenen Lager unterteilen (vgl. Kap. 2.2): Einerseits wird aus einer *funktionalen* Perspektive argumentiert, Verwaltungsnetzwerke würden geschaffen, da sie zur Erfüllung bestimmter Steuerungsaufgaben besonders geeignet seien. Andererseits sehen stärker *(macht-) politische* Erklärungsansätze Verwaltungsnetzwerke vor allem als einen institutionellen Kompromiss im Spannungsfeld europäischer und mitgliedstaatlicher Einflusssphären. Eine Brücke zwischen beiden Lagern stellt die Prinzipal-Agent-Theorie dar, da sie einerseits die funktionalen Gründe für die Schaffung von Verwaltungsstrukturen beleuchtet – etwa das Ziel, Transaktionskosten zu minimieren – und andererseits das Ringen um Einfluss bzw. Kontrolle zwischen Prinzipal und Agent untersucht.

Funktionale und politische Erklärungsansätze

Schon in dem wegweisenden Aufsatz von Keohane und Nye über transgouvernementale Beziehungen sind diese beiden Logiken zumindest implizit angedacht:

> „We will distinguish two major types of [...] transgovernmental behavior. Transgovernmental **policy coordination** refers to activity designed to facilitate smooth implementation or adjustment of policy, in the absence of detailed higher policy directives. Another process, transgovernmental **coalition building**, takes place when subunits build coalitions with like-minded agencies from other governments against elements of their own administrative structures." (Keohane/Nye 1974: 44; Hervorhebung im Original)

Transgouvernementale „policy coordination" wird hier vorwiegend funktionalistisch begründet: regelmäßiger (Informations-) Austausch gewinnt in einer interdependenten Welt an Bedeutung und kann das notwendige Vertrauen schaffen, um grenzüberschreitend Probleme zu lösen (ebenda: 42, 46). Transgouvernementales „coalition building" erklärt sich dagegen stärker machtpolitisch: grenzüberschreitende Zusammenarbeit kann dazu dienen, eigene Interessen besser gegen Widerstände durchzusetzen (ebenda: 48). Während Keohane und Nye dabei vor allem an die innenpolitische Durchsetzungskraft nationaler Verwaltungseinheiten denken, ist im europäischen Kontext zusätzlich die Kommission zu berücksichtigen. So können Verwaltungsnetzwerke auch ein Machtinstrument der Kommission gegenüber einer mitgliedstaatlichen Integrationsblockade sein.

Legitimierung durch Problemlösen und durch Verfahren

Auch in der normativen Debatte über die Legitimation europäischer Verwaltungsnetzwerke lassen sich zwei Lager unterscheiden (vgl. Kap. 2.3), die zwar nicht deckungsgleich, aber durchaus verwandt zu den positiven Theoriebeiträgen sind (Thatcher/Stone Sweet 2002: 18f.; Börzel/Heard-Lauréote 2009: 144; Maher 2009: 419). Einerseits wird argumentiert, die Legitimation von Netzwerken gründe sich auf *erfolgreiches Problemlösen*. Andererseits werden *legitime Verfahren* betont. Transparente Entscheidungsverfahren sowie politische und richterliche Kontrollmechanismen sollen danach vor einseitigen oder verzerrten Einflussmöglichkeiten schützen.

Weshalb also kooperieren nationale Regulierungsbehörden in europäischen Verwaltungsnetzwerken miteinander? Wie wirksam ist diese Kooperation? Und wonach bemisst sich die Legitimation von Verwaltungsnetzwerken? In wichtigen Regulierungsbereichen haben sich die EU-Mitgliedstaaten zwar auf gemeinsame Mindestregeln geeinigt, deren Umsetzung erfolgt aber auf nationaler Ebene durch unabhängige, grenzüberschreitend vernetzte Regulierungsbehörden. Wurden diese Regulierungsnetzwerke letztlich aus einem Mangel an Alternativen gebildet, oder weil man sich von ihnen eine überlegene Steuerungsleistung versprach?

6.3.1 Funktionale Erklärungsansätze

Funktionale Erklärungsansätze

Aus funktionaler Sicht trifft Letzteres zu: Organisationen werden geschaffen und Kompetenzen delegiert, weil sich alle beteiligten Akteure Transaktionskostenvorteile davon versprechen (Keohane 2001:4; Dehousse 2008: 791). Von Netzwerken wird erwartet, dass sie unter bestimmten Bedingungen Probleme besser lösen können als andere Steuerungsformen, die traditionell hierarchisch oder stärker marktorientiert ausgerichtet sind (Eberlein/Newman 2008: 45; Kenis/Raab 2008: 133f.). In einem frühen Beitrag zu transgouvernementalen Netzwerken im Rahmen der Organisation für wirtschaftliche Zusammenarbeit und Entwicklung (OECD) argumentierte Scott H. Jacobs etwa:

> „Simply put, an interdependent world requires new forms of governance. Indeed, the transition to co-operative government is already well-advanced as a pragmatic response to the desire for more powerful methods of problem-solving (...)
>
> The emergence of decentralised and horizontal networks of regulatory organisations, administrators and experts […] could permit governments to promote common interests more effectively than ever before. As governments become more comfortable with this style of policy-making,

national regulators will be increasingly bound together with their subnational and foreign counterparts." (Jacobs 1994: 15, 24; zitiert nach Raustiala 2002: 21)

Dreierlei Vorzüge werden Netzwerken immer wieder gegenüber anderen Steuerungsformen bescheinigt (Eberlein/Newman 2008: 26; Héritier 2003: 107f.; Börzel/Heard-Lauréote 2009: 140). Erstens erlaubten es Netzwerke, auf bereits vorhandene Verwaltungsressourcen zuzugreifen und diese zwischen verschiedenen Mitgliedstaaten zu koordinieren, anstatt aufwändige Verwaltungsstrukturen auf zentraler europäischer Ebene neu zu schaffen. Zweitens böten Netzwerke effiziente Entscheidungsverfahren, da sie eine Einigung zwischen unterschiedlichen Akteuren begünstigen und Entscheidungsprozesse auf dem Weg zu einem Kompromiss beschleunigen. Drittens, so wird argumentiert, erhöhten Netzwerke auch die Effektivität gemeinsamer Regeln, da sie Lernprozesse und sogar die Bereitschaft zur tatsächlichen Regelbefolgung förderten.

Zunächst betonen funktionale Erklärungen, dass Netzwerke besonders geeignet sind, um notwendige Ressourcen für Regulierung und Implementierung, die auf europäischer Ebene fehlen, dezentral zu generieren bzw. zu koordinieren (Blauberger/Rittberger 2014). So sollen Netzwerke die regulative Qualität verbessern, indem sie die praktische und wissenschaftliche Expertise aus vielen unterschiedlichen Quellen bündeln (Börzel/Heard-Lauréote 2009: 141). Weder die Kommission auf EU-Ebene noch eine einzelne Regulierungsbehörde auf nationaler Ebene könnte über vergleichbare Informations-Ressourcen verfügen, wie sie die Kooperation in einem europäischen Verwaltungsnetzwerk ermöglicht (Europäische Kommission 2001: 25). Darüber hinaus fehlt es auf europäischer Ebene auch häufig an den notwendigen finanziellen und personellen Ressourcen, um die einheitliche Umsetzung von gemeinsamen Regeln wirkungsvoll zu überwachen und durchzusetzen. Dieses Ressourcendefizit auf europäischer Ebene, so das funktionale Argument, lässt sich nur durch Rückgriff auf nationale Regulierungsbehörden und deren Koordination über Netzwerke beheben. Ausgehend von einem Mangel an europäischer „administrative capacity", beschreiben etwa Burkard Eberlein und Abraham Newman die Funktion von Verwaltungsnetzwerken:

Dezentrale Ressourcen

> „[…] they function to advise the Commission, draft implementing legislation, coordinate national enforcement, promote information exchange among national regulators, and make recommendations to the public on emerging regulatory issues." (Eberlein/Newman 2008: 32)

Des Weiteren wird argumentiert, dass Netzwerke aufgrund ihres vergleichsweise niedrigen Formalisierungsgrades oftmals schneller und flexibler auf neue Probleme reagieren können (Börzel/Heard-Lauréote 2009: 141). Einerseits bieten Netzwerke ein Forum, um überhaupt auf neue Probleme aufmerksam zu machen und sie auf die politische Agenda zu bringen. Die negativen Externalitäten nationaler Politik werden möglicherweise erst durch den Austausch im Netzwerk offensichtlich (Eberlein/Kerwer 2004: 125). Andererseits kann in Netzwerken relativ frei von spezifischen Verfahrens- und Entscheidungsregeln nach Lösungsmöglichkeiten gesucht werden. Darüber hinaus wird oftmals angenommen, dass Netzwerke einen Rahmen bieten, der Kompromisse zwischen unterschiedlichen Vorstellungen und Interessen fördert. Direkte persönliche Kontakte, so die Argumentation, können dazu beitragen, Konflikte zu entschärfen und Verhandlungen zu entpoli-

Flexible Entscheidungsprozesse

tisieren. Regelmäßige Interaktion und Kommunikation kann wechselseitiges Vertrauen zwischen den Mitgliedern eines Netzwerks schaffen (Börzel/Heard-Lauréote 2009: 142). Da in Netzwerken üblicherweise im Konsens entschieden wird, wissen auch Minderheiten ihre Interessen in Verhandlungen geschützt (Héritier 2003: 108).

Lernprozesse und Sozialisierung

Schließlich sehen einige Vertreter einer funktionalen Perspektive weitere Vorteile von Netzwerken darin, Lern- oder gar Sozialisierungsprozesse zu begünstigen, wenngleich die empirischen Belege hierfür nicht immer unumstritten sind. Zunächst sollen Netzwerke dazu beitragen, dass gemeinsame Probleme sowie bestehende Divergenzen durch regelmäßigen Austausch überhaupt erst erkannt werden (Slaughter 2004: 171f.). Vor diesem Hintergrund werden Netzwerke dann als besonders günstiges Umfeld für politisches Lernen gesehen („policy learning", Eberlein/Kerwer 2004: 125). Konfrontiert mit neuen und komplexen Problemen, kann es für Staaten mit unzureichender Regulierung attraktiv sein, sich am erfolgreichen Beispiel anderer Staaten zu orientieren – diese wiederum haben gewöhnlich ein Interesse daran, ihre eigenen Regeln zu exportieren und dadurch ihrerseits Anpassungskosten zu sparen (Raustiala 2002: 59). Netzwerke bieten somit ein Forum, um vorbildliche Lösungsansätze einzelner Mitgliedstaaten zu identifizieren („best practice", Eberlein/Kerwer 2004: 135) und beispielsweise in Form von weichen Richtlinien („soft law", Trubek/Trubek 2005) zu verbreiten. Darüber hinaus wird teilweise vermutet, dass Verwaltungsnetzwerke auch dazu beitragen können, dass einmal vereinbarte Regeln auch einheitlich und zuverlässig implementiert werden. Angesichts des konsensualen Entscheidungsmodus' in Netzwerken, so eine Begründung, wird von vornherein große Rücksicht auf die politische Machbarkeit und die breite Akzeptanz gemeinsamer Beschlüsse genommen (Börzel/ Heard-Lauréote 2009: 142f.). Noch weiter gehen Argumente, die einen Sozialisierungseffekt auf die Mitglieder eines Netzwerks annehmen (Slaughter 2004: 195, 198f.). Demnach stärken regelmäßige persönliche Beziehungen in einem Netzwerk nicht nur das gegenseitige Vertrauen, sondern sie können sogar eine teilweise Neudefinition individueller Interessen bewirken:

> „[…] interests develop a sense of joint responsibility and ownership for decisions. In sum, networks possess a real capacity to engender increased compliance and reduced resistance to policy implementation." (Börzel/Heard-Lauréote 2009: 143)

Günstige Rahmenbedingungen für Verwaltungsnetzwerke

Ihre Vorteile, so wird aus funktionaler Perspektive zumeist argumentiert, können Verwaltungsnetzwerke aber nur unter bestimmten Rahmenbedingungen voll entfalten. Erstens gelten Netzwerke als besonders geeignetes Steuerungsinstrument bei Fragen von hoher technischer Komplexität und Unsicherheit (Eberlein/Newman 2008: 33). Adrienne Héritier nennt das informelle Florenz-Forum für Elektrizitätsregulierung als Beispiel eines Netzwerkes, das unkompliziert den Austausch von technischen Informationen und Expertise ermöglicht (Héritier 2003: 124). Zweitens werden Netzwerke eher in der Lage gesehen, Koordinationsprobleme zu lösen als Verteilungskonflikte (Héritier 2003: 111). Wenn alle Beteiligten gleichermaßen von einer Zusammenarbeit profitieren, fallen Konsensentscheidungen leichter und setzen sich auch ohne hierarchische Sanktionsinstrumente durch.

An dieser Stelle geraten funktionale Erklärungen europäischer Verwaltungs-netzwerke jedoch in Schwierigkeiten: Unterschiedliche nationale Regulierungs-niveaus können erhebliche Verteilungskonflikte erzeugen. Um ein einheitliches Regulierungsniveau zu erreichen, müssten diese überwunden werden. Was aber, wenn Verwaltungsnetzwerke gerade deshalb eingerichtet wurden, weil sich die Mitgliedstaaten angesichts großer Verteilungskonflikte nur auf eine unverbindliche und horizontale Zusammenarbeit einigen konnten (Kelemen/Tarrant 2011: 924)?

6.3.2 Politische Erklärungsansätze

Politische Erklärungsansätze bestreiten nicht generell, dass Verwaltungsnetzwer-ke wichtige Funktionen erfüllen können. Funktionale und politische Erklärungen müssen sich deshalb nicht immer gegenseitig ausschließen, sondern können auch miteinander kombiniert werden (Blauberger/Rittberger 2014). Allerdings setzen politische Erklärungen teilweise andere Schwerpunkte und begegnen funktiona-len Erklärungen mit zwei Einwänden: Der erste Einwand lautet, dass Netzwerke insbesondere im Vergleich zu anderen Steuerungsformen nicht so effizient und effektiv sind, wie ihnen oben bescheinigt wurde. Beschlüsse, die im Konsens ge-troffen werden, blieben oft dementsprechend vage; rechtlich unverbindliche „best practice"-Richtlinien würden im Zweifelsfall eben nicht umgesetzt. Europäische Sozialisierungseffekte seien unwahrscheinlich, da die Interaktion im grenzüber-schreitenden Netzwerk längst nicht so intensiv ist wie auf nationaler Ebene. Ein Ansehensverlust bei schlechter Praxis würde allenfalls drohen, wenn mehr Trans-parenz und Vergleichbarkeit hinsichtlich nationaler Implementierung herrschte (Kelemen/Tarrant 2011; Groenleer 2011). Verwaltungsnetzwerke sind also teil-weise von ihren Steuerungsaufgaben überfordert; andere Steuerungsformen wären möglicherweise wirksamer. Da man sich auf stärker hierarchische Steuerungsfor-men aber nicht einigen konnte, wurden Verwaltungsnetzwerke letztlich als „zwei-te Wahl" geschaffen („second best", Coen/Thatcher 2008: 66f.; Eberlein/Newman 2008: 35; allgemein zu weichen Formen der Governance vgl. Schäfer 2005: 48).

Hier schließt der zweite Einwand gegen funktionale Erklärungen an, der the-oretisch schwerer wiegt: Selbst wenn ein Steuerungsinstrument wirksam ist, muss es noch nicht deshalb geschaffen worden sein (Schäfer 2006: 198). Anders ausge-drückt: Die Kritik an der unzureichenden Wirksamkeit europäischer Verwaltungs-netzwerke deutet darauf hin, dass ihre Einrichtung und Entwicklung zumindest nicht alleine von funktionalen Erfordernissen angetrieben wurde (Kelemen/Tar-rant 2011: 926). Institutionelle Neuerungen und Veränderungen, so argumentieren etwa Thatcher und Coen, werden nicht nur von der Nachfrage nach funktionalen Problemlösungen bestimmt, sondern auch vom Angebot, d. h. der Bereitschaft nationaler und europäischer Entscheidungsträger, neue institutionelle Strukturen zu schaffen (Thatcher/Coen 2008: 830). Robert Keohane zweifelt aus ähnlichen Gründen an der Erklärungskraft funktionaler Ansätze:

> „Functional solutions to the problem of institutional existence are therefore incomplete. The-re must be political entrepreneurs with both the capacity and the incentives to invest in the

Politische
Erklärungsansätze

creation of institutions and the monitoring and enforcement of rules. Unless the entrepreneurs can capture selective benefits from their activities, they will not create institutions. And these institutions will not be effective unless sufficient compliance is induced by a combination of material and normative incentives." (Keohane 2001: 4)

Spannungsfeld
europäischer
und nationaler
Einflusssphären

Zwei solche politischen Entrepreneure kommen zur Erklärung der Entstehung und Entwicklung europäischer Verwaltungsnetzwerke in Frage: die Kommission auf europäischer Ebene und unabhängige Regulierungsbehörden auf nationaler Ebene. Aus einer politischen Perspektive sind Verwaltungsnetzwerke demnach ein institutioneller Kompromiss im Spannungsfeld europäischer und mitgliedstaatlicher Einflusssphären. Ähnlich wie für das institutionelle Design europäischer Agenturen (vgl. Dehousse 2008: 795f.) gilt daher: Selbst wenn auf EU- und mitgliedstaatlicher Ebene Einigkeit herrscht, dass eine engere Verwaltungskooperation funktional wünschenswert wäre, so bestehen doch gegensätzliche Machtinteressen und Bedenken. Die Kommission wird normalerweise eine Ausweitung eigener Kompetenzen bevorzugen (Kelemen/Tarrant 2011: 927) – wenn diese aber unrealistisch erscheint, können europäische Verwaltungsnetzwerke eine Alternative sein (Eberlein/Newman 2008: 35). Aus Sicht nationaler Regulierungsbehörden kann engere grenzüberschreitende Kooperation nicht nur funktional wünschenswert sein, sondern auch die Unabhängigkeit von politischer Einflussnahme auf nationaler Ebene stärken – sie birgt aber zugleich das Risiko einer Vereinnahmung durch die Kommission. Durch diese widersprüchlichen Logiken, so die Argumentation aus politischer Perspektive, lässt sich die komplexe Struktur europäischer Verwaltungsnetzwerke besser erklären als durch einen rein funktionalen Ansatz (Thatcher/Coen 2008: 830).

Verwaltungsnetzwerke
als Instrument der
Kommission?

Ausgehend von der Annahme, dass die Kommission – wie andere Verwaltungseinheiten auch – den eigenen Einfluss maximieren möchte (Dehousse 2008: 796), sollten europäische Verwaltungsnetzwerke nur eine Option zweiter oder sogar dritter Wahl für sie sein. Die erste Präferenz der Kommission ist demnach eine Ausweitung eigener Kompetenzen, an zweiter Stelle steht die Schaffung europäischer Agenturen. Verfügt die Kommission bereits über starke eigene Kompetenzen, wird sie vorsichtig bei der Einrichtung europäischer Agenturen sein, um sich keinen Rivalen zu schaffen, der möglicherweise von mitgliedstaatlichen Interessen beeinflusst wird (Dehousse 2008: 796). In Politikfeldern hingegen, in denen sie selbst vergleichsweise schwache Kompetenzen besitzt und eine Ausweitung unwahrscheinlich ist, wird sie die Schaffung europäischer Agenturen befürworten und gegenüber dezentralen Verwaltungsnetzwerken bevorzugen (Levi-Faur 2010: 21, 25). Sind weder eigene starke Kompetenzen realisierbar noch die Schaffung einer europäischen Agentur, hat die Kommission wenig zu verlieren und wird zumindest die Einrichtung und Formalisierung europäischer Verwaltungsnetzwerke unterstützen (Eberlein/Newman 2008: 35; Thatcher 2011).

Einen Beleg für diese machtpolitische Erklärung liefern etwa Thatcher und Coen, die beschreiben, wie die Kommission – nachdem weiterreichende Initiativen keinen Erfolg hatten – an allen Entwicklungsphasen europäischer Regulierungsnetzwerke maßgeblich beteiligt war: von der Förderung informeller Netzwerke über Initiativen zu deren Formalisierung bis hin zur Überführung

in europäische Agenturen (Thatcher/Coen 2008). Für den Umweltbereich zeigt
Maria Martens, wie die Kommission proaktiv an der Entwicklung transgouvernementaler Netzwerke mitwirkt und auf diese Weise eine „Verwaltungsintegration
durch die Hintertür" betreibt (Martens 2008: 636, 646, Übersetzung durch die
Autoren). Letztlich erscheinen Verwaltungsnetzwerke somit weniger als neuarti-
ge, nicht-hierarchische Formen der Governance, sondern als Hilfsinstrumente zu
klassischer Harmonisierung (Coen/Thatcher 2008: 67), und der Trend zu Agenturen belegt die „long-standing preference [der Kommission]) for instruments of
control premised on the centralized exercise of hierarchical power" (Levi-Faur
2010: 25).

Vollständig ist der politische Erklärungsansatz aber erst, wenn auch die mitgliedstaatliche Ebene berücksichtigt wird. Weshalb Verwaltungsnetzwerke letztlich nur in bestimmten Sektoren geschaffen und nicht mit der Zeit durch europäische Agenturen ersetzt wurden, wird auf zweierlei Weise erklärt. Erstens wird
argumentiert, bei den ehemals staatlichen Netzwerkindustrien handele es sich um
besonders „politisierte" Sektoren (Eberlein/Newman 2008) bzw. um Politikfelder
mit großen Verteilungskonflikten (Kelemen/Tarrant 2011: 933-936). Die Regierungen der EU-Mitgliedstaaten seien deshalb besonders vorsichtig, die Kontrolle
über ihre nationalen Regulierungsbehörden zu behalten und verhinderten weiter
reichende Integrationsschritte.

Darüber hinaus wird – zweitens – in anderen Studien stärker die Rolle
der nationalen Regulierungsbehörden selbst betont. Ihr Interesse, so wird angenommen, bestand ursprünglich darin, Unabhängigkeit gegenüber nationalen politischen Einflüssen zu etablieren, diese aber nicht sogleich an die Europäische
Kommission oder eine europäische Agentur zu verlieren (Thatcher/Coen 2008:
818, 820; Levi-Faur 2010: 22). So erschienen informelle Netzwerke für nationale Regulierungsbehörden als geeigneter Kompromiss, um von den Vorzügen
grenzüberschreitender Kooperation zumindest teilweise zu profitieren, ohne wesentliche Kompetenzen abgeben zu müssen. Ihre Kritik an der mangelnden Wirksamkeit europäischer Verwaltungsnetzwerke verband die Kommission vielfach
mit der Forderung nach einer weitreichenden Zentralisierung von Kompetenzen
auf europäischer Ebene – die nationalen Regulierungsbehörden leisteten dagegen Widerstand und ließen sich stattdessen auf eine stärkere Formalisierung der
Verwaltungsnetzwerke ein (Thatcher/Coen 2008: 826). Diese Entwicklung, so
argumentieren Thatcher und Coen, reagierte zwar auf funktionale Erfordernisse,
sie war dabei jedoch maßgeblich geprägt vom Ringen der bereits bestehenden
Organisationen um mögliche Einflussgewinne bzw. -verluste. Größere Integrationsschritte wurden auf diese Weise von den nationalen Regulierungsbehörden
verhindert; stattdessen wurden bestehende Netzwerke langsam reformiert („conversion") oder durch zusätzliche Netzwerke ergänzt (vgl. auch Streeck/Thelen
2005; „layering", Thatcher/Coen 2008: 829).

Verwaltungs-
netzwerke als
Schutz vor weiterer
Integration?

6.3.3 Normative Theorien: erfolgreiches Problemlösen und legitime Verfahren

In Kapitel 2 wurden zwei grundlegende Legitimationsmodelle europäischer Verwaltungsstrukturen vorgestellt: politische Legitimation (indirekt über die Mitgliedstaaten sowie direkt über eigenständige europäische Legitimationsverfahren) und funktionale Legitimation, d. h. basierend auf der Akzeptanz effektiver und effizienter Regulierung. Mehr noch als bei den positiven Erklärungsansätzen sind diese beiden Legitimationsmodelle nicht als Gegensätze zu verstehen, sondern sie werden meist als komplementär angesehen (vgl. auch Kap. 2.3). Ein rein funktionales Verständnis von Legitimation, so die weit verbreitete Sichtweise, sei unzureichend im Kontext internationaler Delegation und müsse durch prozedurale Kriterien ergänzt werden (Thatcher/Stone Sweet 2002: 18f.).

Funktionale Legitimation   Sind die Rahmenbedingungen für ein effizientes und effektives Netzwerk voll gegeben und treffen die Erwartungen der oben diskutierten funktionalen Erklärung zu, ist die Frage nach seiner Legitimation leicht zu bejahen. Ein solches Netzwerk verfügt über eine hohe funktionale Legitimation. Entscheidungen wurden nur mit Zustimmung und zum Vorteil aller Beteiligten getroffen. Auf der Grundlage gebündelter Expertise und ausgerichtet auf effektives Problemlösen sind im Verwaltungsnetzwerk qualitativ hochwertige Entscheidungen möglich, die von den Betroffenen anerkannt und umgesetzt werden (Papadopoulos 2007: 472f.; Cengiz 2010: 673). Effektives Problemlösen in Netzwerken ist aber häufig sehr voraussetzungsvoll, die Reichweite funktionaler Legitimationsargumente entsprechend begrenzt (Scharpf 1999: 27f.).

Begrenzte Reichweite funktionaler Legitimation   Verschiedene Einwände werden angeführt, weshalb funktionale Legitimation alleine für europäische Verwaltungsnetzwerke nicht ausreicht: Wenn von technischen und sachorientierten Entscheidungen die Rede ist, wird ein Konsens der beteiligten Akteure über grundlegende Politikziele und wissenschaftliche Erkenntnisse unterstellt, der so tatsächlich nicht immer existiert (Thatcher/Stone Sweet 2002: 19). Die oftmals sehr technischen Beratungen über einen „verbesserten ökonomischen Ansatz" in der Kartellkontrolle zum Beispiel berühren Grundfragen über Sinn und Zweck der europäischen Wettbewerbspolitik (Cengiz 2010: 674). Im Netzwerk werden derartige Grundfragen aber nicht von gewählten und repräsentativen Vertretern behandelt, sondern von Bürokraten und Experten aus dem jeweils spezifischen Politikbereich (Papadopoulos 2007: 476f.; Börzel/Heard-Lauréote 2009: 145). Zwar stehen die Mitglieder in einem engen Netzwerk unter ständiger Beobachtung und Kontrolle von ihresgleichen, etwa innerhalb einer wissenschaftlichen Gemeinschaft („peer accountability", Papadopoulos 2007: 480) – damit einher geht aber die Gefahr einer Immunisierung gegenüber externer Kritik, die nicht der herrschenden Meinung innerhalb dieser Gemeinschaft entspricht („group think", ebenda: 481). Verstärkt wird diese Gefahr noch durch die Geschlossenheit und geringe Transparenz vieler Netzwerke (Börzel/Heard-Lauréote 2009: 145). Informelle Kommunikation und Entscheidungsprozesse sind für Externe kaum nachzuvollziehen, geschweige denn zu kontrollieren. Besonders schwer ist Verantwortlichkeit in Netzwerken im Mehrebenensystem herzustellen, da sich politische Entscheidungen oft nicht mehr klar einem bestimmten Akteur zuordnen lassen (Papadopoulos 2007: 479; Cengiz 2010: 672).

Wenn europäische Verwaltungsnetzwerke aber nicht ausreichend über effektive Ergebnisse legitimiert sind, bedarf es zusätzlicher, prozeduraler Schutzmechanismen. Wichtigste Voraussetzung dafür ist Transparenz (Maher 2009: 420). Dazu gehören beispielsweise öffentliche Informationen über das geplante Arbeitsprogramm der Netzwerke und Jahresberichte über die wichtigsten Ergebnisse. In konkreten Sachfragen können interessierte Parteien durch öffentliche Konsultationen frühzeitig in Entscheidungsprozesse eingebunden werden (Thatcher/Stone Sweet 2002: 19). Die meisten der europäischen Verwaltungsnetzwerke veröffentlichen zumindest ihr Arbeitsprogramm und Jahresberichte; das europäische Wettbewerbsnetz hingegen wird immer wieder als wenig transparent kritisiert (ausführlicher dazu das nächste Unterkapitel).

Legitime Verfahren I:
Transparenz

Transparenz alleine gewährleistet noch keine legitimen Verfahren (Cengiz 2010: 675), doch je transparenter ein Netzwerk, desto größer sind zumindest die Aussichten auf wirksame Kontrolle und auf politische Verantwortlichkeit (accountability) der Entscheidungsträger (Börzel/Heard-Lauréote 2009: 146). Eine Vielzahl von Kontrollformen ist denkbar: Traditionelle Mechanismen zur Gewährleistung politischer Verantwortlichkeit sind parlamentarische Kontrolle, etwa bei der Bewilligung des jährlichen Budgets (Dehousse 2008: 800f.), oder richterliche Kontrolle (Maher 2009: 420). Angesichts der knappen eigenen Ressourcen von Verwaltungsnetzwerken und ihrer begrenzten formalen Entscheidungskompetenzen sind beide Mechanismen jedoch nur bedingt anwendbar. Eine stärkere Formalisierung der Netzwerke kann dazu beitragen, ihr Mandat klar festzulegen sowie ihre Mitglieder- und Entscheidungsstrukturen von politisch verantwortlichen Akteuren bestimmen zu lassen (Papadopoulos 2007: 485). Stärker ausgeprägt sind häufig soziale Kontrollmechanismen in engen Netzwerken, beispielsweise innerhalb von „epistemic communities" – alleine können diese aber keinen vollwertigen Ersatz für traditionelle Kontrollmechanismen bieten (ebenda: 484). Größere Transparenz und Beteiligungsmöglichkeiten für interessierte Akteure jenseits der kleinen Gruppe von Experten und Bürokraten erhöhen die Verfahrenslegitimation von Netzwerken (ebenda: 486).

Legitime
Verfahren II:
Verantwortlichkeit
(accountability)

Zusammenfassend wird aus normativer Perspektive häufig ein einseitiges Interesse für die Effektivität von Verwaltungsnetzwerken beklagt, während Fragen der politischen Kontrolle und Verantwortlichkeit erst in jüngerer Zeit Aufmerksamkeit erfahren:

Möglicher
Zielkonflikt:
Effektivität vs.
Verantwortlichkeit

> „In the early literature the focus of attention centred primarily on the effectiveness of policy outcomes that networks produce, rather than the procedures they follow. The new multi-level governance literature emphasises that, as networks follow procedures which are largely opaque to the outside world [...] they tend to obscure and escape accountability mechanisms almost by their very nature." (Cengiz 2010: 671)

Offensichtlich besteht ein Zielkonflikt: Aus funktionaler Sicht haben Verwaltungsnetzwerke gerade dort ihre Stärken, wo sie auf informellen Wegen schnelle und anerkannte Entscheidungen erlauben, sachorientiert und frei von politischen Ein-

flüssen – Verantwortlichkeit für diese Entscheidungen ist aber besonders schwer
herzustellen.

6.4 Verwaltungsnetzwerke in verschiedenen Politikfeldern

In diesem Kapitel werden zwei europäische Verwaltungsnetzwerke, im Telekommunikationssektor und in der Wettbewerbspolitik, detailliert vorgestellt und verglichen. Einen Überblick über das Spektrum europäischer Verwaltungsnetzwerke
hat bereits das Kapitel 6.2 gegeben (vgl. Tabelle 13). Rein informelle und nur vorübergehend eingerichtete *ad hoc*-Netzwerke wurden dabei ausgeblendet. Um die
Eigenheiten europäischer Verwaltungsnetzwerke zu betonen, stehen zudem solche
Netzwerke im Vordergrund, die nicht erst nachträglich und ergänzend zu bereits
bestehenden europäischen Agenturen geschaffen wurden. Derart eingegrenzt dienen die wichtigsten europäischen Verwaltungsnetzwerke der Regulierung ehemals
staatlicher Netzwerkindustrien, bis vor kurzem der Regulierung des Finanzsektors
und – in dem einzigen nicht-sektoralen Netzwerk – der Koordination der Wettbewerbskontrolle.

Tabelle 15: Fallstudien zu (europäischen) Verwaltungsnetzwerken

Raustiala 2002	Vergleich	Wertpapiere, Wettbewerb, Umwelt-schutz
Cengiz 2007	Vergleich	Wettbewerb (EU/US)
Wilks 2007	Einzelfall	Wettbewerb
Coen/Thatcher 2008	Vergleich	Telekommunikation, Wertpapiere
Thatcher/Coen 2008	Vergleich	Energie, Telekommunikation, Wertpapiere
Eberlein/Newman 2008	Vergleich	Datenschutz, Energie
Martens 2008	Einzelfall	Umweltschutz
Maher 2009	Einzelfall	Wettbewerb
Pierre/Peters 2009	Einzelfall	Flugsicherheit
Simpson 2009	Einzelfall	Telekommunikation
Kassim/Wright 2010	Einzelfall	Wettbewerb
Levi-Faur 2010	Vergleich	Flugsicherheit, Telekommunikation
Yesilkagit/Danielsen 2011	Einzelfall	Wettbewerb
Kelemen/Tarrant 2011	Vergleich	Telekommunikation, Arzneimittel
Thatcher 2011	Vergleich	Energie, Telekommunikation
Blauberger/Rittberger 2014	Vergleich	Telekommunikation, Wettbewerb

Quelle: eigene Darstellung

Die Zahl der empirischen Untersuchungen zur Entstehung und Funktionsweise spezifischer europäischer Verwaltungsnetzwerke ist überschaubar (vgl. Tabelle 15). Neben Einzelfallstudien (Pierre/Peters 2009; Simpson 2009), insbesondere zum Wettbewerbsnetz (Wilks 2007; Maher 2009; Kassim/Wright 2010; Yesilkagit/Danielsen 2011), werden in diesen Beiträgen auch zwei oder drei Netzwerke miteinander verglichen. Frühe Vergleichsstudien beschränken sich nicht (nur) auf die EU. So vergleicht Kal Raustiala (2002) drei Verwaltungsnetzwerke auf globaler Ebene, die sich insbesondere hinsichtlich der Konzentration bzw. Verteilung von Regulierungsmacht unterscheiden („regulatory power", Raustiala 2002: 27f.). Je stärker die Regulierungsmacht in einem Netzwerk in den Händen eines oder weniger Staaten konzentriert ist, so sein Argument aus einer IB-Perspektive, desto eher wird die Regulierung der anderen Staaten in diese Richtung konvergieren. Firat Cengiz (2007) nimmt dagegen eine vergleichende Föderalismus-Perspektive ein und kontrastiert das Europäische Wettbewerbsnetz (ECN) mit der Kooperation einzel- und bundesstaatlicher Wettbewerbsbehörden in den Vereinigten Staaten. Sie betont die unterschiedliche Entstehung beider Netzwerke und die hierarchischen Elemente in der EU: „In contrast to the imposed, hierarchical and juridified nature of the ECN, the US network appears to be a product of voluntary collective action and experiential learning." (Cengiz 2007: 436)

Eine ähnliche Unterscheidung zwischen einer Netzwerkbildung „von oben" („top-down") bzw. „von unten" („bottom-up") nehmen auch Eberlein und Newman (2008) in ihrem rein innereuropäischen Vergleich vor. Während die Zusammenarbeit der staatlichen Datenschutzbeauftragten schon früh und auf deren eigene Initiative hin entstand, war die Kommission treibende Kraft bei der Vernetzung nationaler Energieregulierungsbehörden (Eberlein/Newman 2008: 43). Nicht so sehr die Unterschiede, sondern die Gemeinsamkeiten betonen Coen und Thatcher in ihren Studien zur Evolution europäischer Verwaltungsnetzwerke im Bereich der Netzwerkindustrien und im Finanzsektor (Coen/Thatcher 2008; Thatcher/Coen 2008). David Levi-Faur (2010, 2011) schließlich interessiert sich besonders für das Verhältnis von Netzwerken und Agenturen und vergleicht deshalb das Verwaltungsnetzwerk im Telekommunikationssektor mit der Überführung eines anderen Netzwerks in die Europäische Agentur für Flugsicherheit (EASA). Der Widerstand wirtschaftlicher Interessen und nationaler Regulierungsbehörden, so sein Argument, verhindert einen ähnlichen Prozess im Telekommunikationssektor (Levi-Faur 2010: 22).

Im Folgenden werden einerseits das Gremium europäischer Regulierungsstellen für elektronische Kommunikation (BEREC) und seine Vorgängerin (ERG), andererseits das Europäische Wettbewerbsnetz (ECN) vorgestellt. Wie aus Tabelle 15 ersichtlich ist, handelt es sich bei den beiden Fällen um sehr intensiv untersuchte europäische Verwaltungsnetzwerke, die bislang aber kaum miteinander verglichen wurden (erstmalig bei Blauberger/Rittberger 2014). Dabei liefern diese Netzwerke in mehrfacher Hinsicht einen besonders guten Kontrast und durchaus neues Anschauungsmaterial aus den letzten Jahren. Die 2009 beschlossene Einrichtung des BEREC wurde erst 2011 abgeschlossen und ist damit nur die vorläufig letzte Etappe in der Entwicklung europäischer Verwaltungsstrukturen. Der

Empirische Fallstudien im Überblick

Begründung der Fallauswahl

Telekommunikationssektor bietet somit ein Musterbeispiel für die Auseinander-setzung zwischen der Kommission, die eine Stärkung supranationaler Strukturen befürwortet, und anhaltenden Widerständen dagegen aus den Mitgliedstaaten (Levi-Faur 2010). Das ECN lässt sich dagegen in zentralen Aspekten beschreiben als ein „European Regulatory Network with a Difference" (Kassim/Wright 2010). Hier war es die Kommission selbst, die vor dem Hintergrund etablierter suprana-tionaler Kompetenzen, aber funktionaler Defizite einen Prozess der Dezentralisie-rung einleitete. Mehr als fünf Jahre nach Einrichtung des ECN liegen zudem erste Untersuchungen und Befragungen zu seiner Wirksamkeit vor (Sinclair et al. 2009; Cengiz 2010).

6.4.1 Telekommunikation: ERG und BEREC

Liberalisierung und Re-Regulierung des Telekommunikations-Sektors in der EU

Seit den späten 1980er Jahren wurde der ehemals von staatlichen Monopolen geprägte und nicht explizit in den europäischen Gründungsverträgen erwähnte Telekommunikationssektor schrittweise liberalisiert und auf europäischer Ebene harmonisiert (Schmidt 1998; Goodman 2006). Gestützt auf ihre wettbewerbs-rechtlichen Kompetenzen setzte die Kommission zunächst eine teilweise Libera-lisierung des Sektors über Kommissions-Richtlinien durch (Schmidt 1998: 115f.). In mehreren Runden (1998, 2002, 2009) beschlossen der Rat und das Europäische Parlament anschließend ein Maßnahmenpaket zur vollständigen Liberalisierung und zur Harmonisierung des Telekommunikationssektors (Hancher/Larouche 2011: 746f.). Implementiert werden diese Maßnahmen seither durch unabhängige nationale Regulierungsbehörden, wie beispielsweise die deutsche Bundesnetz-agentur. Mit jeder Liberalisierungs- und Harmonisierungsrunde auf europäischer Ebene wird auch die Frage nach den entsprechenden Governance-Strukturen neu verhandelt (Kelemen/Tarrant 2011: 937; Simpson 2009: 1229).

Jüngste institutionelle Reform: BEREC statt ERG

Zuletzt wurde der europäische Regulierungsrahmen im Telekommuni-kationssektor 2009 erneuert, und als Teil dieser Reform wurde das „Gremium" (BEREC) anstelle der „Gruppe" (ERG) europäischer Regulierungsstellen für elektronische Kommunikation geschaffen. Ergänzt wird das Netzwerk durch ein eigenständiges Büro mit Sitz in Riga. Während BEREC sein erstes Arbeitspro-gramm bereits für das Jahr 2010 aufstellte, war das Büro 2011 hauptsächlich mit der eigenen Einrichtung und der Rekrutierung von Personal beschäftigt und kann sich seinen längerfristigen Aufgaben erst seit 2012 widmen.[74] Auch die Reform der Telekommunikations-Richtlinien, deren Implementierung BEREC gewähr-leisten soll, war erst zum Mai 2011 in den Mitgliedstaaten umzusetzen.[75] Ver-ständlich wird diese eigenwillige Konstruktion von BEREC aus intergouverne-

---

74 Siehe online: http://berec.europa.eu/eng/about_berec/annual_work_programme/, Zugriff am 23.05.2013.
75 Für einen aktuellen Überblick über den europäischen Regulierungsrahmen im Telekommuni-kationssektor siehe die Website der Generaldirektion für die „Digitale Agenda" der Kommission: http://ec.europa.eu/digital-agenda/en/telecoms-rules, Zugriff am 23.05.2013.

mentalem Gremium und supranationalem Büro nur vor dem Hintergrund seiner
Entstehungsgeschichte.

6.4.1.1 Entstehungsgeschichte

Bereits in den 1990er-Jahren wurden mehrfach Vorschläge zur Einrichtung einer
europäischen Regulierungsagentur für den Telekommunikationssektor gemacht.
So befürworteten Mitte der 1990er Jahre die Kommission, das Europäische Parlament und Teile der Industrie eine starke europäische Agentur, doch konnten
sie sich nicht gegen den Widerstand der Mitgliedstaaten durchsetzen (Goodman
2006: 134). Letztere fürchteten den Kontrollverlust über ihre heimischen Märkte bei gleichzeitig wachsender ausländischer Konkurrenz (Thatcher/Coen 2008:
818). Zur gleichen Zeit einigten sich zunächst einige nationale Regulierungsbehörden auf die Einrichtung eines informellen Netzwerks (IRG), dem sich später
Behörden aus allen Mitgliedstaaten anschlossen (ebenda: 819). Als Reaktion darauf beharrte die Kommission zu Beginn der 2000er Jahre nicht mehr auf ihren Plänen einer zentralen europäischen Agentur, sondern schlug die Einrichtung eines
ständigen Komitologie-Ausschusses („Communications Committee") sowie ein
Netzwerk der nationalen Regulierungsbehörden unter eigener Führung vor („High
Level Communications Group"; Groenleer/Kars 2008: 12f.). Wiederum leisteten
die Mitgliedstaaten, aber auch die nationalen Regulierungsbehörden und IRG, Widerstand.

Frühe institutionelle
Vorschläge

    Als Kompromiss wurde 2002 die Einrichtung der Gruppe europäischer
Regulierungsstellen (ERG) beschlossen (Humphreys/Simpson 2005: 131). Der
grundlegenden Kommissionsentscheidung zufolge sollte die ERG als „Schnitt-
stelle zwischen den nationalen Regulierungsbehörden und der Kommission" und
„als Reflexions- und Diskussionsforum sowie zur Beratung der Kommission" dienen. Doch damit war die Debatte über eine Stärkung supranationaler Strukturen
nicht beendet (Thatcher/Coen 2008: 824, 828). In einem Brief vom 30. November
2006 an die ERG bemängelte Kommissarin Viviane Reding eine inkonsistente Anwendung des geltenden Regulierungsrahmens in den Mitgliedstaaten und machte
die institutionelle Grundstruktur dafür verantwortlich:

Das Vorgänger-
Netzwerk: ERG

> „I appreciate very much the progress the ERG has made [...] However, as our meeting also
> made clear, the institutional set-up of the ERG does not allow it to achieve, even with the best
> intentions, a consistent application of remedies or a common regulatory approach to cross-
> border issues [...] Under the current framework, it is obviously difficult for the ERG to arrive
> at sufficiently ambitious common positions, and even where the ERG arrives at common posi-
> tions they have no legal force. As a result, the ERG does not have the necessary effectiveness,
> authority, and accountability that would give it credibility towards the industry and the general
> public."[76]

Als institutionelle Alternativen nannte Reding entweder eine stärkere Weisungsbefugnis der Kommission gegenüber den nationalen Regulierungsbehörden oder
eine Transformation der ERG in eine unabhängige europäische Agentur, eine teilweise Übertragung von Kommissions-Kompetenzen mit inbegriffen. Die ERG

---

76 Brief der Kommissarin Viviane Reding vom 30. November 2006, vgl. online: http://www.irg.eu/
template20.jsp?categoryId=260351&contentId=543347, Zugriff am 24.05.2013.

wies nicht nur eine Stärkung der Kommission aus Subsidiaritätsgründen zurück, sondern auch eine eigene Aufwertung, unter anderem mit Verweis auf mögliche Widerstände der Mitgliedstaaten und des Europäischen Parlaments (ERG 2007: 3f.; Simpson 2011: 1121, 1126). Stattdessen, so die Antwort, solle die Kommission die Expertise und Erfahrung des bestehenden Netzwerks voll ausschöpfen und ggf. leichte Anpassungen an dessen Struktur vornehmen (ERG 2007: 8).

Kommissions-Initiative für eine europäische Agentur: EECMA

Als Konsequenz verwarf auch die Kommission die Optionen einer eigenen Stärkung sowie einer Aufwertung der ERG und präsentierte im November 2007 den Entwurf einer Verordnung über die Einrichtung einer „Europäischen Behörde für die Märkte der elektronischen Kommunikation" (Europäische Kommission 2007: 7). Die Konsultationen zur Reform des Regulierungsrahmens, so die Kommission, hätten breite Kritik hinsichtlich der uneinheitlichen Anwendung europäischer Regeln ergeben; selbst eine gestärkte ERG sei mit diesem Problem überfordert (ebenda: 4-6).

Die geplante Behörde sollte klar supranational ausgerichtet sein (Simpson 2009: 1231f.). Sie sollte den gleichen Verwaltungs- und Haushaltsregeln unterliegen wie andere Gemeinschaftsorgane, d. h. beispielsweise gegenüber dem Europäischen Parlament verantwortlich sein und Einspruchsmöglichkeiten vor Gericht haben. Der Verordnungsentwurf sah einen umfassend definierten Aufgabenkatalog für die neue Behörde vor (Europäische Kommission 2007: 25f.) sowie eine Organisationsstruktur mit stark supranationalen Elementen, etwa dem zur Hälfte durch die Kommission ernannten Verwaltungsrat und der einfachen Mehrheitsregel bei Entscheidungen des vorgesehenen Regulierungsrates (ebenda: 37, 39). Die Behörde sollte die ERG ersetzen, die Aufgaben der Europäischen Agentur für Netz- und Informationssicherheit (ENISA) mit übernehmen und mit 134 Mitarbeitern bei einem jährlichen Haushalt von zunächst zehn Millionen, später 28 Millionen Euro ausgestattet sein (ebenda: 62).

Widerstand im Europäischen Parlament

Die unmittelbaren Reaktionen der Mitgliedstaaten, der nationalen Regulierungsbehörden und der ERG auf den Verordnungsentwurf der Kommission waren größtenteils abweisend (Simpson 2009: 1235). Verschätzt hatte sich die Kommission zudem offenbar hinsichtlich der Reaktion des Europäischen Parlamentes. Der Vorschlag der Kommission, so die Berichterstatterin im EP-Ausschuss für Industrie, Forschung und Energie, sei gut gemeint, laufe aber Gefahr, durch „Schaffung enormer bürokratischer Strukturen den Verwaltungsaufwand" zu erhöhen (Europäisches Parlament 2008: 93). Stattdessen solle ein Gremium geschaffen werden, das zwar viele der Funktionen der geplanten EECMA übernehmen könne, jedoch „ohne sich zu einer schwerfälligen Agentur zu entwickeln" (ebenda: 93).

Nach einer ersten Lesung des Kommissionsvorschlags änderte das Parlament nicht nur den Namen der geplanten Behörde („Gremium der Europäischen Regulierungsbehörden für Telekommunikation", BERT), sondern strich auch wesentliche Elemente seiner supranationalen Struktur (Europäisches Parlament 2008): Zwar sollte es sich weiterhin um eine Behörde mit europäischer Rechtspersönlichkeit und eigenem Personal handeln, doch geleitet von einem klassisch intergouvernementalen Regulierungsrat, zusammengesetzt aus hochrangigen Vertretern aller nationalen Regulierungsbehörden und ohne einfache Mehrheitsentscheidun-

gen. Der von der Kommission vorgesehene supranationale Verwaltungsrat wurde
ersatzlos gestrichen (ebenda: 24). Die Finanzierung des Gremiums sollte nicht
vollständig aus dem EU-Haushalt stammen, sondern zu zwei Dritteln aus Beiträgen der nationalen Regulierungsbehörden (ebenda: 9).

Trotz dieser Einwände folgte der zweite Verordnungsentwurf der Kommis-   Widerstand der
sion in zentralen Punkten der ursprünglichen Fassung (Europäische Kommission   Mitgliedstaaten
2008. 11; Simpson 2009: 1235f.) – doch nun leisteten die Mitgliedstaaten im Rat
Widerstand. Neben einer erneuten Umbenennung („Gruppe Europäischer Regulierungsstellen für Telekommunikation", GERT) wurden alle wesentlichen supranationalen Elemente gestrichen, so dass kaum Unterschiede zur bereits bestehenden ERG erkennbar waren. GERT sollte keine Rechtspersönlichkeit haben, keinen
eigenen Haushalt und als Hauptaufgabe den nationalen Regulierungsbehörden
sowie der Kommission unverbindliche Empfehlungen geben (Europäischer Rat
2009). In ähnlichen Worten wie das Parlament wies auch der Rat eine „schwerfäl-
lige und bürokratische" Gemeinschaftsagentur zurück (ebenda: 73). Die großen
Mitgliedstaaten Frankreich, Großbritannien, Spanien und insbesondere Deutschland, das gleichzeitig in einen Konflikt mit der Kommission über Wettbewerbsvor-
teile zugunsten der Deutschen Telekom verwickelt war, hatten das Anliegen der
Kommission einhellig abgelehnt (Simpson 2010: 11).

Schließlich einigten sich Europäisches Parlament und Rat auf einen Kom-   Der Kompromiss:
promiss, der nur noch in wenigen Punkten dem ursprünglichen Kommissions-   BEREC
entwurf ähnelte. Die Verordnung 1211/2009 führte erneut einen anderen Namen
ein, die endgültige Bezeichnung „Gremium Europäischer Regulierungsstellen für
elektronische Kommunikation" (BEREC, deutsch: GEREK). Dabei handelt es
sich ausdrücklich nicht um eine EU-Agentur, sie hat keine eigene Rechtspersönlichkeit, sondern um ein „Forum für die Zusammenarbeit zwischen den nationalen
Regulierungsbehörden und zwischen den nationalen Regulierungsbehörden und
der Kommission" (Rdnr. 6 der Erwägungsgründe). Ergänzt wird das Gremium
allerdings zur „Unterstützung [...] in professioneller und administrativer Hinsicht" durch ein neu geschaffenes „Büro" mit eigener Rechtspersönlichkeit und
rechtlicher, verwaltungstechnischer sowie finanzieller Autonomie (Rdnr. 11 der
Erwägungsgründe).

Wurde das Verwaltungsnetzwerk im Telekommunikationssektor mit der
BEREC-Reform also tatsächlich spürbar zu einem „agencified network" weiterentwickelt (Levi-Faur 2011: 826)? Oder handelte es sich bei der Diskussion über
die Einrichtung einer europäischen Regulierungsagentur im Telekommunikationssektor letztlich um „viel Lärm um nichts" (Renda 2009: 14)? Untersuchungen zur
Wirkung von BEREC gibt es angesichts des kurzen Zeitraums noch nicht, doch
sollen im Folgenden zumindest die strukturellen Neuerungen gegenüber der ERG
analysiert und mögliche Veränderungen in der künftigen Arbeitsweise diskutiert
werden.

6.4.1.2 Struktur und Arbeitsweise

Zwei Säulen-
Struktur: BEREC und
Büro

Die institutionelle Grundstruktur von BEREC entspricht größtenteils der ERG, diese wird mit dem neu geschaffenen Büro jedoch durch eine zweite Säule ergänzt (vgl. Abbildung 6). Auf der einen Seite setzt sich der Regulierungsrat wie zuvor die ERG aus den jeweiligen Leitern bzw. hochrangigen Vertretern der nationalen Regulierungsbehörden zusammen (Artikel 4 der Verordnung 1211/2009). Sie tagen in mindestens vier Plenarsitzungen pro Jahr. Für Entscheidungen des Regulierungsrats bedarf es formal nicht mehr der Einstimmigkeit unter den Mitgliedern, sondern es genügt eine Zweidrittelmehrheit. Bindend sind die Stellungnahmen und Empfehlungen von BEREC aber weiterhin nicht, sondern die nationalen Regulierungsbehörden und die Kommission sind verpflichtet, ihnen „weitestgehend Rechnung" zu tragen (Artikel 3 Abs. 3). An der Spitze des Regulierungsrates steht ein Vorsitzender, dessen Unabhängigkeit von Weisungen der Mitgliedstaaten oder der Kommission nun ausdrücklich hervorgehoben wird (Artikel 4 Abs. 5). Unterhalb des Plenums findet die Arbeit unverändert in Expertengruppen statt, die sich zumeist in den Räumen der weiterhin bestehenden Gruppe unabhängiger Regulierungsbehörden (IRG) in Brüssel treffen (BEREC 2011: 19f.).

Auf der anderen Seite steht das neu geschaffene BEREC-Büro, geleitet von einem Verwaltungsdirektor und überwacht von einem Verwaltungsrat, der sich wie der Regulierungsrat aus jeweils einem Vertreter pro Mitgliedstaat sowie zusätzlich einem Vertreter der Kommission zusammensetzt (Artikel 6). Finanziert wird das Büro weitgehend aus dem EU-Haushalt und ggf. freiwilligen Beiträgen der Mitgliedstaaten (Artikel 11). Der Sitz des Büros in Riga wurde durch Beschluss des Rats im Mai 2010 festgelegt. Die erstmalige Rekrutierung von Personal, insgesamt 28 Mitarbeiter, wurde Ende 2012 abgeschlossen.

Abbildung 6: Institutionelle Grundstruktur von BEREC und Büro

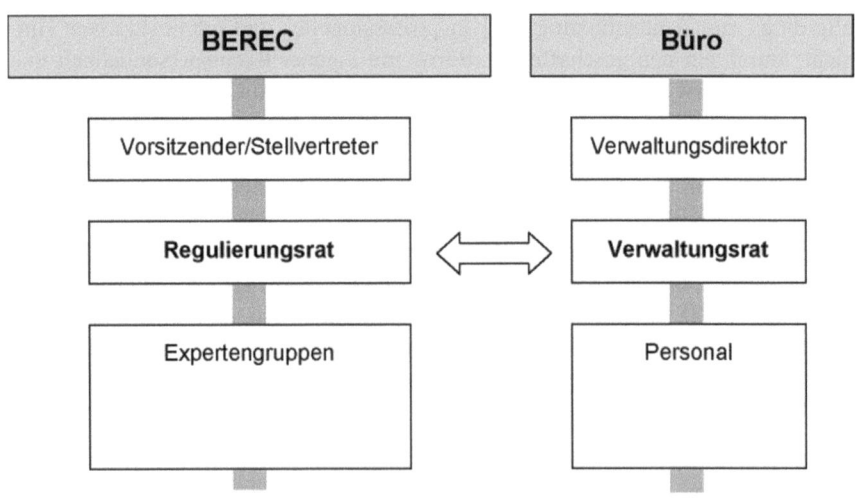

Quelle: Eigene Darstellung

Während die ERG lediglich vage zur Unterstützung in „allen Fragen bezüglich elektronischer Kommunikationsnetze und -dienste" aufgerufen war (Artikel 5 des Kommissionsbeschlusses 2002/627), verfügt BEREC über einen klar definierten Aufgabenkatalog. Artikel 3 der Verordnung 1211/2009 listet insgesamt 14 Punkte auf, zumeist mit Verweis auf eine eindeutige Rechtsgrundlage, zu denen BEREC auf eigene Initiative oder auf Antrag Stellung nehmen kann. Besonders umstritten war insbesondere ein mögliches Vetorecht bzw. eine Weisungsbefugnis der Kommission oder des Netzwerks gegenüber nationalen Regulierungsbehörden bei Abhilfemaßnahmen gegen Wettbewerbsbeschränkungen (Simpson 2009: 1233). Letztlich wurde aber keine neue supranationale Kompetenz geschaffen, sondern ein Verfahren, in dem die Kommission ggf. „ernste Bedenken" gegenüber einer nationalen Regulierungsbehörde äußern kann und hierfür eine Stellungnahme von BEREC einholt (näher dazu Renda 2009: 15).

Inwieweit BEREC die von der Kommission bemängelte Effektivität der ERG verbessern kann, ist derzeit noch schwer zu beurteilen. In ihrem ursprünglichen Vorschlag einer europäischen Regulierungsagentur im Telekommunikationssektor hatte die Kommission teilweise sehr starke Kritik an der ERG geübt (Europäische Kommission 2007): Konsensentscheidungen in der ERG führten häufig zu Einigungen auf den „kleinsten gemeinsamen Nenner" (ebenda: 4). Selbst diese Entscheidungen seien aber nicht rechtsverbindlich und somit im Zweifelsfall nicht durchzusetzen (ebenda: 6). Im Ergebnis bleibe der Binnenmarkt im Telekommunikationssektor in vielerlei Hinsicht „ein Flickwerk aus 27 unterschiedlichen Regulierungssystemen" (ebenda: 9) – von unterschiedlichen ökonomischen und rechtlichen Konzepten der nationalen Regulierungsbehörden über zeitliche Verzögerungen bis hin zu verschiedenen Rufnummern gemeinschaftsweiter Dienste (ebenda: 17). Besonders ablehnend äußerte sich die Kommission gegenüber den Doppelstrukturen durch den Fortbestand des unabhängigen Netzwerkes (IRG). Die IRG nehme Einfluss auf europäische Regulierungskonzepte, obwohl sie weder dem Gemeinschaftsrecht noch zur Berichterstattung gegenüber der Kommission verpflichtet sei. Eine gestärkte ERG, die auf Ressourcen der IRG angewiesen sei, könne daher „kein legitimer Berater der Kommission" sein (ebenda: 6).

Die ERG selbst hielt dieser Kritik eine Liste ihrer Errungenschaften entgegen, um den Reformeifer der Kommissarin Reding zu bremsen (Simpson 2009: 1234). Man habe weit mehr erreicht, als bei der Einrichtung des Netzwerkes erwartet wurde (ERG 2007: 2).[77] So wurde zur besseren Koordinierung des Netzwerkes und ausgestattet mit Ressourcen der IRG ein festes Sekretariat in Brüssel eingerichtet. Das IRG-Netzwerk selbst wurde als Privatgesellschaft nach belgischem Recht formalisiert (ebenda: 2, 6). Das ERG-Plenum hatte bereits im Dezember 2006 informell den Übergang zu Mehrheitsentscheidungen beschlossen. Auf Anfrage der Kommission habe man so innerhalb von nur vier Monaten einen gemeinsamen ERG-Standpunkt entwickelt (ebenda: 4, 7). Erste Leitlinien für wirksame Abhilfemaßnahmen nationaler Regulierungsbehörden seien bereits beschlossen,

---

77 Die Antwort-Email von ERG auf den Vorschlag einer europäischen Agentur ist online dokumentiert, siehe: http://www.irg.eu/template20.jsp?categoryId=260351&contentId=543347, Zugriff am 24.05.2013.

eine Projektgruppe zur Überwachung ihrer Einhaltung sei eingerichtet worden (ebenda: 6, 8). In ihren Empfehlungen gegenüber nationalen Regulierungsbehörden habe die ERG ihre Unabhängigkeit bewiesen und in fünf von sechs Fällen eine Änderung nationaler Maßnahmen durchgesetzt (ebenda: 10). Transparenz und Rechenschaft seien schließlich durch eine Vielzahl öffentlicher Anhörungen gewährleistet sowie dadurch, dass sämtliche Aktivitäten des Netzwerkes auf der ERG-Webseite dokumentiert würden (ebenda: 2).

BEREC: Verbesserte Effektivität und Legitimation?

Als inkrementelle Weiterentwicklung der ERG blieb BEREC hinter den Erwartungen der Kommission zurück. Ob die Reform zu einer höheren Effektivität und Legitimation des Netzwerkes führt, ist daher fraglich (vgl. kritisch Renda 2009: 14f.; optimistischer die Einschätzung bei Simpson 2010: 21f.). Die Einführung von Mehrheitsentscheidungen im BEREC-Regulierungsrat trägt immerhin einem zentralen Kritikpunkt der Kommission Rechnung, die Einrichtung des aus EU-Ressourcen finanzierten, unabhängigen Büros ebenfalls. Aufgrund des unverbindlichen Empfehlungscharakters von BEREC-Entscheidungen wird ihre Wirkung aber auch künftig stark von ihrer Überzeugungskraft sowie der Lernbereitschaft der nationalen Regulierungsbehörden abhängen (Simpson 2010:21).

Die Rechenschaftspflichten von BEREC sind im Vergleich zur ERG zumindest stärker formalisiert. Neben einer neu eingeführten allgemeinen Verpflichtung auf Transparenz und Rechenschaft (Artikel 18 der Verordnung 1211/2009) bestehen unterschiedliche Kontrollmechanismen: Weiterhin konsultiert BEREC die interessierte Öffentlichkeit (Artikel 17), dokumentiert die Arbeit des Netzwerks im Internet und in einem Jahresbericht, zu dem das Europäische Parlament nunmehr auch den Vorsitzenden des Regulierungsrats befragen kann (Artikel 5 Abs. 5), und unterliegt der Haushaltskontrolle durch Parlament und Rat (Artikel 13).

6.4.1.3 Erklärungsansätze

Je nachdem, ob man den öffentlichen Bekundungen der Mitgliedstaaten oder der Kommission Glauben schenkt, könnte man die Einrichtung von BEREC auf den ersten Blick sowohl funktional als auch machtpolitisch erklären. Ein funktionaler Problemdruck wurde im Vorfeld der BEREC-Reform von allen Beteiligten eingeräumt; die anschließende Auseinandersetzung zwischen supranationaler Kommission und nationalen Regierungen und Regulierungsbehörden scheint hingegen auf machtpolitische Motive hinzudeuten. Die ablehnende Haltung des Europäischen Parlaments gegenüber einer stärkeren Zentralisierung widerspricht der machtpolitischen Erklärung allerdings.

Funktionale Erklärung: Subsidiarität und Bürokratievermeidung

Für eine funktionale Erklärung spricht zunächst, dass alle beteiligten Akteure von einem Reformbedarf hinsichtlich der Governance-Strukturen im Telekommunikationssektor ausgingen.[78] Die Antworten auf den wahrgenommenen Problemdruck fielen jedoch, wie oben gezeigt wurde, sehr unterschiedlich aus. Die nationalen Regulierungsbehörden und die ERG begründeten ihre Ablehnung

---

78 Siehe etwa die gemeinsame Pressererklärung von Kommissarin Reding und ERG-Vorsitzendem Viola vom 27. Februar 2007, online:
http://europa.eu/rapid/press-release_MEMO-07-87_en.htm?locale=en, Zugriff am 23.05. 2013.

einer europäischen Agentur funktional mit Verweis auf das Subsidiaritätsprinzip und das Versprechen der Kommission, unnötige Bürokratie zu vermeiden (ERG 2007: 7). Die von der Kommission beklagte uneinheitliche Umsetzung europäischer Regeln, so die „rather dubious assumption" der ERG (Simpson 2009: 1233), würde mit der Zeit sowieso an Bedeutung verlieren und sollte deshalb nicht der Hauptfokus der Diskussion sein (ERG 2007: 6f.).

Im Gegensatz dazu lehnte die Kommission eine bloße Aufwertung der ERG ursprünglich als wenig wirkungsvoll ab. Als sich der Rat auf eben diese Option festgelegt hatte, lobte Kommissarin Reding zwar die Einigung der Mitgliedstaaten, wiederholte aber, „dass Europa bessere Regeln braucht als die jetzt auf dem Tisch liegenden".[79] Aus Sicht der Kommission war die Einrichtung von BEREC und des Büros somit offenkundig nur eine Lösung zweiter oder dritter Wahl, nachdem weiter reichende Vorschläge am Widerstand der Mitgliedstaaten gescheitert waren.

Trotz des weithin anerkannten Problemdrucks und der funktionalen Argumente aller Beteiligten ging es also auch um politische Machtfragen: Dem Bestreben der Kommission nach einer Stärkung supranationaler Kompetenzen standen die nationalen Regierungen und Regulierungsbehörden skeptisch gegenüber und beharrten auf einer stärker intergouvernemental geprägten Zusammenarbeit (vgl. Simpson 2009: 1224). Die Kommission, so wurde zumindest gemutmaßt, habe ihren ursprünglichen Vorschlag einer europäischen Regulierungsagentur strategisch besonders weit reichend formuliert, um bei der anschließenden Kompromisssuche mit den Mitgliedstaaten über Verhandlungsmasse zu verfügen.[80]

So hatten einige besonders umstrittene Verhandlungspunkte allenfalls indirekt mit policy-spezifischen Herausforderungen und der gewünschten Funktionalität von BEREC zu tun. Wichtiger war hier die Position von BEREC im Spannungsfeld supranationaler und intergouvernementaler Kräfte. In den Begriffen der Prinzipal-Agent-Theorie ausgedrückt: BEREC sollte nicht zum Agenten der Kommission werden, sondern die Mitgliedstaaten wollten ihre Rolle als Prinzipale bewahren. Nicht die Höhe der Finanzierung des BEREC-Büros war der zentrale Streitpunkt, auch nicht europäische oder nationale Zahlungsunwilligkeit – im Gegenteil: eine alleinige Finanzierung aus dem EU-Haushalt wurde von den Mitgliedstaaten lange als Gefahr einer zu starken Anbindung an die Kommission gesehen (Europäischer Rat 2009: 73). Auch die Namensfrage war kaum aus funktionalen Gründen, sondern wegen ihrer Symbolkraft umstritten: So verwandelte sich die geplante „Behörde" (Vorschlag der Kommission) zunächst in ein „Gremium" (Europäisches Parlament) und dann in eine „Gruppe" (Rat). Die BEREC-Webseite war bis Ende 2012 unter zwei Adressen erreichbar, bevor man sich auf eine einheitliche Lösung festlegte: während die nationalen Regulierungsbehörden zumeist auf die alte Adresse verwiesen (erg.eu.int), bevorzugte die Kommission von Beginn an die neuere Variante, die im Aufbau europäischen Agenturen gleicht

Marginalien:

Politische Erklärung

Supranationale Entrepreneurship vs. intergouvernementale Beharrungskräfte

---

79 Vgl. „Telekomrat bremst EU-Kommission aus", Frankfurter Allgemeine Zeitung vom 02. Dezember 2008, S. 19.
80 Vgl. „Zealous Reding seeks to mend telecoms fences", Financial Times vom 12. Februar 2007, zitiert nach Simpson (2009: 1235).

(berec.europa.eu). Beide Seiten, Mitgliedstaaten und Kommission, beanspruchen also teilweise die Rolle des Prinzipals für den Agenten BEREC.

Nicht voll ins Bild passt aus machtpolitischer Erklärungsperspektive die ablehnende Position des Europäischen Parlamentes gegenüber dem ursprünglichen Kommissionsvorschlag, die auch für die Kommission und eingeweihte Beobachter überraschend kam (Simpson 2009: 1235). In der Vergangenheit hatte das Parlament stets Kommissionsvorschläge zu einer weiteren Supranationalisierung im Telekommunikationssektor unterstützt (Kelemen/Tarrant 2011: 937). In diesem Fall, so eine der Berichterstatterinnen im Europäischen Parlament, habe die Kommission aber zu sehr auf eine Zentralisierung von Kompetenzen gedrängt: Die Rolle der Kommission sei es, „to facilitate the negotiations – and I'd like to insist on this point because unfortunately it is not always so clear" (zitiert nach Simpson 2009: 1236).

Conversion und Layering
Im Ergebnis entspricht der institutionelle Reformprozess im Telekommunikationssektor sehr gut dem, was Thatcher und Coen als „conversion" und „layering" bezeichnet haben (Thatcher/Coen 2008; vgl. auch Streeck/Thelen 2005). Organisationen werden selten einfach abgeschafft, sondern schrittweise transformiert (*conversion*), und neue Organisationen werden hinzugefügt (*layering*). So wurde BEREC nicht von Grund auf neu und nach rein funktionalen Gesichtspunkten ,entworfen', sondern aus der ERG weiterentwickelt. Daneben besteht das unabhängige IRG-Netzwerk fort, und mit dem Büro wurde eine zusätzliche Organisation geschaffen. Nicht alleine die Nachfrage nach funktionalen Problemlösungen, sondern auch die bereits bestehenden Organisationen und das darin fixierte Machtgefüge haben also die institutionelle Weiterentwicklung bestimmt (Thatcher/Coen 2008: 830).

6.4.2 Wettbewerb: ECN

Vertragsgrundlagen der europäischen Wettbewerbspolitik
Anders als bei der Liberalisierung öffentlicher Dienstleistungen verfügt die Kommission in der Kartellkontrolle als dem Kern der Wettbewerbspolitik seit den Gründungsverträgen der Gemeinschaft über weitreichende Kompetenzen und jahrzehntelange Erfahrung mit der Durchsetzung einheitlicher europäischer Regeln.[81] Artikel 101 (1) und Artikel 102 des Vertrags über die Arbeitsweise der Europäischen Union (AEUV, ex Artikel 81 [1] und 82) verbieten wettbewerbsverhindernde Vereinbarungen zwischen Unternehmen sowie den Missbrauch einer marktbeherrschenden Stellung einzelner oder weniger Unternehmen. Beide Vorschriften sind unmittelbar anwendbar, d. h. nationale Wettbewerbsbehörden und Gerichte sind verpflichtet, das europäische Kartell- und Missbrauchsverbot in den Mitgliedstaaten durchzusetzen. Artikel 101 (3) AEUV sieht demgegenüber relativ vage Ausnahmen vom Kartellverbot vor, die über die Zeit auf Initiative der Kommission durch umfangreiches Sekundärrecht näher geregelt wurden. Mit der in der

---

81 Neben der Kartell- und Missbrauchsaufsicht werden auch die Fusions- und Beihilfekontrolle zur europäischen Wettbewerbspolitik gezählt (Blauberger/Töller 2011). Einen guten historischen Abriss über die Entwicklung dieser Teilbereiche liefert Büthe (2007).

Verordnung 1/2003 (im Folgenden: Kartellverordnung) beschlossenen und 2004 in Kraft getretenen Reform der europäischen Wettbewerbspolitik wurde auch die Ausnahmevorschrift zum Kartellverbot unmittelbar anwendbar, so dass heute über zulässige Unternehmensabsprachen weitgehend auf nationaler Ebene und ohne nähere Befassung der Kommission entschieden wird (Müller 2004).

Artikel 11 der Kartellverordnung verpflichtet die Kommission und die mitgliedstaatlichen Wettbewerbsbehörden zu enger Kooperation. Ergänzend zu der Verordnung wurde eine gemeinsame politische Erklärung des Rats und der Kommission „zur Arbeitsweise des Netzes der Wettbewerbsbehörden" verabschiedet.[82] Näher bestimmt und formalisiert ist diese „Zusammenarbeit innerhalb des Netzes der Wettbewerbsbehörden" in einer Bekanntmachung der Kommission vom April 2004 (Europäische Kommission 2004). Aus allen EU-Mitgliedstaaten haben jeweils eine oder mehrere Behörden mit Zuständigkeiten in der Wettbewerbskontrolle eine Erklärung unterzeichnet, in der sie sich zur Einhaltung der Grundsätze der Kommissions-Bekanntmachung verpflichten.[83]

Die Kartellverordnung als Grundlage des ECN

6.4.2.1 Entstehungsgeschichte

Der beinahe „revolutionäre" (McGowan 2010) Charakter der Modernisierung der EU-Wettbewerbspolitik im Jahr 2004 wird erst vollständig deutlich, wenn man sich wesentliche Merkmale des alten Systems vor Augen führt. Über mehr als 40 Jahre war die Verordnung 17/1962 Grundlage der europäischen Kartellkontrolle. Danach besaß die Kommission das alleinige Recht, Ausnahmen vom Kartellverbot zuzulassen. Unternehmen mussten alle geplanten Vereinbarungen mit möglicher wettbewerbsverhindernder Wirkung vorab der Kommission melden und von ihr genehmigen lassen (Budzinski/Christiansen 2005: 315). Um eine Ausnahme vom Kartellverbot zu rechtfertigen, mussten Unternehmen nach ex-Artikel 81 (3) (nun Artikel 101 [3] AEUV) zeigen, dass ihre Absprachen dem europäischen Gemeinwohl dienten, die Verbraucher davon profitierten, dass die Absprachen hierfür notwendig waren und sie den Wettbewerb nicht ausschalteten (Cini/McGowan 2009: 69). Zusätzlich zu den Anmeldungen geplanter Vereinbarungen zwischen Unternehmen konnte die Kommission auch Beschwerden von Konkurrenten aufgreifen oder mögliche Wettbewerbsbeschränkungen auf eigene Initiative verfolgen.

Das alte System nach Verordnung 17/1962

In der Praxis erwies sich dieses System der Vorabkontrolle als äußerst aufwändig für Unternehmen und arbeitsintensiv für die Kommission. Auf unterschiedlichen Wegen versuchte die Kommission, ihre eigene Arbeitsüberlastung und die Wartezeiten für Unternehmen zu verringern. Als wichtigstes Instrument verabschiedete die Kommission eine Reihe von unmittelbar wirksamen Gruppenfreistellungen. Vereinbarungen zwischen Unternehmen, die unter eine die-

Arbeitsüberlastung der Kommission

---

82 Einen Überblick über die grundlegenden Dokumente des ECN liefert die Webseite der Generaldirektion Wettbewerb: http://ec.europa.eu/competition/ecn/documents.html, Zugriff am 23.05.2013.
83 Für eine aktuelle Liste dieser Behörden, siehe online:
http://ec.europa.eu/competition/antitrust/legislation/list_of_authorities_joint_statement.pdf,   Zugriff am 23.05.2013.

ser Gruppenfreistellungen fielen, waren auch ohne vorherige Zustimmung der Kommission erlaubt. Neben den Gruppenfreistellungen wurden auch Absprachen zwischen Unternehmen von der Genehmigungspflicht ausgenommen, die keinen signifikanten Effekt auf den innereuropäischen Wettbewerb hatten (*de minimis*-Regel).

Schließlich entwickelte die Kommission eine Praxis informeller Genehmigungsschreiben („comfort letters"). Diese Schreiben hatten einerseits den Vorteil, dass die Generaldirektion „Wettbewerb" der Kommission unbedenkliche Unternehmensabsprachen ohne Beteiligung des Beratenden Ausschusses oder des Kollegiums der Kommissare bewilligen konnte und ihre Entscheidung nicht gemäß der Kartellverordnung veröffentlichen musste. Andererseits wurde diese Praxis auch regelmäßig für mangelnde Transparenz und die bleibende Rechtsunsicherheit kritisiert, denn die „comfort letters" der Generaldirektion „Wettbewerb" waren nicht rechtsverbindlich (McGowan 2000: 126). Diese teils unorthodoxen Praktiken führten dazu, dass die Kommission letztlich nur noch sehr wenig formale Kartellentscheidungen traf. So konnte zwar der Rückstand an unbearbeiteten Fällen im Lauf der 1990er Jahre deutlich reduziert werden, die Kritik verhallte aber nicht und die Arbeitsbelastung blieb trotz allem sehr hoch (Ehlermann 2000: 541).

Debatte um eine europäische Kartellbehörde

Neben der anhaltenden Kritik am Verfahren der Kartellkontrolle wurden immer wieder von einzelnen Mitgliedstaaten auch substanzielle Einwände gegen die europäische Wettbewerbspolitik geäußert. In den frühen 1990er Jahren ging insbesondere die deutsche Kritik an der neu eingerichteten Fusionskontrolle so weit, dass die Schaffung einer unabhängigen europäischen Kartellbehörde gefordert wurde („European Cartel Office", Wilks/McGowan 1995). Vor allem wurde bemängelt, die Wettbewerbspolitik der Kommission sei zu stark beeinflusst von anderen europäischen Politiken, etwa der Industrie- oder Regionalpolitik, deren Ziele mitunter im Widerspruch zum freien Wettbewerb stünden (ebenda: 268). Darüber hinaus wurde der Kommission auch zu große Nachgiebigkeit gegenüber politischen Einflüssen aus den Mitgliedstaaten vorgeworfen. Als Beleg dafür galten etwa die weitgehend zustimmenden Entscheidungen der Kommission in großen Fusionsfällen (ebenda: 264f.). Eine unabhängige europäische Kartellbehörde, so die Argumentation der Kritiker, wäre nicht so leicht durch andere Generaldirektionen oder Mitgliedstaaten beeinflussbar und könnte sich ausschließlich auf den Wettbewerbsschutz konzentrieren. Durchsetzen konnte sich Deutschland mit dieser Position in der ersten Hälfte der 1990er Jahre jedoch nicht. Teilweise fürchteten die Mitgliedstaaten den politischen Kontrollverlust durch die Einrichtung einer europäischen Kartellbehörde (ebenda: 264); teilweise wurde bezweifelt, dass eine solche Behörde tatsächlich größere Durchsetzungsfähigkeit besitzen und nicht an den bekannten Problemen anderer europäischer Agenturen leiden würde, etwa hinsichtlich der mangelnden Ausstattung mit eigenen Ressourcen (Ehlermann 1995).

Dezentralisierung der Wettbewerbskontrolle

Statt der Einrichtung einer europäischen Kartellbehörde nahm die Reform der europäischen Wettbewerbspolitik gegen Ende 1990er Jahre eine ganz andere Richtung. Der Reformbedarf war zu diesem Zeitpunkt sogar noch gestiegen, das Reformklima schien günstig: Die bereits erfolgten und die bevorstehenden Erweiterungsrunden der EU drohten die Arbeitsüberlastung der Kommission noch zu verschlimmern; die Wirksamkeit der europäischen Wettbewerbspolitik wurde in einer integrierten Wirtschafts- und Währungsunion wichtiger denn je (Ehlermann 2000: 545). Gleichzeitig stützte sich die Wettbewerbspolitik der Kommission mittlerweile auf ein ausdifferenziertes europäisches Regelwerk, das auf mitgliedstaatlicher Ebene zunehmend durch Wettbewerbsgesetzgebung und nationale Wettbewerbsbehörden ergänzt wurde (ebenda: 545).

Vor diesem Hintergrund veröffentlichte die Kommission 1999 ihr „Weißbuch über die Modernisierung der Vorschriften zur Anwendung der Artikel 81 und 82 EU-Vertrag" (Europäische Kommission 1999). Kern der von der Kommission vorgeschlagenen und im Wesentlichen auch so verabschiedeten Reform war die Dezentralisierung der europäischen Wettbewerbskontrolle. Das doppelte Ziel einer „wirksamen Überwachung bei möglichst einfacher Verwaltungskontrolle", so heißt es in der Erwägungsgründen der Verordnung 1/2003, sei mit den alten Strukturen nicht mehr realisierbar:

> „Das [...] zentralisierte System ist nicht mehr imstande, diesen beiden Zielsetzungen in ausgewogener Weise gerecht zu werden. Dieses System schränkt die Gerichte und die Wettbewerbsbehörden der Mitgliedstaaten bei der Anwendung der gemeinschaftlichen Wettbewerbsregeln ein, und das mit ihm verbundene Anmeldeverfahren hindert die Kommission daran, sich auf die Verfolgung der schwerwiegendsten Verstöße zu konzentrieren. Darüber hinaus entstehen den Unternehmen durch dieses System erhebliche Kosten."

Die formale Anmelde- und Genehmigungspflicht von Unternehmensabsprachen wurde daher abgeschafft, ebenso die Praxis der informellen „comfort letters" durch die Kommission. Stattdessen mussten Unternehmen fortan selbstverantwortlich prüfen, ob ihre Absprachen im Einklang mit europäischem Wettbewerbsrecht stehen. Im Zweifelsfall prüfen und entscheiden nationale Wettbewerbsbehörden und Gerichtshöfe selbstständig auf der Grundlage europäischen und nationalen Rechts; europäisches Recht hat dabei Vorrang.

Das Europäische Wettbewerbsnetz wurde geschaffen, um trotz dieser Dezentralisierung eine einheitliche Anwendung europäischer Wettbewerbsregeln zu gewährleisten, die Durchsetzungskraft nationaler Wettbewerbsbehörden wechselseitig zu stärken und bei der Weiterentwicklung europäischen Wettbewerbsrechts zu helfen (Atanasiu 2004: xvi). In der Praxis baute das Wettbewerbsnetz auf früheren, zumeist informellen Beziehungen auf – etwa dem Netzwerk der Wettbewerbsbehörden im Europäischen Wirtschaftsraum (ECA), dem Beratenden Ausschuss für Wettbewerbsfragen, den fallbezogenen Kontakten zwischen der Kommission und einzelnen Wettbewerbsbehörden sowie dem horizontalen Informationsaustausch von nationalen Wettbewerbsbehörden untereinander (Monti 2004: 4f.). Auch gingen der Einrichtung des ECN wie der gesamten Modernisierung der europäischen Wettbewerbskontrolle ausgiebige Konsultationen zwischen der Kommission und den nationalen Wettbewerbsbehörden voraus (Kassim/Wright 2009: 747; 2010: 14).

Einrichtung des europäischen Wettbewerbsnetzes

Wie aber funktioniert die Zusammenarbeit im ECN seither in der Praxis? Wie wird die Reform mehr als fünf Jahre nach ihrer Umsetzung von den beteiligten Akteuren bewertet? Im Folgenden werden zunächst die Struktur und Arbeitsweise des ECN sowie erste empirische Studien zu seiner Wirksamkeit und Legitimation vorgestellt, bevor abschließend die Erklärungskraft funktionaler und machtpolitischer Ansätze für das Fallbeispiel diskutiert wird.

6.4.2.2 Struktur und Arbeitsweise

Drei Ebenen des ECN

Treffen im Europäischen Wettbewerbsnetz finden auf drei verschiedenen Ebenen statt (vgl. Abbildung 7, ECN 2010: 4). Auf der obersten Ebene, den Treffen der Generaldirektoren der europäischen Wettbewerbsbehörden, werden strategische Fragen behandelt, etwa über die künftige Ausrichtung europäischer Wettbewerbspolitik, und Arbeitsberichte der unteren Ebenen angehört (Kassim/Wright 2010: 15). Dem Plenum gehören die speziell für das ECN zuständigen Vertreter der nationalen Wettbewerbsbehörden und der Generaldirektion „Wettbewerb" an. Auf den Treffen im Quartalsrhythmus werden Fragen der praktischen Umsetzung behandelt, etwa Vorschläge aus einzelnen Arbeitsgruppen oder Maßnahmen zur Koordinierung der unterschiedlichen Arbeitsgruppen (ebenda: 16). Die unterste Ebene des ECN besteht aus sektoralen und horizontalen (d. h. sektorübergreifenden) Arbeitsgruppen, die sich vor allem mit technischen Fragen zu spezifischen Themen befassen. Die Mitgliedschaft in den Arbeitsgruppen beschränkt sich meist auf relativ wenige Experten, ihre Treffen sind kaum formalisiert (ebenda: 16). Über ein eigenständiges Sekretariat verfügt das ECN nicht; stattdessen ist in der Generaldirektion „Wettbewerb" eine Einheit von fünf bis sechs Mitgliedern ausschließlich für das ECN zuständig (Kekelekis 2009: 37).

Abbildung 7: Institutionelle Grundstruktur des Europäischen Wettbewerbsnetzes

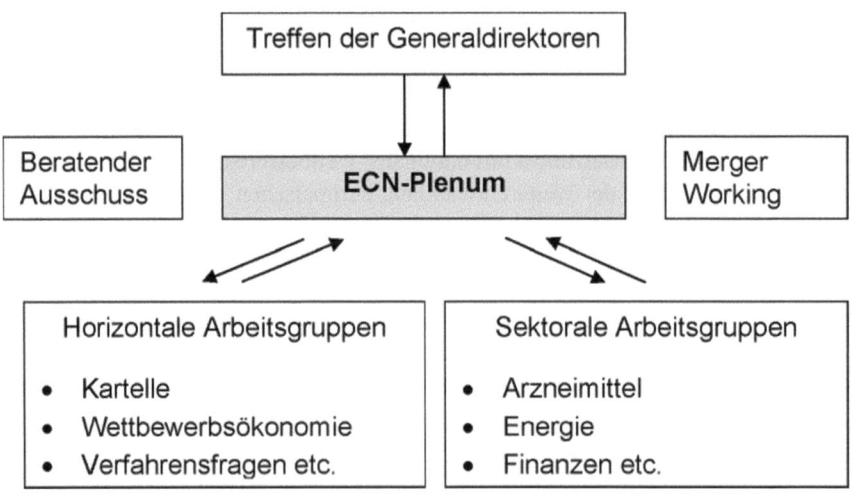

Quelle: Eigene Darstellung

Formal nicht Teil des ECN, aber praktisch eng an seine Strukturen angebunden, sind zudem eine Arbeitsgruppe zur Fusionskontrolle (die sogenannte „Merger Working Group", vgl. ECN 2010) und der Beratende Ausschuss für Wettbewerbsfragen. Der Beratende Ausschuss diente bereits vor der Reform als Beratungsgremium der Kommission in Einzelfallentscheidungen und bei der Vorbereitung von Rechtsakten (Kassim/Wright 2010: 16). Nach der Verordnung 1/2003 kann der Ausschuss sich auch informell mit wichtigen Fällen nationaler Wettbewerbsbehörden oder Fragen der Fallverteilung befassen (Europäische Kommission 2004: Rdnr. 61f.).

Während die Struktur des ECN in vielerlei Hinsicht auf früheren, informellen Beziehungen aufbaut, wurden die Kooperationsmechanismen und -pflichten im Netzwerk durch die Reform, insbesondere durch die Bekanntmachung der Kommission, umfassend neu geregelt (Europäische Kommission 2004; Kassim/ Wright 2010: 15). Zwei wesentliche Beiträge soll das ECN danach leisten: „… sowohl eine effiziente Arbeitsteilung als auch eine wirksame und kohärente Anwendung der EG-Wettbewerbsregeln" (Europäische Kommission 2004: Rdnr. 3).

Grundsätzlich können Fälle entweder von einer einzelnen nationalen Wettbewerbsbehörde, von mehreren nationalen Behörden parallel oder von der Europäischen Kommission bearbeitet werden. Um möglichst effektiv entscheiden zu können, welche dieser Optionen in einem bestimmten Fall besonders geeignet ist, informieren sich nationale Wettbewerbsbehörden und Kommission im ECN frühzeitig gegenseitig über die Einleitung von Untersuchungen (Europäische Kommission 2004: Rdnr. 17). So können sich unterschiedliche nationale Wettbewerbsbehörden darauf einigen, einen Fall einer bestimmten nationalen Behörde oder der Kommission zu überlassen, bevor aufwändige Mehrfachuntersuchungen stattfinden. Darüber hinaus soll die Kooperation im ECN auch den bilateralen Austausch von (vertraulichen) Informationen zwischen Wettbewerbsbehörden erleichtern. Schließlich können einzelne Wettbewerbsbehörden und die Kommission andere Wettbewerbsbehörden darum bitten, sie durch Ermittlungen in einer laufenden Untersuchung zu unterstützen.

Wechselseitige Informationspflichten sollen auch die kohärente Anwendung europäischer Wettbewerbsregeln gewährleisten. Im Zentrum des Informationsflusses steht auch hierbei die für das ECN zuständige Einheit innerhalb der Generaldirektion „Wettbewerb" (Kassim/Wright 2010: 14). Nationale Wettbewerbsbehörden haben die Kommission mindestens 30 Tage vor einer Kartellentscheidung über deren Inhalt zu informieren (Europäische Kommission 2004: Rdnr. 44), so dass diese ggf. Stellung zur korrekten Anwendung europäischen Rechts nehmen oder den Fall sogar selbst übernehmen kann. Insbesondere diese letztgenannte Option wird häufig als Ausdruck eines stark hierarchischen Charakters des ECN interpretiert (Budzinski/Christiansen 2005: 319; Wilks 2005: 132f.). Nach Artikel 12 (6) der Kartellverordnung kann die Kommission ein Wettbewerbsverfahren in jeder Untersuchungsphase an sich ziehen und den nationalen Wettbewerbsbehörden damit eigene Untersuchungen untersagen.

In weiten Teilen, so das Zwischenfazit der Kommission fünf Jahre nach Inkrafttreten der modernisierten Kartellverordnung und nach Einrichtung des ECN, habe die Reform ihre Ziele erreicht (Europäische Kommission 2009; Sinclair et al.

Merger Working Group und Beratender Ausschuss

Kooperationspflichten und -formen im ECN

Effiziente Arbeitsteilung

Kohärente Regelanwendung

Positives Zwischenfazit der Kommission nach fünf Jahren ECN

2009). Die Umstellung vom alten System zentraler Anmeldung und Genehmigung zu einer dezentralen Anwendung europäischer Kartellregeln habe „bemerkenswert reibungslos" funktioniert; das neue System erlaube der Kommission, sich stärker auf besonders schwer wiegende Kartellvergehen zu konzentrieren, etwa durch gezielte Sektoruntersuchungen, und nationalen Wettbewerbsbehörden sowie Unternehmen „verstärkt allgemeine Orientierungshilfen" zu geben (Europäische Kommission 2009: Rdnrn. 7-9). Das ECN habe die Ziele einer effizienteren und gleichzeitig kohärenten Durchsetzung europäischer Kartellregeln „weitgehend erreicht" (ebenda: Rdnr. 23). Bewährt habe sich das ECN bei der Fallverteilung zwischen unterschiedlichen Wettbewerbsbehörden und auch im ständigen Dialog über eine weitere Vereinheitlichung nationaler Kontrollpraxis, etwa bei der Entwicklung eines europäischen Kronzeugenmodells (ebenda: Rdnrn 25, 32). Verbesserungsmöglichkeiten sieht die Kommission am ehesten beim Austausch vertraulicher Informationen und der Unterstützung bei Ermittlungen anderer Wettbewerbsbehörden (ebenda: 26-27).

Zustimmung auch von nationalen Wettbewerbsbehörden

Im Großen und Ganzen wird dieses positive Zwischenfazit der Kommission auch durch unabhängige Befragungen nationaler Wettbewerbshüter bestätigt. Während die Vielzahl horizontaler und sektoraler Arbeitsgruppen einzelnen nationalen Wettbewerbsbehörden als bürokratische Last erscheint, wird besonders der einfache elektronische Austausch von Informationen über die von der Kommission entwickelte Fall-Datenbank „ECN Interactive" geschätzt (Cengiz 2010: 668):

> „The ECN thus makes it possible for national competition authorities to identify among themselves who does what [...] an open network that allows, on the one hand, an exchange of confidential information and, on the other hand, easy interaction between the members of the network." (Kekelekis 2009: 37)

Das Arbeitsverhältnis im ECN wird gemeinhin als „Partnerschaft unter Gleichen" beschrieben, in der weder die Kommission noch einzelne Wettbewerbsbehörden großer Mitgliedstaaten dominierten (Kassim/Wright 2010: 20). Zwar genießt die Kommission formal eine hervorgehobene Position im ECN, etwa beim Agendasetting oder durch ihre Befugnis, den nationalen Wettbewerbsbehörden im Zweifelsfall Untersuchungen zu entziehen. Dass die Kommission von dieser Befugnis bislang niemals Gebrauch gemacht hat, spreche aber für die vertrauensvolle Zusammenarbeit im Netzwerk und gegen anfängliche Bedenken hinsichtlich eines möglichen Interventionismus der Kommission (ebenda: 18).

Mangelnde Transparenz für Außenstehende

Während das ECN seinen erhofften Beitrag zu wirksamer und einheitlicher Durchsetzung europäischer Kartellregeln nach verbreiteter Einschätzung leistet, seine funktionale Legitimation somit gegeben scheint, wird aus normativer Perspektive ein unerwünschter Nebeneffekt beklagt: Dem ECN, so kritisiert etwa Firat Cengiz (2010: 671-677), mangele es an Transparenz sowie politischen und richterlichen Mechanismen der Rechenschaft. Die enge Kommunikation zwischen den Mitgliedern des Netzwerks ist für Außenstehende kaum zu durchschauen (ebenda: 674). So ist beispielsweise für betroffene Unternehmen unklar, inwieweit die Kommission durch informelle Stellungnahmen in nationalen Kartellverfahren mitwirkt (Wright 2010: 758f.). Die oftmals informellen Entscheidungen im Netzwerk, etwa über die Fallverteilung oder rechtlich unverbindliche Richtlinien der Arbeitsgruppen, entziehen sich richterlicher Kontrolle (Cengiz 2010: 673). Normativ wünschenswert sei daher größere Transparenz nicht nur der Netzwerkmitglieder untereinander, sondern auch nach außen (ebenda: 677). Als erster Schritt in diese Richtung kann der „ECN Brief" gelten, der seit Anfang 2010 fünfmal jährlich über beispielhafte Aktivitäten im Netzwerk berichtet (ECN 2010).[84]

6.4.2.3 Erklärungsansätze

Ähnlich wie im Fall des BEREC-Netzwerks im Telekommunikationssektor wurde die Einrichtung des ECN von Beobachtern zunächst vor allem machtpolitisch erklärt – hier allerdings nicht als Zeichen der Machtlosigkeit der Kommission gegenüber nationalen Widerständen, sondern als erfolgreiche Strategie zur Ausweitung ihrer supranationalen Handlungsspielräume. Die bisherigen Erfahrungen mit dem Europäischen Wettbewerbsnetz sprechen aber eher für die offiziell angegebenen funktionalen und policy-bezogenen Gründe, wenn auch nicht ganz im Sinne der Literatur zu neuen Formen der Governance. Das ECN funktioniert in der täglichen Praxis tatsächlich als „Partnerschaft unter Gleichen", jedoch unter einem starken „Schatten der Hierarchie" (Héritier/Lehmkuhl 2008) angesichts des Vorrangs europäischen Wettbewerbsrechts und der weitreichenden Befugnisse der Kommission.

Die ersten Erklärungsversuche der Reform und der Einrichtung des ECN waren sich weitgehend einig: Der Kommission als politischer Entrepreneurin und Agentin der Mitgliedstaaten war es mit der Reform gelungen, die eigene Machtposition gegenüber ihren Prinzipalen zu stärken (Büthe 2007: 185). Die Reform wurde als „imperialist move by the Commission" und als „strategic coup in reinforcing the power of DG Competition" interpretiert (Wilks 2005: 446, 449). Die Kommission

Politische Erklärung I: „Imperialismus" der Kommission

„has orchestrated a political masterstroke. It has given the impression of radical reform to the member states [...] and offered decentralisation provisions [...] which in no way undermine its central role in the development of EC competition policy or enforcement of EC competition law." (Riley 2003: 604)

Letztlich sei die scheinbare Dezentralisierung der Kartellkontrolle ein

„clever attempt by the Commission to engineer ever greater centralization of competition decision-making [...] national authorities are becoming de facto branches of the Commission." (McGowan 2005: 1001)

Dagegen wurden jedoch bald Einwände laut, die Reform passe nicht in das einfache Bild eines Dualismus zwischen Kommission und Mitgliedstaaten (Kassim/Wright 2009: 745). Weshalb hätten die Mitgliedstaaten einer derartigen Entmachtung zustimmen sollen? Und wie passt diese Erklärung zu der Tatsache, dass die Reform innerhalb der Kommission keineswegs unumstritten war?

Differenziertere Erklärungsversuche aus politischer Perspektive weisen daher auf die gemeinsamen Anliegen nationaler und europäischer Wettbewerbspolitiker hin. Auf europäischer Ebene sei nicht so sehr die Position der Kommission als Ganzes gestärkt worden, sondern vor allem die der Generaldirektion „Wett-

Politische Erklärung II: Koalition der Wettbewerbshüter

---

bewerb". Im Rahmen des ECN wird nicht mehr das Kollegium der Kommissare von nationalen Wettbewerbsbehörden oder Gerichtshöfen unterrichtet, sondern nur noch die Vertreter der Generaldirektion „Wettbewerb", die sich somit teilweise von den Beschränkungen kommissionsinterner Abstimmungsprozesse befreien konnte (Karagiannis 2007: 308f.). Auf mitgliedstaatlicher Ebene habe die Reform der Kartellkontrolle keineswegs zu einem eindeutigen Machtverlust geführt, sondern die Einbindung in das ECN stärke die nationalen Wettbewerbsbehörden gegenüber anderweitigen politischen Einflüssen (Wilks 2005: 40). Ein Gewinn für die nationalen Wettbewerbsbehörden sei insbesondere der exklusive Zugang zu Informationen und die Expertise anderer Behörden und der Kommission (Kassim/Wright 2010: 21).

Funktionale Erklärung I: Reaktion auf Problemdruck

Aus funktionalistischer Sicht wird gar nicht geleugnet, dass die Einrichtung des ECN die Position der Generaldirektion „Wettbewerb" gestärkt und die nationalen Wettbewerbsbehörden enger an die europäische Ebene gebunden hat. Der Machtaspekt wird aber eher als Nebenerscheinung einer im Wesentlichen durch internen und externen Problemdruck begründeten Reform verstanden (Kassim/Wright 2009: 746). Spätestens die bevorstehende Osterweiterung hätte das System der Vorabkontrolle mit seinen begrenzten Ressourcen überfordert. Kritik am alten System wurde nicht nur von Unternehmensseite, sondern auch von weiten Teilen der „epistemic community" nationaler und europäischer Wettbewerbspolitiker geäußert (Ehlermann 2000: 544; Kassim/Wright 2009: 746). Gleichzeitig galt eine Dezentralisierung der Kartellkontrolle als möglich, da bereits ein großes Maß an Vereinheitlichung nationaler Praxis erreicht worden war und das ECN auf einer engen Gemeinschaft europäischer und nationaler Wettbewerbsexperten aufbauen konnte (van Waarden/Drahos 2002). Die Reform stellt aus dieser Sicht also eine funktionale und policy-bezogene Antwort auf die spezifischen Herausforderungen europäischer Wettbewerbspolitik dar (vgl. Kap. 2.2.1.2).

Funktionale Erklärung II: Netzwerk im „Schatten der Hierarchie"

Die oben zitierten Studien (Kekelekis 2009; Cengiz 2010; Kassim/Wright 2010) und das positive Zwischenfazit der Kommission (Europäische Kommission 2009) sprechen dafür, dass die Kartellreform und die Einrichtung des ECN auch tatsächlich auf den Problemdruck reagieren konnten. In einem zentralen Punkt unterscheidet sich das Wettbewerbsnetz aber deutlich von den Thesen zu neuen Formen der Governance: Auch wenn das ECN weitgehend problemlösungs- und konsensorientiert arbeitet, so wurde es doch vor dem Hintergrund umfassender und vorrangiger europäischer Kartellregeln sowie erheblicher hierarchischer Interventionsmöglichkeiten durch die Kommission geschaffen. Gelten hierarchische Strukturen in der Literatur zu experimentellen Steuerungsformen gewöhnlich eher als Hindernis (Cengiz 2007: 436), so scheint der starke „Schatten der Hierarchie" der Wirksamkeit und Kohärenz der dezentralisierten europäischen Kartellkontrolle zumindest nicht geschadet zu haben.

6.5 Rolle und Zukunft von Verwaltungsnetzwerken

Abschließend soll nun kurz auf die Rolle europäischer Verwaltungsnetzwerke und ihre mögliche weitere Erforschung in der Zukunft eingegangen werden. Dass Verwaltungsnetzwerke wohl kein Auslaufmodell in der EU sind, haben beide Beispiele gezeigt. Insbesondere die Europäische Kommission befürwortet zwar häufig stärker supranationale Steuerungsstrukturen, kann sich aber nicht immer durchsetzen. Stößt sie in diesem Bestreben auf dauerhaften Widerstand, wie im Beispiel von BEREC, so kann eine schrittweise Stärkung europäischer Verwaltungsnetzwerke der einzig gangbare Kompromiss mit nationalen Regulierungsbehörden und Regierungen sein. Dass sich auch das Europäische Parlament im Telekommunikationssektor für ein reformiertes Verwaltungsnetzwerk aussprach und gegen eine stärkere Zentralisierung, deutet außerdem darauf hin, dass durchaus auch funktionale Gründe für die bleibende Bedeutung von Verwaltungsnetzwerken sprechen. Dass Beispiel des europäischen Wettbewerbsnetzes hat zudem gezeigt, dass selbst in einem Bereich, in dem bereits ein hoher Grad an Harmonisierung erreicht wurde, eine dezentrale Regeldurchsetzung funktionale Vorteile bieten kann. Während die Wettbewerbskontrolle auf europäischer Ebene zunehmend an die Grenze ihrer administrativen Kapazitäten gelangt war, erlaubte das Netzwerk aus nationalen Wettbewerbsbehörden, ergänzende Ressourcen zu mobilisieren, ohne zugleich das erreichte Integrationsniveau in Frage zu stellen.

Anhaltende Bedeutung europäischer Verwaltungsnetzwerke

Damit sprechen beide Beispiele nicht nur für die anhaltende praktische Bedeutung europäischer Verwaltungsnetzwerke, sondern zeigen auch neue Forschungsperspektiven auf. Erst in jüngster Zeit ist die Aufmerksamkeit für die Übergänge und Zwischenformen zwischen europäischen Verwaltungsnetzwerken und anderen Verwaltungsstrukturen gewachsen (siehe auch Kap. 4 und 5). Der intergouvernementale Charakter der ERG wurde nach langen Verhandlungen auch in BEREC weitgehend beibehalten, ergänzt jedoch durch ein supranationales Büro – eine Mischform, die sich als „agencified network" beschreiben lässt (Levi-Faur 2011: 826). Das Europäische Wettbewerbsnetz arbeitet in der täglichen Praxis, anders als von Kritikern befürchtet, weitgehend frei von Interventionen der Kommission – aber in einem klaren „Schatten der Hierarchie" (Héritier/Lehmkuhl 2008). Im Vordergrund dieses Kapitels standen die Besonderheiten von Verwaltungsnetzwerken in Abgrenzung von anderen europäischen Verwaltungsstrukturen. In einem nächsten Schritt könnte sich die Forschung gewinnbringend stärker mit den Zwischenformen und Übergängen beschäftigen, die in den ausführlichen Fallbeispielen zumindest angedeutet wurden.

Forschungsbedarf bei hybriden Steuerungsformen

Empfohlene Literatur zum Weiterlesen

- Coen, David, und Mark Thatcher. 2008. Network Governance and Multi-level Delegation: European Networks of Regulatory Agencies. *Journal of Public Policy* 28: 49-71.
- Kelemen, R. Daniel, und Andrew D. Tarrant. 2011. The Political Foundations of the Eurocracy. *West European Politics* 34: 922-947.
- Blauberger, Michael, und Berthold Rittberger. 2014. Orchestrating Policy Implementation: EU Governance Through Regulatory Networks. In *International Organizations as Orchestrators*, Hrsg. Kenneth W. Abbott, Philipp Genschel, Duncan Snidal und Bernhard Zangl. Cambridge: Cambridge University Press. Im Erscheinen.

7 Verwaltungsstrukturen in der EU: Zusammenfassung und Resümee

Auch wenn man Verwaltungen traditionell zunächst im nationalen und subnationalen Kontext lokalisiert, gibt es im Rahmen der Europäischen Union heute, wie in diesem Band gezeigt, nennenswerte Verwaltungsstrukturen. Der Terminus Verwaltungs*strukturen* erfasst dabei, dass es sich eben nicht um eine einheitliche, durchweg hierarchisch gegliederte Verwaltung handelt, sondern vielmehr um mehrere, hinsichtlich ihrer Institutionalisierung und in ihrer Anlage zwischen Zentralität und Dezentralität sehr unterschiedlich beschaffene und auf vielfältige Weise miteinander verbundene Organisationen. Mit diesen Organisationen befasst sich der vorliegende Band als erstes Lehrbuch im deutschsprachigen Raum.

Veränderung ist das Wesen der Europäischen Union. Ausgehend von der in Kap. 2 dargelegten Beobachtung, dass sich im Laufe der vergangenen 60 Jahre sowohl das Institutionengefüge mit den Organisationen und Entscheidungsverfahren als auch die Tätigkeitsfelder der heutigen EU sukzessive immer weiter ausgedehnt und ausdifferenziert haben, wurden in diesem Band die *Europäische* Kommission, die *Komitologie*, die *Agenturen* sowie schließlich die *Verwaltungsnetzwerke* betrachtet. Dabei folgten die einzelnen Kapitel im Wesentlichen einer einheitlichen Struktur, die sich zunächst mit der historischen Entstehung der jeweiligen Verwaltungsstruktur und ihrer Veränderung im Laufe der Zeit, ihren rechtlichen Grundlagen, ihrer Rolle im interinstitutionellen Gefüge sowie ihrer Aufgabe im Kontext der verschiedenen Gemeinschaftsaufgaben und ihrer konkreten Entstehung und Arbeitsweise befasste. Überdies wurden alle Verwaltungsstrukturen zum einen aus der Perspektive der Integrationstheorie danach befragt, wie sich hier Interessen und Einflussmöglichkeiten der Mitgliedstaaten zu autonomen Handlungsmöglichkeiten der Gemeinschaftsinstitutionen verhalten. Aus der Perspektive der Demokratietheorie wurden sie überdies danach untersucht, inwieweit die europäischen Verwaltungsstrukturen über ausreichende Legitimation verfügen und woraus sich diese Legitimation im Einzelfall speist. Zudem wurden spezielle Beispiele in Politikfeldern genauer betrachtet und für die jeweiligen Verwaltungsstrukturen typische Entstehungs- und Entwicklungsprozesse veranschaulicht.

Die Ausführungen in den einzelnen Kapiteln haben gezeigt, dass die Entstehung und Weiterentwicklung der verschiedenen hier betrachteten Verwaltungsstrukturen sowie auch deren Arbeitsweise immer machtpolitischen *und* funktionalen Motiven und Logiken folgt, auch wenn sich die konkreten Mixturen deutlich unterscheiden. Die einzelnen Kapitel machen deutlich, dass weder eine allein funktionale noch eine rein politisch-machtbasierte Erklärung hinreichend ist, um die Entstehung, Weiterentwicklung und Arbeitsweise der einzelnen Verwaltungsstrukturen befriedigend zu erfassen. Analog dazu hat auch die normative Betrachtung gezeigt, dass europäische Verwaltungsstrukturen, um über ausreichende Legitimation zu verfügen, zugleich wirksamer politischer Kontrolle bedürfen und die ihnen übertragenen Funktionen effizient und effektiv erfüllen können müssen. Die Gesamtbetrachtung der vier verschiedenen Verwaltungs-

Einheitliche Herangehensweise an alle Verwaltungsstrukturen

Entstehung und Arbeit der Verwaltungsstrukturen folgt immer machtpolitischer und funktionaler Logik

strukturen hat zudem aufgezeigt, dass eine isolierte Untersuchung jeder einzelnen Struktur nicht ausreicht. Vielmehr sind die Kommission, die Komitologie, die Agenturen und die Verwaltungsnetzwerke auf komplexe Weise miteinander und mit Verwaltungen in den Mitgliedstaaten verbunden. Wir haben verschiedene Verhältnisse identifiziert: komplementäre, alternative und evolutive.

Erstens: Wie in allen Kapiteln erwähnt, verhalten sich die hier betrachteten Verwaltungsstrukturen häufig *komplementär* zueinander. Bei einigen liegt das schon in ihrer Natur begründet: so ist die Komitologie als Komplementärstruktur zur Kommission entstanden, um sie bei der Wahrnehmung bestimmter Aufgaben zu unterstützen und auch zu kontrollieren. Dabei ging es bislang zum Teil um administrative Aufgaben im engeren Sinne, wie in Kap. 4 anhand der Ausschüsse in der Agrarpolitik aufgezeigt, zum Teil aber auch um Entscheidungen abstrakt-genereller Natur und größerer Tragweite, wie etwa im Rahmen des Lamfalussy-Verfahrens. Auch in den Verwaltungsnetzwerken hat die Kommission meist eine wichtige Rolle. Die ganz zentrale Rolle im Wettbewerbsnetzwerk stellt hier eher eine Ausnahme dar, aber in unterschiedlichen Formalisierungsgraden ist die Kommission immer beteiligt (siehe Kap. 6). Mitunter erarbeiten diese Verwaltungsnetzwerke Empfehlungen, die dann im Komitologieverfahren formell beschlossen werden. Aber auch Agenturen arbeiten mit Komitologieausschüssen zusammen (die dann mit der Kommission die Entscheidungsbefugnis wahrnehmen). Ein Beispiel, das in Kap. 5 genannt worden war, ist die Arzneimittelagentur, die die Entscheidungen im Rahmen eines Komitologieverfahrens vorbereitet und de facto inhaltlich bestimmt; ein anderes Beispiel ist die 2008 etablierte Chemikalienagentur ECHA, die die Chemikalienverordnung REACH gemeinsam mit Kommission und Komitologieausschuss implementiert. Für das regulatorische Handeln der Europäischen Kommission spielt die von den Agenturen erarbeitete Expertise zudem sowohl bei der Formulierung als auch bei der Implementierung von Politiken eine bedeutende Rolle. Das in Kap. 4 genauer betrachtete Lamfalussy-Verfahren ist ein Beispiel für das komplexe Zusammenwirken von Kommission, Komitologieausschüssen und Verwaltungsnetzwerken bzw. Agenturen, die die Komplementarität der Arbeit und Funktionen der in diesem Band betrachteten Strukturen veranschaulichen.

Verwaltungs-
strukturen verhalten
sich komplementär,
alternativ und
evolutiv zueinander

Zweitens: Im politischen Prozess treten die hier betrachteten Verwaltungsstrukturen häufig als *politische Alternativen* zueinander auf. So ist im politischen Prozess mitunter strittig, ob die Kommission eine Durchführungsbefugnis alleine oder im Komitologieverfahren wahrnehmen soll. Verwaltungsnetzwerke entstehen häufig dann, wenn für die Übertragung weiterer Kompetenzen an die Kommission (oder Kommission in Kombination mit Komitologie) oder für die Gründung einer Agentur der politische Wille fehlt, wie in Kap. 6 anhand des BEREC-Netzwerks gezeigt wurde, das aus einem Vorgänger-Netzwerk weiterentwickelt und nicht, wie von der Kommission bevorzugt, durch eine EU-Agentur im Telekommunikationssektor ersetzt wurde. Verwaltungsnetzwerke sind somit häufig ein institutioneller Kompromiss, der darauf zielt, die Effektivität der Kooperation unter nationalen Verwaltungen und zwischen nationalen und europäischen Verwaltungsakteuren zu erhöhen, ohne nationale Handlungsspielräume durch europäische Zentralisierung in Form einer Delegation von Handlungskompetenzen an die Kommission preiszugeben. Allerdings ist bislang weitgehend unklar, ob dieser Kompromiss dieses Ziel erreicht, da praktisch keine Arbeiten zur Effektivität der Netzwerke vorliegen.

Drittens: In längerer Zeitdimension ist das Verhältnis der Strukturen z.T. *evolutiv*, d. h. aus Komitologiestrukturen oder Netzwerken werden Agenturen. Ein Beispiel hierfür sind die Behörden der Finanzmarktaufsicht, die erst kürzlich aus Ausschüssen nationaler Behörden entstanden, ein anderes die Ausschüsse für Humanarzneimittel und Tierarzneimittel, die in der neugegründeten Behörde EMA aufgingen. Dabei entstehen (als Übergangsform oder Dauerlösung) auch Hybride, wie die in Kap. 6 angesprochenen „agencyfied networks". Der evolutive Charakter europäischer Verwaltungsstrukturen ergibt sich jedoch nicht nur aus dem Wandel einer Struktur (Komitologie) in einen anderen Strukturtyp (Agentur). Auch die interne Organisation, die Handlungsweisen und -instrumente der Kommission, von Komitologieausschüssen, Agenturen und Verwaltungsnetzwerken sind regelmäßigen Wandlungsprozessen unterworfen, die ihren politischen Charakter und ihre Funktion im europäischen Mehrebenensystem verändern. So hat sich die Zahl der Generaldirektionen der Europäischen Kommission in den letzten 50 Jahren vervierfacht. Darüber hinaus wird die Kommission heute von Politikern aus 28 Mitgliedstaaten geleitet und verfügt über Mitarbeiter aus allen Mitgliedstaaten. Dass die Veränderungen in den in diesem Band behandelten Verwaltungsstrukturen sowohl auf funktionale Erfordernisse der sich wandelnden Europäischen Union und ihrer Mitglieder als auch auf politische und bürokratische Interessen der einzelnen Organisationen zurückzuführen sind, wurde bereits zu Beginn dieses Schlusskapitels gesagt. Deutlich geworden ist in der Betrachtung der Verwaltungsstrukturen der EU, dass funktionale und politisch motivierte Veränderungen meist auch mit veränderten Legitimationsanforderungen einhergehen, denen Kommission, Komitologie, Agenturen und Verwaltungsnetzwerke (derzeit) in unterschiedlicher Weise mehr oder minder gerecht werden. Auch zukünftig werden sich Verwaltungsstrukturen und das Verwaltungshandeln im europäischen Mehrebenensystem verändern. Wir hoffen, dass dieser Band seinen Lesern ermöglicht, die aktuellen Verwaltungsstrukturen in der Europäischen Union zu verstehen und zukünftige Veränderungsprozesse einzuordnen.

Literaturverzeichnis

Kapitel 1 (Einleitung)

Quellen

Europäische Kommission 1988. Europe 1992. The overall challenge. [Cecchini-Report 1988]. SEC (88) 524final.

Sekundärliteratur

Bauer, Michael W., und Björn Ege. 2012. Politicization within the European Commission's bureaucracy. *International Review of Administrative Sciences* 78: 403-424.

Blauberger, Michael, und Annette Elisabeth Töller. 2011. Competition Policy. In *Policies within the EU Multi-Level System. Instruments and Strategies of European Governance*, Hrsg. Hubert Heinelt und Michèle Knodt, 123-152. Baden-Baden: Nomos.

Blom-Hansen, Jens, und Gijs Brandsma. 2009. The EU Comitology System: Intergovernmental Bargaining and Deliberative Supranationalism? *Journal of Common Market Studies* 47: 719-740.

Bovens, Mark. 2007. Analysing and Assessing Accountability: A Conceptual Framework. *European Law Journal* 13: 447-468.

Bovens, Mark, Deirdre Curtin und Paul t'Hart. Hrsg. 2010. The Real World of Accountability: What Deficit? Oxford: Oxford University Press.

Busuioc, Madalina. 2009. Accountability, Control and Independence: The Case of European Agencies. *European Law Journal* 15: 599-615.

Busuioc, Madalina. 2012. European agencies and their boards: promises and pitfalls of accountability beyond design. *Journal of European Public Policy* 19: 719-736.

Coen, David, und Mark Thatcher. 2008. Network Governance and Multi-level Delegation: European Networks of Regulatory Agencies. *Journal of Public Policy* 28: 49-71.

Curtin, Deidre, und Morton Egeberg. 2008. Tradition and innovation: Europe's accumulated executive order. *West European Politics* 31: 639-661.

Döring, Holger. 2007. The Composition of the College of Commissioners: Patterns of Delegation. *European Union Politics* 8: 209-230.

Eberlein, Burkhard, und Edgar Grande. 2005. Beyond delegation: transnational regulatory regimes and the EU regulatory state. *Journal of European Public Policy* 12: 89-112.

Egeberg, Morgen. 1996. Organization and Nationality in the European Commission Services. *Public Administration* 74: 721-735.

Fleischer, Julia. 2007. Die europäischen Agenturen als Diener vieler Herren? Zur Steuerung und Rolle von EU-Agenturen. In *Agencies in Westeuropa*, Hrsg. Werner Jann und Marian Döhler, 212-252. Wiesbaden: VS Verlag.

Føllesdal, Andreas, und Simon Hix. 2006. Why There is a Democratic Deficit in the EU: A Response to Majone and Moravcsik. *Journal of Common Market Studies* 44: 533-562.

Franchino, Fabio. 2009. Experience and the distribution of portfolio payoffs in the European Commission. *European Journal of Political Research* 48: 1-30.

Gehring, Thomas, und Sebastian Krapohl. 2007. Supranational regulatory agencies between independence and control: the EMEA and the authorization of pharmaceuticals in the European Single Market. *Journal of European Public Policy* 14: 208-226.

Groenleer, Martijn. 2009. *The Autonomy of European Union Agencies. A Comparative Study of Institutional Development*. Delft: Eburon.

Groenleer, Martijn. 2011. Regulatory Governance in the European Union: The Political Struggle Over Committees, Agencies and Networks. In *Handbook on the Politics of Regulation*, Hrsg. David Levi-Faur, 548-559. Cheltenham: Edward Elgar Publishing.

Groenleer, Martijn, Michael Kaeding und Esther Versluis. 2010. Regulatory governance through agencies of the European Union? The role of the European agencies for maritime and aviation safety in the implementation of European transport legislation. *Journal of European Public Policy* 17: 1212-1230.

Hanretty, Chris, und Christel Koop. 2012. Measuring the formal independence of regulatory agencies. *Journal of European Public Policy* 2: 198-216.

Heidbreder, Eva. 2011. Structuring the European Administrative Space: policy-instruments of multi-level administration. *Journal of European Public Policy* 18: 709-727.

Hofmann, Herwig C. 2008. Mapping the European Administrative Space. *West European Politics* 31: 662-676.

Hooghe, Liesbet. 2001. The European Commission and the Integration of Europe: images of governance. Cambridge: Cambridge University Press.

Hooghe, Liesbet. 2005. Several Roads Lead to International Norms, but Few via International Socialization: A Case Study of the European Commission. *International Organization* 59: 861-898.

Hooghe, Liesbet. 2012. Images of Europe: How Commission Officials Conceive Their Institution's Role. *Journal of Common Market Studies* 50: 87-111.

Jann, Werner, und Jörg Bogumil. 2009. *Verwaltung und Verwaltungswissenschaft in Deutschland. Einführung in die Verwaltungswissenschaft*. Wiesbaden: VS Verlag.

Jann, Werner, und Kai Wegrich. 2009. Phasenmodelle und Politikprozesse: Der Policy Cycle. In *Lehrbuch der Politikfeldanalyse 2.0*, Hrsg. Klaus Schubert, und Nils C. Bandelow, 75-113. München: Oldenbourg Verlag.

Joerges, Christian, und Jürgen Neyer. 1997. Transforming interaction into deliberative problem-solving: European comitology in the foodstuff sector. *Journal of European Public Policy* 4: 609-625.

Keleman, Daniel R., und Andrew R. Tarrant. 2011. The Political Foundations of the Eurocracy. *West European Politics* 34: 922-947.

Kickert, Walter. 2008. Distinctiveness in the study of public management in europe. An introduction. In *The Study of Public Management in Europe and the US: A Competitive Analysis of National Distinctiveness*, Hrsg. Walter Kickert, 1-13. London/New York: Routledge.

Krapohl, Sebastian. 2004. Credible Commitment in Non-Independent Regulatory Agencies: A Comparative Analysis of the European Agencies for Pharmaceuticals and Foodstuffs. *European Law Journal* 10: 518-538.

Kuhlmann, Sabine, und Helmut Wollmann. 2013. *Verwaltungen im internationalen Vergleich*. Wiesbaden: VS/Springer.

Liberatore, Angela. 1995. Arguments, Assumptions and the Choice of Policy Instruments. The case of the debate on the CO_2/energy tax in the European Community. In *Environmental Policy in Search of New Instruments*, Hrsg. Bruno Dente, 55-71, Dordrecht.

Magetti, Martino, und Fabrizio Gilardi. 2011. The policy-making structure of European regulatory networks and the domestic adoption of standards. *Journal of European Public Policy* 18: 830-847.

Majone, Giandomenico. 2000. The credibility crisis of community regulation. *Journal of Common Market Studies* 38: 273-302.

MacMullen, Andrew L. 1997. European Commissioners: National Routes to a European Elite. In *The Heart of the Union: Studies of the European Commission*, Hrsg. Neill Nugent, 27-48. London: Palgrave Macmillan.

Moravcsik, Andrew. 1998. *The Choice for Europe: Social Purpose and State Power from Messina to Maastricht*. Ithaca: Cornell University Press.

Moravcsik, Andrew. 2002. In Defence of the 'Democratic Defecit': Reassessing the Legitimacy of the European Union. *Journal of Common Market Studies* 40: 603-634.

Oldag, Andreas, und Hans-Martin Tillack. 2003. *Raumschiff Brüssel. Wie die Demokratie in Europa scheitert*. Berlin: Argon.

Olsen, Johan P. 2003. Towards a European Administrative Space? *Journal of European Public Policy* 10: 506-531.

Pollack, Mark A. 1997. Delegation, Agency, and Agenda Setting in the European Community. *International Organization* 51: 99-134.

Pollack, Mark A. 2003. *The Engines of Integration. Delegation, Agency and Agenda Setting in the EU*. Oxford: Oxford University Press.

Pollitt, Christopher, und Geert Bouckaert. 2004. *Public Management Reform: A Comparative Analysis*. New York: Oxford University Press.

Ruffert, Matthias. 2007. Von der Europäisierung des Verwaltungsrechts zum Europäischen Verwaltungsverbund. *Die Öffentliche Verwaltung* 18: 761-769.

Suvarierol, Semin. 2008. Beyond the Myth of Nationality: Analysing Networks within the European Commission. *West European Politics* 31: 701-724.

Thatcher, Mark. 2011. The creation of European regulatory agencies and its limits: a comparative analysis of European delegation. *Journal of European Public Policy* 18: 790-809.

Thomson, Robert. 2011. *Resovling Controversy in the European Union. Legislative Decision-Making Before and After Enlargement*. Cambridge: Cambridge University Press.

Töller, Annette E. 2002. *Komitologie. Theoretische Bedeutung und praktische Arbeitsweise von Durchführungsausschüssen in der Europäischen Union am Beispiel der Umweltpolitik*. Opladen: Leske + Budrich.

Tömmel, Ingeborg. 2008. Das politische System der EU. München/Wien: Oldenbourg.

Trondal, Jarle. 2007. Is the European Commission a 'Hothouse' for Supranationalism? Exploring Actor-Level Supranationalism. *Journal of Common Market Studies* 45: 1111-1133.

Trondal, Jarle. 2008. The anatomy of autonomy: Reassessing the autonomy of the European Commission. *European Journal of Political Research* 47: 467-488.

Trondal, Jarle, und Lene Jeppsen. 2008. Images of Agency Governance in the European Union. *West European Politics* 31: 417-441.

von Arnim, Hans Herbert. 2006. *Das Europa Komplott. Wie EU-Funktionäre unsere Demokratie verscherbeln*. München: Hanser.

Wonka, Arndt. 2007. Technocratic and independent? The appointment of European Commissioners and its policy implications. *Journal of European Public Policy* 14: 171-191.

Wonka, Arndt. 2008. *Die Europäische Kommission. Supranationale Bürokratie oder Agent der Mitgliedstaaten?* Baden Baden: Nomos.

Wonka, Arndt, und Berthold Rittberger. 2010. Credibility, Complexity and Uncertainty: Determinants of institutional independence in 29 EU agencies. *West European Politics* 33: 730-752.

Wonka, Arndt, und Berthold Rittberger. 2011. Perspectives on EU Governance: An Empirical Assessment of the Political Attitudes of EU Agency Professionals. *Journal of European Public Policy* 18: 888-908.

Kapitel 2 (Grundlagen)

Blauberger, Michael, und Annette Elisabeth Töller. 2011. Competition Policy. In *Policies within the EU Multi-Level System*, Hrsg. Hubert Heinelt und Michèle Knodt, 123-152. Baden Baden: Nomos.

Blom-Hansen, Jens, und Gijs J. Brandsma. 2009. The EU Comitology System: Intergovernmental Bargaining and Deliberative Supranationalism? *Journal of Common Market Studies* 47: 719-740.

Bovens, Mark, Deirdre Curtin und Paul t'Hart. 2010a. The EU's Accountability Deficit: Reality or Myth? In *The Real World of Accountability. What deficit?*, Hrsg. Mark Bovens, Deirdre Curtin, and Paul t'Hart, 1-8, Oxford: Oxford University Press,

Bovens, Mark, Deirdre Curtin, und Paul t'Hart. 2010b. The Quest for Legitimacy and Accountability in EU Governance. In *The Real World of Accountability. What deficit?*, Hrsg. Mark Bovens, Deirdre Curtin und Paul t' Hart, 9-30, Oxford: Oxford University Press.

Bovens, Mark, Deirdre Curtin und Paul t' Hart. 2010c. Studying the Real World of EU Accountability: Framework and Design. In *The Real World of Accountability. What deficit?,* Hrsg. Mark Bovens, Deirdre Curtin und Paul t'Hart, 31-62, Oxford: Oxford University Press.

Börzel, Tanja. 2005. Mind the gap! European integration between level and scope. *Journal of European Public Policy* 12: 217-236.

Burley, Anne-Marie, und Walter Mattli. 1993. Europe before the Court: A Political Theory of legal Integration. *International Organization* 47: 41-75.

Costa, Olivier, und Brack, Nathalie. 2011. *Le fonctionnement de l'Union européenne.* Bruxelles: Editions de l'Université de Bruxelles.

Curtin, Deirdre, und Morten Egeberg. 2008. Tradition and Innovation: Europe's Accumulated Executive Order. *West European Politics* 31: 639-661.

Dehousse, Renaud. 2003. Comitology: who watches the watchmen?, *Journal of European Public Policy* 10 : 798-813.

Dehousse, Renaud. 2008. Delegation of Powers in the European Union: The Need for a Multi-Principals Model. *West European Politics* 31: 789-805.

Dingwerth, Klaus, Michael Blauberger und Christian Schneider. 2011. *Postnationale Demokratie. Eine Einführung am Beispiel von EU, WTO und UNO.* Wiesbaden: VS Springer.

Epstein, David, und Sharyn O'Halloran. 1994. Administrative Procedures, Information and Agency Discretion. *American Journal of Political Science* 38: 697-722.

Feindt, Peter H. 2011. Agriculture Policy. In *Policies within the EU Multi-Level System*, Hrsg. Hubert Heinelt und Michèle Knodt, 205-230. Baden Baden: Nomos.

Føllesdal, Andreas, und Simon Hix. 2006. Why There is a Democratic Deficit in the EU: A Response to Majone and Moravcsik. *Journal of Common Market Studies* 44: 533-562.

Gehring, Thomas, und Sebastian Krapohl. 2007. Supranational regulatory agencies betweeen independence and control: the EMEA and the authorization of pharmaceuticals in the European Single Market. *Journal of European Public Policy* 14: 208-226.

Georgiev, Vihar. 2011. *Commission on the Loose? Delegated Lawmaking and Comitology after Lisbon*. Paper prepared for the EUSA Twelfth Biennial International Conference, Boston, Massachusetts, 03.-05. März 2011, Hyatt Regency Boston.

Grande, Edgar. 2000. Multilevel Governance: Institutionelle Besonderheiten und Funktionsbedingungen des europäischen Mehrebenensystems. In *Wie problemlösungsfähig ist die EU? Regieren im europäischen Mehrebenensystem*, Hrsg. Edgar Grande und Markus Jachtenfuchs, 11-30. Baden Baden: Nomos.

Groenleer, Martijn. 2011. Regulatory Governance in the European Union: The Political Struggle over Committees, Agencies and Networks. In *Handbook on the Politics of Regulation*, Hrsg. David Levi-Faur, 548-560, Cheltenham: Edward Elgar.

Haas, Ernst B. 1968. *The Uniting of Europe*, Stanford: Stanford University Press.

Hellmann, Vanessa. 2009. *Der Vertrag von Lissabon: Vom Verfassungsvertrag zur Änderung der bestehenden Verträge – Einführung mit Synopse und Übersichten.* Heidelberger: Springer.

Hix, Simon. 1994. The Study of the European Community; The Challenge to Comparative Politics. *West European Politics* 17: 1-30.

Hix, Simon, Abdul G. Noury und Gérard Roland. 2007. *Democratic Politics in the European Parliament.* Cambridge: Cambridge University Press.

Hix, Simon, und Bjørn Høyland. 2011. *The Political System of the European Union.* Basingstoke: Palgrave Macmillan.

Hoffmann, Stanley. 1966. Obstinate or obsolete? The fate of the nation-state and the case of Western Europe. *Daedalus* 95: 862-914.

Hofmann, Herwig C. 2008. Mapping the European Administrative Space. *West European Politics* 31: 662-676.

Hofmann, Herwig C., Gerard C. Rowe und Alexander H. Türk. 2011. *Administrative Law and Policy of the European Union.* New York: Oxford University Press.

Hooghe, Liesbet, und Gary Marks. 2001. *Multi-Level Governance and European Integration.* Lanham et al.: Rowman and Littlefield.

Hooghe, Liesbet, Gary Marks und Carole J. Wilson. 2002. Does Left/Right Structure Party Positions on European Integration? *Comparative Political Studies* 35: 965-989.

Hooghe, Liesbet, und Gary Marks. 2008. Die Entstehung eines politischen Gemeinwesens: Der Kampf um die europäische Integration. In *Die Politische Ökonomie der europäischen Integration*, Hrsg. Martin Höpner und Armin Schäfer, 159-195. Frankfurt/Main: Campus.

Huster, Sebastian. 2008. *Europapolitik aus dem Ausschuss – Innenansichten des Ausschusswesens der EU.* Wiesbaden: VS Research.

Jachtenfuchs, Markus, und Beate Kohler-Koch. 1996. *Europäische Integration.* Opladen: Leske und Budrich.

Joerges, Christian, und Jürgen Neyer. 1997a. Transforming strategic interaction into deliberative problem-solving: European comitology in the foodstuff sector. *Journal of Eurpean Public Policy* 4: 609-625.

Joerges, Christian, und Jürgen Neyer. 1997b. From Intergovernmental Bargaining to Deliberative Political Processes: The Constitutionalisation of Comitology. *European Law Journal* 3: 273-299.

Knodt, Michèle. 2011. Common Commercial Policy. In *Policies within the EU Multi-Level System*, Hrsg. Hubert Heinelt und Michèle Knodt, 59-80. Baden Baden: Nomos.

Kohler-Koch, Beate, und Berthold Rittberger. 2007. Debating the Democratic Legitimacy of the European Union. Lanham: Rowman & Littlefield Publishers.

Kriesi, Hanspeter. 2007. The Role of European Integration in National Election Campaigns. *European Union Politics* 8: 83-108.

Kriesi, Hanspeter, Edgar Grande, Martin Dolezal, Marc Helbling, Dominic Höglinger, Swen Hutter und Bruno Wüest. 2012. *Political Conflict in Western Europe.* Cambridge: Cambridge University Press.

Lenschow, Andrea. 2010. Chapter 13: Environmental Policy. Contending Dynamics of Policy Change. In *Policy-Making in the European Union*, Hrsg. Helen Wallace, Mark A. Pollack und Alasdair R. Young, 307-329. Oxford: Oxford University Press.

Leuffen, Dirk, Berthold Rittberger und Frank Schimmelfennig. 2013. *Differentiated Integration. Explaining Variation in the European Union*. Houndmills: Palgrave Macmillan.

Majone, Giandomenico, Hrsg. 1996. *Regulating Europe*. London: Routledge.

Majone, Giandomenico. 2000. The Credibility Crisis of Community Regulation. *Journal of Common Market Studies* 38: 273-302.

Majone, Giandomenico. 2002. The European Commission: The Limits of Centralization and the Perils of Parliamentarization. *Governance* 15: 377-392.

Marks, Gary, Liesbet Hooghe und Kermit Blank. 1996. European Integration from the 1980s: State-Centric v. Multi-level Governance. *Journal of Common Market Studies* 34: 341-378.

Marks, Gary. 1993. Structural Policy and Multi-level Governance in the European Community. In *The State of the European Community,* Hrsg. Alan Cafruny, und Glenda G. Rosenthal, 491-511. New York: Lynne Rienner.

McCubbins Mathew D., und Thomas Schwartz. 1984. Congressional Oversight Overlooked: Police Patrols versus Fire Alarms. *American Journal of Political Science* 28: 165-179.

Moravcsik, Andrew. 1993. Preferences and Power in the European Community: A Liberal Intergovernmentalist Approach. *Journal of Common Market Studies* 31: 473-524.

Moravcsik, Andrew. 1998. *The Choice for Europe: Social Purpose and State Power from Messina to Maastricht*. Ithaca: Cornell University Press.

Moravcsik, Andrew. 2002. In Defence of the 'Democratic Deficit': Reassessing Legitimacy in the European Union. *Journal of Common Market Studies* 40: 603-624.

Page, Edward. 1998. The Impact of European Legislation on British Public Policy Making: A Research Note. *Public Administration* 76: 803-809.

Pollack, Mark A. 2003. Control Mechanism Or Deliberative Democracy? Two Images of Comitology. *Comparative Political Studies* 36: 125-155.

Pollack, Mark. A. 2010. Theorizing EU Policy Making. In *Policy-Making in the European Union,* Hrsg. Mark A. Pollack, Helen Wallace und Alasdair R. Young, 15-44. New York: Oxford University Press.

Pollack, Mark A., Hellen Wallace und Alasdair R. Young. 2010. *Policy Making in the European Union*. New York: Oxford University Press.

Ruffing, Eva. 2011. *Europäische Wertpapierregulierung zwischen Input- und Output-Legitimität. Das Lamfalussy-Verfahren*. Baden-Baden: Nomos.

Sandholtz, Wayne, und John Zysman. 1989. 1992: Recasting the European Bargain. *World Politics* 42: 95-128.

Sandholtz, Wayne. 1992. *High-Tech Europe: The Politics of International Cooperation*. Berkeley: University of California Press.

Scharpf, Fritz W. 1993. Einheitlicher Markt und kulturelle Vielfalt. Das Dilemma der Europäischen Politik (Thesen). In *Die Entwicklung der EG zur Politischen Union und zur Wirtschafts- und Währungsunion unter der Sonde der Wissenschaft. Beiträge für das Jahreskolloquium des Arbeitskreises Europäische Integration (14.-16. November 1991 in Bonn)*, Hrsg. Rudolf Hrbek, 99-106. Baden-Baden: Nomos.

Scharpf, Fritz W. 2009. Legitimität im europäischen Mehrebenensystem. In *Europäische Gesellschaftsverfassung. Zur Konstitutionalisierung sozialer Demokratie in Europa*, Hrsg. Fischer-Lescano, Andreas, Florian Rödl und Christoph Ulrich Schmid, 228-234. Baden-Baden: Nomos.

Slaughter, Anne-Marie. 2004. *A New World Order*. Princeton: Princeton University Press.

Stone Sweet, Alec, und Wayne Sandholtz. 1997. European Integration and Supranational Governance. *Journal of European Public Policy* 4: 297-317.

Töller, Annette Elisabeth. 2002. *Komitologie. Theoretische Bedeutung und praktische Arbeitsweise von Durchführungsausschüssen in der Europäischen Union am Beispiel der Umweltpolitik*. Opladen: Leske + Budrich.

Töller, Annette Elisabeth. 2008. Mythen und Methoden. Zur Messung der Europäisierung der Gesetzgebung des Deutschen Bundestages jenseits des 80%-Mythos. *Zeitschrift für Parlamentsfragen*, 39: 3-17.

Töller, Annette Elisabeth. 2009. Die Rolle der nationalen Parlamente im europäischen Rechtsetzungsprozess: Probleme und Potentiale des Ländervergleichs. In: *Europäische Integration und parlamentarische Demokratie*, Hrsg. Stefan Kadelbach, 75-113, Baden-Baden: Nomos.

Tömmel, Ingeborg. 2008. *Das politische System der EU*. München/Wien: Oldenbourg.

Tsebelis, Georg, und Geoffrey Garrett. 2000. Legislative Politics in the European Union. *European Union Politics* 1: 9-36.

Tsebelis, George, und Geoffrey Garrett. 2001. The Institutional Foundations of Intergovernmentalism and Supranationalism in the European Union. *International Organization* 55: 357-390.

Wallace, Helen, Mark A. Pollack und Alasdair R. Young. 2010. *Policy-Making in the European Union*. New York: Oxford University Press.

Wilks, Stephen. 2010. Competition Policy. Towards an Economic Constitution? In *Policy-Making in the European Union*, Hrsg. Mark A. Pollack, Helen Wallace und Alasdair R. Young, 133-154. New York: Oxford University Press.

Wonka, Arndt. 2008. *Die Europäische Kommission. Supranationale Bürokratie oder Agent der Mitgliedstaaten?* Baden Baden: Nomos.

Woolcock, Stephen. 2010. Trade Policy: A Further Shift Towards Brussels. In *Policy-Making in the European Union*, Hrsg. Mark A. Pollack, Helen Wallace und Alasdair R. Young, 381-400. New York: Oxford University Press.

Young, Alasdair R. 2010. The European Policy Progress in Comparative Perspective. In *Policy-Making in the European Union*, Hrsg. Mark A. Pollack, Helen Wallace und Alasdair R. Young, 45-68. New York: Oxford University Press.

Kapitel 3 (Kommission)

Quellen

EUObserver. 2009a. EU commission split over free trade deal with South Korea, 22.07.2009; http://euobserver.com/9/28473 (Zugriff am 25.07.2011).

EUObserver. 2009b. Brussels moves on controversial Korea deal, 08.10.2009; http://euobserver.com/9/28803 (Zugriff am 25.07.2011).

Europäische Kommission. 2010. Beschluss der Kommission zur Änderung vom 24. Februar 2010 zur Änderung ihrer Geschäftsordnung (2010/138/EU, Euratom).

Europäische Kommission. 2012a. Eurobarometer 78. Die Öffentliche Meinung in der Europäischen Union. Brüssel: Europäische Kommission.

Europäische Kommission. 2012b. HR Key Figures Card Staff Members. Brüssel: Europäische Kommission.

Europäische Union. 2010. Eurostat Statistical Books. External and intra-EU trade – statistical yearbook. Data 1958-2009. Luxemburg: Europäische Union.

Frankfurter Allgemeine Zeitung. 2009a. Autobauer wollen Freihandel mit Südkorea bremsen. 02.04.2009, S. 10.

Frankfurter Allgemeine Zeitung. 2009b. EU-Freihandelsabkommen mit Korea. 09.10.2009, S. 14.

Frankfurter Allgemeine Zeitung. 2010. Autoindustrie gegen den Rest der Welt. 23.04.2010, S. 16.

World Trade Organization. 2011. Word Trade Report 2011. The WTO and preferential trade agreements: From co-existence to coherence. Genf: Word Trade Organization.

Sekundärliteratur

Aspinwall, Mark D., und Gerald Schneider. 2000. Same menu, separate tables: The institutionalist turn in political science and the study of European integration. *European Journal of Political Research* 38: 1-36.

Bauer, Michael W., und Jörn Ege. 2012. Politicization within the European Commission's bureaucracy. *International Review of Administrative Sciences* 78: 403-424.

Beyers, Jan. 2002. Gaining and seeking access: The European adaptation of domestic interest associations. *European Journal of Political Research* 41: 585-612.

Beyers, Jan. 2004. Voice and Access. Political Practices of European Interest Associations. *European Union Politics* 5: 211-240.

Blauberger, Michael, und Annette Elisabeth Töller. 2011. Competition Policy. In *Policies within the EU Multi-Level System. Instruments and Strategies of European Governance*, Hrsg. Hubert Heinelt und Michèle Knodt, 123-152. Baden-Baden: Nomos.

Börzel, Tanja. 2005. Mind the gap! European integration between level and scope. *Journal of European Public Policy* 12: 217-236.

Bouwen, Pieter. 2004. Exchanging access goods for access: A comparative study of business lobbying in the European Union institutions. *European Journal of Political Research* 43: 337-369.

Brehm, John, und Scott Gates. 1997. *Working, Shirking, and Sabotage. Bureaucratic Response to a Democratic Public.* Ann Arbor: The University of Michigan Press.

Brown, Mark B. 2009. *Science in Democracy. Expertise, Institutions, and Representation.* Massachusetts: MIT Press.

Coen, David, und Jeremy Richardson. Hrsg. 2009. *Lobbying the European Union: Institutions, Actors, and Issues.* Oxford: Oxford University Press.

Conceição-Heldt, Eugénia da. 2011. Variation in EU member states' preferences and the Commission's discretion in the Doha Round. *Journal of European Public Policy* 18: 403-419.

Cooley, Alexander, und Hendrik Spruyt. 2009. *Contracting States. Sovereign Transfers in International Relations.* Princeton: Princeton University Press.

Cram, Laura. 1994. The European Commission as a Multi-Organization: Social Policy and IT Policy in the EU. *Journal Of European Public Policy* 1: 195-217.

De Bièvre, Dirk, und Andreas Dür. 2005. Constituency Interests and Delegation in European and American Trade Policy. *Comparative Political Studies* 38: 1271-1296.

Dinan, Desmond. 2012. Famous Non-Performers: Malfatti, Thorn, and Santer. In *The Oxford Handbook of the European Union*, Hrsg. Erik Jones, Anand Menon und Stephen Weatherhill, 233-246. Oxford: Oxford University Press.

Dür, Andreas. 2007. EU Trade Policy as Protection for Exporters: The Agreements with Mexico and Chile. *Journal of Common Market Studies* 45: 833-855.

Dür, Andreas, und Dirk De Bièvre. 2007. Inclusion without Influence? NOGs in European Trade Policy. *Journal of Public Policy* 27: 79-101.

Dür, Andreas, und Manfred Elsig. 2011. Principals, agents, and the European Union's foreign economic policies. *Journal of European Public Policy* 18: 323-338.

Dür, Andreas, und Hubert Zimmermann. 2007. Introduction: The EU in International Trade Negotiations. *Journal of Common Market Studies* 45: 771-787.

Egeberg, Morten. 1996. Organization and Nationality in the European Commission Services. *Public Administration* 74: 721-735.

Egeberg, Morten. 2006. Executive politics as usual: role behaviour and conflict dimensions in the College of European Commissioners. *Journal of European Public Policy* 13: 1-15.

Egeberg, Morten, und Andreas Heskestad. 2010. The Denationalization of *Cabinets* in the European Commission. *Journal of Common Market Studies* 48: 775-786.

Eising, Rainer. 2004. Multilevel Governance and Business Interests in the European Union. *Governance: An International Journal of Policy and Administration* 17: 211-245.

Eising, Rainer. 2007. Institutional Context, Organizational Resources and Strategic Choices. Explaining Interest Group Access in the European Union. *European Union Politics* 8: 329-362.

Eising, Rainer, und Beate Kohler-Koch, Hrsg. 2005. *Interessenpolitik in Europa.* Baden-Baden: Nomos.

Føllesdal, Andreas, und Simon Hix. 2006. Why There is a Democratic Deficit in the EU: A Response to Majone and Moravcsik. *Journal of Common Market Studies* 44: 533-562.

Franchino, Fabio. 2009. Experience and the distribution of portfolio payoffs in the European Commission. *European Journal of Political Research* 48: 1-30.

Gornitzka, Åse, und Ulf Sverdrup. 2008. Who Consults? The Configuration of Expert Groups in the European Union. *West European Politics* 31: 725-750.

Gornitzka, Ase, und Ulf Sverdrup. 2011. Acess of Experts: Information and EU Decision-making. *West European Politics* 34: 48-70.

Gravier, Magali. 2008. The 2004 Enlargement Staff Policy of the European Commission: The Case for Representative Bureaucracy. *Journal of Common Market Studies* 46: 1025-1047.

Greenwood, Justin. 2007. Review Article: Organized Civil Society and Democratic Legitimacy in the European Union. *British Journal of Political Science* 38: 333-357.

Green Cowles, Maria. 1995. Setting the Agenda for a New Europe: The ERT and EC 1992. *Journal of Common Market Studies* 33: 501-526.

Haas, Peter. 1958. *The Uniting of Europe.* Stanford: Stanford University Press.

Häge, Frank. 2011. The European Union Policy-Making dataset. *European Union Politics* forthcoming: 1-23.

Hix, Simon. 1994. The Study of the European Community: The Challenge to Comparative Politics. *West European Politics* 17: 1-30.

Hix, Simon. 2005. *The Political System of the European Union.* Houndmills: MacMillan.

Hix, Simon, und Bjørn Høyland. 2011. *The Political System of the European Union.* Houndmillls: Palgrave Macmillan.

Hoffmann, Stanley. 1966. Obstinate or obsolete? The fate of the nation-state and the case of Western Europe. *Daedalus* 95: 862-914.

Holzinger, Katharina, Christoph Knill und Thomas Sommerer. 2008. Environmental Policy Convergence: The Impact of International Harmonization, Transnational Communication, and Regulatory Competition. *International Organization* 62: 553-587.

Hooghe, Liesbet. 2001. *The European Commission and the Integration of Europe. Images of Governance.* Cambridge: Cambridge University Press.

Hooghe, Liesbet. 2005. Several Roads Lead to International Norms, but Few Via International Socialization: A Case Study of the European Commission. *International Organization* 59: 861-898.

Hooghe, Liesbet. 2012. Images of Europe: How Commission Officials Conceive Their Institution's Role. *Journal of Common Market Studies* 50: 87-111.

Hooghe, Liesbet, und Gary Marks. 2003. Unravelling the Central State, but How? Types of Multi-level Governance. *American Political Science Review* 97: 233-243.

Hooghe, Liesbet, und Gary Marks. 2009. A Postfunctionalist Theory of European Integration: From Permissive Consensus to Constraining Dissensus. *British Journal of Political Science* 39: 1-23.

Hooghe, Liesbet, Gary Marks und Carole J. Wilson. 2002. Does Left/Right Structure Party Positions on European Integration. *Comparative Political Studies* 35: 965-989.

Hörl, Björn, Andreas Warntjen und Arndt Wonka. 2005. Built on Quicksand? A Decade of Procedural Spatial Models on EU Legislative Decision-Making. *Journal of European Public Policy* 12: 592-606.

Hüller, Thorsten. 2010. Playground or Democratisation? New Participatory Procedures at the European Commission. *Swiss Political Science Review* 16: 77-107.

Kassim, Hussein. 2012. Effective European Commission Presidents: Hallstein, Jenkins, and Delors. In *The Oxford Handbook of the European Union*, Hrsg. Erik Jones, Anand Menon und Stephen Weatherhill, 219-232. Oxford: Oxford University Press.

Kelemen, Daniel R. 2002. The Politics of 'Eurocratic' Structure and the New European Agencies. *West European Politics* 25: 93-118.

Kelemen, Daniel R. 2010. Globalizing European Union environmental policy. *Journal of European Public Policy* 17: 335-349.

Keleman, Daniel R., und David Vogel 2010. Trading Places: The Role of the United States and the European Union in International Environmental Politics. *Comparative Political Studies* 43: 427-456.

Kiewiet, Roderick D., und Mathew D. McCubbins. 1991. *The Logic of Delegation. Congressional Parties and the Appropriations Process*. Chicago: The University of Chicago Press.

Knill, Christoph. 2005. Kapitel 4: Die Politiken der EU. In *Die Europäische Union. Theorien und Analysekonzepte*, Hrsg. Katharina Holzinger, Christoph Knill, Dirk Peters, Berthold Rittberger, Frank Schimmelfennig und Wolfgang Wagner, 181-214. Paderborn: Ferdinand Schöningh.

Kohler-Koch, Beate. 1992. Interessen und Integration. Die Rolle organisierter Interessen im westeuropäischen Integrationsprozeß. In *Die Intergration Europas. Sonderheft 23 der Politischen Vierteljahresschrift.*, Hrsg. Michael Kreile, 81-119. Opladen: Westdeutscher Verlag.

König, Thomas. 1996. The constitutional development of European Integration. *Journal of Theoretical Politics* 8: 553-559.

König, Thomas, Brooke Luetgert und Tanja Dannwolf. 2006. Quantifying European Legislative Resarch. Using CELEX and PreLex in EU Legislative Studies. *European Union Politics* 7: 553-574.

Kriesi, Hanspeter, Edgar Grande, Martin Dolezal, Marc Helbling, Dominic Hög-
    linger, Swen Hutter und Bruno Wüest. 2012. *Political Conflict in Western
    Europe*. Cambridge: Cambridge University Press

Larsson, Torbjörn (2003). Precooking in the European Union – The World of Ex-
    pert Groups. Stockholm, ESO, Fritzes Offentliga Publikationer: 178.

Lenschow, Andrea. 2010. Chapter 13: Environmental Policy. Contending Dy-
    namics of Policy Change. In *Policy-Making in the European Union*, Hrsg.
    Helen Wallace, Mark A. Pollack und Alasdair R. Young, 307-329. Oxford:
    Oxford University Press.

Lenschow, Andrea, und Carina Sprungk. 2010. The Myth of a Green Europe.
    Journal of Common Market Studies 48: 133-154.

Leuffen, Dirk, und Robin Hertz. 2010. If things can only get worse: Anticipation
    of enlargement in European Union legislative politics. *European Journal of
    Political Research* 49: 53-74.

Levi-Faur, David. 2011. Regulatory networks and regulatory agencification: to-
    wards a Single European Regulatory Space. *Journal of European Public Po-
    licy* 18: 808-827.

Lindgren, Karl-Oskar, und Thomas Persson. 2008. The Structure of Conflict over
    EU Chemicals Policy. *European Union Politics* 9: 31-58.

Lupia, Arthur. 2003. Delegation and its Perils. In *Delegation and Accountability
    in Parliamentary Democracies*, Hrsg. Kaare Strøm, Wolfgang C Müller und
    Torbjörn Bergman, 33-54. Oxford: Oxford University Press.

Maggetti, Martino, und Fabrizio Gilardi. 2011. The policy-making structure of
    European Regulatory Networks and the domestic adoption of standards.
    Journal of European Public Policy 18: 830-847.

Mahoney, Christine, und Michael Joseph Beckstrand. 2011. Following the Money:
    EU Funding of Civil Society Organizations. *Journal of Common Market Stu-
    dies* 49: 1339-1361.

Majone, Giandomenico, Hrsg. 1996. *Regulating Europe*. London: Routledge.

Majone, Giandomenico. 2000. The Credibility Crisis of Community Regulation.
    Journal of Common Market Studies 38: 273-302.

Majone, Giandomenico. 2001. Two Logics of Delegation. Agency and Fiduciary
    Relations in EU Governance. *European Union Politics* 2: 103-122.

Marks, Gary, Liesbet Hooghe, und Kermit Blank. European Integration from the
    1980s: State-Centric v. Multi-level Governance. *Journal of Common Market
    Studies* 34: 341-378.

Mattli, Walter. 1999. *The Logic of Regional Integration*. Cambridge: Cambridge
    University Press.

McCubbins, Mathew D., und Thomas Schwartz. 1984. Congressional Oversight
    Overlooked: Police Patrols versus Fire Alarms. *American Journal of Politi-
    cal Science* 28: 165-179.

Michelmann, Hans J. 1978. Multinational staffing and organizational functioning
    in the Commission of the European Communities. *International Organiza-
    tion* 32: 477-496.

Moravcsik, Andrew. 1993. Preferences and Power in the European Community: A Liberal Intergovernmentalist Approach. *Journal of Common Market Studies* 31: 473-524.

Moravcsik, Andrew. 1998. *The Choice for Europe: Social Purpose and State Power from Messina to Maastricht.* Ithaca: Cornell University Press.

Moravcsik, Andrew. 2002. In Defense of the 'Democratic Deficit': Reassessing Democratic Legitimacy in the European Union. *Journal of Common Markt Studies* 40: 603-624.

Nugent, Neill. 2001. *The European Commission.* Houndmills: Palgrave.

Olson, Mancur. 1965. *The Logic of Collective Action.* Cambridge: Harvard University Press.

Pappi, Franz Urban, und Christian H. C. A. Henning. 1999. The organization of influence on the EC's common agricultural policy: A network approach. *European Journal of Political Research* 36: 257-281.

Peters, Dirk, und Wolfgang Wagner. 2005. Kapitel 5: Die Europäische Union in den internationalen Beziehungen. In *Die Europäische Union. Theorien und Analysekonzepte*, Hrsg. Katharina Holzinger, Christoph Knill, Dirk Peters, Berthold Rittberger, Frank Schimmelfennig und Wolfgang Wagner, 215-272. Paderborn: Ferdinand Schöningh.

Pierson, Paul. 1996. The Path to European Integration: A Historical Institutionalist Analysis. *Comparative Political Studies* 29: 123-163.

Pollack, Mark A. 1997. Delegation, Agency, and Agenda Setting in the European Community. *International Organization* 51: 99-134.

Pollack, Mark A. 2003. *The Engines of Integration. Delegation, Agency and Agenda Setting in the EU.* Oxford: Oxford University Press.

Rittberger, Berthold. 2001. Which Institutions for Post-War Europe? Explaining the Institutional Design of Europe's First Community. *Journal of European Public Policy* 8: 673-708.

Rittberger, Berthold. 2005. *Building Europe's parliament: democratic representation beyond the nation-state.* Oxford: Oxford University Press.

Rittberger, Berthold, und Frank Schimmelfennig. 2005. Integrationstheorien: Entstehung und Entwicklung der EU. In *Die Europäische Union. Theorien und Analysekonzepte*, Hrsg. Katharina Holzinger, Christoph Knill, Dirk Peters, Berthold Rittberger, Frank Schimmelfennig und Wolfgang Wagner, 19-80. Paderborn: Ferdinand Schöningh.

Ross, George. 1995. *Jacques Delors and European Integration.* Oxford: Polity Press.

Sabel, Charles F., und Jonathan Zeitlin. 2008. Learning from Difference: The New Architecture of Experimentalist Governance in the EU. *European Law Journal* 14: 271-327.

Schmidt, Susanne K. 2000. Only an Agenda Setter? The European Commission's Power over the Council of Ministers. *European Union Politics* 1: 37-61.

Schmidt, Susanne K., und Arndt Wonka. 2012. The European Commission. In *The Oxford Handbook of the European Union*, Hrsg. Erik Jones, Anand Menon und Stephen Weatherhill. Oxford: Oxford University Press.

Schneider, Gerald, und Mark Aspinwall. Hrsg. 2001. *The rules of integration. Institutionalist approaches to the study of Europe.* Manchester: Manchester University Press.

Shepsle, Kenneth. 1979. Institutional Arrangements and Equilibrium in Multidimensional Voting Models. *American Journal of Political Science* 23: 27-59.

Spence, David. 2006a. The Directorates General and the Services: Structures, Functions and Procedures. In *The European Commission*, Hrsg. David Spence und Geoffrey Edwards, 128-155. London: John Harper Publishing.

Spence, David. 2006b. The President, the College and the Cabinets. In *The European Commission*, Hrsg. David Spence und Geoffrey Edwards, 25-74. London: John Harper Publishing.

Stone Sweet, Alec, und Wayne Sandholtz. 1997. European Integration and Supranational Governance. *Journal of European Public Policy* 4: 297-317.

Suvarierol, Semin. 2008. Beyond the Muth of Nationality: Analysing Networks within the European Commission. *West European Politics* 31: 701-724.

Thomson, Robert. 2009. Actor alignments in the European Union before and after enlargement. *European Journal of Political Research* 48: 756-781.

Thomson, Robert. 2011. *Resolving Controversy in the European Union. Legislative Decision-Making Before and After Enlargement.* Cambridge: Cambridge University Press.

Thomson, Robert, Jovanka Boerefijn und Frans Stokman. 2004. Actor alignments in European Union decision making. *European Journal of Political Research* 43: 237-261.

Trondal, Jarle. 2007. Is the European Commission a 'Hothouse' for Supranationalism? Exploring Actor-Level Supranationalism. *Journal of Common Market Studies* 45: 1111-1133.

Trondal, Jarle. 2008. The anatomy of autonomy: Reassessing the autonomy of the European Commission. *European Journal of Political Research* 47: 467-488.

Tsebelis, George. 1994. The Power of the European Parliament as a Conditional Agenda-Setter. *American Political Science Review* 88: 128-142.

Tsebelis, George. 2002. *Veto Players. How Political Institutions work.* Princeton: Princeton University Press.

Tsebelis, George, und Geoffrey Garrett. 2000. Legislative Politics in the European Union. *European Union Politics* 1: 9-36.

Tsebelis, George, und Geoffrey Garrett. 2001. The Institutional Foundations of Intergovernmentalism and Supranationalism in the European Union. *International Organization* 55: 357-390.

Tsebelis, George, und Xenophon Yatanagas. 2002. Veto Players and Decision-making in the EU After Nice: Policy Stability and Bureaucratic/Judicial Discretion. *Journal of Common Market Studies* 40: 283-307.

van der Eijk, Cees, und Mark N. Franklin. 2004. Potential for contestation on European matters at national elections in Europe. In *European Integration and Political Conflict*, Hrsg. Gary Marks und Marco R. Steenbergen, 32-50. Cambridge: Cambridge University Press.

Warntjen, Andreas, und Arndt Wonka, Hrsg. 2004. *Governance in Europe. The role of interest groups.* Baden-Baden: Nomos.

Winzen, Thomas. 2012. National Parliamentary Control of European Union Affairs: A Cross-national and Longitudinal Comparison. *West European Politics* 35: 657-672.

Wille, Anchrit. 2010. Political-Bureaucratic Accountability in the EU Commission: Modernising the Executive. *West European Politics* 33: 1093-1116.

Wonka, Arndt. 2007. Technocratic and independent? The appointment of European Commissioners and its policy implications. *Journal of European Public Policy* 14: 171-191.

Wonka, Arndt. 2008a. Decision-making dynamics in the European Commission: partisan, national or sectoral? *Journal of European Public Policy* 15: 1145-1163.

Wonka, Arndt. 2008b. *Die Europäische Kommission. Supranationale Bürokratie oder Agent der Mitgliedstaaten?* Baden-Baden: Nomos.

Wonka, Arndt. 2008c. Europeanized convergence? British and German business associations' European lobbying strategies in the formulation of REACH. In *Organized Business Interests in Changing Environments. The Complexity of Adaptation*, Hrsg. Jürgen R. Grote, Achim Lang und Volker Schneider, 197-199. Houndmills: Palgrave Macmillan.

Wonka, Arndt, Frank R. Baumgartner, Christine Mahoney und Joost Berkhout. 2010. Measuring the Size and Scope of the EU Interest Group Population. *European Union Politics* 11: 463-476.

Wonka, Arndt, und Berthold Rittberger. 2010. Credibility, Complexity and Uncertainty: Determinants of institutional independence of 29 EU agencies. *West European Politics* 33: 730-752.

Woolcock, Stephen. 2010. Chapter 16: Trade Policy. A Further Shift Towards Brussels. In *Policy-Making in the European Union*, Hrsg. Helen Wallace, Mark A. Pollack und Alasdair R. Young, 381-399. Oxford: Oxford University Press.

Young, Alasdair R. 2007. Trade Politics Ain't What It Used to Be: The European Union in the Doha Round. *Journal of Common Market Studies* 45: 789-811.

Zimmer, Christina, Gerald Schneider und Michael Dobbins. 2005. The Contested Council: Conflict Dimensions of an Intergovernmental EU Institution. *Political Studies* 53: 403-422.

Kapitel 4 (Komitologie)

Quellen

Deutscher Bundestag. 2011. Aktueller Begriff – Europa. Die abgeleiteten Rechtsetzungsbefugnisse der Europäischen Kommission nach dem Vertrag von Lissabon. Wissenschaftliche Dienste Nr. 06/11, 09.05.2011.

Europäische Kommission. 1999. Finanzdienstleistungen: Umsetzung des Finanzmarktrahmens: Aktionsplan. Kom (1999) 232, Brüssel, 11.05.1999.

Europäische Kommission. 2007. Mitteilung der Kommission. Überprüfung des Lamfalussy-Prozesses. Ausbau der aufsichtlichen Konvergenz. Brüssel, 20.11.2007.

Europäische Kommission. 2009. Umsetzung von Artikel 290 des Vertrags über die Arbeitsweise der Europäischen Union. Mitteilung der Kommission an das Europäische Parlament und den Rat. Brüssel, 09.12.2009.

Europäische Kommission. 2010a. Bericht der Kommission über die Tätigkeit der Ausschüsse im Jahre 2009. KOM (2010) 354 endg. Brüssel, 02.07.2010.

Europäische Kommission. 2010b. Vorschlag des Europäischen Parlaments und des Rates zur Festlegung der allgemeinen Regeln und Grundsätze, nach denen die Mitgliedstaaten die Wahrnehmung der Durchführungsbefugnisse durch die Kommission kontrollieren. Kom (2010) 83 endg., 09.03.2010.

Europäische Kommission. 2011. Agriculture in the EU. Statistical and Economic Information Report 2010. Brüssel.

Europäische Kommission. 2012. Bericht der Kommission über die Tätigkeit der Ausschüsse im Jahr 2011. KOM (2012) 684 endg., Brüssel.

IIMG (Inter-institutional Monitoring Group). 2007. Final Report Monitoring the Lamfalussy Process:

ec.europa.eu/internal_market/finances/docs/committees/071015_final_report_en.pdf (Zugriff am: 20.12.2011).

Ausschuss der Weisen. 2001. Schlussbericht des Ausschusses der Weisen über die Regulierung der europäischen Wertpapiermärkte, Brüssel, 15. Februar 2001: ec.europa.eu/internal_market/securities/docs/lamfalussy/wisemen/final-report-wise-men_de.pdf (Zugriff am: 20.12.2011).

Sekundärliteratur

Alfé, Manuela, Thomas Christiansen und Sonia Piedrafita. 2007. *21st Century Comitology: The Role of Implementing Commitees in the EU27.* Paper for presentation in the ARENA seminar series, Oslo, 29.05.2007.

Benz, Arthur. 2003. Mehrebenenverflechtung in der Europäischen Union. In *Europäische Integration*, Hrsg. Markus Jachtenfuchs und Beate Kohler-Koch, 317-351. Opladen: Leske + Budrich.

Bergström, Carl F. 2005. *Comitology: Delegation of Powers in the European Union and the Committee System.* New York: Oxford University Press.

Bertram, Christoph. 1967/68. Decision-Making in the E.E.C.: The Management Comitee Procedure. *Common Market Law Review* 5: 246-264.

Blom-Hansen, Jens. 2008. The origins of the EU comitology system: a case of informal agenda-setting by the Commission. *Journal of European Public Policy* 15: 208-226.

Blom-Hansen, Jens, und Gijs J. Brandsma. 2009. The EU Comitology System: Intergovernmental Bargaining and Deliberative Supranationalism? *Journal of Common Market Studies* 47: 719-740.

Blumann, Claude. 1993. Comitologie. In *Dictionnaire Juridique des Communautés Européennes*, 188-199. Paris: Presses universitaires de France.

Bradley, Kieran St. Clair. 1997. The European Parliament and Comitology: On the road to nowhere. *European Law Journal* 3: 230-254.

Bradley, Kieran St C. 1998. The GMO Committee on Transgenic Maize: Alien Corn, or the tansgenic Procedural Maze. In *EU Committees as Influential Policy Makers*, Hrsg. M.C.P.M. Van Schendelen, 207-222. Aldershot: Dartmouth.

Bradley, Kieran St. C. 2008. Halfway house: The 2006 comitology reforms and the European parliament. *West European Politics* 4: 837-854.

Brandsma, Gijs J. 2010. Accountable Comitology? In *The Real World of EU Accountability. What Deficit?*, Hrsg. Mark Bovens, Deirdre Curtin und Paul 't Hart, 150-173. New York: Oxford University Press.

Brandsma, Gijy J., und Jens Blom-Hansen. 2012. Negotiating the Post Lisbon Comitology System: Institutional Battles Over Delegated Decision Making. *JCMS: Journal of Common Market Studies* 50: 939-957.

Christiansen, Thomas, und Mathias Dobbels. 2012. Comitology and delegated acts after Lisbon: How the European Parliament lost the implementation game. *European Integration online Papers (EIoP)* Article 13: http://eiop.or.at/eiop/texte/2012-013a.htm (Zugriff am 14.01.2014).

Christiansen, Thomas, und Mathias Dobbels. 2013. Non-Legislative Rule Making after the Lisbon Treaty: Implementing the New System of Comitology and Delegated Acts. *European Law Journal* 19: 42-56.

Dehousse, Renaud. 2003. Comitology: who watches the watchmen? *Journal of European Public Policy* 10: 798-813.

Edenharter, Andrea. 2011. Die Komitologie nach dem Vertrag von Lissabon: Verschiebung der Einflussmöglichkeiten zugunsten der EU-Kommission? *Die Öffentliche Verwaltung* 64: 645-650.

Ehlermann, Claus-Dieter. 1971. Rechtsprechung, Kommentar zu Rs. 25/70. *Europarecht* 3: 250-261.

Fischer-Appelt, Dorothee. 2011. The European Securities and Markets Authority: the beginnings of a powerful European securities authority? *Law and Financial Markets Review* 5: 21-32.

Franchino, Fabio. 2000. The Commission's Executive Discretion, Information and Comitology. *Journal of Theoretical Politics* 2: 155-181.

Georgiev, Vihar. 2011. *Commission on the Loose? Delegated Lawmaking and Comitology after Lisbon*. Paper prepared for the EUSA Twelfth Biennial International Conference, Boston, Massachusetts, 03.-05. März 2011, Hyatt Regency Boston.

Grande, Edgar. 2000. Multilevel Governance: Institutionelle Besonderheiten und Funktionsbedingungen des europäischen Mehrebenensystems. In *Wie problemlösungsfähig ist die EU? Regieren im europäischen Mehrebenensystem*, Hrsg. Edgar Grande und Markus Jachtenfuchs, 11-30. Baden Baden: Nomos.

Groenleer, Martijn. 2011. Regulatory Governance in the European Union: The Political Struggle Over Committees, Agencies and Networks. In *Handbook on the Politics of Regulation*, Hrsg. David Levi-Faur, 548-560. Cheltenham: Edward Elgar.

Harnier, Otto. 1969. *Kompetenzenverteilung und Kompetenzübertragung zwischen Rat und Kommission unter Berücksichtigung der Einsetzung von Hilfsorganen im Recht der EWG*. Dissertation, Saarbrücken.

Héritier, Adrienne, Catherine Moury, Carina Bischoff und Carl Frederik Bergström. 2013. *Changing Roles of Delegation. A Contest for Power in Comitology*. Oxford: Oxford University Press.

Hix, Simon, und Bjørn Høyland. 2011. *The Political System of the European Union*. Basingstoke: Palgrave Macmillan.

Hofmann, Herwig. 2000. *Normenhierarchien im europäischen Gemeinschaftsrecht*. Berlin: Duncker und Humblot.

Hofmann, Herwig C. 2009: Legislation, Delegation and Implementation under the Treaty of Lisbon: Typology Meets Reality. *European Law Journal* 15: 482-505.

Hofmann, Herwig C., Gerard C. Rowe und Alexander H. Türk. 2011. *Administrative Law and Policy of the European Union*. New York: Oxford University Press.

Hofmann, Herwig C., und Annette E. Töller. 1998. Zur Reform der Komitologie – Regeln und Grundsätze für die Verwaltungskooperation im Ausschusssystem der Europäischen Gemeinschaft. *Staatswissenschaften und Staatspraxis* 9: 209-239.

Huster, Sebastian. 2008. *Europapolitik aus dem Ausschuss – Innenansichten des Ausschusswesens der EU*. Wiesbaden: VS Research.

Joerges, Christian. 1996. Das Recht im Prozess der europäischen Integration. Ein Plädoyer für die Beachtung des Rechts durch die Politikwissenschaft und ihre Beteiligung an rechtlichen Diskursen. In *Europäische Integration*, Hrsg. Markus Jachtenfuchs und Beate Kohler-Koch, 73-108. Opladen: Leske + Budrich.

Joerges, Christian. 1997. Scientific Expertise in Social Regulation and the European Court of Justice: Legal Frameworks for Denationalized Governance Structures. In *Integrating Scientific Expertise in to Regulatory Decision-Making. National Traditions and European Innovations*, Hrsg. Christian Joerges, Karl-Heinz Lauder und Ellen Vos, 295-323. Baden Baden: Nomos.

Joerges, Christian. 2006. Deliberative Political Processes Revisited: What Have We Learnt About the Legitimacy of Supranational Decision-Making. *Journal of Common Market Studies* 44: 779-802.

Joerges, Christian, und Jürgen Neyer. 1997a. Transforming strategic interaction into deliberative problem-solving: European comitology in the foodstuff sector. *Journal of Eurpean Public Policy* 4: 609-625.

Joerges, Christian, und Jürgen Neyer. 1997b. From Intergovernmental Bargaining to Deliberative Political Processes: The Constitutionalisation of Comitology. *European Law Journal* 3: 273-299.

Kotzur, Markus. 2010. Die Rechtsakte der Union, Annahmeverfahren und sonstige Vorschriften. In *EUV/AEUV. Vertrag über die Europäische Union und Vertrag über die Arbeitsweise der Europäischen Union*, Hrsg. Rudolf Geiger, Daniel-Erasmus Khan und Markus Kotzur, 867-869. München: Beck.

Lenaerts, Koen, und Amaryllis Verhoeven. 2000. Towards a Legal Framework for Executive Rule-Making in the E.U.? The Contribution of the New Comitology Decision. *Common Market Law Review* 37: 645-686.

Liisberg, Jonas Bering. 2006. The EU Constitutional Treaty and its distinction between legislative and non-legislative acts – Oranges into apples? *Jean Monnet Working Paper* 01/06. NYU School of Law.

Magiera, Siegfried. 1998. Die Durchsetzung des Gemeinschaftsrechts im europäischen Integrationsprozeß. *Die Öffentliche Verwaltung* 51: 173-183.

Marks, Gary, Liesbet Hooghe und Kermit Blank. 1996. European Integration from the 1980s: State-Centric v. Multi-level Governance. *Journal of Common Market Studies* 34: 341-378.

Maurer, Andreas. 2006. Deliberation und Bargaining im Konvent – Die Funktionen der Phasenbildung. In *Postnational constitutionalisation in the New Europe,* Hrsg. Ulrike Liebert, Josef Falke und Andreas Maurer, 103-129. Baden-Baden: Nomos.

McCubbins, Mathew D., und Thomas Schwartz. 1984. Congressional Oversight Overlooked: Police Patrols versus Fire Alarms. *American Journal of Political Science* 28: 165-179.

Meng, Werner. 1988. Die Neuregelung der EG-Verwaltungsausschüsse. *Zeitschrift für ausländisches öffentliches Recht und Völkerrecht* 48: 208-228.

Möllers, Thomas. 2010. European Legal Theory and Legislation in Capital Market Law. Complete harmonization, blanket clauses and soft law as means for creating standards in the context of the Lamfalussy Process. *The Journal of Interdisciplinary Economics* 22: 133-164.

Möllers, Christoph, und Jelena von Achenbach. 2011. Die Mitwirkung des Europäischen Parlaments an der abgeleiteten Rechtsetzung der Europäischen Kommission nach dem Lissabonner Vertrag. *Europarecht*, 39: 39-60.

Neuhold, Christine. 2008. Taming the 'Trojan Horse' of Comitology? Accountability issues of Comitology and the Role of the European Parliament. *European Integration Online papers* 12:1-17.

Pollack, Mark A. 2003. Control Mechanism Or Deliberative Democracy?: Two Images of Comitology. *Comparative Political Studies* 36: 125-155.

Reich, Charles. 1990. Le Parlement Européen at la „comitologie". *Revue du Marché Commun* 336: 319-323.

Ruffing, Eva. 2011. *Europäische Wertpapierregulierung zwischen Input- und Output-Legitimität. Das Lamfalussy-Verfahren.* Baden-Baden: Nomos.

Scharf, Daniel. 2010. *Das Komitologieverfahren nach dem Vertrag von Lissabon. – Neuerungen und Auswirkungen auf die Gemeinsame Handelspolitik.* Beiträge zum Transnationalen Wirtschaftsrecht, Heft 101. Universität Halle-Wittenberg.

Schaub, Alexander. 2005. The Lamfalussy process four years on. *Journal of Financial Regulation and Compliance* 13: 110-164.

Schmidt von Sydow, Helmut. 1980. *Organe der erweiterten Europäischen Gemeinschaften – die Kommission.* Baden Baden: Nomos.

Schmolke, Klaus U. 2006. Die Einbeziehung des Komitologieverfahrens in den Lamfalussy-Prozess – Zur Forderung des Europäischen Parlaments nach mehr Entscheidungsteilhabe. *Europarecht* 3: 432-448.

Shapiro, Martin. 1997. The problems of independent agencies in the United States and the European Union. *Journal of European Public Policy* 4: 276-291.

Steunenberg, Bernard, Christian Koboldt und Dieter Schmidtchen. 1997. A Comparative Analysis of Implementation Procedures with Parliamentary Involvement. *Außenwirtschaft* 52: 87-112.

Töller, Annette Elisabeth. 1998. The 'Article 19 Committee': The Regulation of the Environmental Management and Audit Scheme. In *EU Committees as Influential Policy Makers*, Hrsg. M.C.P.M. Van Schendelen, 179-206. Aldershot: Dartmouth.

Töller, Annette Elisabeth. 2002. *Komitologie. Theoretische Bedeutung und praktische Arbeitsweise von Durchführungsausschüssen in der Europäischen Union am Beispiel der Umweltpolitik*. Opladen: Leske + Budrich.

Töller, Annette Elisabeth. 2013. Die Reform der Komitologie mit und nach dem Vertrag von Lissabon: The End of The World As We Know it? *Integration* 36: 213-232.

Töller, Annette Elisabeth, und Herwig C. Hofmann. 2000. Democracy and the Reform of Comitology. In *Delegated Legislation and the Role of Committees in the EC,* Hrsg. Mads Andenas und Alexander Türk, 25-50. Den Haag: Kluwer Law International.

Versluis, Ester, Mendeltje van Keulen und Paul Stephenson. 2011. *Analyzing the European Union Policy Process.* Basingstoke: Palgrave Macmillan.

Walter, Norbert, und Steffen Kern. 2011. Politikberatung im EU Finanzbinnenmarkt – Vom Lamfalussy-Prozess zur europäischen Aufsicht. *Vierteljahreshefte zur Wirtschaftsforschung* 80: 91-105.

Wessels, Wolfgang. 1998. Comitology: fusion in action. Politico-administrative trends in the EU system. *Journal of European Public Policy* 5: 209-234.

Wolfram, Dieter. 2009. *„UNDERGROUND LAW"? Abgeleitete Rechtsetzung durch Komitologieverfahren in der EU: Bedeutung, Stand und Aussichten nach dem Vertrag von Lissabon.* CEP Studie, Centrum für Europäische Politik, September 2009.

Kapitel 5 (Agenturen)

Quellen

Europäische Kommission 2000. Die Reform der Kommission – Ein Weißbuch. (KOM 2000 [0200] endgültig).

Europäische Kommission 2001. Europäisches Regieren – Ein Weißbuch (KOM 2001 [428] endgültig).

Europäische Kommission 2002. Rahmenbedingungen für die europäischen Regulierungsagenturen. Mitteilung der Kommission (KOM 2002 [718]).

Europäische Kommission 2005. Entwurf für eine interinstitutionelle Vereinbarung zur Festlegung von Rahmenbedingungen für die europäischen Regulierungsagenturen (von der Kommission vorgelegt) (KOM 2005 [59] endgültig).

Europäische Kommission 2008. Europäische Agenturen – Mögliche Perspektiven. Mitteilung der Kommission an das Europäische Parlament und den Rat (KOM 2008 [135] endgültig).

Europäischer Rechnungshof. 2008. Wie erzielen die Agenturen der Union Ergebnisse? Sonderbericht Nr. 5/2008. Luxemburg: Europäischer Rechnungshof.

Europäisches Parlament 2004. Rahmenbedingungen für die europäischen Regulierungsagenturen. Entschließung des Europäischen Parlaments zu der Mitteilung der Kommission „Rahmenbedingungen für die europäischen Regulierungsagenturen" (P5_TA [2004] 0015 [EP]).

Europäisches Parlament 2008. Strategie zur künftigen Regelung der institutionellen Aspekte der Regulierungsagenturen. Entschließung des Europäischen Parlaments vom 21. Oktober 2008 zu einer Strategie zur künftigen Regelung der institutionellen Aspekte der Regulierungsagenturen P6_TA.2008.0495 (EP). Veröffentlicht in: ABl. 2010 Nr. C 15 E/27.

Europäisches Parlament 2012: EP gewährt Haushaltsentlastung für Großteil der EU-Ausgaben 2010. Pressemitteilung vom 10. Mai 2012. Verfügbar unter: http://www.europarl.europa.eu/news/de/news-room/content/20120508IPR446 53/html/EP-gew%C3%A4hrt-Haushaltsentlastung-f%C3%BCr-Gro%C3%9Fteil-der-EU-Ausgaben-2010 (Zugriff am: 27.09.2013).

Europäisches Parlament, Rat und Europäische Kommission 2012. Gemeinsame Erklärung des Europäischen Parlaments, des Rats der EU und der Europäischen Kommission zu den dezentralen Agenturen. Verfügbar unter: http://europa.eu/agencies/documents/joint_statement_and_common_approach_2012_de.pdf (Zugriff am: 18.06.2013).

Institute for European Environmental Policy und European Institute for Public Administration (IEEP/EIPA). 2003. *Evaluation of the European Environment Agency – An IEEP/EIPA Study*. Final report to the DG Environment. Brüssel/Maastricht: IEEP/EIPA.

Sekundärliteratur

Andoura, Sami, und Peter Timmerman. 2008. *Governance of the EU: The Reform Debate on European Agencies Reignited*. EPIN Working Paper Nr. 19. Brüssel: European Policy Institutes Network.

Bach, Tobias, und Julia Fleischer. 2012. The parliamentary accountability of EU and national agencies. In *The Agency Phenomenon in the European Union,* Hrsg. Madalina Busuioc, Martijn Groenleer und Jarle Trondal, 152-171. Manchester: Manchester University Press.

Bach, Tobias, Julia Fleischer und Thurid Hustedt. 2010. *Organisation und Steuerung zentralstaatlicher Behörden: Agenturen im westeuropäischen Vergleich.* Berlin: Edition Sigma.

Barbieri, Dario. 2003. *Delegation and Responsibility: The Role of the Agency Model in the Communitarian Setting.* Dissertation: Bocconi University.

Bauer, Michael W. 2008. Diffuse anxieties, deprived entrepreneurs: Commission reform and middle management. *Journal of European Public Policy* 15: 691-707.

Bergström, Carl Fredrik, und Matilda Rotkirch. 2003. Decentralised Agencies and the IGC: A Question of Accountability. *SWIEPS Swedish Institute for European Policy Studies, Report 14,* Stockholm.

Bovens, Mark. 2007. Analysing and Assessing Accountability: A Conceptual Framework. *European Law Journal* 13: 447-468.

Bovens, Mark, Deirdre Curtin und Paul 't Hart. Hrsg. 2010. *The Real World of EU Accountability.* Oxford: Oxford University Press.

Busuioc, Madalina. 2009. Accountability, Control and Independence: The Case of European Agencies. *European Law Journal* 15: 599-615.

Busuioc, Madalina. 2010. European Agencies: Pockets of Accountability. In *The Real World of EU Accountability*, Hrsg. Mark Bovens, Deirdre Curtin und Paul 't Hart, 87-116. Oxford: Oxford University Press.

Busuioc, Madalina. 2012. European Agencies and their Boards: promises and pitfalls of accountability beyond design. *Journal of European Public Policy* 19: 719-736.

Busuioc, Madalina, und Martijn Groenleer. 2012. Wielders of Supranational Powers? The Administrative Behavior of the Heads of Europena Union Agencies. In *The Agency Phenomenon in the European Union,* Hrsg. Madalina Busuioc, Martijn Groenleer und Jarle Trondal, 128-151. Manchester: Manchester University Press.

Busuioc, Madalina, Martijn Groenleer und Jarle Trondal. 2012. The Phenomen of European Union Agencies: Setting the Scene. In *The Agency Phenomenon in the European Union,* Hrsg. Madalina Busuioc, Martijn Groenleer und Jarle Trondal, 3-16. Manchester: Manchester University Press.

Christensen, Jørgen Grønnegaard, und Vibeke Lehmann Nielsen. 2010. Administrative capacity, structural choice and the creation of EU agencies. *Journal of European Public Policy* 17: 176-204.

Curtin, Deidre. 2005. Delegation to EU Non-majoritarian Agencies and Emerging Practices of Accountability. In *Regulation through Agencies in the EU. An New Paradigm of European Governance,* Hrsg. Damien Geradin, Rodolphe Muñoz und Nicolas Petit, 215-245. Cheltenham: Edward Elgar.

Curtin, Deidre. 2007. Holding (Quasi-) Autonomous EU Administrative Actors to Public Account. *European Law Journal* 13: 523-541.

Curtin, Deirdre. 2009. *Executive Power of the European Union. Law, Practices and the Living Constitution.* Oxford: Oxford University Press.

Dehousse, Renaud. 1997. Regulation by networks in the European Community: the role of European Agencies. *Journal of European Public Policy* 4: 246-261.

Dehousse, Renaud. 2002. *Misfits: EU Law and the Transformation of European Governance.* Jean Monnet Working Paper 2/02, New York.

Dehousse, Renaud. 2008. Delegation of Powers in the European Union: The Need for a Multi-principals Model. *West European Politics* 31: 789-805.

Döhler, Marian. 2007. *Die politische Steuerung der Verwaltung*. Baden-Baden: Nomos.

Egeberg, Morten, und Jarle Trondal. 2010. *EU-level agencies: New executive centre formation or vehicles for national control?*, Papier präsentiert bei der ECPR Fith Pan European Conference, 24.-26. Juni 2010, Porto.

Ellinas, Antonis, und Ezra Suleiman. 2008. Reforming the Commission: between modernization and bureaucratization. *Journal of European Public Policy* 15: 708-725.

Epstein, David, und Sharyn O'Halloran. 1999. *Delegating Powers: A Transaction Cost Politics Approach to Policy Making Under Separate Powers*. Cambridge: Cambridge University Press.

Everson, Michelle. 1995. Independent Agencies: Hierarchy Beaters? *European Law Journal* 1: 180-204.

Everson, Michelle, und Giandomenico Majone. 1999. European Agencies Within the Treaties of the European Union. In *The Role of Specialised Agencies in Decentralising EU Governance,* Hrsg. Giandomenico Majone, Michelle Everson, Les Metcalfe und Adriaan Schout, 52-79. Report Presented to the Commission. Brüssel.

Feick, Jürgen. 2002. *Regulatory Europeanization, National Autonomy and Regulatory Effectiveness: Marketing, Authorization for Pharmaceuticals. MPIfG Discussion Paper 02/6*. Köln: Max-Planck-Institut für Gesellschaftsforschung.

Fleischer, Julia. 2007. Die europäischen Agenturen als Diener vieler Herren? Zur Steuerung und Rolle von EU-Agenturen. In *Agencies in Westeuropa*, Hrsg. Werner Jann und Marian Döhler, 212-252. Wiesbaden: VS Verlag.

Flinders, Matthew. 2004. Distributed Public Governance in the European Union. *Journal of European Public Policy* 11: 520-544.

Franchino, Fabio. 2004. Delegating Powers in the European Community. *British Journal of Political Science* 34: 269-293.

Gehring, Thomas, und Sebastian Krapohl. 2007. Supranational regulatory agencies betweeen independence and control: the EMEA and the authorization of pharmaceuticals in the European Single Market. *Journal of European Public Policy* 14: 208-226.

Geradin, Damien, und Nicolas Petit. 2004. *The Development of Agencies at EU and National Levels: Conceptual Analysis and Proposals for Reform*. Jean Monnet Working Paper 01/04, New York.

Geradin, Damien. 2005. The Development of European Regulatory Agencies: Lessons from the American Experience. In *Regulation through Agencies in the EU. An New Paradigm of European Governance*, Hrsg. Damien Geradin, Rodolphe Muñoz und Nicolas Petit, 215-245. Cheltenham: Edward Elgar.

Groenleer, Martijn. 2006. The European Commission and Agencies. In *The European Commission*, Hrsg. David Spence, 156-172. London: John Harper.

Groenleer, Martijn. 2009. *The Autonomy of European Union Agencies. A Comparative Study of Institutional Development.* Den Haag: Eburon.

Groenleer, Martijn, Michael Kaeding, und Esther Versluis. 2010. Regulatory governance through agencies of the European Union? The role of the European agencies for maritime and aviation safety in the implementation of European transport legislation. *Journal of European Public Policy* 17: 1212-1230.

Hanretty, Chris, und Christel Koop. 2012. Measuring the formal independence of regulatory agencies. *Journal of European Public Policy 2*: 198-216.

Horn, Murray J. 1995. *The Political Economy of Public Administration. Institutional Choice in the Public Sector.* Cambridge: Cambridge University Press.

Jann, Werner, Tobias Bach, Julia Fleischer und Thurid Hustedt. 2008. *Best practice in governance of agencies – A comparative study in view of identifying best practice for governing agencies carrying out activities on behalf of the European Union.* Brüssel: Europäisches Parlament.

Jann, Werner, Tobias Bach, Julia Fleischer, Thurid Hustedt und Bastian Jantz. 2009. *Opportunity and feasibility of establishing common support services for EU agencies.* Brüssel: Europäisches Parlament.

Jones, Fabia, und Anne Vitrey. 2006. *Agencies' Discharge.* Brüssel: Europäisches Parlament.

Kassim, Hussein. 2008. 'Mission impossible', but mission accomplished: the Kinnock reforms and the European Commission. *Journal of European Public Policy* 15: 648-668.

Kelemen, Daniel R. 2002. The Politics of 'Eurocratic' Structure and the New European Agencies. *West European Politics* 25: 93-118.

Kelemen, Daniel R. 2005. The Politics of Eurocracy: Building a New European State? In *State of the European Union. With US or Against US?* Hrsg. Nicolas Jabko und Craig Parsons, 173-189. Oxford: Oxford University Press.

Kelemen, Daniel R., und Andrew D. Tarant. 2011. The Political Foundations of the Eurocracy. *West European Politics* 34: 922-947.

Kiewiet, D. Roderick, und Mathew D. McCubbins. 1991. *The Logic of Delegation: Congressional Parties and the Appropriations Process.* Chicago: University of Chicago Press.

Krapohl, Sebastian. 2004. Credible Commitment in Non-Independent Regulatory Agencies: A Comparative Analysis of the European Agencies for Pharmaceuticals and Foodstuffs. *European Law Journal* 10: 518-538.

Krapohl, Sebastian, und Karolina Zurek. 2006. The Perils of Committee Governance: Intergovernmental Bargaining during the BSE Scandal in the European Union. *European Integration online Papers* EIoP. 10, http://eiop.or.at/eiop/texte/2006-002a.htm (Zugriff am: 14.01.2014).

Kreher, Alexander. 1997. Agencies in the European Community: A step towards administrative integration in Europe. *Journal of European Public Policy* 4: 225-245.

Levi-Faur, David. 2011. Regulatory networks and regulatory agencification: towards a Single European Regulatory Space. *Journal of European Public Policy* 18: 808-827.

Lewis, Graham, und John Abraham. 2001. The creation of neo-liberal corporate bias in transnational medicines control: The industrial shaping and interest dynamics of the European regulatory state. *European Journal of Political Research* 39: 53-80.

Lodge, Martin. 2007. Next Steps und zwei Schritte zurück? Stereotypen, Executive Agencies und die Politik der Delegation in Großbritannien. In *Agencies in Westeuropa*, Hrsg. Werner Jann und Marian Döhler, 48-78. Wiesbaden: VS Verlag.

Majone, Giandomenico. 1996. *Regulating Europe*. London: Routledge.

Majone, Giandomenico. 1997a. From the Positive to the Regulatory State: Causes and Consequences of Changes in the Mode of Governance. *Journal of Public Policy* 17: 139-167.

Majone, Giandomenico. 1997b. The new European Agencies: regulation by information. *Journal of European Public Policy* 4: 262-275.

Majone, Giandomenico. 2000. The Credibility Crisis of Community Regulation. *Journal of Common Market Studies* 38: 273-302.

Majone, Giandomenico. 2002a. Delegation of Regulatory Powers in a Mixed Polity. *European Law Journal* 8: 319-339.

Majone, Giandomenico. 2002b. The European Commission: The Limits of Centralization and the Perils of Parliamentarization. *Governance* 15: 377-392.

Martens, Maria. 2010. Voice or Loyalty? The Evolution of the European Environment Agency (EEA). *Journal of Common Market Studies* 48: 881-901.

Martens, Maria. 2012. Executive Power in the Making: The Establishment of the European Chemicals agency. In *The Agency Phenomenon in the European Union,* Hrsg. Madalina Busuioc, Martijn Groenleer und Jarle Trondal, 42-62. Manchester: Manchester University Press.

McCubbins, Mathew D, Roger G Noll, und Barry R Weingast. 1987. Administrative Procedures as Instruments of Political Control. *Journal of Law, Economics and Organization* 34: 243-277.

McCubbins, Mathew D., Roger G. Noll und Barry R. Weingast. 1989. Structure and Process, Politics and Policy: Administrative Arrangements and the Political Control of Agencies. *Virginia Law Review* 75: 431-482.

McCubbins, Mathew D., und Thomas Schwartz. 1984. Congressional Oversight Overlooked: Police Patrol vs. Fire Alarms. *American Journal of Political Science* 28: 165-179.

Moe, Terry. 1990. The Politics of Structural Choice: Toward a Theory of Public Bureaucracy. In *Organization Theory from Chester Barnard to the Present and Beyond*, Hrsg. Oliver E. Williamson, 116-153. New York: Oxford University Press.

Moran, Michael. 2002. Review Article: Understanding the Regulatory State. *British Journal of Political Science* 32: 391-413.

Papadopoulos, Yannis. 2007. Problems of Democratic Accountability in Network and Multilevel Governance. *European Law Journal* 13: 469-486.

Permanand, Govin, und Elias Mossialos. 2005. Constitutional asymmetry and pharmaceutical policy-making in the European Union. *Journal of European Public Policy* 12: 687-709.

Pollitt, Christopher, Karen Bathgate, Janice Caulfield, Amanda Smullen und Colin Talbot. 2001: Agency Fever? Analysis of an International Policy Fashion. *Journal of Comparative Policy Analysis* 3: 271-290.

Ruffing, Eva. 2011. *Europäische Wertpapierregulierung zwischen Input- und Output-Legitimität. Das Lamfalussy-Verfahren.* Baden-Baden: Nomos.

Schout, Adrian. 1999. The European Environment Agency (EEA): Heading Towards Maturity? In *The Role of Specialised Agencies in Decentralising EU Governance*, Hrsg. Giandomenico Majone, Michelle Everson, Les Metcalfe und Adriaan Schout, 81-174. Report Presented to the Commission. Brüssel.

Schout, Adrian, und Fabian Pereyra. 2011. The Institutionalization of EU Agencies as 'Mini Commissions'. *Public Administration* 89: 418-432.

Shapiro, Martin. 1997. The Problems of Independent Agencies in the United States and the European Union. *Journal of European Public Policy* 4: 276-292.

Suvarierol, Semin, Madalina Busuioc und Martijn Groenleer. 2013. Working for Europe? Socialization in the European Commission and Agencies of the European Union. *Public Administration*. Article first published online: 18. April 2013. DOI: 10.1111/j.1467-9299.2012.02100.x

Trondal, Jarle 2010. *An Emergent European Executive Order*. Oxford: Oxford University Press.

Vos, Ellen. 1999. *Institutional Frameworks of Community Health and Safety Legislation. Committees, Agencies and Private Bodies*. Oxford: Hart Publishing.

Vos, Ellen. 2000. Reforming the European Commission: What role to play for EU Agencies? *Common Market Law Review* 37: 1113-1134.

Wonka, Arndt, und Berthold Rittberger. 2010. Credibility, Complexity and Uncertainty: Explaining the Institutional Independence of 29 EU Agencies. *West European Politics* 33: 730-752.

Wonka, Arndt, und Berthold Rittberger. 2011. Perspectives on EU Governance: An Empirical Assessment of the Political Attitudes of EU Agency Professionals. *Journal of European Public Policy* 18: 888-908.

Yataganas, Xénophon A. 2001. Delegation of Regulatory Authority in the European Union. The Relevance of the American Model of Independent Agencies. *Jean Monnet Working Paper 3/01*. New York.

Kapitel 6 (Verwaltungsnetzwerke)

Quellen

BEREC. 2011. Body of European Regulators for Electronic Communications. Annual Report 2010.

CEER. 2008. Articles of Association of the Council of European Electricity Regulators (CEER). Brüssel.

CEER. 2010. European Energy Regulators' 2011 Work Programme. Brüssel.

CESR. 2002. Annual Report of the Committee of European Securities Regulators (CESR) – 2001/2002.

CESR. 2009. CESR Annual Report 2009.

ECN. 2010. A Look Inside the European Competition Network (ECN): Its Members and Its Work. ECN Brief Special Issue, December 2010.

EPRA. 2011. Statutes of the European Platform of Regulatory Authorities (EPRA).

ERG. 2007. Email to Commissioner Viviane Reding, 6th November 2007.

ERG. 2007. European Regulators Group advice in response to the letter by Commissioner Viviane Reding of 30 November 2006.

Europäische Kommission. 1999. Weißbuch über die Modernisierung der Vorschriften zur Anwendung der Artikel 81 und 82 EU-Vertrag. ABl. 1999 Nr. C 132/1.

Europäische Kommission. 2001. Europäisches Regieren. Ein Weißbuch. ABl. 2001 Nr. C 287/1.

Europäische Kommission. 2004. Bekanntmachung der Kommission über die Zusammenarbeit innerhalb des Netzes der Wettbewerbsbehörden. ABl. 2004 Nr. C 101/3.

Europäische Kommission. 2007. Vorschlag für eine Verordnung des Europäischen Parlaments und des Rates zur Einrichtung der Europäischen Behörde für die Märkte der elektronischen Kommunikation. KOM (2007) 699 endgültig.

Europäische Kommission. 2008. Geänderter Vorschlag für eine Verordnung zur Einrichtung der Europäischen Behörde für die Märkte der elektronischen Kommunikation. KOM (2008) 720 endgültig.

Europäische Kommission. 2009. Mitteilung der Kommission an das Europäische Parlament und den Rat. Bericht über das Funktionieren der Verordnung (EG) Nr. 1/2003 des Rates. KOM (2009) 206 endgültig.

Europäischer Rat. 2009. Gemeinsamer Standpunkt (EG) Nr. 14/2009 vom Rat festgelegt am 16. Februar 2009 im Hinblick auf den Erlass der Verordnung (EG) zur Einrichtung der Gruppe Europäischer Regulierungsstellen für Telekommunikation (GERT). ABl. 2009 Nr. C 75 E/67.

Europäisches Parlament. 2008. Bericht über den Vorschlag für eine Verordnung zur Einrichtung der Europäischen Behörde für die Märkte der elektronischen Kommunikation. Ausschuss für Industrie, Forschung und Energie, 17.07. 2008.

Europäisches Parlament. 2008. Standpunkt des Europäischen Parlaments, festgelegt in erster Lesung am 24. September 2008 im Hinblick auf den Erlass der Verordnung (EG) zur Einrichtung des Gremiums der Europäischen Regulierungsbehörden für Telekommunikation (BERT). ABl. 2010 Nr. C 8 E/45.

IRG-rail. 2011. Memorandum of Understanding.

Sekundärliteratur

Atanasiu, Isabela. 2004. Introduction. In *European Competition Law Annual 2002*, Hrsg. Claus D. Ehlermann und Isabela Atanasiu, xv-xxxv. Oxford/Portland: Hart Publishing.

Blauberger, Michael, und Annette Elisabeth Töller. 2011. Competition Policy. In *Policies within the EU Multi-Level System. Instruments and Strategies of European Governance*, Hrsg. Hubert Heinelt und Michèle Knodt, 123-152. Baden-Baden: Nomos.

Blauberger, Michael, und Berthold Rittberger. 2014. Orchestrating Policy Implementation: EU Governance Through Regulatory Networks. In *International Organizations as Orchestrators*, Hrsg. Kenneth W. Abbott, Philipp Genschel, Duncan Snidal und Bernhard Zangl. Cambridge: Cambridge University Press. Im Erscheinen.

Börzel, Tanja A., und Karen Heard-Lauréote. 2009. Networks in EU Multi-level Governance: Concepts and Contributions. *Journal of Public Policy* 29: 135-152.

Budzinski, Oliver, und Arndt Christiansen. 2005. Competence Allocation in the EU Competition Policy System as an Interest-Driven Process. *Journal of Public Policy* 25: 313-337.

Büthe, Tim. 2007. The Politics of Competition and Institutional Change in European Union: The First Fifty Years. In *Making History: European Integration and Institutional Change at Fifty*, Hrsg. Sophie Meunier und Kathleen McNamara, 175-194, Oxford: Oxford University Press.

Cengiz, Firat. 2007. Management of Networks between the Competition Authorities in the EC and the US: Different Polities, Different Designs. *European Competition Journal* 3: 315-338.

Cengiz, Firat. 2010. Multi-level Governance in Competition Policy: the European Competition Network. *European Law Review* 35: 660-677.

Cini, Michelle, und Lee McGowan. 2009. *Competition Policy in the European Union*. Houndmills/New York: Palgrave Macmillan.

Coen, David, und Mark Thatcher. 2008. Network Governance and Multi-level Delegation: European Networks of Regulatory Agencies. *Journal of Public Policy* 28: 49-71.

Curtin, Deirdre. 2009. *Executive Power of the European Union. Law, Practices, and the Living Constitution*. Oxford: Oxford University Press.

Dehousse, Renaud. 1997. Regulation by Networks in the European Community: The Role of European Agencies. *Journal of European Public Policy* 4: 246-261.

Dehousse, Renaud. 2008. Delegation of Powers in the European Union: The Need for a Multi-Principals Model. *West European Politics* 31: 789-805.

Eberlein, Burkard. 2003. Formal and Informal Governance in Single Market Regulation. In *Informal Governance in the European Union*, Hrsg. Thomas Christiansen und Simona Piattoni, 150-172. Cheltenham: Edward Elgar.

Eberlein, Burkard, und Edgar Grande. 2003. Die Europäische Union als Regulierungsstaat. In *Europäische Integration*, Hrsg. Markus Jachtenfuchs und Beate Kohler-Koch, 417-448. Opladen: Leske + Budrich.

Eberlein, Burkard, und Edgar Grande. 2005. Beyond Delegation: Transnational Regulatory Regimes and the EU Regulatory State. *Journal of European Public Policy* 12: 89-112.

Eberlein, Burkard, und Dieter Kerwer. 2004. New Governance in the European Union. *Journal of Common Market Studies* 42: 121-142.

Eberlein, Burkard, und Abraham L. Newman. 2008. Escaping the International Governance Dilemma? Incorporated Transgovernmental Networks in the European Union. *Governance* 21: 25-52.

Ehlermann, Claus D. 1995. Reflections on the European Cartel Office. *Common Market Law Review* 32: 471-486.

Ehlermann, Claus D. 2000. The Modernization of EC Antitrust Policy. A Legal and Cultural Revolution. *Common Market Law Review* 37: 537-590.

Goodman, Joseph. 2006. *Telecommunications Policy-Making in the European Union*. Cheltenham: Edward Elgar.

Groenleer, Martijn. 2011. Regulatory Governance in the European Union: The Political Struggle over Committees, Agencies and Networks. In *Handbook on the Politics of Regulation*, Hrsg. David Levi-Faur, 548-560, Cheltenham: Edward Elgar.

Groenleer, Martijn, und Mirjam Kars. 2008. *Regulation and Governance of the European Telecommunications Sector: From Network to Agency?* Utrecht: Paper presented at the ECPR Standing Group on Regulatory Governance, 5-7 June 2008.

Hancher, Leigh, und Pierre Larouche. 2011. The Coming of Age of EU Regulation of Network Industries and Services of General Economic Interest. In *The Evolution of EU Law*, Hrsg. Paul Craig und Gráinne De Búrca, 743-782. Oxford: Oxford University Press.

Héritier, Adrienne. 2003. New Modes of Governance in Europe. In *The State of the European Union VI: Law, Politics, and Society*, Hrsg. Tanja A. Börzel und Rachel A. Cichowski, 105-126. Oxford/New York: Oxford University Press.

Héritier, Adrienne, und Dirk Lehmkuhl. 2008. Introduction. The Shadow of Hierarchy and New Modes of Governance. *Journal of Public Policy* 28: 1-17.

Hofmann, Herwig C. H. 2008. Mapping the European Administrative Space. *West European Politics* 31: 662-676.

Humphreys, Peter, und Seamus Simpson. 2005. *Globalisation, Convergence And European Telecommunications Regulation*. Cheltenham: Edward Elgar.

Jacobs, Scott H. 1994. Regulatory Co-operation for an Interdependent World: Issues for Government. In *Regulatory Co-operation for an Interdependent World*, Hrsg. OECD, 15-38. Paris.

Karagiannis, Yannis. 2007. *Preference Heterogeneity and Equilibrium Institutions: The Case of European Competition Policy*. Florence: European University Institute.

Kassim, Hussein, und Kathryn Wright. 2009. Bringing Regulatory Processes Back In *The Reform of EU Antitrust and Merger Control. West European Politics* 32: 738-755.

Kassim, Hussein, und Kathryn Wright. 2010. *The European Competition Network: A European Regulatory Network with a Difference*. Toulouse: Paper presented at the 32nd EGPA Annual Conference.

Kekelekis, Mihalis. 2009. The European Competition Network (ECN): It Does Actually Work Well. *EIPAscope* 2009: 35-39.

Kelemen, R. Daniel, und Andrew D. Tarrant. 2011. The Political Foundations of the Eurocracy. *West European Politics* 34: 922-947.

Kenis, Patrick, und Jörg Raab. 2008. Politiknetzwerke als Governanceform: Versuch einer Bestandsaufnahme und Neuausrichtung der Diskussion. In *Governance in einer sich wandelnden Welt*, Hrsg. Gunnar F. Schuppert und Michael Zürn, 132-148. Wiesbaden: VS Verlag für Sozialwissenschaften.

Keohane, Robert O. 2001. Governance in a Partially Globalized World. *American Political Science Review* 95: 1-13.

Keohane, Robert O., und Joseph S. Nye. 1974. Transgovernmental Relations and International Organizations. *World Politics* 27: 39-62.

Levi-Faur, David. 2004. On the 'Net Impact' of Europeanization: The EU's Telecoms and Electricity Regimes Between the Global and the National. *Comparative Political Studies* 37: 3-29.

Levi-Faur, David. 2010. *Regulatory Networks & Regulatory Agencification: Towards a Single European Regulatory Space?* Jerusalem: Jerusalem Papers in Regulation & Governance No. 30.

Levi-Faur, David. 2011. Regulatory Networks and Regulatory Agencification: Towards a Single European Regulatory Space. *Journal of European Public Policy* 18: 810-829.

Maher, Imelda. 2009. Functional and Normative Delegation to Non-Majoritarian Institutions: The Case of the European Competition Network. *Comparative European Politics* 7: 414-434.

Majone, Giandomenico. 1994. The Rise of the Regulatory State in Europe. In *The State in Western Europe: Retreat or Redefinition?*, Hrsg. Wolfgang C. Müller und V. Wright, 77-101. London: Frank Cass.

Majone, Giandomenico, Hrsg. 1996. *Regulating Europe*. London/New York: Routledge.

Martens, Maria. 2008. Administrative Integration through the Back Door? The Role and Influence of the European Commission in Transgovernmental Networks within the Environmental Policy Field. *European Integration* 30: 635-651.

McGowan, Francis. 2000. Competition Policy. The Limits of the European Regulatory State. In *Policy-Making in the European Union*, Hrsg. Helen Wallace und William Wallace, 115-147. Oxford/New York: Oxford University Press.

McGowan, Lee. 2005. Europeanization Unleashed and Rebounding: Assessing the Modernization of EU Cartel Policy. *Journal of European Public Policy* 12: 986-1004.

McGowan, Lee. 2010. *The Antitrust Revolution in Europe: Exploring the European Commission's Cartel Policy*. Cheltenham: Edward Elgar.

Monti, Mario. 2004. Panel One: The Network Concept, Competition Authority Networks and Other Regulatory Networks. In *European Competition Law Annual 2002*, Hrsg. Claus D. Ehlermann und Isabela Atanasiu, 3-10. Oxford/ Portland: Hart Publishing.

Müller, Felix. 2004. The New Council Regulation (EC) No. 1/2003 on the Implementation of the Rules on Competition. *German Law Journal* 5: 721-739.

Papadopoulos, Yannis. 2007. Problems of Democratic Accountability in Network and Multilevel Governance. *European Law Journal* 13: 469-486.

Pierre, Jon, und Guy Peters. 2009. From a Club to a Bureaucracy: JAA, EASA, and European Aviation Regulation. *Journal of European Public Policy* 16: 337-355.

Pollitt, Christopher, Karen Bathgate, Janice Caulfield, Amanda Smullen und Colin Talbot. 2001: Agency Fever? Analysis of an International Policy Fashion. *Journal of Comparative Policy Analysis* 3: 271-290.

Raustiala, Kal. 2002. The Architecture of International Cooperation: Transgovernmental Networks and the Future of International Law. *Virginia Journal of International Law* 43: 1-92.

Renda, Andrea. 2009. The Review of the EU Telecoms Framework: A Tale of the Anti-Commons. In *Monitoring EU Telecoms Policy 2009*, Hrsg. Martin Cave, Justus Haucap, Jorge Padilla, Andrea Renda und Brian Williamson. Madrid: Network for Economic Research on Electronic Communications (NEREC).

Riley, Alan. 2003. EC Antitrust Modernisation: The Commission Does Very Nicely. Thank You! Part 1: Regulation 1 and the Notification Burden. *European Competition Law Review* 24: 604-615.

Risse-Kappen, Thomas. 1995. Bringing Transnational Relations Back In. *Non-State Actors, Domestic Structures and International Relations*. New York: Cambridge University Press.

Ruffert, Matthias. 2007. Von der Europäisierung des Verwaltungsrechts zum Europäischen Verwaltungsverbund. *Zeitschrift für öffentliches Recht und Verwaltungswissenschaft* 60: 761-770.

Sabel, Charles F., und Jonathan Zeitlin. 2007. *Learning from Difference: The New Architecture of Experimentalist Governance in the European Union*: European Governance Papers No. C-07-02.

Schäfer, Armin. 2005. *Die neue Unverbindlichkeit. Wirtschaftspolitische Koordinierung in Europa*. Frankfurt a. M./New York: Campus.

Schäfer, Armin. 2006. Resolving Deadlock: Why International Organisations Introduce Soft Law. *European Law Journal* 12: 194-208.

Scharpf, Fritz W. 1999. *Regieren in Europa. Effektiv und demokratisch?* Frankfurt a. M.: Campus.

Schliesky, Utz. 2009. ‚Zwang zur Netzwerkverwaltung' am Beispiel der EU-Dienstleistungsrichtlinie. In *Die Umsetzung der EU-Dienstleistungsrichtlinie in der deutschen Verwaltung. Teil II: Verfahren, Prozesse, IT-Umsetzung*, Hrsg. Utz Schliesky, 91-118. Kiel: Lorenz-von-Stein-Institut für Verwaltungswissenschaften.

Schmidt, Susanne K. 1998. *Liberalisierung in Europa. Die Rolle der Europäischen Kommission*. Frankfurt a. M.: Campus.

Schmidt, Susanne K. 2008. Competing in Markets, not Rules: The Conflict over the Single Services Market. In *Transnational Standards of Social Protection: Contrasting European and International Governance*, Hrsg. Christian Joerges und Poul F. Kjaer, 31-54. Oslo: ARENA Report No 5/08.

Schmitt-Aßmann, Eberhard, und Bettina Schöndorf-Haubold, Hrsg. 2005. *Der Europäische Verwaltungsverbund*. Tübingen: Mohr Siebeck.

Simpson, Seamus. 2009. Supranationalism through Intitutionalization and its Limits in European Telecommunications. *Information, Communication & Society* 12: 1224-1241.

Simpson, Seamus. 2010. *New Governance as Political Compromise in European Telecommunications: the Amended European Union Electronic Communications Regulatory Framework*. Tokyo: Paper presented to the 18th Biennial International Telecommunications Society Conference, 27-30 June 2010.

Simpson, Seamus. 2011. 'New' Governance in European Union Policy Making: Policy Innovation or Political Compromise in European Telecommunications? *West European Politics* 34: 1114-1133.

Sinclair, Ailsa, Vita Jukneviciute und Ingrid Breit. 2009. Regulation 1/2003: How Has This Landmark Reform Worked in Practice? *Competition Policy Newsletter* 14.

Slaughter, Anne-Marie. 2004. *A New World Order*. Princeton: Princeton University Press.

Streeck, Wolfang, und Kathleen Thelen. 2005. Introduction: Institutional Change in Advanced Political Economies. In *Beyond Continuity: Institutional Change in Advanced Political Economies*, Hrsg. Wolfgang Streeck und Kathleen Thelen, 1-39. Oxford: Oxford University Press.

Thatcher, Mark. 2002. Delegation to Independent Regulatory Agencies. *West European Politics* 25: 125-145.

Thatcher, Mark. 2011. The Creation of European Regulatory Agencies and its Limits: a Comparative Analysis of European Delegation. *Journal of European Public Policy* 18: 790-809.

Thatcher, Mark, und David Coen. 2008. Reshaping European Regulatory Space: An Evolutionary Analysis. *West European Politics* 31: 806-836.

Thatcher, Mark, und Alec Stone Sweet. 2002. Theory and Practice of Delegation to Non-Majoritarian Institutions. *West European Politics* 25: 1-22.

Trondal, Jarle. 2007. The Public Administration Turn in Integration Research. *Journal of European Public Policy* 14: 960-972.

Trubek, David M., und Louise G. Trubek. 2005. Hard and Soft Law in the Construction of Social Europe: the Role of the Open Method of Co-Ordination. *European Law Journal* 11: 343-364.

van Waarden, Frans, und Michaela Drahos. 2002. Courts and (Epistemic) Communities in the Convergence of Competition Policies. *Journal of European Public Policy* 9: 913-934.

Vogel, Steven K. 1996. *Freer Markets, More Rules: Regulatory Reform in Andvanced Industrial Countries*. Ithaca, NY: Cornell University Press.

Wessels, Wolfgang. 1997. An Ever Closer Fusion? A Dynamic Macropolitical View on Integration Processes. *Journal of Common Market Studies* 35: 267-299.

Wilks, Stephan. 2005. Agency Escape: Decentralization or Dominance of the European Commission in the Modernization of Competition Policy? *Governance* 18: 431-452.

Wilks, Stephan. 2005. Competition Policy. Challenge and Reform. In *Policy-Making in the European Union*, Hrsg. Helen Wallace, William Wallace und Mark A. Pollack, 113-139. Oxford: Oxford University Press.

Wilks, Stephan. 2007. Agencies, Networks, Discourses and the Trajectory of European Competition Enforcement. *European Competition Journal* 3: 437-464.

Wilks, Stephen, und Ian Bartle. 2002. The Unanticipated Consequences of Creating Independent Competition Agencies. *West European Politics* 25: 148-172.

Wilks, Stephen, und Lee McGowan. 1995. Disarming the Commission: The Debate over a European Cartel Office. *Journal of Common Market Studies* 33: 259-273.

Wright, Kathryn. 2010. The European Commission's Own 'Preliminary Reference Procedure' in Competition Cases? *European Law Journal* 16: 736-759.

Yesilkagit, Kutsal, und Ole A. Danielsen. 2011. *Transnational Regulatory Networks as a Solution to the Community Credibility Crisis? The Case of the European Competition Network*. Jerusalem: Jerusalem Papers in Regulation & Governance No. 31.